大卒程度

TAC公務員講座 編

公務員試験

基本 過去 問題集

マクロ経済学

TAC出版
TAC PUBLISHING Group

はしがき

- 問題集を買ったのに、解けない問題ばかりで実力がついている気がしない…
- 難しい問題が多くて、途中で挫折してしまう…
- 公務員試験は科目が多いから、せめて１科目１冊の本で済ませたい…

『ゼロから合格 公務員基本過去問題集』（以下、『ゼロ過去』）は、このような読者の声に応えるために開発された公務員過去問題集です。問題集といっても、ただ過去問とその解説が並んでいるだけの本ではなく、「過去問」の前に、「その過去問に正解するために必要な知識やテクニック」が必ず載っています。この科目の学習を全くしたことない方も、本書で知識やテクニックを身につけながら、同時にそれらを使って問題を解く練習を積むことができる構成になっています。

『ゼロ過去』には、「しっかり読んでじっくり考えれば解ける問題」しか載っていません。それでいて、実際の試験で合格ラインを超えるのに十分な問題演習を積むこともできます。つまり、**「ゼロから始めて１冊で合格レベルにたどり着く」**ための問題集なのです。

せっかくやるのだから、最後までやり遂げてほしい。最後まで「つづく」ためには、問題が「解ける」という達成感もきっと必要。『ゼロ過去』は、きちんとがんばった読者にきちんと結果がついてくるように、どの問題も必ず解けるように工夫して配置しています。また、その名のとおり「知識ゼロ」の状態からいきなり取り組んでも支障がないよう、基本的な知識やテクニックのまとめが過去問より先に掲載されているので、「全く何も知らない」状態で、前から順番に取り組むだけで学習が進みます。

本書を十分に活用して、公務員試験の合格をぜひ勝ち取ってください。

TAC公務員講座

本書の利用方法

本書は、大卒程度・行政職の各種公務員試験の対策を、「知識ゼロから始められる問題集」です。何であれ、問題を解くには知識やテクニックが必要です。

- 知識・テクニックの**インプット**（新しい情報を入れる）
- 問題演習を通じた**アウトプット**（入れた情報を使って問題が解けるかどうか試してみる）

試験対策はこの反復で進めていくのが王道です。『ゼロ過去』は、この科目について全く学習したことのない方でも、知識とテクニックを身につけながら問題が解けるように作られています。

ここで説明する効果的な利用方法を参考にしながら学習を進めていきましょう。

1　まずは試験をよく知ることから！　出題傾向を知る

●国家一般　　●：出題あり　●：複数問出題あり

		2011	2012	2013	2014	2015	2016	2017	2018	2019	2020
国民経済計算	国民所得勘定						●				
	産業連関表										
	物価指数										
財市場の分析（45°線分析）	均衡国民所得の決定					●				●	
	デフレギャップとインフレギャップ	●							●	●	
	乗数理論							●			
投資理論	投資に関する諸理論	●					●			●	
貨幣市場	貨幣需要										
	貨幣供給		●		●						

巻頭には、出題分野ごと・受験先ごとに過去10年間の出題傾向がまとめられています。

多くの方は複数の試験を併願すると思われるため、網羅的に学習するのが望ましいですが、受験先ごとの出題の濃淡はあらかじめ頭に入れたうえで学習に着手するようにしましょう。

2 問題を解くのに必要なことはすべてここにある！ input編

一般的な公務員試験の問題集では、初めて取り組んだ時点では「解けない問題」がたくさんあるはずです。最初は解けないから解説を読んでしまい、そのことで理解し、何度も何度も同じ問題を周回することによってだんだん正答率が高まっていくような仕組みになっていることが多いです。

『ゼロ過去』では、このinput編をしっかり使いこなせば、最初から全問正解することもできるはず。そのくらい大事な部分ですから、しっかり学習しましょう。

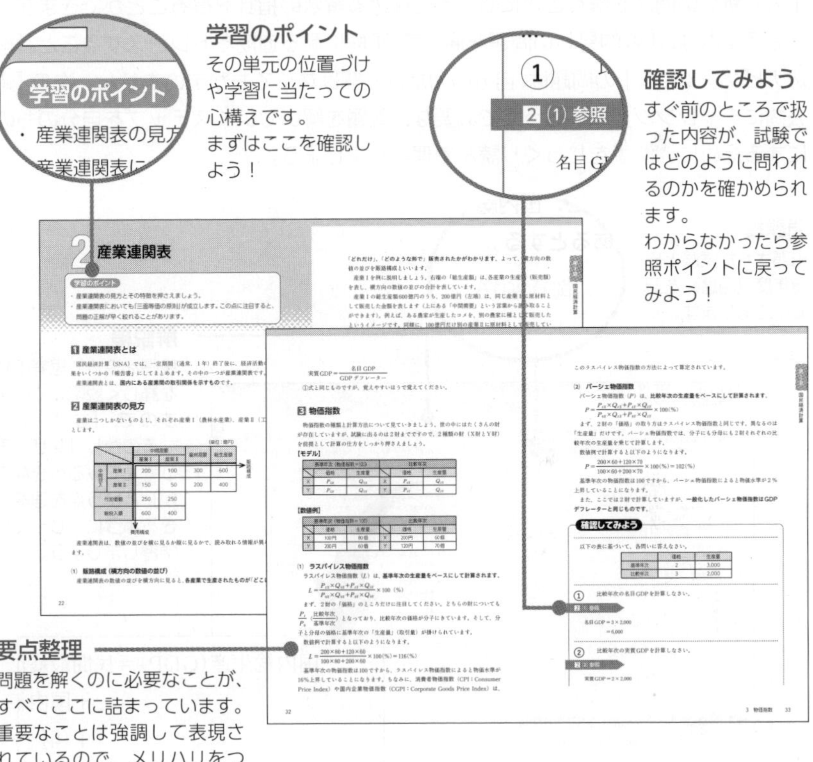

学習のポイント
その単元の位置づけや学習に当たっての心構えです。
まずはここを確認しよう！
確認してみよう
すぐ前のところで扱った内容が、試験ではどのように問われるのかを確かめられます。
わからなかったら参照ポイントに戻ってみよう！
要点整理
問題を解くのに必要なことが、すべてここに詰まっています。重要なことは強調して表現されているので、メリハリをつけて頭に入れていきましょう。

★その他のお役立ちアイテム

補足：少し発展的な知識を解説しています。

ヒント：問題を解くための助けになる情報や、情報を覚えやすくするためのポイントをまとめています。

3 典型問題で実践！ 解法ナビゲーション

知識やテクニックが身についても、それを活用して問題を解くためには、「コツ」や「慣れ」が必要になります。問題の解法は一つではありませんが、どの解法がどの問題に向いているか（どの解法がその問題に最適であるか）を見極めるには、実際に解きながら着眼点を養っていくしかありません。

「解法ナビゲーション」の目的は２点あります。まず、「問題のどういう点に注目して、どのアプローチを試すべきか」がわかるようになること。これがわかると、１人で新しい問題を解くときにも、当てはめる解法の指針を得ることができます。

もう１点は、比較的易しい問題を通じて、正解に至る道筋をトレースすること。「解法ナビゲーション」の問題は、自分の力だけで解けなくてもかまいません。次の「過去問にチャレンジ」に挑むうえで必要な、問題を解いていくステップを自分のものにするために、解説をじっくり読んで理解しましょう。

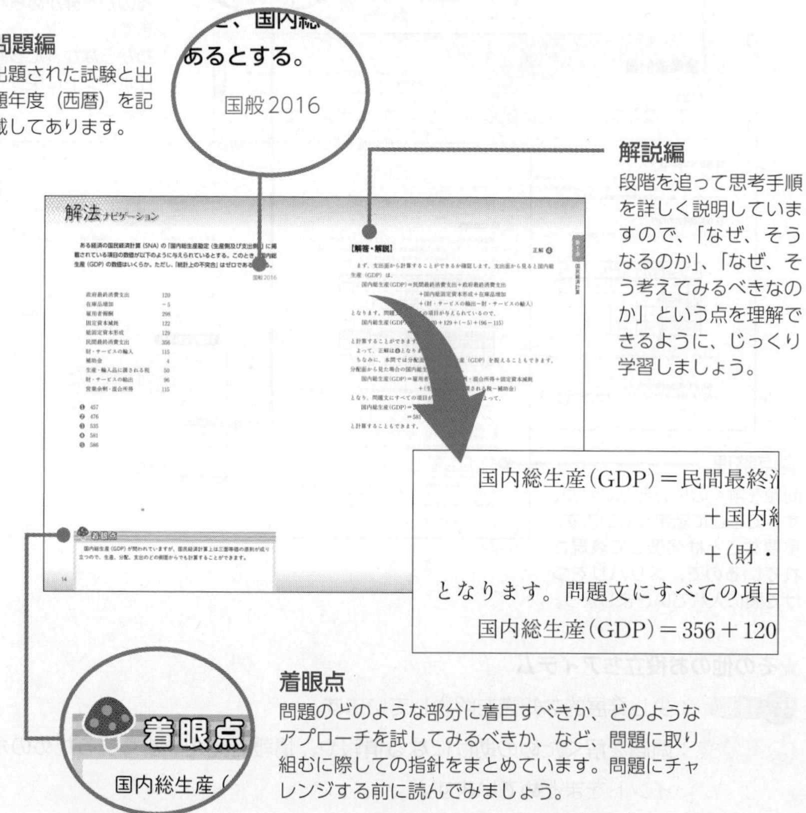

問題編
出題された試験と出題年度（西暦）を記載してあります。
あるとする。
国般2016
解説編
段階を追って思考手順を詳しく説明していますので、「なぜ、そうなるのか」、「なぜ、そう考えてみるべきなのか」という点を理解できるように、じっくり学習しましょう。
解法ナビゲーション
国内総生産(GDP)＝民間最終
＋国内
＋(財・
となります。問題文にすべての項目
国内総生産(GDP)＝356＋120
着眼点
国内総生産（
着眼点
問題のどのような部分に着目すべきか、どのようなアプローチを試してみるべきか、など、問題に取り組むに際しての指針をまとめています。問題にチャレンジする前に読んでみましょう。

4 知識を活用して問題演習！ 過去問にチャレンジ

「解法ナビゲーション」で学んだことを、次は別の問題で実践できるか試す段階です。「過去問にチャレンジ」の解説は別冊子にまとめていますので、問題を解いた後、それぞれ並べて答え合わせしてみてください。

『ゼロ過去』は、やさしい問題（必ず正解したい問題）から、やや歯ごたえのある問題（試験で差がつく問題）までバランスよく収録しているので、1科目1冊で試験対策が完結します。場合によっては20科目以上に及ぶ公務員試験だからこそ、必要な問題のみを厳選し、これ1冊で合格レベルに届く本を意識しました。

問題1
★
▶解説は別冊 p.12
難易度
各問題の難易度を3段階で表記しています。
★ 易しい
★★ 標準
★★★ やや難～難
区Ⅰ 2002
問題編
出題された試験と出題年度（西暦）を記載してあります。
過去問にチャレンジ
デフレギャップ、インフレギャップについ
合せを問う問題です。これらはセットで把
デフレギャップとは、完全雇用国民所得
解説編
冒頭のコメントは問題を解く際の指針やこの問題で学べる内容が書かれていますので、参考にしましょう。答え合わせは正解の確認だけでなく、自分が正しいアプローチで正解に至ることができたのかについて、しっかり確認してください。

●掲載した過去問題の表記について

表記	該当試験
国般	国家一般職 大卒程度 行政（旧・国家Ⅱ種を含む）
国税	国税専門官
裁判所	裁判所職員一般職 大卒程度（旧・裁判所事務官Ⅱ種を含む）
都Ⅰ	東京都Ⅰ類
区Ⅰ	特別区Ⅰ類
労基	労働基準監督官Ａ
財務	財務専門官
地上	道府県庁・政令市上級

※末尾に「改」とあるものは受験者からの情報に基づいて復元された問題であり、出題時の内容と完全一致しない場合があります。

過去10年の出題傾向

●国家一般　　●：出題あり　●：複数問出題あり

		2011	2012	2013	2014	2015	2016	2017	2018	2019	2020
国民経済計算	国民所得勘定						●				
	産業連関表										
	物価指数										
財市場の分析（45°線分析）	均衡国民所得の決定					●				●	
	デフレギャップとインフレギャップ	●							●	●	
	乗数理論							●			
投資理論	投資に関する諸理論	●					●			●	
貨幣市場	貨幣需要										
	貨幣供給		●		●						
	貨幣市場										
IS－LM分析	財市場と貨幣市場の同時均衡									●	
	５種類の計算パターン		●	●		●	●		●		●
	財政金融政策の相対的有効性			●	●			●			
	公債発行による財政政策の効果										
AD－AS分析	総需要曲線	●			●		●				
	労働市場と総供給曲線							●			
	均衡国民所得の決定と財政金融政策の効果	●									
インフレーションの理論	インフレーションとフィリップス曲線		●			●					
	IAD－IAS分析			●							
消費理論と貨幣理論	消費理論					●					●
	貨幣理論										
国際マクロ経済学	45°線分析・IS－LM分析			●	●						●
	マンデル＝フレミング・モデル								●		
経済成長理論	ハロッド＝ドーマー型成長理論		●			●					
	新古典派成長理論	●	●	●	●		●	●		●	●

●国家専門職

		2011	2012	2013	2014	2015	2016	2017	2018	2019	2020
国民経済計算	国民所得勘定										●
	産業連関表										
	物価指数			●		●					
財市場の分析（45°線分析）	均衡国民所得の決定					●	●				
	デフレギャップとインフレギャップ		●	●		●				●	●
	乗数理論		●					●			●
投資理論	投資に関する諸理論							●			
貨幣市場	貨幣需要										
	貨幣供給				●	●			●		●
	貨幣市場	●					●	●			
IS－LM分析	財市場と貨幣市場の同時均衡										
	５種類の計算パターン					●		●		●	
	財政金融政策の相対的有効性					●				●	
	公債発行による財政政策の効果										
AD－AS分析	総需要曲線		●		●						
	労働市場と総供給曲線										
	均衡国民所得の決定と財政金融政策の効果		●		●				●		
インフレーションの理論	インフレーションとフィリップス曲線					●	●		●		
	IAD－IAS分析										
消費理論と貨幣理論	消費理論		●		●				●		
	貨幣理論								●		
国際マクロ経済学	45°線分析・IS－LM分析	●	●		●	●	●			●	
	マンデル＝フレミング・モデル	●	●	●			●			●	
経済成長理論	ハロッド＝ドーマー型成長理論										
	新古典派成長理論			●			●	●			

●裁判所

		2011	2012	2013	2014	2015	2016	2017	2018	2019	2020
国民経済計算	国民所得勘定		●			●					
	産業連関表							●			
	物価指数	●				●	●			●	
財市場の分析（45°線分析）	均衡国民所得の決定						●				
	デフレギャップとインフレギャップ									●	
	乗数理論										
投資理論	投資に関する諸理論			●					●		
貨幣市場	貨幣需要										
	貨幣供給			●	●	●		●	●		●
	貨幣市場						●				
IS－LM分析	財市場と貨幣市場の同時均衡										●
	５種類の計算パターン	●						●	●		●
	財政金融政策の相対的有効性		●								
	公債発行による財政政策の効果										
AD－AS分析	総需要曲線										
	労働市場と総供給曲線									●	●
	均衡国民所得の決定と財政金融政策の効果										
インフレーションの理論	インフレーションとフィリップス曲線	●				●	●				
	IAD－IAS分析					●					
消費理論と貨幣理論	消費理論		●								
	貨幣理論										
国際マクロ経済学	45°線分析・IS－LM分析	●	●	●	●	●					
	マンデル＝フレミング・モデル						●		●	●	
経済成長理論	ハロッド＝ドーマー型成長理論						●		●		
	新古典派成長理論		●	●	●	●		●		●	

●特別区

		2011	2012	2013	2014	2015	2016	2017	2018	2019	2020
国民経済計算	国民所得勘定		●		●				●		
	産業連関表	●					●				
	物価指数										
財市場の分析（45°線分析）	均衡国民所得の決定				●		●				
	デフレギャップとインフレギャップ				●		●	●	●		●
	乗数理論		●			●					
投資理論	投資に関する諸理論			●	●			●	●	●	●
貨幣市場	貨幣需要										
	貨幣供給	●		●							
	貨幣市場						●				
IS－LM分析	財市場と貨幣市場の同時均衡										
	５種類の計算パターン					●					●
	財政金融政策の相対的有効性	●	●								
	公債発行による財政政策の効果										
AD－AS分析	総需要曲線				●					●	
	労働市場と総供給曲線										
	均衡国民所得の決定と財政金融政策の効果					●					●
インフレーションの理論	インフレーションとフィリップス曲線			●				●		●	
	IAD－IAS分析						●				
消費理論と貨幣理論	消費理論					●	●			●	
	貨幣理論		●								
国際マクロ経済学	45°線分析・IS－LM分析	●		●	●						
	マンデル＝フレミング・モデル					●					
経済成長理論	ハロッド＝ドーマー型成長理論					●		●		●	
	新古典派成長理論	●				●				●	

目　次

第1章

国民経済計算

国民所得勘定
産業連関表
物価指数

1 国民所得勘定

学習のポイント

・統計上の諸概念を覚えましょう。
・専門用語の厳密な定義を覚える必要はありません。問題文で示されることを前提として、「何と何を合計すればよいか」を把握するようにしてください。

1 マクロ経済学で考えること

ミクロ経済学では、企業や消費者の個別の行動や、特定の財の取引など、“微視的な”視点に立って社会の経済活動を分析してきました。

これに対して、マクロ経済学では、一国全体という“巨視的な”視点に立って、一国の経済状況の分析を行います。具体的にいえば、**一国の「景気」の問題**について考えます。

「景気」の状況は、さまざまな指標から把握することができますが、中でも重要なのが、**財の取引額**です。つまり、一国全体でどれだけ財が作られて（＝総供給）、どれだけ買われたか（＝総需要）によって、景気の良否が決まります。

財の生産が活発に行われるようになれば、そこに仕事が生まれます。仕事を通じて人々は所得を得て、その所得を生活に必要な財に使っていきます。財の需要が盛んになれば、さらなる生産拡大が期待できるでしょう。このように、**財の取引が活発になるほど、雇用情勢はよくなり、人々の所得水準もよくなっていく**のです。

そこで、マクロ経済学では、一国の経済活動を、**生産（供給）**、**分配（所得）**、**支出（需要）**の三つの側面で捉え、「景気」の良否が何によって決まるのかを考えます。そして、「景気」の状況がよくない、ということであれば、その状況を放置しておくわけにはいきません。「景気」にテコ入れをするような、経済政策を考える必要があります。

2 三つの国民所得

国全体でどれだけ財が取引されたかを知るには、**どれだけ財が作られて、その財がどれだけ買われたのかを集計しなければなりません**。国全体で統計（会計）を行う必要があるのです。これを**国民経済計算**（SNA：System of National Accounts）といいます。

国民経済計算では主に、次の三つの側面の数値を集計します。

(1) 生産面の国民所得

生産面の国民所得とは、**一定期間内**（通常、１年）**に、どれだけ新しい財の生産が行われたかを集計したもの**です。財の総供給とも呼ばれます。

(2) 分配面の国民所得

財の生産という仕事を行えば、その働きに応じて、人々は給料や報酬といった所得を得ているはずです。**分配面の国民所得**とは、**一定期間内に、個人や企業などがどれだけ所得を得たかを集計したもの**です。「所得」という言葉のイメージに最も近い概念でしょう。

(3) 支出面の国民所得

所得は、日々の生活のために、財の購入に使われていくことになります。**支出面の国民所得**とは、**一定期間内に、財に対してどれだけお金を使ったかを集計したもの**です。財の総需要とも呼ばれます。

3 フローとストック

統計（会計）上の数値は、その性質から「フロー」（flow）を表す数値と「ストック」（stock）を表す数値の二つに大別することができます。

フローの数値とは、**一定期間内に発生する数値**のことをいいます。具体的には、毎月発生する給料、生活費などです。一定期間内の、生産面、分配面、支出面の三つの側面から計算される国民所得の数値は、すべてフローの数値となります。これらは、対象となる一定期間内の活動の良否を反映する数値で、“景気”の判断に役立ちます。

一方、**ストック**の数値は、**一定時点における蓄積額**を表します。具体的には、年末時点で存在する預金残高、借金残高などです。これらは、過去の結果の蓄積を表します。例えば、ある高齢者がたくさんの財産（ストック）を持っているとしましょう。この財産は、若いころに一生懸命働いてコツコツ貯めてきたものであり、直近の１年間の活動の成果ではないはずです。つまり、ストックの数値では、一定期間の活動の良否を判断することはできないのです。

蛇足ですが、日本人は、預貯金だけで1,800兆円を超える資産を持っているそうです。この1,800兆円という金額をもって、「日本の景気はよい」とはいえません。預貯金はストックで、過去の結果の蓄積にすぎません。「昔はよかった」とはいえても、現在の景気の良否を判断することはできないのです。

4 生産面の国民所得

生産面の国民所得は、一定期間内（通常、1年）に新しい財をどれだけ生産したかを表すものです。代表的なものが、**国内総生産**（GDP：Gross Domestic Product）です。これは、**一定期間内に生み出された付加価値の総額**と定義されます。

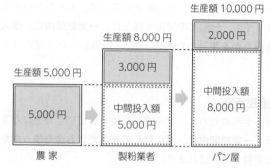

生産額 10,000 円
2,000 円
生産額 8,000 円
3,000 円
生産額 5,000 円
中間投入額
8,000 円
5,000 円
中間投入額
5,000 円
農 家
製粉業者
パン屋

小麦を生産している「農家」、その小麦を材料として小麦粉を生産している「製粉業者」、小麦粉を材料としてパンを焼いている「パン屋」の三つの産業しかないとしましょう。今年、三つの産業はそれぞれ、5,000円、8,000円、10,000円の生産額を計上したとします。ここでの「生産額」とは、それぞれの産業の利益を含んだ「売上金額」（販売額）に相当すると考えてください。

各産業の生産額の合計をとると、

総生産額＝5,000円＋8,000円＋10,000円
＝23,000円

となります。

しかし、この総生産額は、この国が1年間に新たに生産した財の生産額とはいえません。なぜなら、各産業の原材料費部分（＝**中間投入額**、**中間需要**）が二重計上されてしまうからです。

製粉業者の生産額8,000円のうちの5,000円は、農家から材料を仕入れたときに支払った原材料費です。この部分は、農家が生産した金額であって、製粉業者が生み出した金額ではありません。つまり、農家の5,000円と製粉業者の8,000円を単純合計してしまうと、5,000円分が二重に計上されてしまうのです。同様に、パン屋の生産額10,000円のうち8,000円は原材料費ですから、単純合算してしまうと、8,000円分が二重に計上されてしまいます。

そこで、国民経済計算では、各産業の生産額から中間投入額を除いた部分（着色

部分)だけを集計します。この部分を**付加価値**と呼びます。この付加価値の合計が、この国が1年間に生み出した財の生産額だと考えて、これを国内総生産（GDP）と呼びます。

国内総生産（GDP）＝付加価値の総額
＝5,000円＋3,000円＋2,000円
＝10,000円

あるいは、全体の生産額の合計をとってから、二重計上を避けるために中間投入額を差し引いて、以下のように計算しても同じです。

国内総生産（GDP）＝総生産額－中間投入額
＝23,000円－(5,000円＋8,000円)
＝10,000円

5 分配面の国民所得

一定期間内に、新たな財の生産が行われると、その生産に関わった人たちに対して給料や報酬の支払いが行われます。分配面の国民所得とは、一定期間内に、家計、企業、政府がどれだけ所得を得たかを表すものです。

国内総生産（GDP）は、総生産額（売上）から中間投入額（原材料費）を差し引いた付加価値を集計したものです。これは、労働者に支払った人件費、政府に支払った税金、企業が得た利益（株主への利益配当、内部留保）等からなります。これを、受け取った側から見れば、労働者の所得（個人所得）、政府の所得（税収）、企業の所得（法人所得）となります。これが分配面の国民所得です。つまり、**付加価値の総額を支払った側から見たものが生産面の国民所得であり、同じ数値を受け取った側から見たものが分配面の国民所得となります**。よって、以下の関係が成立します。

生産面の国民所得（GDP）≡ 分配面の国民所得

生産面の国民所得と分配面の国民所得は必ず一致するのです。これを**生産と分配の二面等価**といいます。ただし、国民経済計算上、分配面からは国内総生産（GDP）を以下の項目で示します。

国内総生産（GDP）＝雇用者報酬＋営業余剰・混合所得
＋固定資本減耗＋(生産・輸入品に課される税－補助金)

これらの項目の定義は試験では問われません。計算問題では、問題文に項目が示されますので、“どれとどれを集計すればよいか”がわかれば十分です。

参考までに、それぞれどのようなものなのかを示しておきます。

- 雇用者報酬　：個人所得（給料、賃金など）
- 営業余剰・混合所得　：法人所得（株主への配当所得を含む）、個人事業者の所得など
- 固定資本減耗　：生産設備の減少分（＝減価償却費）
- 生産・輸入品に課される税：消費税、関税、酒税といった間接税（＝政府にとっての収入）
- 補助金　：給付金などの政府が交付する現金給付（＝政府にとっての支出）

6 支出面の国民所得

人々に分配された所得は、財の需要に使われることになります。この**財に対する支出金額**を**国内総支出**（GDE：Gross Domestic Expenditure）と呼びます。

国内総支出（GDE）は、以下の項目で計算されます。

国内総支出（GDE）＝民間最終消費支出＋政府最終消費支出
＋国内総固定資本形成＋在庫品増加
＋(財・サービスの輸出－財・サービスの輸入)

なお、「国内総固定資本形成」と「在庫品増加」を合わせて、「国内総資本形成」と呼ぶことがあります。

これらの項目の定義は試験では問われません。問題文に項目が示されますので、先ほどと同様に、“どれとどれを集計すればよいか”がわかれば十分です。

補足

参考までに、それぞれどのようなものなのかを示しておきます。なお、「財・サービスの輸出－財・サービスの輸入」を「財・サービスの純輸出」と表現することがあります。

- 民間最終消費支出　：家計による財に対する消費支出
- 政府最終消費支出　：政府による財に対する消費支出
- 国内総固定資本形成：民間と政府の財に対する投資＝民間投資＋公共投資
  - ・民間投資：企業の設備投資、家計の住宅投資
  - ・公共投資：政府による公共事業
- 在庫品増加　：新たに生産された財のうち、在庫になった分
- 財・サービスの輸出：外国からの国内の財に対する消費支出
- 財・サービスの輸入：外国の財に対する消費支出

7 三面等価の原則

これまで国民所得を生産面、分配面、支出面の三つの面から見てきましたが、**国民経済計算上、これら三つの値は等しくなります**。これを**三面等価の原則**といいます。

家計簿や学園祭における出店の「収支報告書」の類でも、収入の欄と支出の欄の合計を一致させるように作成します。これは、収入のすべてを支出するということではなく、収入と支出の差額を「残高」として支出欄に計上しているからです。

これと同じことで、国民経済計算では、生産面の金額（新たに供給された財）と支出面の金額（需要された金額）の差額を「在庫品増加」（売れ残り）として支出面に含めて記載するのです。この結果、生産と分配の等価関係（二面等価）にとどまらず、支出面の金額も含めて、三つの面の金額がすべて一致するのです。

8 国民経済計算上の二つの原則

国民経済計算（SNA）には、統計を行うに当たってルールがあります。ここでは二つの大きな原則と、その例外、具体例を紹介します。

(1) 国民経済計算に計上される財・サービスは市場で取引されたものに限る

財の取引額をもって“景気”の判断を行いたいのですから、**市場で取引されていないものは計上しない**のが原則です。したがって、**主婦（主夫）の家事労働は、国民経済計算には計上されません**。

ただし、例外があります。以下のものは、市場で取引されていなくても、国民経済計算に計上することになっています。これらの項目を、**帰属取引**といいます。

① 農家の自家消費

農家が、自分で生産した農産物の一部を自分で消費することです。

農家が生産する農産物は、仕事上の“売り物”です。自分で消費しても構わないのですが、自家消費分も一度販売して所得を得て（生産、分配）、その所得で農産物を買ったかのように扱われます（支出）。

② 持ち家の家賃（帰属家賃）

通常、持ち家に住んでいる人は家賃の支払いはしていませんが、国民経済計算では、**持ち家に住んでいる人も家賃を支払っているかのようにして計算しています**。

これは持ち家であろうと借家であろうと、住宅サービスの利用という点では同じだからです。

例えば、Aさんが転勤で家を空けることになり、持ち家をBさんに貸すことにしたとします。当然、Aさんは地域の相場を考慮した家賃をBさんからもらうはずです。つまり持ち家は、“住宅サービス”という価値を生み出し得るのです。Aさんが自分の持ち家に住んでいる場合にも、計算上、“住宅サービス”という価値を利用しているという形にしているのです。

③　現物給与

福利厚生の一環として、会社が家賃の一部を支給してくれる制度があります（家賃補助）。例えば、家賃８万円の物件に３万円で住めるという場合、５万円が会社からの補助になります。これも給料の一部に他なりませんから、会計上は、**補助される５万円も給料の一部として現金支給してもらい、８万円の家賃を支払っているかのような計算を行っています**。

④　公共サービス

警察、国防、消防、司法などの公共サービスも市場で取引されるものではありませんが、これらの**サービスの提供に政府が要した実費を産出額として計上し、国民に代わって政府が対価を支払っているものとみなして支出面にも計上しています**。

⑵　生産活動に基づかない価値は除外する

市場で取引されていても、生産活動に基づかない金額は国民経済計算には計上されません。

例えば、**中古品の売買は国民経済計算には計上されません**。中古品の取引は、所有者が変わるだけで、今年新たに価値が生み出されたわけではありません。

また、同じ理由から、**土地などの不動産売買、株式売買、絵画などの動産売買などから発生する値上がり益（キャピタル・ゲイン）なども国民経済計算には計上されません**。

ただし、**株主が受け取る利益配当（インカム・ゲイン）は「営業余剰」の中に含まれていますので、国民経済計算に計上されている**といえます。細かい点ですが注意しておきましょう。

また、中古品や不動産の売買であっても、**売買手数料や仲介手数料といった「手数料」は、仲介という新しいサービスの取引金額として計上することになっています**。

9 その他の諸概念（三つの面共通）

(1)「総（粗）」(Gross) と「純」(Net)

国内総生産（GDP）には、**固定資本減耗**という費用が含まれます。これは、**生産設備等の使用による減耗、陳腐化等を評価して費用計上したもの**です（減価償却費）。生産設備の使用は、財という新たな価値を生み出すことに貢献していますから、付加価値を構成します。しかし、生産物そのものの純粋な価値を把握しようとするなら、差し引いて考えるべきでしょう。

このことから、**国内総生産**（GDP）**から固定資本減耗を差し引いた概念**も存在します。これを**国内純生産**（NDP：Net Domestic Product）といい、以下のように計算します。

国内純生産（NDP）＝国内総生産（GDP）－固定資本減耗

先ほど紹介した三つの面の計算式では、すべて「総（粗）」（Gross）という言葉が使われています。つまり、覚えた式に従って合計をとると、**固定資本減耗を含んだ国内総生産**（GDP）**が計算される**ことになります。

(2) 国内 (Domestic) 概念と国民 (National) 概念

これは数値の集計範囲の違いです。

国内概念は、「国内」を集計範囲とします。国内で取引されたものであれば、自国民による取引か否かに関係なく、集計の対象にします。

一方、**国民概念は、「国民」を集計範囲とします**。自国民による取引であれば、国内での取引か否かに関係なく、集計の対象にします。

現在のSNAでは、「国内」が原則的な集計範囲です。したがって、生産・分配・支出の各面の計算項目も、すべて「国内」の数値となります。

試験問題で、国民概念への変換が要求されたら、国内総生産（GDP）を基準として以下のように計算します。

国民総生産（GNP）
　＝国内総生産（GDP）
　　＋外国にいる日本人の取引金額（生産・分配・支出）[B]
　　－日本にいる外国人の取引金額（生産・分配・支出）[A]

国民経済計算では、[A]の部分を「**海外への要素所得の支払い**」、[B]の部分を「**海外からの要素所得の受取り**」と呼びます。よって、

国民総生産（GNP）
　＝国内総生産（GDP）＋海外からの要素所得の受取り[B]
　　　　　　　　　　　－海外への要素所得の支払い[A]

また、[**B**] と [**A**] の差額を、**海外からの純要素所得**といいます。この場合には、以下のように表します。

国民総生産（GNP）＝国内総生産（GDP）＋海外からの純要素所得（[**B**]－[**A**]）

統計上、日本が受け取る要素所得のほうが大きいので、海外からの純要素所得はプラスの値になります。

なお、現在のSNAでは、国民総生産（GNP）という言葉は使わず、**国民総所得**（GNI：Gross National Income）と呼ぶことにしています。中身に違いはありません。

⑶ 市場価格表示と要素費用表示

国内での財の取引には、間接税（消費税、酒税、たばこ税など）の支払いが伴います。また、特定の財には、国から補助金が支給されるものもあります（介護リフォームなど）。このような、**間接税と補助金が含まれた金額**のことを**市場価格表示**といいます。

これに対して、**間接税と補助金を含まない金額**のことを**要素費用表示**といいます。

間接税は、国民経済計算上では「生産・輸入品に課される税」と呼びますので、以下のように覚えておきましょう。

（生産・輸入品に課される税 － 補助金）を含む　⇒　市場価格表示
（生産・輸入品に課される税 － 補助金）を含まない　⇒　要素費用表示

補助金は、その分だけ取引金額が小さくなっているはずなので、マイナスで考慮します。

市場での財の取引は、間接税や補助金を加味した金額で行われるため、**「生産面」**（GDP）、**「分配面」**、**「支出面」**（GDE）**の国民所得の概念は、原則、市場価格表示となります**。

⑷ 国内所得・国民所得

国内所得（DI：Domestic Income）とは、**国内の家計と企業の所得**を指します。いわば、“民間の所得”です。分配面の項目でいえば、以下のようになります。

国内所得（DI）＝雇用者報酬 ＋ 営業余剰・混合所得

国内総生産（GDP）を分配面から見ると、

GDP＝雇用者報酬＋営業余剰・混合所得＋固定資本減耗
＋（生産・輸入品に課される税－補助金）

となりましたから、**GDPから固定資本減耗と（生産・輸入品に課される税－補助金）を差し引けばよい**ことがわかります。

一方、**国民所得**（NI：National Income）は、**国内所得（DI）を国民概念に変換することで得られます。**

国民所得(NI)＝国内所得(DI)＋海外からの要素所得の受取り
－海外への要素所得の支払い

国民所得（NI）は、国民総所得（GNI）がわかっている場合、次のようにも求められます。

国民所得(NI)＝国民総所得(GNI)－固定資本減耗－(生産輸入品に課される税－補助金)

確認してみよう

以下の各問いに答えなさい。

雇用者報酬	300	生産・輸入品に課される税	70
直接税	50	政府最終消費支出	50
財・サービスの輸入	40	中間投入額	500
民間最終消費支出	300	営業余剰・混合所得	100
民間設備投資	40	補助金	20
総生産額	1,000	在庫品増加	10
国内総固定資本形成	100	財・サービスの輸出	80
固定資本減耗	50	海外への要素所得の支払い	10
公共投資	30	社会保障負担	50
海外からの要素所得の受取り	40		

① 生産面から国内総生産（GDP）を計算しなさい。

4 参照

GDP＝総生産額－中間投入額
＝1,000 － 500
＝500

② 分配面から国内総生産（GDP）を計算しなさい。

5 参照

GDP＝雇用者報酬＋営業余剰・混合所得
＋固定資本減耗
＋(生産輸入品に課される税－補助金)
＝300＋100＋50＋70－20
＝500

③ 支出面から国内総生産（GDP）を計算しなさい。

6 参照

GDP＝民間最終消費支出＋政府最終消費支出

＋国内総固定資本形成＋在庫品増加

＋(財・サービスの輸出－財・サービスの輸入)

＝300＋50＋100＋10＋80－40

＝500

④ 国民総所得（GNI）を計算しなさい。

9 (2) 参照

国民総所得（GNI）は国民総生産（GNP）と同じものを指します。よって、

GNI＝GDP＋海外からの要素所得の受取り

－海外への要素所得の支払い

＝500＋40－10

＝530

⑤ 国民所得（NI）を計算しなさい。

9 (4) 参照

NI＝GNI－固定資本減耗

－(生産輸入品に課される税－補助金)

＝530－50－(70－20)

＝430

解法ナビゲーション

ある経済の国民経済計算（SNA）の「国内総生産勘定（生産側及び支出側）」に掲載されている項目の数値が以下のように与えられているとする。このとき、国内総生産（GDP）の数値はいくらか。ただし、「統計上の不突合」はゼロであるとする。

国般2016

政府最終消費支出	120
在庫品増加	−5
雇用者報酬	298
固定資本減耗	122
総固定資本形成	129
民間最終消費支出	356
財・サービスの輸入	115
補助金	4
生産・輸入品に課される税	50
財・サービスの輸出	96
営業余剰・混合所得	115

❶ 457
❷ 476
❸ 535
❹ 581
❺ 586

国内総生産（GDP）が問われていますが、国民経済計算上は三面等価の原則が成り立つので、生産、分配、支出のどの側面からでも計算することができます。

【解答・解説】 正解❹

まず、支出面から計算することができるか確認します。支出面から見ると国内総生産（GDP）は、

国内総生産(GDP)＝民間最終消費支出＋政府最終消費支出
＋国内総固定資本形成＋在庫品増加
＋(財・サービスの輸出－財・サービスの輸入)

となります。問題文にすべての項目が与えられているので、

国内総生産(GDP)＝356＋120＋129＋(－5)＋(96－115)
＝581

と計算することができます。

よって、正解は❹となります。

ちなみに、本問では分配面から国内総生産（GDP）を捉えることもできます。分配面から見た場合の国内総生産（GDP）は、

国内総生産(GDP)＝雇用者報酬＋営業余剰・混合所得＋固定資本減耗
＋(生産・輸入品に課される税－補助金)

となり、問題文にすべての項目が与えられています。よって、

国内総生産(GDP)＝298＋115＋122＋(50－4)
＝581

と計算することもできます。

過去問にチャレンジ

問題1
★
▶解説は別冊 p.2

ある国のマクロ経済について次のような数値が与えられているとき、この国の国内総生産（GDP）の値として最も適当なのはどれか。

裁判所2007

雇用者所得	2700
営業余剰	990
固定資本減耗	750
直接税	480
間接税	380
社会保障負担	460
補助金	40
海外からの要素所得	170
海外への要素所得	130

❶ 4320
❷ 4780
❸ 4820
❹ 4840
❺ 5260

問題2 ★★

▶解説は別冊 p.2

次の表は、ある国の経済活動の規模を表したものであるが、この場合における空所A～Cの値の組合せとして、妥当なのはどれか。

区Ⅰ2005

国内総生産	515
国民純生産（市場価格表示）	420
国民所得（要素費用表示）	385
民間最終消費支出	A
政府最終消費支出	85
国内総資本形成	140
財貨・サービスの純輸出	5
海外からの所得の純受取	5
固定資本減耗	B
生産・輸入品に課される税（間接税）	40
補助金	C

	A	B	C
❶	285	100	5
❷	250	75	10
❸	250	100	10
❹	285	75	5
❺	250	100	5

問題3

★★

▶解説は別冊 p.3

ある国の経済において、国民経済計算の資料が次のように与えられたとき、国内総生産（GDP）と国民所得（NI）の大きさの組合せとして、正しいのはどれか。ただし、海外からの要素所得及び海外への要素所得はないものとする。

都Ⅰ 2004

民間最終消費支出	600
政府最終消費支出	100
国内総固定資本形成	180
固定資本減耗	80
財貨・サービスの輸出	160
財貨・サービスの輸入	120
間接税	90
補助金	40

	GDP	NI
❶	840	750
❷	840	790
❸	890	750
❹	920	790
❺	920	840

問題4 ★★

▶解説は別冊 p.4

次の表は、ある国の経済活動の規模を表したものであるが、この場合における国民総生産、国民純生産及び国民所得を示す値の組合せとして、妥当なのはどれか。

区Ⅰ 2014

雇用者所得	250
営業余剰	90
固定資本減耗	100
間接税	40
補助金	5
海外からの要素所得の受取り	20
海外への要素所得の支払い	10

	国民総生産	国民純生産	国民所得
❶	475	375	330
❷	475	385	350
❸	485	375	340
❹	485	385	330
❺	485	385	350

次のA～Eの記述のうち、国内総生産（GDP）に含まれるものの組合せとして、妥当なのはどれか。

★

▶解説は別冊 p.5

区Ⅰ2018

A　土地や株式の取引における仲介手数料
B　保有資産の価格が変動することによって得られるキャピタル・ゲイン
C　警察、消防、国防といった政府が提供する公共サービス
D　農家が自分で生産したものを市場に出さないで自分で消費する農家の自家消費
E　掃除、洗濯、料理といった主婦又は主夫による家事労働

❶　A　B　D
❷　A　C　D
❸　A　C　E
❹　B　C　E
❺　B　D　E

問題6 GDP（国内総生産）に関する次の記述のうち、妥当なのはどれか。

国般2006

★★

▶解説は別冊 p.5

❶ GDPは、国内のあらゆる生産高（売上高）を各種経済統計から推計し、これらを合計したものである。例えば、農家が小麦を生産してこれを１億円で製造業者に販売し、製造業者がこれを材料にパンを製造して３億円で消費者に販売すれば、これらの取引でのGDPは４億円となる。

❷ GDPは「国内」での経済活動を示すものであるのに対し、GNI（国民総所得）(注)は「国民」の経済活動を示すものである。GDPでは消費、投資、政府支出等の国内需要が集計され、輸出、輸入は考慮されないのに対して、GNIはGDPに輸出を加え、輸入を控除したものとして算出される。

❸ GDPは原則として、市場でのあらゆる取引を対象とするものであるが、中古品の売買は新たな富の増加ではないから、仲介手数料も含めてGDPには計上されない。一方、株式会社が新規に株式を発行したような場合にはその株式の時価総額がGDPに計上される。

❹ GDPに対してNDP（国内純生産）という概念がある。市場で取引される価格には間接税を含み補助金が控除されているので、GDPが、間接税を含み補助金を除いた価格で推計した総生産高であるのに対し、NDPはGDPに補助金を加えて間接税を控除したものとして算出される。

❺ 市場取引のない活動は原則としてGDPには計上されない。例えば、家の掃除を業者に有償で頼めばその取引はGDPに計上されるが、家族の誰かが無償で掃除をしてもGDPには関係しない。ただし、持ち家については、同様の借家に住んでいるものとして計算上の家賃をGDPに計上している。

（注）GNI（国民総所得）は93 SNA 上の概念であり、68 SNA でのGNP（国民総生産）に該当する。

2 産業連関表

学習のポイント

- 産業連関表の見方とその特徴を押さえましょう。
- 産業連関表においても「三面等価の原則」が成立します。この点に注目すると、問題の正解が早く絞れることがあります。

1 産業連関表とは

国民経済計算（SNA）では、一定期間（通常、1年）終了後に、経済活動の結果をいくつかの「報告書」にしてまとめます。その中の一つが**産業連関表**です。

産業連関表とは、**国内にある産業間の取引関係を示すもの**です。

2 産業連関表の見方

産業は二つしかないものとし、それぞれ産業Ⅰ（農林水産業）、産業Ⅱ（工業）とします。

（単位：億円）

		中間需要		最終需要	総生産額
		産業Ⅰ	産業Ⅱ		
中間投入	産業Ⅰ	200	100	300	600
	産業Ⅱ	150	50	200	400
付加価値		250	250		
総投入額		600	400		

販路構成（横方向）→
費用構成（縦方向）↓

産業連関表は、数値の並びを横に見るか縦に見るかで、読み取れる情報が異なります。

(1) 販路構成（横方向の数値の並び）

産業連関表の数値の並びを横方向に見ると、**各産業で生産されたものが「どこに」**、

「どれだけ」、「どのような形で」販売されたかがわかります。よって、横方向の数値の並びを**販路構成**といいます。

産業Ⅰを例に説明しましょう。右端の「総生産額」は、各産業の生産額（販売額）を表し、横方向の数値の並びの合計を表しています。

産業Ⅰの総生産額600億円のうち、200億円（左端）は、同じ産業Ⅰに原材料として販売した金額を表します（上にある「中間需要」という言葉から読み取ることができます）。例えば、ある農家が生産したコメを、別の農家に種として販売したというイメージです。同様に、100億円だけ別の産業Ⅱに原材料として販売しています。これは、林業で伐採された材木を、住宅メーカーに資材として販売したというイメージです。

残りの300億円は、消費者に対して普通の商品（最終生産財）として販売されたことを表します。

そして、販売額の合計が、総生産額600億円になっているのです。

⑵ 費用構成（縦方向の数値の並び）

産業連関表の数値の並びを縦方向に見ると、**各産業で生産に当たって原材料費がどれだけかかり、その他の費用がどれだけかかったかがわかります**。よって、縦方向の数値の並びを**費用構成**といいます。

産業Ⅰを例に説明します。最下段の「総投入額」は、縦方向の数値の並びの合計を表しています。

産業Ⅰの総投入額600億円のうち、200億円（最上段）は、同じ産業Ⅰから原材料を購入したときにかかった原材料費を表します（左にある「中間投入」という言葉から読み取ることができます）。同様に、150億円は、別の産業Ⅱから原材料を購入したときに払った原材料費です。

残りの「付加価値」250億円は、原材料費以外の支出で、人件費、税金、獲得した利益などを表します。

そして、すべての合計が総投入額600億円になっているのです。

3 産業連関表の特徴

(単位：億円)

		中間需要		最終需要	総生産額
		産業Ⅰ	産業Ⅱ		
中間投入	産業Ⅰ	200	100	300	600
	産業Ⅱ	150	50	200	400
付加価値		250	250		
総投入額		600	400		

産業連関表には以下の二つの性質があります。

⑴ 各産業の、横方向の合計金額と縦方向の合計金額は一致する

産業ごとに、販路構成の合計（＝総生産額）と費用構成の合計（＝総投入額）は一致します。これは、付加価値に各産業の営業余剰（利益）が含まれるためです。つまり、総投入額が販売額ベースであるため、販売額の合計である総生産額に等しくなるのです。

⑵ 三面等価の原則が成立する

産業連関表は、国民経済計算（SNA）の一環として作成される表なので、三面等価の原則が成立します。

① 生産面の国民所得

生産面から国内総生産（GDP）を計算すると、以下のようになります。

GDP＝総生産額－中間投入額

＝(600＋400)－(200＋150＋100＋50)

＝500

② 分配面の国民所得

雇用者報酬や営業余剰といった分配面の項目は、「付加価値」の欄に集計されます。よって、分配面からGDPを計算すると、以下のようになります。

GDP＝付加価値の合計

＝250＋250

＝500

③ 支出面の国民所得

民間最終消費支出や国内総固定資本形成といった支出面の項目は、「最終需要」の欄に集計されます。よって、支出面からGDPを計算すると、以下のようになります。

GDP＝最終需要の合計
＝300＋200
＝500

確認してみよう

産業連関表が以下のようになっているとき、以下の各問いに答えなさい。

（単位：億円）

		中間需要		最終需要	総生産額
		農業	工業		
中間投入	農業	A	20	70	100
	工業	40	100	E	F
付加価値		B	D		
総投入額		C	200		

① Aの金額はいくらか。

2、3 参照

A＋20＋70＝100
∴ A＝10（億円）

② Cの金額はいくらか。

2、3 参照

産業ごとに、横方向の合計と縦方向の合計は一致するので、C＝100（億円）となります。

③ Bの金額はいくらか。

2、3 参照

A + 40 + **B** = **C**

⇔ 10 + 40 + **B** = 100　∴ **B** = 50

④ **F**の金額はいくらか。

2、3 参照

産業ごとに、横方向の合計と縦方向の合計は一致するので、**F** = 200（億円）となります。

⑤ **E**の金額はいくらか。

2、3 参照

40 + 100 + **E** = **F**

⇔ 40 + 100 + **E** = 200　∴ **E** = 60

または、**D**は差額で80ですから、三面等価の原則から分配面＝支出面となるので、

B + **D** = 70 + **E**

⇔ 50 + 80 = 70 + **E**　∴ **E** = 60

過去問にチャレンジ

★

▶解説は別冊 p.6

次の表は、封鎖経済の下で、すべての国内産業がA、B及びCの3つの産業部門に分割されているとした場合の単純な産業連関表であるが、表中のア～カに該当する数字の組合せとして、妥当なのはどれか。

区Ⅰ 2011

投入＼産出		中間需要			最終需要	総産出額
		A産業	B産業	C産業		
中間投入	A産業	20	30	50	**ア**	**イ**
	B産業	40	40	20	60	160
	C産業	**ウ**	30	110	60	**エ**
付加価値		100	**オ**	90		
総投入額		230	**カ**	270		

	ア	イ	ウ	エ	オ	カ
❶	130	220	60	260	60	160
❷	120	220	60	270	50	150
❸	120	220	60	260	50	150
❹	130	230	70	270	50	160
❺	130	230	70	270	60	160

問題2
★
▶解説は別冊 p.7

3つの産業からなる国の経済の産業連関表が下の表のように示されており、表の中のA～Jの数値は不明である。このとき、Cに入る数値として最も適当なものはどれか。

裁判所2005

		中間需要			最終需要	産出合計
		産業1	産業2	産業3		
中間投入	産業1	25	**A**	**B**	**C**	80
	産業2	**D**	**E**	20	35	90
	産業3	15	20	**F**	40	**G**
粗付加価値		30	30	35		
投入合計		**H**	**I**	**J**		

❶ 15
❷ 20
❸ 25
❹ 30
❺ 35

問題3

★★

▶解説は別冊 p.7

次の表Ⅰは、封鎖経済の下で、すべての国内産業がア、イの二つの産業部門に分割されているとした場合の産業連関表であり、表Ⅱは、表Ⅰの数字に基づいて各産業間の投入係数を表した表であるが、表Ⅰ中のA～Gに該当する数字の組合せとして、妥当なのはどれか。

区Ⅰ 2003

表Ⅰ　(単位　億円)

投入＼産出		中間需要		最終需要	総産出額
		ア産業	イ産業		
中間投入	ア産業	**A**	20	70	**B**
	イ産業	**C**	**D**	60	200
付加価値		**E**	**F**		
総投入額		**G**	200		

表Ⅱ

	ア産業	イ産業
ア産業	0.1	0.1
イ産業	0.4	0.5

	A	B	C	D	E	F	G
❶	10	100	20	180	40	30	50
❷	10	100	40	100	50	80	100
❸	20	110	30	100	60	80	120
❹	30	80	40	100	50	30	80
❺	30	120	20	180	40	50	50

3 物価指数

学習のポイント

・名目GDPと実質GDPの違いを押さえましょう。
・物価指数（特にGDPデフレーター）の計算方法を覚えましょう。

1 GDPと景気の関係

ある国の昨年のGDPが10,000円、今年のGDPが20,000円になったとしましょう。この場合、この国の景気はよくなったといえるでしょうか。

財はパン１種類だけであるとして、昨年と今年のパンの価格と生産量が以下のようになっていたとします。

	価格	生産量
昨年	1円	10,000個
今年	2円	10,000個

GDPは同額だけ人々に所得として分配されますから（生産と分配の二面等価）、昨年の人々の所得は10,000円です。これを昨年時点のパンの価格１円で割ると、10,000円÷１円＝10,000個となります。つまり、所得でパンを10,000個購入することができた状態です。

一方、現在の所得は20,000円で、これを現在のパンの価格２円で割ると、20,000円÷２円＝10,000個となります。購入可能なパンの量から考えると、人々の所得は昨年と何も変わっていないのです。

つまり、**GDPの金額が２倍になったとしても、物価**（価格）**も２倍になっていれば、生産活動も人々の生活も実質的には何も変わっていない**ことになるのです。このように、GDPを金額で比較する際には注意が必要です。

2 名目GDPと実質GDP

国内総生産（GDP）は、価格の変化が含まれたもの（名目値）と、価格の変化を除いたもの（実質値）二つを計算します。

次の表において、昨年を基準年次、今年を比較年次と呼ぶことにします。また、財の種類は１種類であるとします。

	価 格	生産量
基準年次 (昨 年)	P_0 (1円)	Q_0 (10,000個)
比較年次 (今 年)	P_t (2円)	Q_t (10,000個)

(1) 名目GDP

名目GDPとは、**国内総生産**（GDP）**の名目値で、比較年次の財の生産量に、比較年次**（今年）**の財の価格を掛けて計算されます**。

名目GDP＝$P_t \times Q_t$　（20,000円＝2円×10,000個）

名目GDPは、現在時点の価格の変化を反映した金額であるといえます。

(2) 実質GDP

実質GDPとは、**国内総生産**（GDP）**の実質値で、比較年次の財の生産量に、基準年次**（昨年）**の価格を掛けて計算されます**。

実質GDP＝$P_0 \times Q_t$　（10,000円＝1円×10,000個）

価格を基準年次に固定することで、価格の変動をGDPの金額から排除できるのです。

(3) GDPデフレーター

名目GDPと実質GDPを使うと、財の種類がたくさんあっても国全体の価格水準（＝物価）がどの程度変化しているかを知ることができます。**物価の変化を表すものを物価指数**といいます。その中でも、代表的なものが**GDPデフレーター**と呼ばれるものです。

GDPデフレーターは、**名目GDPを実質GDPで除して計算されます**。

$$\text{GDPデフレーター}=\frac{\text{名目GDP}}{\text{実質GDP}}\cdot 100\ (\%)\qquad\cdots\cdots①$$

$$=\frac{P_t\cdot Q_t}{P_0\cdot Q_t}\cdot 100\ (\%)$$

$$=\frac{2\text{円}\times 10{,}000\text{個}}{1\text{円}\times 10{,}000\text{個}}\times 100\ (\%)$$

$$=200\ (\%)$$

と計算され、この数値例でいうと200となります。これは、価格が200％（2倍）変化していることを表しています。

また、GDPデフレーターの式（①式）を変形すると以下のようになります。

$$実質GDP = \frac{名目GDP}{GDPデフレーター}$$

①式と同じものですが、覚えやすいほうで覚えてください。

3 物価指数

物価指数の種類と計算方法について見ていきましょう。世の中にはたくさんの財が存在していますが、試験に出るのは2財までですので、2種類の財（X財とY財）を前提として計算の仕方をしっかり押さえましょう。

【モデル】

基準年次（物価指数＝100）			比較年次		
	価格	生産量		価格	生産量
X	P_{0X}	Q_{0X}	X	P_{tX}	Q_{tX}
Y	P_{0Y}	Q_{0Y}	Y	P_{tY}	Q_{tY}

【数値例】

基準年次（物価指数＝100）			比較年次		
	価格	生産量		価格	生産量
X	100円	80個	X	200円	60個
Y	200円	60個	Y	120円	70個

(1) ラスパイレス物価指数

ラスパイレス物価指数（L）は、基準年次の生産量をベースにして計算されます。

$$L = \frac{P_{tX} \times Q_{0X} + P_{tY} \times Q_{0Y}}{P_{0X} \times Q_{0X} + P_{0Y} \times Q_{0Y}} \times 100\ (\%)$$

まず、2財の「価格」のところだけに注目してください。どちらの財についても $\frac{P_t}{P_0}$ $\left(\frac{比較年次}{基準年次}\right)$ となっており、比較年次の価格が分子にきています。そして、分子と分母の価格に基準年次の「生産量」（取引量）が掛けられています。

数値例で計算すると以下のようになります。

$$L = \frac{200 \times 80 + 120 \times 60}{100 \times 80 + 200 \times 60} \times 100(\%) = 116(\%)$$

基準年次の物価指数は100ですから、ラスパイレス物価指数によると物価水準が16%上昇していることになります。ちなみに、**消費者物価指数**（CPI：Consumer Price Index）や**国内企業物価指数**（CGPI：Corporate Goods Price Index）は、このラスパイレス物価指数の方法によって算定されています。

(2) パーシェ物価指数

パーシェ物価指数（P）は、**比較年次の生産量をベースにして計算されます。**

$$P=\frac{P_{tX}\times Q_{tX}+P_{tY}\times Q_{tY}}{P_{0X}\times Q_{tX}+P_{0Y}\times Q_{tY}}\times 100(\%)$$

まず、２財の「価格」の取り方はラスパイレス物価指数と同じです。異なるのは「生産量」だけです。パーシェ物価指数では、分子にも分母にも２財それぞれの比較年次の生産量を乗じて計算します。

数値例で計算すると以下のようになります。

$$P=\frac{200\times 60+120\times 70}{100\times 60+200\times 70}\times 100(\%)=102(\%)$$

基準年次の物価指数は100ですから、パーシェ物価指数によると物価水準が２％上昇していることになります。

また、ここでは２財で計算していますが、**一般化したパーシェ物価指数はGDPデフレーターと同じものです。**

確認してみよう

以下の表に基づいて、各問いに答えなさい。

	価格	生産量
基準年次	2	3,000
比較年次	3	2,000

① 比較年次の名目GDPを計算しなさい。

2 (1) 参照

名目GDP＝3×2,000
＝6,000

② 比較年次の実質GDPを計算しなさい。

2 (2) 参照

実質GDP＝2×2,000

$=4{,}000$

③ GDPデフレーターを計算しなさい。

2 (3) 参照

$$\text{GDPデフレーター}=\frac{\text{名目GDP}}{\text{実質GDP}}$$

$$=\frac{6{,}000}{4{,}000}$$

$$=1.5\ (150\%)$$

④ ラスパイレス方式によって計算される代表的な物価指数を一つ挙げなさい。

3 (1) 参照

消費者物価指数 or 国内企業物価指数

⑤ パーシェ方式によって計算される代表的な物価指数を一つ挙げなさい。

3 (2) 参照

GDPデフレーター

過去問にチャレンジ

問題1
★
▶解説は別冊 p.8

次の表は、2つの最終財（財1、財2）を生産・消費する閉鎖国民経済の2000年と200X年における各財の価格と生産量である。2000年を基準年として、200X年におけるGDPデフレーターの値として最も適当なのはどれか。

裁判所2009

	財1の価格	財2の価格	財1の生産量	財2の生産量
2000年	1	1	100	100
200X年	1	2	200	400

❶ $\frac{7}{5}$

❷ $\frac{3}{2}$

❸ $\frac{5}{3}$

❹ $\frac{11}{7}$

❺ $\frac{9}{5}$

問題2
★★
▶解説は別冊 p.9

ある国の経済は、工業製品と農産物のみから成り立っており、それらの2000年（基準年）と2014年における生産量と価格は以下の表のとおりであった。このとき、パーシェ指数を用いて計算した場合の2000年（基準年）に対する2014年のGDPデフレーターの数値（指数）はいくらか。

労基2015

	工業製品		農産物	
	生産量	価格	生産量	価格
2000年（基準年）	50個	60万円/個	120トン	20万円/トン
2014年	60個	70万円/個	70トン	30万円/トン

❶ 103
❷ 108
❸ 117
❹ 126
❺ 131

問題3
★★
▶解説は別冊 p.10

ある国でA財とB財の2財のみが生産されており、この国の基準年の名目GDPは1,200であり、その半分はA財の生産によるものとする。ここで、比較年の名目GDPは基準年に比べて40％増加したが、A財の全体の生産に占める割合は不変であり、かつ、基準年と比較年の間でA財の価格は変化せず、B財の価格は20％上昇したと仮定した場合、比較年の実質GDPはいくらになるか。

ただし、A財、B財ともに基準年の価格は1とする。

国般2004

❶ 1,344
❷ 1,512
❸ 1,540
❹ 1,560
❺ 1,680

第2章

財市場の分析（45°線分析）

均衡国民所得の決定

デフレギャップとインフレギャップ

乗数理論

1 均衡国民所得の決定

学習のポイント

- 消費関数の式とグラフは覚えましょう。
- 「均衡国民所得」の意味と計算の仕方を押さえましょう。
- 政府の活動を考慮する場合、何がどう変わるかに注意しましょう。

1 古典派とケインズ派

第1章で扱った国民経済計算では、景気判断の重要な指標となる国民所得（生産、分配、支出）の集計の仕方について学習しました。この章からは、「何が景気の良否を決めるのか」、景気が悪いなら「どのような政策を採るべきか」について考えていきます。実は、これについて大きく二つの考え方がありますので、それぞれの概要を紹介します。ここでは、キーワードを知る程度で十分です。

(1) 古典派経済学

古典派とは、**伝統的なミクロ経済学の理論で一国の景気の状況を説明する人たち**です。古典派は、**国民所得**（景気）**は、財の総供給**（生産面）**に一致するように決まる**と考えます。これを、**セイの法則**といいます。

例えば、1国の財の総供給が総需要（支出面）を上回り、超過供給が発生しているとします。この場合、超過供給を解消するように物価が下落すると考えます（ワルラス的な価格メカニズム）。物価の下落は総需要を拡大させ、やがて総供給に一致することになると主張します。つまり、**“景気”は、総供給次第である**、と考えるのです。

補足

古典派経済学は18世紀後半にイギリスの経済学者を中心に発展し、1870年代にいわゆる「限界革命」によって、のちの新古典派経済学に取って代わられることになりました。説明にある「伝統的なミクロ経済学の理論で」とは、どちらかといえばこの新古典派経済学の傾向に当たり、ミクロ経済学でその理論を学習したL.ワルラス、F.Y.エッジワース、A.マーシャルらは新古典派の経済学者です。

ただ、古典派と新古典派を明確に区別して把握する必要は試験対策上はありませんので、「ケインズ経済学」と「古典派→新古典派経済学」の二つの潮流がある、と理解しておきましょう。

(2) ケインズ経済学

① ケインズ経済学

一方、1929年の世界恐慌を目の当たりにし、伝統的な古典派の考え方に疑問を持った人がいます。**J.M.ケインズ**です。大量の在庫（＝超過供給）は解消されず、多くの失業者が発生する状況を見て、『雇用・利子及び貨幣の一般理論』において、全く逆の考え方を提示しました。

ケインズは、財の超過供給が発生していたとしても物価の下落は起きず、**企業による生産調整**（在庫調整）**が起きる**と考えました。企業が財の生産を減らすなら、仕事に従事していた労働者が不要になります。つまり、**総供給が減少することで失業が発生する**としたのです。総供給の減少は総需要に一致するまで続き、**国民所得**（景気）**は、財の総需要**（支出面）**に一致するように決まる**と主張します。これを、**有効需要の原理**といいます。

ヒント

古典派の依拠するセイの法則は、供給の大きさが国民所得を決定すると考えたのに対し、ケインズ経済学の依拠する有効需要の原理は、需要の大きさが国民所得を決定すると考えました。このように対照的に把握しておきましょう。

② ケインズ経済学のモデル

ケインズの理論は、さまざまな学者によって簡単化・モデル化されました。

最もシンプルなものが、**P.A.サミュエルソン**による**45°線分析**です。このモデルは、物価（P）と利子率（r）を一定とする（無視する）ことで、簡単化しています。これを本章で学習します。

また、物価は一定としながら、利子率の動きを考慮してモデル化したものが、**J.R.ヒックス**による**IS－LM分析**です。

最後に、物価の動きを考慮して、古典派とケインジアンの対立を整理するのが**AD－AS分析**です。

皆さんは、ケインズ経済学を中心としてマクロ経済学を学習することになります。

2 総供給と総需要

サミュエルソンの45°線分析を前提として、財の総供給と総需要について見ていきましょう。

(1) 総供給

総供給（Y_S）は、**1国全体の財の生産額**のことです。

ミクロ経済学では、「生産関数」を使って財の生産を説明しましたが、45°線分析では、生産関数は使いません。財の生産額と分配される所得は等しくなるという性質を利用して（二面等価）、分配された所得の側から総供給を定義します。

分配面の国民所得をY（Yield）とします。人々の所得（Y）は、生活のために消費（C：Consumption）される分と、将来のために貯蓄（S：Saving）される分とに分かれます。よって、総供給を、以下のように定義します。

$$Y_S = Y = C + S$$

(2) 総需要

総需要（Y_D）は、**1国全体の財に対する需要額**（支出額）のことです。

人々が財の購入に使った金額を消費（C）、企業の設備投資や家計の住宅投資などを民間投資（I：Investment）とします。公共事業など政府が使った金額は、政府支出（G：Governmental expenditure）とします（公共投資、財政支出ともいいます）。財・サービスの輸出（X：Export）と輸入（M：Import）は、国民経済計算のときと同様の扱いです。

よって、総需要（Y_D）は、以下のように表すことができます。

$$Y_D = C + I + G + X - M$$

ただし、しばらくは政府の存在（G）と海外との取引（X、M）は無視し、消費と投資だけで説明を進めます。そのような問題も出題されるからです。

$$Y_D = C + I$$

3 ケインズ型消費関数とケインズ型貯蓄関数

(1) ケインズ型消費関数

ケインズは、所得（Y）が大きくなれば消費（C）は増え（$Y\uparrow \Rightarrow C\uparrow$）、所得が小さくなれば消費は減ると考えました（$Y\downarrow \Rightarrow C\downarrow$）。このような、**所得と消費が同じ方向に変化する関係**を、**消費（C）は国民所得（Y）の増加関数**といいます。

具体的には、以下のような一次関数を考えました。

$$C = cY + C_0 \quad \left(\begin{array}{l} C：消費、Y：分配面の所得、c：限界消費性向、\\ C_0：基礎消費 \end{array} \right)$$

例　$C = 0.8Y + 20$

これを、**ケインズ型消費関数**と呼びます。

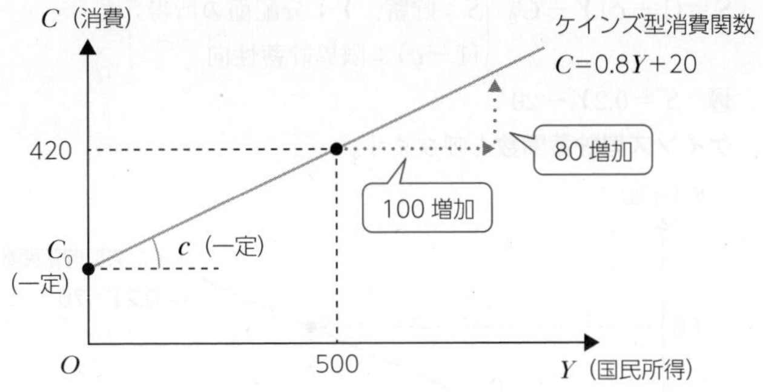

① 限界消費性向

グラフの傾きを、**限界消費性向**（$\boldsymbol{c}$）と呼びます。これは、**国民所得（$\boldsymbol{Y}$）が1単位増加したときに、消費（$\boldsymbol{C}$）がどれだけ増加するか**を表すもので、$0<c<1$の**一定値**となります。例えば、$c=0.8$であるなら、100だけ所得が増加したとすると、消費は80だけ増加します。

② 基礎消費

縦軸切片の値を**基礎消費**（$\boldsymbol{C_0}$）と呼びます。これは、**横軸の国民所得の値がゼロであるときの消費の大きさ**を示しています。ケインズは、仮に、所得（Y）がゼロになったとしても、消費（C）はゼロにはならないと考えました。人間は食べないと生きていくことができませんから、所得がゼロのときには貯蓄を切り崩すなどして消費に回される金額が一定額はあるだろう、と考えたのです。

(2) ケインズ型貯蓄関数

増加した所得（Y）のうち、限界消費性向分（80%）だけ消費（C）に使うのであれば、残りの20%は貯蓄（S）に振り向けられることになります。つまり、増加した国民所得Yのうちc倍だけ消費が増えるなら、残りの（$1-c$）倍だけ貯蓄が増加するわけです。

所得（Y）$=C+S$ですから、貯蓄（S）は、

$$Y=C+S$$
$$\Leftrightarrow \quad S=Y-C$$

とおけます。ここで、消費（C）にケインズ型消費関数を代入して整理すると、以下のようになります。

$$S=Y-(cY+C_0)$$
$$\Leftrightarrow \quad S=Y-cY-C_0$$

$$S=(1-c)Y-C_0 \quad \begin{pmatrix} S\text{：貯蓄、}Y\text{：分配面の所得、} \\ (1-c)\text{：限界貯蓄性向} \end{pmatrix}$$

例　$S=0.2Y-20$

これを、**ケインズ型貯蓄関数**と呼びます。

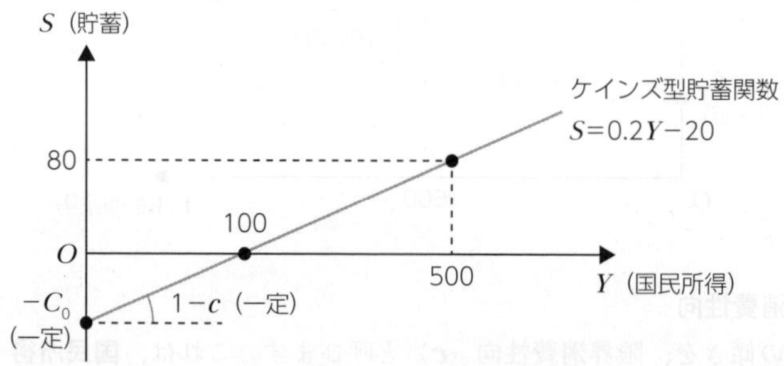

傾きの（$1-c$）（0.2）のことを**限界貯蓄性向**といいます。これは、**増えた所得から貯蓄に振り向けられる割合**を示したものです。限界消費性向cが一定値ですから、限界貯蓄性向も**一定値**となります。

注意しなければいけないのは、ここでいう「貯蓄」はストックとしての貯蓄ではなく、**貯蓄を増減させる部分のみを表す**ということです。例えば、消費関数が$C=0.8Y+20$である場合、所得（Y）が100であるとすると、消費は100になり、所得のすべてを消費することになります。このとき、貯蓄に振り向けられる金額はゼロになります（$S=0$）。これは、“預金口座が空っぽ”になるということではなく、貯蓄を増やすことができなかったことを表すにすぎません。

4 財市場における均衡国民所得の決定

財がどれだけ生産されて（総供給）、その財がどれだけ買われたか（総需要）によって、“景気”（均衡国民所得）が決まります。それぞれグラフ化してみましょう。

(1) 総供給

総供給（Y_S）は、分配面の国民所得（Y）に等しいので（二面等価）、

$Y_S=Y$

とおけます。この式を、横軸に国民所得（Y）、縦軸に総供給（Y_S）の大きさをとった平面上に描くと、**原点Oを通り、傾きの大きさが1**（“分度器”で測ると45°）**の右上がりの直線**となります。

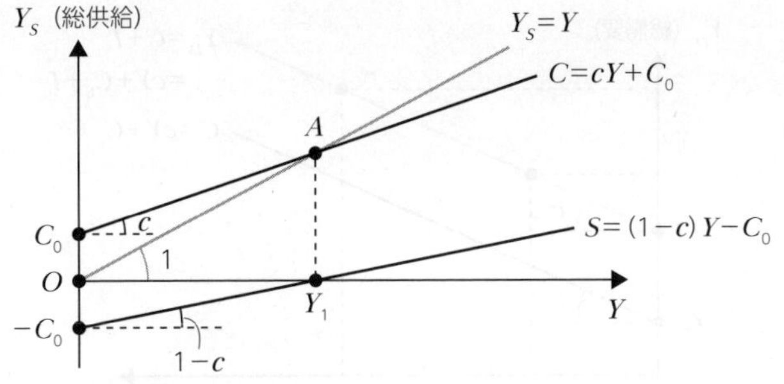

ケインズ型の消費関数と貯蓄関数を合計しても、

$$Y_S = C + S \quad \cdots\cdots ①$$

$$\Leftrightarrow \quad Y_S = cY + C_0 + (1-c)Y - C_0$$

$$\Leftrightarrow \quad Y_S = cY + C_0 + Y - cY - C_0 \quad \therefore \quad Y_S = Y$$

となり、当然同じ結果が得られます。

ここで、A 点に注目してください。貯蓄関数（S）が横軸と交わる国民所得の水準（Y_1）において、消費関数（C）と総供給（Y_S）が交わっています。所得 Y_1 では、貯蓄（S）がゼロとなるので、①式から $Y_S = C$ となるのです。

(2) 総需要

総需要（Y_D）は、政府の存在と海外との取引を無視した状況では、

$$Y_D = C + I \quad \cdots\cdots ②$$

と表せます。

ここで、**投資（I）は一定である**と仮定します。これは「利子率が一定」ということと同じなのですが、後述します。②式の消費（C）にケインズ型の消費関数を代入すると、

$$Y_D = cY + C_0 + I$$

限界消費性向（c）、基礎消費（C_0）、投資（I）はすべて一定ですから、縦軸に総需要（Y_D）、横軸に国民所得（Y）をとった平面上において、傾きが c、縦軸切片が $C_0 + I$ の右上がりの直線として描くことができます。このグラフは、**横軸の所得（Y）が増えると、財に対する消費（C）が増加して、総需要（Y_D）全体が高まる**ことを示しています。

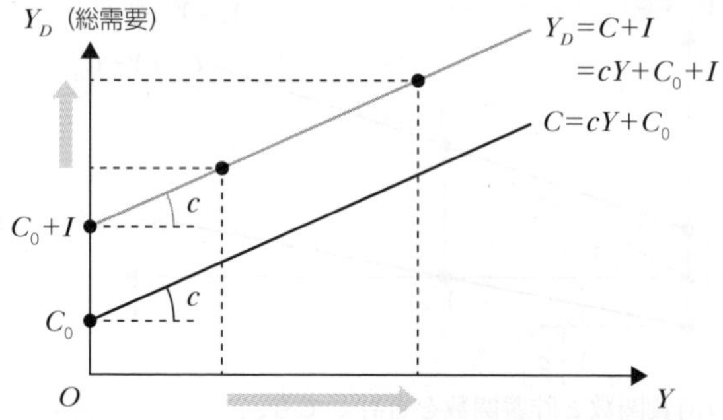

⑶ 均衡国民所得の決定

財に関する総供給（Y_S）と総需要（Y_D）を同一平面上に描くと以下のようになります。このグラフを**財市場**（**生産物市場**と呼ばれることもあります）と呼びます。

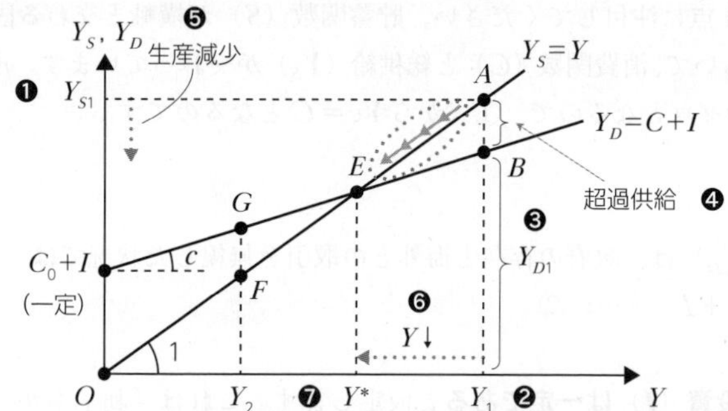

当初、Y_{S1}だけ財が生産されたとしましょう（❶）。この金額分だけ“仕事”をしたということですから、労働者をはじめとした関係各所に、同額のY_1が所得として分配されます（二面等価）（❷）。

所得は財の購入に使われます。所得がY_1のとき、総需要の大きさはY_{D1}となります（❸）。

総供給と総需要の大小関係を見ると、$Y_{S1} > Y_{D1}$となり、線分ABの分だけ財市場に超過供給が発生しています（❹）。総需要に対して“作りすぎ”なのです。やがて、企業は“作りすぎ”を解消しようと、生産数量を減少させようとするでしょう（A点→E点）（❺）。企業の生産減少によって、“仕事”を失う労働者が出てきます。失業が発生するのです。失業者は所得を得ることができませんから、国民所得（Y）が次第に減少していきます（❻）。これにより、総需要もいくぶん減少することになります（B点→E点）。

このような企業の生産調整（在庫調整）は総需要に一致するまで続き、最終的にE点で財市場は均衡します（❼）。このときの国民所得Y^*を**均衡国民所得**といいます。

逆に、財市場が超過需要（線分GF）となっていれば、企業は総需要に一致させるように生産を拡大します（F点→E点）。この過程で雇用が創出されて人々の所得は高まり、やがてE点で経済は均衡します。

このように、**均衡国民所得は、総需要の大きさに一致するように決定される**とケインズは考えたのです。これが有効需要の原理という考え方です。

財市場の均衡点E点では、総供給と総需要は一致し、財に関して無駄はありません。しかし、**失業者が発生している可能性がある**のです。このような均衡状態を、**過少雇用均衡**といいます。モノの需要と供給が一致しているからといって、人々に仕事があるとは限らないのです。

(4) 均衡国民所得の計算

均衡国民所得は、総供給＝総需要となるときの国民所得の大きさです。ただ、総供給（Y_S）の表し方が２通りある（$Y_S=Y$または$Y_S=C+S$）ので、均衡国民所得の計算の仕方にも２通りあることになります。

① 均衡条件式

総供給（Y_S）を$Y_S=Y$として、財市場の均衡（$Y_S=Y_D$）を式に表します。

総供給（Y_S）＝総需要（Y_D）

$$Y=C+I \quad 〔C：消費、I：投資（一定）〕$$

この式を、**均衡条件式**と呼びます。これにケインズ型消費関数を代入して、Yについて解くと、

$$Y=C+I$$
$$\Leftrightarrow \ Y=cY+C_0+I$$
$$\Leftrightarrow \ Y-cY=C_0+I$$
$$\Leftrightarrow \ (1-c)Y=C_0+I \qquad \therefore \ Y=\frac{1}{1-c}(C_0+I)$$

となります。これが均衡国民所得を表す式です。

② 貯蓄・投資バランス（ISバランス）

総供給（Y_S）を$Y_S=C+S$として、財市場の均衡（$Y_S=Y_D$）を式に表します。

総供給（Y_S）＝総需要（Y_D）

$$C+S=C+I \quad 〔C：消費、S：貯蓄、I：投資（一定）〕$$

$\therefore\ S = I$

となり、**財市場が均衡し、総需要と総供給が一致しているときには、貯蓄（S）と投資（I）が一致している**ことがわかります。これを**貯蓄・投資バランス（ISバランス）**といいます。

5 政府の活動を含むケース

政府の存在を考慮して、均衡国民所得の決定について見ていきます。

政府は、国民から租税（税金）（T：Tax）を徴収し、それを財源として公共事業などの形で政府支出（G）を行います。

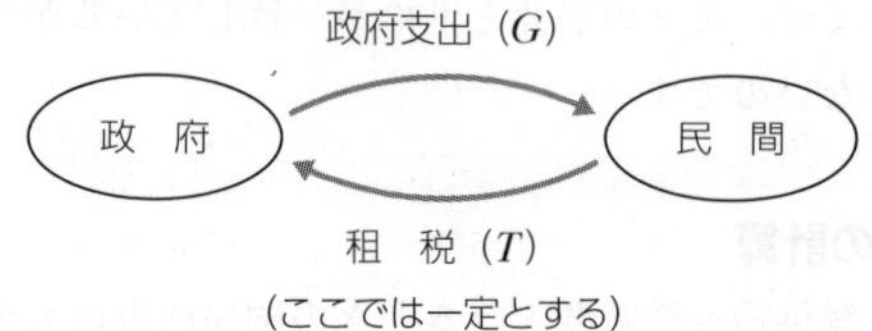

ここでは、租税（T）は政府が定めた金額で一定とします。これを**定額税**（**一括税**）と呼びます（増税・減税などの政策が行われたときには変化します）。

この政府の行動を考慮すると、これまでの総供給（Y_S）と総需要（Y_D）は、以下のように修正されます。

(1) 総供給

国民は、所得（Y）の一部を税金（T）として政府に納めなければなりません。総供給と同額の所得を得たら（$Y_S = Y$）、まず政府に租税（T）を納め、残った所得（$Y - T$）を消費（C）と貯蓄（S）に振り分けます。つまり、

$Y - T = C + S$　　……①

となります。左辺の**租税を支払った後の所得（$Y - T$）**のことを**可処分所得**といいます。よって、この①式から分配面の所得（Y）は$Y = C + S + T$と表すことができますので、総供給（Y_S）は以下のように表せます。

$Y_S = Y = C + S + T$

総供給（Y_S）が$Y_S = Y$であることに変わりはありませんから、総供給のグラフは、$Y_S = Y$で**修正はありません**。

(2) 総需要

政府支出（G）の金額が総需要を構成する項目として加わることになります。よって、総需要（Y_D）は以下のようにおけます（問題文で何らかの形で指示があります）。

$$Y_D = C + I + G$$

ここで、政府支出（G）は、**政策が行われない以上は一定値**とします。このような、**政策が行われたときのみ変化するもの**を、**政策変数（外生変数）**と呼ぶことがあります。

また、国民が消費（C）に使うことのできる金額は、可処分所得（$Y-T$）になりますから、ケインズ型の消費関数を、“可処分所得（$Y-T$）の増加関数”という形に修正します。

$$C = c(Y-T) + C_0$$

この修正後の消費関数を総需要（Y_D）の式に代入して整理すると、

$$Y_D = C + I + G$$
$$\Leftrightarrow \quad Y_D = c(Y-T) + C_0 + I + G$$
$$\Leftrightarrow \quad Y_D = cY - cT + C_0 + I + G$$

となります。総需要（Y_D）と分配面の国民所得（Y）以外はすべて一定値ですから、横軸にY、縦軸にY_Dをとった平面上に、傾きがc、縦軸切片が$-cT + C_0 + I + G$の右上がりの直線として示すことができます。

(3) 均衡国民所得の決定

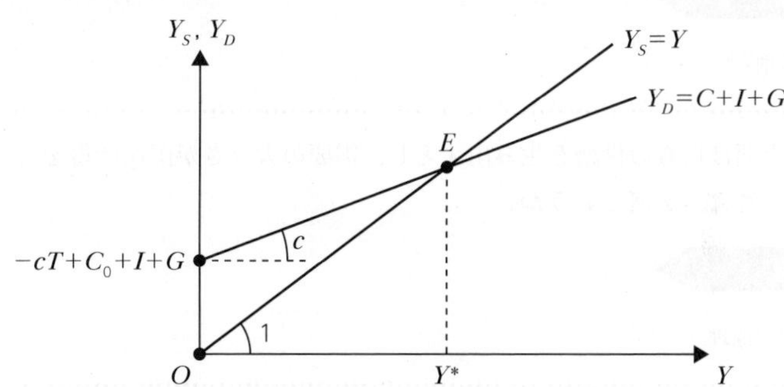

財市場の均衡条件式は、以下のようになります。

総供給（Y_S）＝総需要（Y_D）

$$Y = C + I + G$$

ケインズ型消費関数$C = c(Y-T) + C_0$を代入してYについて解くと、均衡国民所得（Y^*）は以下のようになります。

$$Y = C + I + G$$
$$\Leftrightarrow \quad Y = c(Y-T) + C_0 + I + G$$
$$\Leftrightarrow \quad Y - cY = -cT + C_0 + I + G$$
$$\Leftrightarrow \quad (1-c)Y = -cT + C_0 + I + G$$

$$\therefore \quad Y^* = \frac{1}{1-c} \cdot (-cT + C_0 + I + G)$$

となります。

均衡国民所得（Y^*）の大きさは、その国の限界消費性向（c）、租税（T）、基礎消費（C_0）、民間投資（I）、政府支出（G）の大きさによって決まることが示されています。これらはすべて総需要を構成する項目です。もし、企業の設備投資が活発になったり（I ↑）、政府が公共事業などで派手にお金を使ったりすれば（G ↑）、均衡国民所得は高まり、"景気"は良くなるわけです（Y^* ↑）。逆に、政府が増税を行うと（T ↑）、マイナス部分（$-cT$）が大きくなって、"景気"は悪化してしまう（Y^* ↓）ことがわかります。

確認してみよう

① 供給は自らの需要を生み出すとし、供給の大きさが国民所得を決定するという考え方を何というか。

1 (1) 参照

セイの法則

② 需要は自らの供給を生み出すとし、需要の大きさが国民所得を決定するという考え方を何というか。

1 (2) 参照

有効需要の原理

③ 消費関数が$C = 0.8Y + 20$、投資が$I = 60$であるとするとき、均衡国民所得はいくらか。

4 (4) 参照

均衡条件式に消費関数と投資を代入すると、

$Y = C + I$

$\Leftrightarrow \quad Y = 0.8Y + 20 + 60$

$\Leftrightarrow \quad 0.2Y = 80 \qquad \therefore \quad Y = 400$

と計算することができます。

④ 消費をC、国民所得をY、限界消費性向をc、基礎消費をC_0、租税をTとした場合、ケインズ型の消費関数を示しなさい。

5 (2) 参照

$$C = c(Y - T) + C_0$$

⑤ 消費（C）、投資（I）、政府支出（G）からなる経済において、限界消費性向（c）を0.8、基礎消費（C_0）を10、投資を20、租税（T）を20、政府支出を30とした場合、均衡国民所得（Y）はいくらか。

5 (3) 参照

消費関数は$C = 0.8(Y - 20) + 10$となるので、均衡条件式を解くと、

$$Y = C + I + G$$

$$\Leftrightarrow \quad Y = 0.8(Y - 20) + 10 + 20 + 30$$

$$\Leftrightarrow \quad Y = 0.8Y - 16 + 10 + 20 + 30$$

$$\Leftrightarrow \quad 0.2Y = 44 \qquad \therefore \quad Y = 220$$

と計算することができます。

過去問にチャレンジ

問題1
★
▶解説は別冊 p.11

ある国の国民所得が消費及び投資から構成され、基礎消費が４兆円、限界消費性向が0.7、独立投資が５兆円であるとする。このとき、国民所得決定の理論によれば、この国の国民所得として、正しいのはどれか。

都Ⅰ2011

❶ 11.8兆円
❷ 12.5兆円
❸ 15.3兆円
❹ 20兆円
❺ 30兆円

問題2
★
▶解説は別冊 p.11

ある国のマクロ経済が次のように示されている。

$$Y = C + I + G$$
$$C = 10 + 0.7\,(Y - T)$$
$$T = 0.2Y$$
$$I = 30$$
$$G = 15$$

ここで、Yは国民所得、Cは民間消費、Iは民間投資、Gは政府支出、Tは租税を表す。この経済における均衡国民所得と民間貯蓄の組合せとして正しいのはどれか。

国税・労基2009

	均衡国民所得	民間貯蓄
❶	100	20
❷	100	25
❸	125	20
❹	125	25
❺	125	80

2 デフレギャップとインフレギャップ

学習のポイント

・デフレギャップとインフレギャップの定義を押さえましょう。グラフでイメージをつかむことも大切です。

・デフレギャップとインフレギャップを計算するときには、均衡条件式を使ってはいけません。「均衡」ではギャップはありません。

1 政策の必要性

国全体のモノ作りがちょうどよくても（財市場の均衡）、失業が存在していたのでは意味がありません。政府は、失業が存在しない状態で財市場が均衡している状態を目指さなければなりません。解消すべき失業は、**非自発的失業**です。これは、**働く意欲があるにもかかわらず仕事に就けない状態**です。このような状態での均衡は過少雇用均衡となってしまいます。これを解消し、いわば“理想的な景気”を実現する必要があります。これを、**完全雇用国民所得**（Y_f）といいます。

では、完全雇用国民所得を実現するには、どのような政策を行えばよいのでしょうか。

2 デフレギャップと総需要拡大政策

均衡国民所得（Y^*）が、完全雇用国民所得 Y_f を下回っているとします。この状況は、非自発的失業が発生し、経済が“不況”に陥っている状態です。

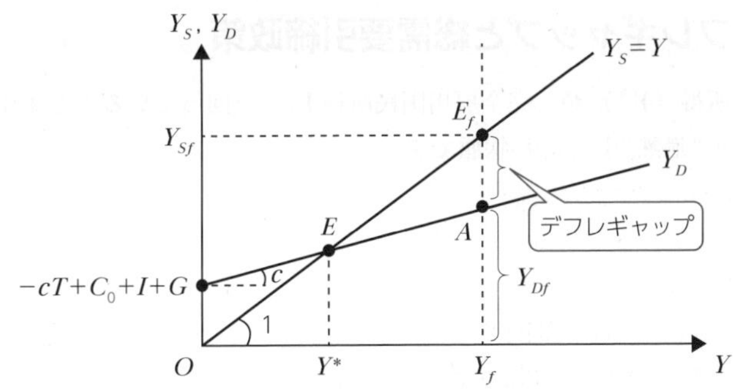

仮に、働く意欲のある人をすべて雇用して財の生産を行ったとすると、総供給の

大きさはY_{Sf}となり、分配される所得も同額のY_fになります（E_f点）。しかし、所得がY_fのときの総需要はY_{Df}で、線分E_fAの分だけ超過供給が発生してしまいます。この、**完全雇用国民所得の水準で発生する超過供給**のことを**デフレギャップ**といいます。デフレギャップが生じているときには、企業は総需要に一致するまで生産を減らしていきます（生産調整）。この過程で失業が発生し、E点において、失業を発生させた状態で経済が均衡してしまいます（過少雇用均衡）。

このような過少雇用均衡（不況）から脱却するには、政府による政策が必要になります。

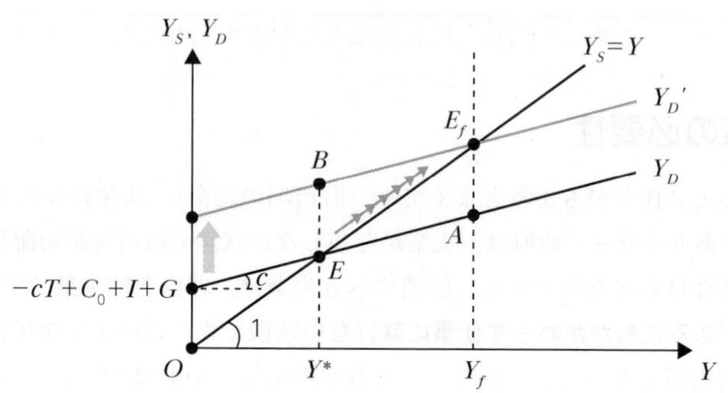

デフレギャップは、**その分だけ総需要が不足している**ことを意味します。そこで、政府がデフレギャップ分だけ政府支出（G）を拡大するなどして、総需要を拡大させるような政策を実施すればよいのです。すると、総需要（Y_D）の縦軸切片が大きくなり、上方にシフトします。総需要が大きくなれば、企業は労働者の採用を増やして財の生産を拡大します。やがて、完全雇用国民所得（Y_f）の水準で財市場を均衡させることができます。このような、**非自発的失業の解消を狙った政策**を**総需要拡大政策**といいます。

3 インフレギャップと総需要引締政策

均衡国民所得（Y^*）が、完全雇用国民所得Y_fを上回っているとします。この状況は、景気が“過熱”している状態です。

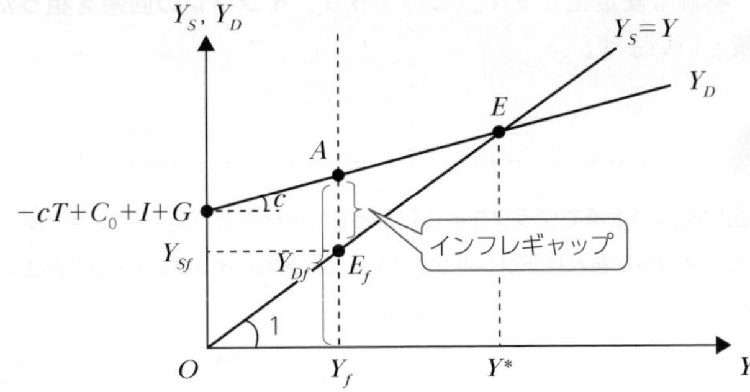

仮に、働く意欲のある人をすべて雇用して財の生産を行ったとすると、総供給の大きさはY_{Sf}となり、分配される所得も同額のY_fになります（E_f点）。しかし、所得がY_fのときの総需要はY_{Df}で、線分AE_fの分だけ超過需要が発生してしまいます。この、**完全雇用国民所得の水準で発生する超過需要**のことを**インフレギャップ**といいます。つまり、労働者総出で生産を行っても、財に対する需要のほうが活発で、"供給が需要に追いつかない"状態です。

しかし、この状態から総供給を拡大させることはできません。意欲のある労働者は全員雇用されており、生産拡大を支える新たな労働者が存在しないからです。生産調整が不可能な場合には、物価の上昇（インフレ）が発生して需要と供給の調整がなされることになります（価格調整）。インフレは、高齢者をはじめとした預金生活者の生活を脅かす等、さまざまな問題を発生させてしまいます。

そこで、政府は過熱した景気を落ち着かせ、インフレを回避する政策を実施する必要があります。

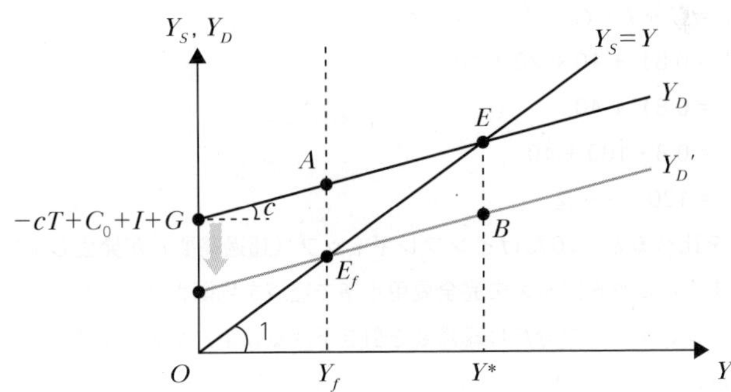

インフレギャップは、**その分だけ総需要が過剰になっている**ことを意味します。そこで、インフレギャップ分だけ増税（T）などを行って、総需要を抑制する政策を実施すればよいのです。すると、総需要（Y_D）の縦軸切片が小さくなり、下方にシフトします。総需要が小さくなれば、完全雇用国民所得（Y_f）の水準で財市

場が均衡し、物価も安定化します。このような、**インフレの回避を狙った政策**を**総需要引締政策**といいます。

ヒント

完全雇用国民所得の水準でグラフを縦に見たときに、総需要（Y_D）のグラフが45°線である総供給（Y_S）より下にあればデフレギャップが、上にあればインフレギャップが生じていることになります。

例題 消費関数が$C = 0.8Y + 10$、投資（I）が20、政府支出（G）が10、完全雇用国民所得（Y_f）が100であるとき、完全雇用国民所得（Y_f）の水準で、デフレギャップあるいはインフレギャップがいくら発生するか。また、完全雇用水準で経済を均衡させるためには、どのような政策が必要か。

財の総供給（Y_S）と総需要（Y_D）を別々に計算します（均衡条件式を解いてはいけません）。

総供給（Y_S）は、生産と分配の二面等価から、完全雇用国民所得に一致するので、

$Y_S = 100$ ……①

となります。

一方、総需要（Y_D）は、所得が完全雇用国民所得であるとき（$Y = Y_f$）、以下のようになります。

$$\begin{aligned} Y_D &= C + I + G \\ &= 0.8Y + 10 + 20 + 10 \\ &= 0.8Y + 40 \\ &= 0.8 \cdot 100 + 40 \\ &= 120 \quad \text{……②} \end{aligned}$$

①と②を比べると、20だけインフレギャップ（超過需要）が発生していることがわかります。これを踏まえて完全雇用水準で経済を均衡させるには、総需要引締政策（インフレギャップ分だけ総需要を引き下げる政策）が必要です。

確認してみよう

① 非自発的失業を発生させた状態で経済が均衡することを何というか。

1 参照

過少雇用均衡

② 完全雇用国民所得の水準で発生する財に関する超過供給を何と呼ぶか。

2 参照

デフレギャップ

③ 完全雇用国民所得の水準で発生する財に関する超過需要を何と呼ぶか。

3 参照

インフレギャップ

解法ナビゲーション

国民所得（Y）が消費（C）、投資（I）、政府支出（G）から成るマクロ経済を考える。消費関数が$C = 10 + 0.6Y$、投資が$I = 10$、政府支出が$G = 10$であり、完全雇用国民所得は100である。このとき、発生しているデフレギャップを解消するために必要な政府支出の増加額はいくらか。

国般2011

❶ 5
❷ 10
❸ 15
❹ 20
❺ 25

着眼点

デフレギャップは、完全雇用国民所得に対する総需要の不足分を意味します。したがって、デフレギャップを解消するには、デフレギャップ分だけ総需要（政府支出）を増やすような政策を実施すればよいのです。つまりこの問題は、デフレギャップの大きさを問うているのです。

【解答・解説】　　　　　　　　　　　　　　　　　　　　　　　　　　　正解 ❷

$Y = 100$のときの総供給と総需要の大きさを別々に計算して、差をとります。

総供給：$Y_S = Y = 100$（生産と分配の二面等価）

総需要：$Y_D = C + I + G$

$= 10 + 0.6Y + 10 + 10$

$= 0.6Y + 30$

$= 0.6 \cdot 100 + 30$

$= 90$

デフレギャップ＝総供給－総需要＝$100 - 90 = 10$

発生しているデフレギャップを解消するには、デフレギャップと同額だけ総需要を拡大すればよいので、必要となる政府支出の金額は10となります。

よって、正解は❷となります。

過去問にチャレンジ

問題1 ★ **デフレ・ギャップ又はインフレ・ギャップと政府の財政政策に関する記述として、妥当なのはどれか。**

▶解説は別冊 p.12

区Ⅰ 2002

❶ デフレ・ギャップは、総需要が完全雇用国民所得水準を上回っている場合であり、これを埋めるための政府の財政政策として、減税の実施や政府支出の削減が求められる。

❷ デフレ・ギャップは、総需要が完全雇用国民所得水準を下回っている場合であり、これを埋めるための政府の財政政策として、減税の実施や政府支出の拡大が求められる。

❸ デフレ・ギャップは、総需要が完全雇用国民所得水準を下回っている場合であり、これを埋めるための政府の財政政策として、増税の実施や政府支出の削減が求められる。

❹ インフレ・ギャップは、総需要が完全雇用国民所得水準を上回っている場合であり、これを埋めるための政府の財政政策として、減税の実施や政府支出の拡大が求められる。

❺ インフレ・ギャップは、総需要が完全雇用国民所得水準を下回っている場合であり、これを埋めるための政府の財政政策として、増税の実施や政府支出の削減が求められる。

問題2

★

▶解説は別冊 p.12

図は国民所得と総供給、総需要の関係を表したものである。ここで Y^* は均衡国民所得、Y_F は完全雇用国民所得であり、Y_F は500兆円である。また、投資を100兆円とし、消費関数を $C = 0.5Y + 50$（単位は兆円）とする。

このとき、Y_F に関する次の記述のうち、妥当なのはどれか。ただし、政府部門は考慮せず、総需要は消費と投資から成るものとする。

国般1998

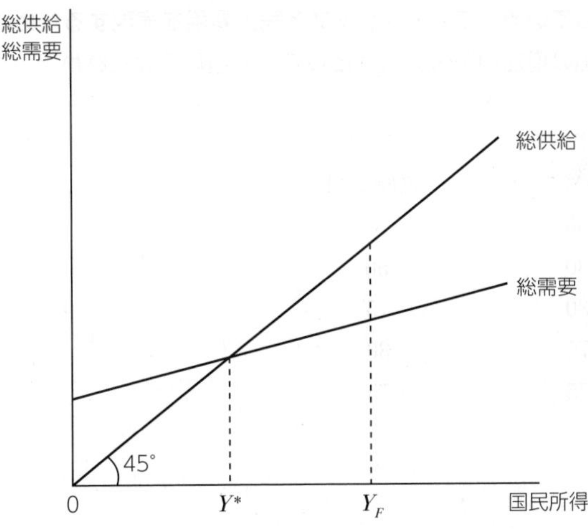

❶ Y_F においては、インフレ・ギャップが生じており、その金額は200兆円である。

❷ Y_F においては、デフレ・ギャップが生じており、その金額は200兆円である。

❸ Y_F においては、インフレ・ギャップが生じており、その金額は100兆円である。

❹ Y_F においては、デフレ・ギャップが生じており、その金額は100兆円である。

❺ Y_F においては、インフレ・ギャップもデフレ・ギャップも生じていない。

問題3 ★★

▶解説は別冊 p.13

ある国の経済において、マクロ経済モデルが次のように表されているとする。

$$Y = C + I + G$$
$$C = 56 + 0.6\,(Y - T)$$
$$I = 100$$
$$G = 60$$
$$T = 60$$

（Y：国民所得　C：民間消費　I：民間投資　G：政府支出　T：租税）

このモデルにおいて、完全雇用国民所得が525であるとき、発生しているデフレ・ギャップと完全雇用を実現するために必要な政府支出の増加の値の組合せとして、妥当なのはどれか。

区Ⅰ 2016

	デフレ・ギャップ	政府支出
❶	30	30
❷	30	50
❸	30	75
❹	75	30
❺	75	75

3 乗数理論

学習のポイント

・計算の前提（マクロ・モデル）は問題文に示されますので覚える必要はありません。示されたモデルを前提として、乗数効果の計算練習を繰り返しましょう。
・各乗数の値（式）も覚える必要はありません。モデルによって変わってしまうからです。

1 総需要管理政策の効果

(1) 乗数理論

均衡国民所得は、総需要に一致するように決定されるので（有効需要の原理）、総需要を拡大させる政策を行えば、均衡国民所得も高まることになります（総需要拡大政策）。

では、総需要（政府支出、租税など）を高めると、均衡国民所得はどれだけ高まるのでしょうか。これを**乗数効果**（＝政策効果）といい、**乗数効果を説明する理論**を**乗数理論**と呼びます。

(2) マクロ・モデルⅠ

まずは、以下のようなモデルで乗数効果を見てみましょう。以下の3ステップを踏みます（このモデル自体を覚える必要はありません）。

$Y=C+I+G$	：均衡条件式
$C=c(Y-T)+C_0$	：消費関数
$T=T$（一定）	：定額税（一定）
$I=I$（一定）	：民間投資（一定）
$G=G$（一定）	：政府支出（一定）

❶ 均衡条件式に他の条件をすべて代入し、均衡国民所得を計算します。

$Y=C+I+G$

$\Leftrightarrow \quad Y=c(Y-T)+C_0+I+G$

$$\Leftrightarrow \quad (1-c)Y = -cT + C_0 + I + G$$

$$\therefore \quad Y = \frac{1}{1-c}(-cT + C_0 + I + G)$$

Yについて整理するために、Yを含む項を左辺に集めます。

❷ **均衡国民所得の変化が見たいので、限界消費性向を一定として、この均衡国民所得の式を変化分の式にします。**

$$\Delta Y = \frac{1}{1-c}(-c \cdot \Delta T + \Delta C_0 + \Delta I + \Delta G) \quad \cdots\cdots ①$$

補足

一定である限界消費性向（c）を除く変数に⊿が付きました。⊿は変化分を表しており、均衡国民所得Yの変化が、他の諸要素（⊿の付いた変数）の変化に連動することを示しています。

❸ **総需要の各項目（T、C_0、I、G）が変化したときに、均衡国民所得がどれだけ変化するかを見ます。**

① 政府支出の効果

政府支出（G）だけが高められ、他の需要項目に変化はないとしましょう。この場合、$\Delta T = \Delta C_0 = \Delta I = 0$とおけるので、①式は、

$$\Delta Y = \frac{1}{1-c} \cdot \Delta G \quad \cdots\cdots ②$$

となります。

いま、限界消費性向を$c = 0.8$とすると、②式の$\frac{1}{1-c}$の部分は「5」となります。このとき、政府支出を1兆円増やしたとすると（$\Delta G = 1$）、国民所得は5兆円拡大することになります（$\Delta Y = 5$）。拡大した政府支出の金額の5倍のインパクトを国民所得にもたらすのです。この、インパクトの大きさを示す$\frac{1}{1-c}$の部分を**政府支出乗数**といいます。

② 民間投資の効果

民間投資（I）だけが高められ、他の需要項目に変化はないとしましょう。この場合、$\Delta T = \Delta C_0 = \Delta G = 0$とおけるので、①式は、

$$\Delta Y = \frac{1}{1-c} \cdot \Delta I$$

となります。

限界消費性向を$c=0.8$とすると、民間投資が１兆円増えたとすると（$\Delta I=1$）、国民所得は５兆円拡大することになります（$\Delta Y=5$）。やはり、拡大した民間投資の金額の５倍のインパクトを国民所得にもたらします。このときの$\frac{1}{1-c}$の部分を、**投資乗数**といいます。

③ 基礎消費の効果

基礎消費（C_0）だけが高められ、他の需要項目に変化はないとしましょう。この場合、$\Delta T=\Delta I=\Delta G=0$とおけるので、①式は、

$$\Delta Y = \frac{1}{1-c} \cdot \Delta C_0$$

となります。

限界消費性向を$c=0.8$とすると、基礎消費が１兆円増えたとすると（$\Delta C_0=1$）、国民所得は５兆円拡大することになります（$\Delta Y=5$）。このときの$\frac{1}{1-c}$の部分を、**基礎消費乗数**といいます。

④ 租税の効果

租税（T）だけが変化し、他の需要項目に変化はないとしましょう。この場合、$\Delta I=\Delta C_0=\Delta G=0$とおけるので、①式は、

$$\Delta Y = \frac{-c}{1-c} \cdot \Delta T$$

となります。ΔTには$-c$が掛かっていることに注意してください。このときの$\frac{-c}{1-c}$の部分を**租税乗数**と呼びます。

限界消費性向が$c=0.8$の場合、租税乗数は「-4」となります。つまり、増税を行えば（$\Delta T>0$）国民所得は減少し（$\Delta Y<0$）、減税を行えば（$\Delta T<0$）国民所得は増加する（$\Delta Y>0$）ことを示しています。

2 均衡予算乗数定理

政府は、民間から徴収した租税（T）を財源とし、政府支出（G）という形で財

の購入に充てます（公共事業など）。

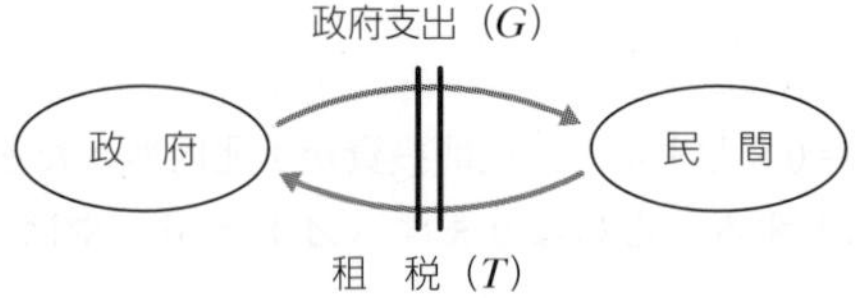

均衡予算（財政収支の均衡）とは、徴収した租税（T）と政府支出（G）を同額にすることを指します。

均衡予算　：　$G=T$（あるいは、$\varDelta T=\varDelta G$）

均衡予算を前提として、政府支出を拡大したときの効果について見ておきましょう。

これまでのマクロ・モデルを前提として、均衡国民所得を求めます。

$$Y=C+I+G$$
$$\Leftrightarrow \quad Y=c(Y-T)+C_0+I+G$$
$$\Leftrightarrow \quad (1-c)Y=-cT+C_0+I+G$$
$$\therefore \quad Y=\frac{1}{1-c}(-cT+C_0+I+G)$$

この式を変化分の式にして、$\varDelta C_0=\varDelta I=0$（変化なし）とおくと、以下のようになります。

$$\varDelta Y=\frac{1}{1-c}(-c\cdot\varDelta T+\varDelta G) \quad \cdots\cdots①$$

①式は、政府支出（G）と租税（T）が同時に変化したときに、均衡国民所得をどれだけ変化させることになるかを示しています。

ここで、$\varDelta G=\varDelta T$として①式を変形すると、

$$\varDelta Y=\frac{-c}{1-c}\cdot\varDelta T+\frac{1}{1-c}\cdot\varDelta G$$
$$\Leftrightarrow \quad \varDelta Y=\frac{-c}{1-c}\cdot\varDelta G+\frac{1}{1-c}\cdot\varDelta G$$
$$\Leftrightarrow \quad \varDelta Y=\frac{1-c}{1-c}\cdot\varDelta G$$
$$\Leftrightarrow \quad \varDelta Y=1\cdot\varDelta G$$

となり、政府支出乗数が「1」になることがわかります。これは、**政府支出を１兆円増やすと、同額の１兆円分だけ均衡国民所得が高まる**ことを示しています。これを**均衡予算乗数定理**といいます。

ただし、この定理は、以下の三つの条件を満たしたときにのみ成立します。

❶　財市場だけが分析の対象であること

財市場だけを分析の対象にしている45°線分析の範囲内でのみ成立します。

❷　租税が一定額の「定額税」（一括税）であること

所得税や法人税などのように、租税は稼いだ所得に応じて課されるというのが一般的です。このような税体系を前提にすると、均衡予算乗数定理は成立しません。

❸　貿易を考慮しない「閉鎖経済」であること

輸出（X）や輸入（M）といった、海外との取引を考慮した「開放経済」を前提とすると、この定理は成立しません。

このあと解説するマクロ・モデルⅡのような状況では租税が定額税ではなく、❷の条件を満たさないため均衡予算乗数定理は成立しません。

一方、均衡予算乗数定理が成立する状況であることがわかると乗数効果の計算をしなくても、政府支出と均衡国民所得が同額ずつ高まると判断できます。

3 租税が国民所得に比例するケース

(1) 比例税の場合

政府が、国民所得（Y）に比例して租税（T）を徴収している場合（比例税）を考えてみましょう。以下のような**租税関数**に基づいて、租税を徴収しているとします。

$T = t \cdot Y + T_0$ 〔T：租税、t：税率（限界税率）、T_0：基礎税収〕

(2) マクロ・モデルⅡ

では、租税に関してはこの租税関数を前提として均衡国民所得の計算と乗数効果の計算を行ってみましょう。要領は、これまでと全く同じです。

$Y = C + I + G$	：均衡条件式
$C = c(Y - T) + C_0$	：消費関数
$T = tY + T_0$	：租税関数
$I = I$(一定)	：民間投資(一定)
$G = G$(一定)	：政府支出(一定)

❶ 均衡条件式に他の条件をすべて代入し、均衡国民所得を計算します。

$$Y = C + I + G$$

$$\Leftrightarrow \quad Y = c(Y - T) + C_0 + I + G$$

$$\Leftrightarrow \quad Y = c\{Y - (tY + T_0)\} + C_0 + I + G$$

$$\Leftrightarrow \quad Y = cY - ctY - cT_0 + C_0 + I + G$$

$$\Leftrightarrow \quad (1 - c + ct)Y = -cT_0 + C_0 + I + G$$

$$\therefore \quad Y = \frac{1}{1 - c + ct}(-cT_0 + C_0 + I + G)$$

Yについて整理するために、Yを含む項を左辺に集めます。

❷ 均衡国民所得の変化が見たいので、限界消費性向を一定として、この均衡国民所得の式を変化分の式にします。

$$\varDelta Y = \frac{1}{1 - c + ct}(-c \cdot \varDelta T_0 + \varDelta C_0 + \varDelta I + \varDelta G) \quad \cdots\cdots ①$$

❸ 総需要の各項目（T_0、C_0、I、G）が変化したときに、均衡国民所得がどれだけ変化するかを見ます。

① 政府支出、民間投資、基礎消費の効果

政府支出（G）だけを拡大させた場合（$\varDelta T_0 = \varDelta C_0 = \varDelta I = 0$）、①式から国民所得（$Y$）は、

$$\varDelta Y = \frac{1}{1 - c + ct} \cdot \varDelta G$$

となります。

租税が定額税の場合と比例税の場合とで政府支出乗数を比べると、

$$\frac{1}{1 - c} > \frac{1}{1 - c + ct}$$

となり、定額税の場合よりも比例税の場合のほうが、政府支出の拡大効果が小さくなってしまうことがわかります（分子は1で等しく、分母は比例税の場合のほうが値が大きいため）。これは、**政府支出を拡大させて所得を増やしても、徴収される租税が拡大し、所得の拡大を抑制してしまうため**です。

政府が政府支出を拡大させると（$G\uparrow$）、国民所得が拡大します（$Y\uparrow$）。これにより、比例税の場合には、租税（T）を増やしてしまうのです（$T\uparrow$）。これを**自然増収**といいます。これは**民間の可処分所得の増大を抑制し、消費を抑制してしまいます**（$C\downarrow$）。この結果、**政策効果も小さくなってしまう**のです。

なお、投資乗数、基礎消費乗数も同様に$\frac{1}{1-c+ct}$となります。

② **租税の効果**

基礎税収（T_0）を変化させる場合（減税または増税）、ΔT_0以外のものはすべてゼロとすると（$\Delta C_0=\Delta I=\Delta G=0$）、①式は、

$$\Delta Y=\frac{-c}{1-c+ct}\cdot\Delta T_0$$

となります。やはり、ΔT_0には$-c$が掛かっていることに注意してください。

この場合も租税乗数（$\frac{-c}{1-c+ct}$）はマイナスなので、基礎税収を引き下げると（定額減税、$\Delta T_0<0$）、国民所得は拡大します（$Y\uparrow$）。ただし、**租税全体が所得に比例するので、所得の拡大によって税の自然増収が発生してしまいます**。このため、**国民所得の拡大をいくぶん抑制してしまう**ことになります。

第2章 財市場の分析（45°線分析）

確認してみよう

マクロ・モデルが以下のようになっているとき、各問いに答えなさい。

$Y = C + I + G$

$C = 0.6(Y - T) + 20$

$T = 0.2Y + 10$

$I = 100$

$G = 140$

① 政府支出乗数はいくらか。

3 (2) 参照

消費関数を$C = c(Y - T) + C_0$、租税関数を$T = tY + T_0$として均衡国民所得を計算すると、

$$
\begin{aligned}
& Y = C + I + G \\
& \Leftrightarrow \quad Y = c(Y - T) + C_0 + I + G \\
& \Leftrightarrow \quad Y = c(Y - tY - T_0) + C_0 + I + G \\
& \Leftrightarrow \quad Y = cY - ctY - cT_0 + C_0 + I + G \\
& \Leftrightarrow \quad Y - cY + ctY = C_0 - cT_0 + I + G
\end{aligned}
$$

$$\therefore \quad Y = \frac{1}{1 - c + ct}(C_0 - cT_0 + I + G) \quad \cdots\cdots ①$$

①式を変化分の式にして、$\Delta C_0 = \Delta T_0 = \Delta I = 0$とすると、

$$\Delta Y = \frac{1}{1 - c + ct} \cdot \Delta G \quad \cdots\cdots ②$$

となります。与えられている消費関数より$c = 0.6$、租税関数より$t = 0.2$とわかるので、政府支出乗数は、

$$\frac{1}{1 - c + ct} = \frac{1}{1 - 0.6 + 0.6 \cdot 0.2} = \frac{1}{0.52} \quad \cdots\cdots ③$$

と計算できます。

② 政府支出を26だけ増加させると、国民所得はいくら変化するか。

3 (2) 参照

②、③式から、

$$\varDelta Y = \frac{1}{0.52} \cdot \varDelta G$$

$$= \frac{1}{0.52} \cdot 26 \quad \therefore \quad \varDelta Y = 50$$

となり、国民所得は50増加します。

3 租税乗数はいくらか。

3 (2) 参照

①式を変化分の式にして、$\varDelta C_0 = \varDelta I = \varDelta G = 0$とすると、

$$\varDelta Y = \frac{-c}{1-c+ct} \cdot \varDelta T_0 \qquad \cdots\cdots ④$$

となります。よって、租税乗数は、

$$\frac{-c}{1-c+ct} = \frac{-0.6}{0.52}$$

$$= \frac{-0.3}{0.26} \qquad \cdots\cdots ⑤$$

と計算できます。

4 定額減税を26だけ行った場合、国民所得はいくら変化するか。

3 (2) 参照

④、⑤式から、

$$\varDelta Y = \frac{-0.3}{0.26} \cdot \varDelta T_0$$

$$= \frac{-0.3}{0.26} \cdot (-26) \quad \therefore \quad \varDelta Y = 30$$

となり、国民所得は30増加します。

5 均衡予算乗数は1になるか。

3 (2) 参照

租税が定額税ではなく、所得に比例する形であるため、均衡予算乗数は1にはなりません。

解法ナビゲーション

封鎖経済の下で、政府支出が3,000億円増加された場合、乗数理論に基づいて計算したときの国民所得の増加額はどれか。ただし、限界消費性向は0.8とし、その他の条件は考えないものとする。

区Ⅰ 2013

❶ 2,400億円
❷ 3,750億円
❸ 5,400億円
❹ 1兆2,000億円
❺ 1兆5,000億円

最も基本的な乗数効果の計算問題です。

「封鎖（閉鎖）経済」とありますので、輸出（X）と輸入（M）は無視します。政府支出（G）の効果が問われていますから、総需要は、消費（C）、投資（I）、政府支出（G）からなるとします。「その他の条件は考えない」とありますから、租税（T）を考慮する必要はありません。よって、消費関数は$C = cY + C_0$（c：限界消費性向、C_0：基礎消費）としておきます。

【解答・解説】

正解 ❺

計算の前提（マクロ・モデル）は、以下のようになります。

$$Y = C + I + G$$

$$C = cY + C_0$$

以下の手順で計算を行います。

❶　均衡条件式を解き、均衡国民所得を計算します。

$$Y = C + I + G$$

$$\Leftrightarrow \quad Y = cY + C_0 + I + G$$

$$\Leftrightarrow \quad (1-c)Y = C_0 + I + G$$

$$\therefore \quad Y = \frac{1}{1-c}(C_0 + I + G) \qquad \cdots\cdots ①$$

❷　均衡国民所得の式を、変化分の式にします。

①式を変化分の式にします。

$$\varDelta Y = \frac{1}{1-c}(\varDelta C_0 + \varDelta I + \varDelta G) \qquad \cdots\cdots ②$$

❸　問題文に合わせて、政策効果（均衡国民所得の変化）を計算します。

政府支出だけが3,000（億円）変化しているので、②式において$\varDelta G = 3{,}000$、$\varDelta C_0 = \varDelta I = 0$とすると、

$$\varDelta Y = \frac{1}{1-c} \cdot \varDelta G$$

$$= \frac{1}{1-0.8} \cdot 3{,}000$$

$$= \frac{1}{0.2} \cdot 3{,}000$$

$$= 5 \cdot 3{,}000$$

$$= 15{,}000$$

よって、正解は❺となります。

解法ナビゲーション

マクロ経済モデルが次式で示されているとき、政府支出乗数として、正しいのはどれか。ただし、民間投資と政府支出は外生的に決定されるものとする。

都Ⅰ 2007

$$Y = C + I + G$$
$$C = 20 + 0.8(Y - T)$$
$$T = 30 + 0.25Y$$

（Y：国民所得、C：民間消費、I：民間投資、G：政府支出、T：租税）

❶ 1.5
❷ 2.5
❸ 4.0
❹ 5.0
❺ 10.0

乗数効果（国民所得の増加分）を問うているのではなく、政府支出乗数が問われている点に注意しましょう。

計算過程で小数点以下の計算を行うことは効率的とはいえませんし、計算ミスの検証もしにくいので、一度与式を文字式でおいて、政府支出乗数を取り出します。

【解答・解説】 正解❷

与式を以下のようにおくことにします。

$$Y = C + I + G$$

$$C = C_0 + c(Y - T)$$

$$T = T_0 + tY$$

均衡条件式に消費関数と租税関数を代入し、均衡国民所得を計算します。

$$Y = C + I + G$$

$$\Leftrightarrow \quad Y = C_0 + c(Y - T) + I + G$$

$$\Leftrightarrow \quad Y = C_0 + c(Y - T_0 - tY) + I + G$$

$$\Leftrightarrow \quad Y = C_0 + cY - cT_0 - ctY + I + G$$

$$\Leftrightarrow \quad Y - cY + ctY = C_0 - cT_0 + I + G$$

$$\Leftrightarrow \quad Y(1 - c + ct) = C_0 - cT_0 + I + G$$

$$\therefore\ Y = \frac{1}{1 - c + ct}(C_0 - cT_0 + I + G) \quad \cdots\cdots①$$

①式を変化分の式にして、政府支出（G）だけが変化したとすると、

$$\Delta Y = \frac{1}{1 - c + ct} \cdot \Delta G$$

となります。よって、$\dfrac{1}{1 - c + ct}$が政府支出乗数となります。ここで、$c = 0.8$、$t = 0.25$として具体的に計算すると、

$$\frac{1}{1 - c + ct} = \frac{1}{1 - 0.8 + 0.8 \cdot 0.25}$$

$$= \frac{1}{1 - 0.8 + 0.2}$$

$$= \frac{1}{0.4}$$

$$= 2.5$$

と計算することができます。

よって、正解は❷となります。

過去問にチャレンジ

問題1

★

▶解説は別冊 p.14

国民所得が民間消費、民間投資、政府支出からなる経済において、政府が１兆円の増税と３兆円の財政支出の増加を同時に行った場合、国民所得の増加額として、正しいのはどれか。ただし、限界消費性向は0.75とし、民間投資は一定であり、また、租税は定額税とする。

都Ⅰ2013

❶ ３兆円
❷ ８兆円
❸ ９兆円
❹ 11兆円
❺ 15兆円

問題2

★

▶解説は別冊 p.15

封鎖経済の下で、政府支出が２兆円増加され、投資が4,000億円増加された場合、乗数理論に基づいて計算したときの国民所得の増加額はどれか。ただし、限界消費性向は0.75とし、その他の条件は考えないものとする。

区Ⅰ2012

❶ 1兆8,000億円
❷ 2兆4,000億円
❸ 3兆2,000億円
❹ 7兆2,000億円
❺ 9兆6,000億円

問題3
★
▶解説は別冊 p.16

閉鎖経済の下で、政府支出を100億円増加し、それを同額の増税で賄う場合、均衡予算乗数の定理に基づいて計算したときの国民所得の変化に関する記述として、妥当なのはどれか。ただし、租税は定額税であり、限界消費性向は0.8とし、その他の条件は考えないものとする。

区Ⅰ2015

❶ 国民所得は、100億円増加する。
❷ 国民所得は、400億円増加する。
❸ 国民所得は、500億円増加する。
❹ 国民所得は、100億円減少する。
❺ 政府支出の増加は、増税と相殺され、国民所得は変化しない。

問題4
★★
▶解説は別冊 p.16

封鎖経済の下で、政府支出を増加し、政府支出の増加額と同額の増税によりそれを賄った場合、均衡予算乗数の定理に基づいて計算したときの国民所得の変化に関する記述として、妥当なのはどれか。ただし、租税は定額税であり、限界消費性向はc（$0 < c < 1$）とし、その他の条件は考えないものとする。

区Ⅰ 2004

❶ 政府支出の増加による国民所得の増加は、増税による国民所得の減少と相殺されるので、国民所得は変化しない。

❷ 政府支出の乗数効果は、増税による乗数効果より大きいので、国民所得は、政府支出額の$\dfrac{1}{1-c}$倍から増税額を差し引いた額だけ増加する。

❸ 均衡予算乗数は$\dfrac{1}{1-c}$であるので、国民所得は、政府支出の増加額の$\dfrac{1}{1-c}$倍だけ増加する。

❹ 均衡予算乗数は$\dfrac{c}{1-c}$であるので、国民所得は、政府支出の増加額の$\dfrac{c}{1-c}$倍だけ増加する。

❺ 均衡予算乗数は1であるので、国民所得は、政府支出の増加額と同額だけ増加する。

問題5
★★
▶解説は別冊 p.16

ある国のマクロ経済が次のように示されている。

$$Y = C + I + G$$
$$C = a + b\,(Y - T)$$

ここでYは国民所得、Cは消費、Iは投資（定数）、Gは政府支出、aは基礎消費（定数）、bは限界消費性向（定数、$0 < b < 1$）、Tは定額税を表す。定額税を$\varDelta T$だけ増税するとともに、このすべてを財源として政府支出を$\varDelta G$だけ増加するとき、国民所得の増加分はいくらか。

国税・労基 2008

❶ 1

❷ ΔG

❸ $\dfrac{1}{1-b}\Delta G$

❹ $\dfrac{1}{b}\Delta T$

❺ $\dfrac{b}{1-b}\Delta T$

問題6

★★★

▶解説は別冊 p.17

マクロ経済モデルが以下のように示されている。

$$Y = C + I + G$$
$$C = A + cY_d$$
$$Y_d = Y - T$$
$$T = T_0 + tY$$

（Y：国民所得、I：投資、G：政府支出
C：消費、A：基礎消費、c：消費係数
Y_d：可処分所得、T：租税収入
T_0：基礎税収、t：税率）

このとき政府支出のみを4兆円増やしたときの国民所得の増加分を、基礎税収の定額減税のみにより得ようとした場合の減税額として妥当なのはどれか。

ただし、$c = 0.8$、$t = 0.25$であるものとし、政府支出又は減税によりI、A及びcは変化しないものとする。

国税・労基1999

❶ 3兆円
❷ 4兆円
❸ 5兆円
❹ 6兆円
❺ 7兆円

問題7

★★

▶解説は別冊 p.18

ある国のマクロ経済について、国民所得をY、消費をC、投資をI、政府支出をG、租税をTとすると、

$$Y = C + I + G$$
$$C = 0.8\ (Y - T)$$
$$I = 30$$
$$G = 30$$
$$T = 30$$

が成り立っているものとする。完全雇用国民所得が200であるとき、投資と政府支出を一定にしたままで完全雇用を達成するためには、いくら減税する必要があるか。

国税・財務2013

❶ 1
❷ 5
❸ 10
❹ 15
❺ 20

問題8

★★

▶解説は別冊 p.19

ある国の経済が、

$$Y = C + I + G$$
$$C = 0.8\ (Y - T) + 50$$
$$I = 100$$
$$T = tY + 30$$

（Y：国民所得、C：消費、I：投資
G：政府支出、T：租税
t：限界税率）

で示されるとする。

今、完全雇用国民所得水準を1000としたとき、完全雇用と財政収支の均衡を同時に達成するための限界税率tの値はどれか。

区Ⅰ 2006

❶ 0.22
❷ 0.24
❸ 0.26
❹ 0.28
❺ 0.30

第3章

投資理論

投資に関する諸理論

1 投資に関する諸理論

学習のポイント

・ここはいわゆる“暗記モノ”の節です。試験の直前期にも確認するようにしましょう。
・後の展開では「投資の限界効率論」が前提となります。まずはこれを押さえるようにしましょう。

1 投資に対する考え方

これまでは、投資（民間投資）（I）は一定と仮定していました。しかし、投資は現実には一定ではなく、さまざまな要因に依存します。

例えば、私たちが住宅を購入しようとする場合（住宅投資）、通常はローン（借金）を組みます。このときに避けられないのが、“お金のレンタル料”である利息です。利子率（金利）が低くなれば、支払う利息を抑えることができます。多くの人がローンを組み、住宅投資が高まるかもしれません。

企業も同様です。大規模な設備投資を行おうとする場合、銀行からの借入れに頼ることは多々あるでしょう。自己資金を持っているとしても、金利水準と他の運用先を考慮して、設備投資を実行すべきか否かを考えるでしょう。

利子率（金利）だけに依存するとは限りません。現在の景気がよく、個人も企業も所得を十分に得ることができているのであれば、投資（住宅投資、設備投資）に対して積極的になるかもしれません。あるいは、景気の先行きに対する“期待”が高まるだけで、投資が高まることもあるでしょう。このように、景気と景気に対する期待感に投資が依存することも、十分あり得るのです。

以下では、さまざまな投資に対する考え方を見ていきます。試験問題を解くうえでのポイントとしては、**「学説名」、「キーワード」、「結論」を覚えること**が大切です（ただし、暗記を急ぐ必要はありません。試験日までに覚えましょう）。

2 投資の限界効率論（ケインズ）

J.M.ケインズは、1国の投資（I）は、利子率（r）に依存すると考えました。具体的には、利子率が下落すると（r↓）、投資は増え（I↑）、利子率が上昇すると（r↑）、投資は減少するとしました（I↓）。このような関係を、**投資は利子率**

の減少関数と表現します。

(1) 投資の限界効率表

まずは、ケインズの考え方を１企業レベルで説明しましょう。

ある企業が、以下の三つの投資案（プロジェクト）を検討しています。資金はすべて銀行から利子率６％で借り入れるものとします。

	A案	B案	C案
投資額（I）	6億円	2億円	8億円
投資（資本）の限界効率（m）	4%	8%	12%

投資（資本）の限界効率（m）とは、**経営者がそれぞれの投資案から見込んでいる主観的な収益率**（期待収益率）です。

横軸に投資額（I）、縦軸に限界効率（m）をとり、三つの投資案を限界効率（m）の高い順（儲かりそうな順）に並べてみます。最も高い限界効率が期待できるのはＣ案ですから、これを一番左側におきます。次に限界効率の高いＢ案を横に加え、最後にＡ案を加えます。すると、**"階段状"の右下がりのグラフ**を描くことができます。これを**投資の限界効率表**と呼びます。

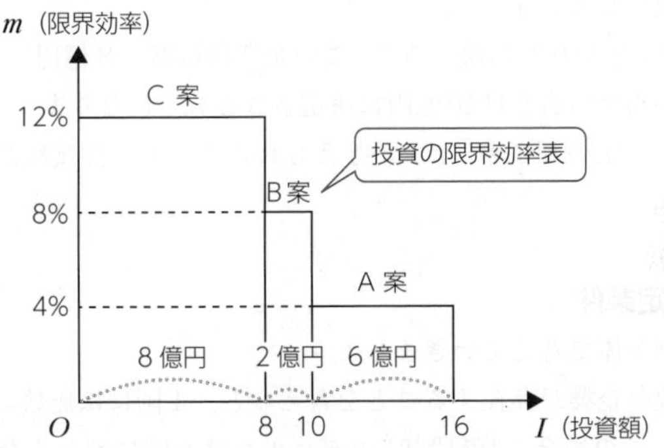

(2) 投資額の決定

投資の限界効率分だけ投資案から利潤が得られるわけではありません。資金を銀行からの借入れに依存しているとするなら、銀行へ支払う利息を考慮しなければなりません。

投資の限界効率表に、利子率６％を書き入れます。投資額に利子率（６％）を乗じた金額が、銀行への利息の支払額になります。

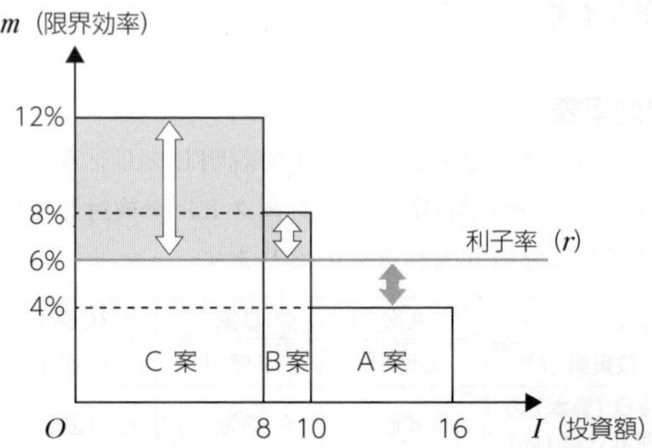

C案については、投資額8億円の12%（m）を収益として見込んでいますが、6%（r）の利息を支払うことになります。$m>r$となっていれば、差額の6%分だけ利潤が期待できます。経営者はC案を実行することになるでしょう。

B案についても、同様です。$m>r$（8%>6%）となっており、差額の2%分だけ利潤を期待できます。

しかし、A案については、投資から見込まれる収益4%（m）が利息6%（r）を下回っています（$m<r$）。差額の2%分だけ損失が予想されるわけです。この場合、A案は実行しません。

以上より、利子率が6%に決まると、この企業はC案（8億円）とB案（2億円）を実行し、最終的な投資額は10億円に決定されることになります。

このように、一定の利子率（r）が与えられることで、投資額が決定されることになるのです。

(3) 投資の決定条件

今度は、1国全体で考えていきましょう。

1国には多数の企業が存在することを考えると、1国には無数の投資案が存在するといえます。この場合、"階段状"のデコボコは非常に細かくなって、限界効率表は、滑らかな右下がりの曲線として描くことができます。ここに一定の利子率（r）を書き加えると、次のようになります。

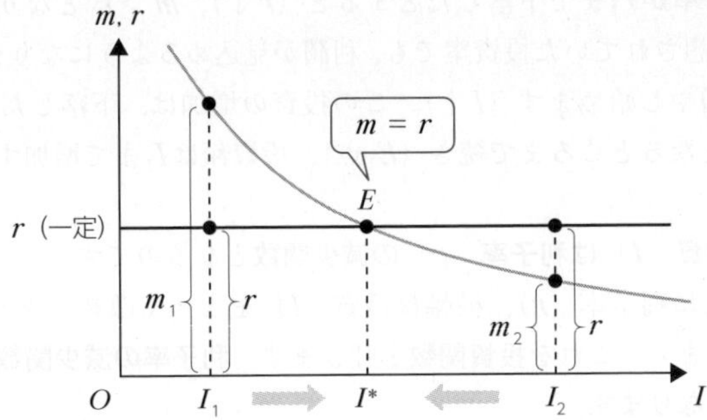

投資がI_1で決まるか考えてみます。限界効率（m）と利子率（r）の大小関係を見ると、$m_1 > r$となっています。これは、借入れをしたとしても、利潤が期待できる投資案が存在していることを表します。企業がこの利潤を狙って投資を実行することで、国全体の投資額（I）は増えていくことになるでしょう。

一方、投資水準がI_2のときには、$m_2 < r$となっています。これは、現行の利子率のもとで利潤が得られる投資案は存在せず、損失が発生することを表します。企業は損失を避けるために投資を控えていき、国全体の投資額は減っていくことになります。

以上のような動きを経て、**投資の限界効率（m）と利子率（r）が等しくなる水準（$m = r$）で投資の変化が止まり、最終的な投資額がI^*に決定される**ことになるのです。

(4) 投資関数

利子率（r）が変化したときに、投資（I）がどのように変化するか見てみましょう。

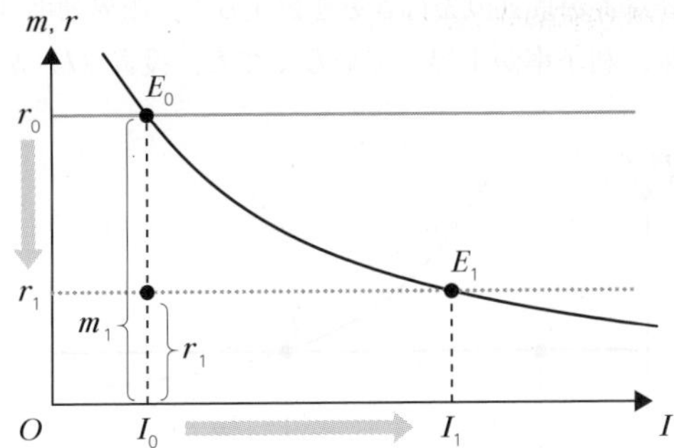

当初、利子率はr_0で、投資がI_0に決定されていたとしましょう（E_0点）。このとき、$m = r_0$が成立しています。

ここで、利子率がr_1まで下落したとすると（r↓）、$m > r_1$となります。こうなると、損失が予想されていた投資案でも、利潤が見込めるようになります。よって、企業は投資を増やし始めます（I↑）。この投資の増加は、下落した利子率r_1のもとで、$m = r_1$となるところまで続き（E_1点）、投資額はI_1まで増加することになります。

以上から、**投資（I）は利子率（r）の減少関数**となるのです。

ここで、縦軸に利子率（r）、横軸に投資（I）をとって改めてグラフを描くと、次のようになります。これを**投資関数**と呼びます。**利子率の減少関数なので、右下がりのグラフになります。**

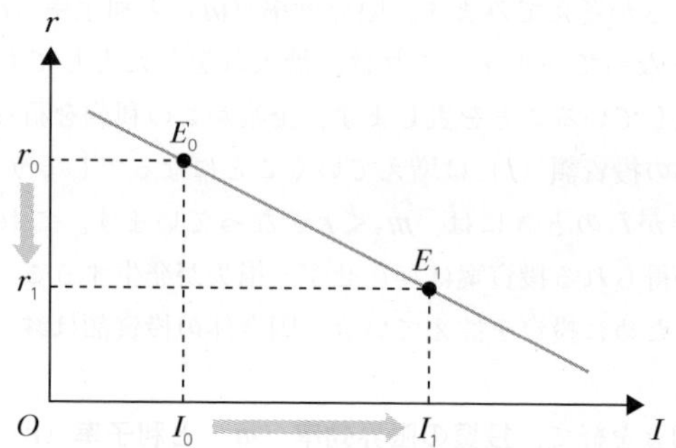

これ以降のマクロ経済理論（IS－LM分析等）では、この投資関数（利子率の減少関数）を前提に理論を進めます。留意しておいてください。

⑸ 投資の不安定性

投資の限界効率（m）は、企業の経営者が“予想”する収益率ですから、経営者の投資に対する気持ちの持ち方一つで大きく変化してしまいます。

例えば、企業の経営者が景気の先行きを悲観すると、限界効率（m）が低く評価されます。この結果、利子率が上昇していなくても、投資（I）が減少してしまうことがあるのです。

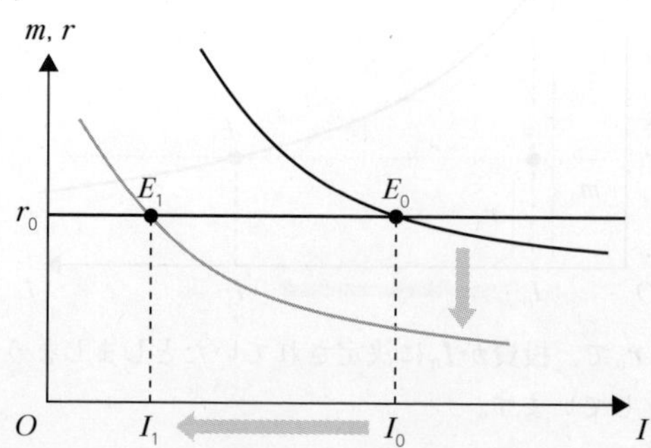

利子率r_0のもとで投資がI_0に決定されていたとします（E_0点）。企業の経営者が悲観的（弱気）になると、投資の限界効率（m）が低下し、投資の限界効率表が下方にシフトします。すると、$m=r$となる点はE_1点に変化し、利子率が変わっていなくても、投資はI_0からI_1まで減少してしまうのです。

逆に、経営者が楽観的（強気）になれば、投資の限界効率表は上方にシフトします。この結果、利子率が不変でも投資が増加する可能性があるのです。

このように、**経営者の投資に対する期待感**（アニマル・スピリッツ）**の変化により、投資は変化してしまう可能性がある**のです。

3 加速度原理（クラーク）

ケインジアンに属する投資理論に、J.M.クラークによる**加速度原理**があります。

加速度原理とは、**投資（I）は国民所得の変化分（ΔY）に比例する**、という考え方です。

景気（国民所得）が上昇傾向で、財が大いに売れる状況にあれば、企業は生産拡大のために設備投資を行うでしょう。このように、**投資は景気の変化の影響を受けることになる**のです。

(1) 最適資本係数（必要資本係数）

加速度原理では、国民所得（Y）と資本ストック（設備）（K）との間に、技術的に見て望ましい一定の関係が、毎期必ず成立すると仮定します。

企業は、遊休も不足もない**最適な資本水準で財の生産を行おうとするはずです。**このときの国民所得（＝生産量、生産面の国民所得）（Y）と最適な資本ストック（K）との比率を**最適資本係数**（**必要資本係数**）（v）と呼びます。

$$v=\frac{K}{Y} \quad \cdots\cdots①$$

この最適資本係数は、**一定値**（**固定的**）であるとされます。つまり、毎期、国民所得（生産量）（Y）と資本（K）が同率で変化するとしているのです。例えば、国民所得（生産量）（Y）が10%増加すると資本（K）も10%増加し、

$$v=\frac{1.1K}{1.1Y}=\frac{K}{Y} \text{（不変）}$$

となり、最適資本係数は固定的な値であるとしているのです。これは、直感的にいえば、生産拡大に必要となった資本（K）を、企業はその期の投資（I）によって瞬時に調達し、常に最適な資本を確保することができることを意味します。このような状態を、「**資本の調整速度が1（100%）**」と表現します。

⑵ 加速度原理の投資関数

最適資本係数の式（①式）を変形して、

$$v=\frac{K}{Y}$$

$$\Leftrightarrow\quad K=v\cdot Y\quad〔v：一定〕$$

とし、この式を変化分の式にすると、

$$\Delta K=v\cdot\Delta Y$$

となります。資本ストックの増加（ΔK）は、毎期の投資（I）によって瞬時に実現できるので（$\Delta K=I$）、

$$I=v\cdot\Delta Y\quad\cdots\cdots②$$

という関係を得ることができます。この②式が、**加速度原理の投資関数**です。

このように、**加速度原理による投資関数では投資（I）は国民所得の変化分（ΔY）に比例し、景気がよくなると投資が増える**ということになるのです。

⑶ 加速度原理の問題点

加速度原理は、投資が景気に依存するという側面を説明しているという点で、それなりに説得力はあるのですが、次のような問題点があります。

第一に、②式において、景気がよく、経済がプラス成長（$\Delta Y>0$）のときには問題ないのですが、景気が後退し、経済がマイナス成長（$\Delta Y<0$）のときには投資額（I）がマイナス値になってしまいます。しかし投資そのものがマイナスになることなど現実にあり得ません。

第二に、毎期の投資によって、国民所得（Y）と資本ストック（K）との間には、技術的に見て望ましい関係が瞬時に成立すると考えている点です（調整速度が１）。資本設備の購入・建設には時間がかかることを考えると、これは非現実的な仮定といわざるを得ません。

4 資本ストック調整原理（グッドウィン）

⑴ 資本ストック調整原理による投資関数

加速度原理の第二の問題点を修正するケインジアンの投資理論が、**R.M.グッドウィンによる資本ストック調整原理**です。

資本ストック調整原理では、**最適な資本ストック（K^*）と実際の資本ストック（K）の差の一部だけが、今期の投資によって埋められる**と考えます。つまり、**資本の調整速度が１（100％）未満になる**と考えているのです。

今期の最適な資本ストックをK^*、実際の資本ストックをKとします。そして、

今期の投資によって実現される割合をλ（ラムダ）とすると、

$$I=\lambda(K^*-K) \quad \cdots\cdots①$$

と表すことができます。これが**資本ストック調整原理による投資関数**です。

投資関数の係数λは**資本の調整速度を表す値**で、**伸縮的アクセラレーター**（伸縮的加速子）と呼びます（$0<\lambda<1$）。

(2) 加速度原理との関係

加速度原理では、毎年必ず、

$$K=v\cdot Y$$

という関係が成立すると考えています。そこで、前期と今期の国民所得（Y）と資本ストック（K）との関係を以下のように表します。

前期　：$K_0=v\cdot Y_0$

今期　：$K_1{}^*=v\cdot Y_1$

この２式を、先ほどの資本ストック調整原理の投資関数（①式）に代入すると、

$$I=\lambda(K_1{}^*-K_0)$$

$$\Leftrightarrow \quad I=\lambda(v\cdot Y_1-v\cdot Y_0)$$

$$\Leftrightarrow \quad I=\lambda\cdot v(Y_1-Y_0)$$

となります。ここで、今年度と来年度の国民所得の差額（Y_1-Y_0）をΔYとすると、

$$I=\lambda\cdot v\cdot\Delta Y \quad \cdots\cdots②$$

となります。

さて、②式の伸縮的アクセラレーターを$\lambda=1$（調整速度１）とすると、

$$I=v\cdot\Delta Y$$

となり、加速度原理の投資関数と一致します。つまり、$\lambda=1$とすれば、**加速度原理と資本ストック調整原理は同じになる**のです。

5 新古典派投資理論

(1) 新古典派投資理論

新古典派投資理論はミクロ経済学的な投資理論で、**企業の利潤最大化行動を考慮して、投資がどのように決まるかを説明します。**

企業は、財の生産に必要な労働（L）と資本（K）を、利潤を最大にするように需要します。ここで、資本の購入に当たっては、利子率（r）に従って銀行から資金を借り入れるとし、二つの生産要素（労働と資本）間には代替性があると仮定します。

いま、賃金率が不変のもとで利子率が下落したとしましょう（$r\downarrow$）。生産要素

間に代替性があるなら、企業は、割高な労働投入量を減らし、低い金利で資金を借り入れて資本を増やそうとするでしょう（K↑）。このため、企業は低利で資金を借り入れて投資（設備投資）を行う（I↑）ことになります。

逆に、利子率が上昇した場合には（r↑）、資本を減らし（K↓）、労働投入量を増大したほうが効率的です。このため、資本に対する投資は減らされることになります（I↓）。

このように、新古典派投資理論では、**企業の効率的な生産活動を前提として、投資（I）は利子率（r）の減少関数になると考えます。**

この結論はケインズの投資の限界効率論と同じですが、**限界効率論では投資プロジェクトの収益性という、企業活動の外部にある投資条件を考慮する**のに対して、**新古典派投資理論では、企業内部の生産活動という側面から投資の決定を考えている**という点で両者は異なります。

(2) ジョルゲンソンの投資理論

通常の新古典派投資理論では、企業の利潤最大化を実現する資本水準（K）は、今期の投資（I）によって瞬時に実現されると考えています（調整速度は1）。この調整速度の点では、加速度原理と同じです。

しかし、現実に、資本の調整には時間がかかります。この点を考慮して、**新古典派の投資理論に立脚しながら、調整速度は1未満**（$0<\lambda<1$）**であるとしたのがD.W.ジョルゲンソンです**。企業は、利潤最大化を実現する資本を用意するために毎期投資を行うが、最適資本水準の実現には時間がかかると考えたのです。つまり、**背後にミクロ経済学的な理論があるという意味では異なりますが、調整速度という観点では、資本ストック調整原理と同じ考え方を持つ**のです。

ジョルゲンソンの投資理論では、望ましい資本量は生産関数を用いた利潤最大化条件（$P \cdot MP_K = r$）によって決まると考えます。ただこれについて、この決定過程に調整速度（λ）が考慮されていないという批判がされています。

生産関数を用いた利潤最大化条件については、ミクロ経済学で学習しました。

6 トービンのq理論

ケインジアンであるJ.トービンは、**投資の収益性と株式市場での企業の評価を考慮して投資を説明しました。**

企業が株式市場でどのような評価を受けているかによって、企業の投資環境も異なってきます。投資に必要な資金調達の可否、期待できる収益性など、株価が高い企業かどうかで大きな違いがあるでしょう。トービンは、このような点を考慮したのです。

まず、二つの“q”を定義します。

$$限界の q：q＝\frac{限界効率（m）}{利子率（r）}$$

$$平均の q：q＝\frac{企業価値}{資本の買い替え費用}$$

このqの値が1より大きくなっている企業は（$q>1$）、投資を拡大することになる（$I\uparrow$）、と説明します。

(1) 限界のq

限界のqの考え方は、ケインズの限界効率論と同じです。

限界のqが1よりも大であるとき（$q>1$）、

$$\frac{m}{r}>1$$

$$\Leftrightarrow \quad m>r$$

となります。**投資によって利子率（r）を上回る収益が期待できるのであれば、企業は借入れを行って投資を実行することになります（$I\uparrow$）。**

企業が自己資金を持っている場合も同様です。利子率（r）は、金融市場における平均的な運用利率であると考えることができます。**平均的な運用利率を上回る収益を投資プロジェクトから期待できるなら、企業は迷わず自己資金を投資プロジェクトに投じることになるでしょう。**

(2) 平均のq

平均のqにおける「企業価値」は、具体的には、**企業の株価の時価総額を指します**（厳密には、負債総額も加えますが、無視して結構です）。

企業が、保有する資本（K）を使って順調に利潤を確保できていれば、投資家はその企業の株式を購入しようとするでしょう。すると、その企業の株価は上昇することになります。つまり、株価の時価総額は、**企業の収益力を、株式市場の投資家**

が評価した金額と解釈することができます。

一方、「資本の買い替え費用」とは、現在時点で企業が保有する資本（K）を、新たに買い直すとした場合にかかる費用をいいます。これは、**企業が保有する資本そのものの、現在時点での価値**を意味します。

① $q>1$（企業価値＞資本の買い替え費用）

この状況は、「その企業は、資本そのものの価値を上回る収益を生み出すことができる」と、市場が評価していることを意味します。このとき、企業にとっての投資環境は良好です。投資家は、高い収益率を期待して、この企業に資金を提供しようとするからです。企業にとっては、**資金調達の容易さと社会からの要請から、投資を拡大していくことになるでしょう**（I↑）。

② $q<1$（企業価値＜資本の買い替え費用）

この状況は、「その企業に財の生産を行わせるよりも、保有する資本を売却して換金したほうがよい」と、市場が評価していることを意味します。こうなると企業は株式市場から資金を調達することはできなくなるため、必然的に**投資を控えざるを得なくなります**（I↓）。

7 調整費用モデル（宇沢弘文）

企業は、最適な資本水準で財の生産を行おうとします。もし、現状の資本水準が最適な水準に達していない場合には、企業は投資によって資本を増加させようとするでしょう。

この際、企業が最適資本水準への調整を急ぎ、大規模な投資を行うほど、多種多様な諸経費が発生することになります。このような費用を考慮するのが**宇沢弘文**（うざわひろふみ）による**調整費用モデル**です。例えば、企業が大規模な工場を1棟建設すると、かかるコストは建設費用（＝投資額そのもの）だけではありません。会社組織の改編のためのコスト、配置する人員の採用・教育研修コスト、経営に利用できるまでに要する時間的コストなどの諸経費が発生します。これらを**調整費用**といい、**最適資本への調整スピードを高めるほど調整費用が逓増してしまう**ことを**ペンローズ効果**と呼びます。このような調整費用を抑えるためには、小規模な投資を積み重ねることで最適な資本水準を確保することが重要であるとされます。

このような調整コストは、トービンのq理論においては考慮されていますが、q理論以外の投資理論では考慮されていません。

確認してみよう

以下の記述が正しいか否かを判断しなさい。

① 限界効率論では、投資の限界効率よりも利子率が高いときに投資が増加するとした。

2 (2) 参照 ×

ケインズの限界効率論では、利子率よりも投資の限界効率が高いときに投資が増加するとしています。

② 加速度原理では、投資は国民所得の大きさに比例するとしている。

3 (2) 参照 ×

加速度原理では、投資は国民所得の変化分に比例するとしています。

③ 加速度原理や資本ストック調整原理では、国民所得（生産量）と資本ストックとの間には、毎期、技術的に見て望ましい関係が成立すると仮定している。

3 (3)、4 (2) 参照 ○

技術的に見て望ましい国民所得（生産量）と資本ストックとの間の関係を最適資本係数といい、毎期一定であると仮定しています。

④ 新古典派投資理論によると、利子率が下落すると投資の収益性が低下することになるため、企業は投資を減少させることになるとした。

5 (1) 参照 ×

新古典派投資理論では、ケインズの限界効率論と同様に、投資は利子率の減少関数であるとしています。

⑤ トービンは、資本の再調達費用を企業価値で除したものを q と定義し、この q が1より大になるとき投資が拡大するとした。

6 (2) 参照 ×

企業価値を資本の再調達費用で除したものをqと定義し（平均のq）、これが1より大になるとき投資が拡大するとしました。

過去問にチャレンジ

問題1　**投資理論に関する記述として、妥当なのはどれか。**

▶解説は別冊 p.21

区Ⅰ2013

❶ 資本ストック調整原理は、最適資本ストックと現実の資本ストックのギャップを調整するように投資が行われ、最適資本ストックが毎期実現されることを前提としており、そのギャップが大きいほど投資水準が高くなるとする。

❷ ケインズの投資理論では、投資のもたらす収益の割引現在価値がその投資費用に等しくなるような割引率を投資の限界効率と呼び、利子率が投資の限界効率よりも高いときに投資が実行されるとする。

❸ ジョルゲンソンの投資理論は、望ましい資本ストックへの調整スピードが速いほど調整に要する費用が増大するという考え方に基づき、投資活動に付随する調整費用をあらかじめそのモデルの中に明示的に組み込んだものである。

❹ トービンのq理論では、株式市場における企業の市場価値を、企業の保有している資本ストックを再取得する場合に要する費用で除したものをqと定義し、qの値が1よりも大きいとき、投資は実行されるとする。

❺ 加速度原理は、生産量と必要な資本ストックとの間に一定の技術的関係が存在しないことを前提としており、投資は生産量に依存して決まり、生産量が大きいほど投資支出は大きくなるとする。

問題2 ★

▶解説は別冊 p.21

投資理論に関する記述として、妥当なのはどれか。

区Ⅰ2017

❶ ケインズの投資理論では、投資の限界効率が利子率より大きい場合に投資が実行されるが、投資の限界効率は、投資を行う企業家のアニマル・スピリッツに基づいた将来の期待形成には左右されないとする。

❷ 加速度原理は、投資は国民所得の変化分に比例して増減するという考え方であり、望ましい資本ストックが1期間で即座に実現するように投資が行われるが、資本と労働の代替性を考慮していない。

❸ トービンのq理論は、資本ストックの再取得価格を株式市場における企業の市場価値で割ったものをqと定義し、qの値が1よりも大きいとき、投資は実行されるとする。

❹ ジョルゲンソンの投資理論では、企業による市場価値の最大化から資本ストックの望ましい水準を求め、望ましい資本ストックと現実の資本ストックとの間の乖離が拡大されるとする。

❺ 資本ストック調整原理では、資本係数は固定されておらず、望ましい資本ストックと現実の資本ストックの乖離を、毎期一定の割合で埋めていくように投資が実行されるとする。

問題3 ★★

▶解説は別冊 p.22

投資に関するA～Dの記述のうち、妥当なもののみをすべて挙げているのはどれか。

国般2007

A 投資の限界効率理論では、投資は貯蓄率と投資の限界効率が等しくなるところで決定されると考える。投資の限界効率は、企業経営者のアニマル・スピリッツに依存する一方、個々の投資プロジェクトの期待収益とは独立に決定される。

B 加速度モデルでは、投資は産出量の水準に比例して変動すると考える。このモデルは、望ましい最適資本ストックと実際の資本ストックが常に一致すると考えることから、投資の調整費用を考慮したモデルとなっている。

C ジョルゲンソンの投資理論では、投資は今期望ましいとされる最適資本ストックと前期末の実際の資本ストックの差の一部分（λ倍）だけが今期実現すると考える。このモデルは、λの値が最適資本ストックの大きさと独立して決まるという点で論理的な矛盾があると批判されている。

D　トービンのq理論では、企業は1円の資本を購入することにより、1円以上の企業価値をあげ得る限りにおいて投資に乗り出すとする。また、この理論は、投資の調整費用を考慮したモデルとなっている。

❶ A
❷ A、B
❸ B、C
❹ C、D
❺ D

問題4
★
▶解説は別冊 p.23

第1期の国民所得を400、第2期の国民所得を410、第3期の国民所得及び資本ストックをそれぞれ430、645とするとき、加速度原理により求められる第2期の投資の値はどれか。ただし、資本係数は一定とする。

区Ⅰ2014

❶ 10
❷ 15
❸ 20
❹ 25
❺ 30

第3章 投資理論

問題5
★
▶解説は別冊 p.24

ある企業の株価が1株当たり200円で発行済株式総数が200万株であるとする。その企業が保有する総資産の市場売却価額が5億円の場合，トービンのqの値とその理論から予想される設備投資行動の組合せとして最も適当なのはどれか。

裁判所2013

	〔トービンのq〕	〔設備投資行動〕
❶	0.8	設備投資を行う
❷	0.8	設備の縮小を進める
❸	1.0	設備投資を行う
❹	1.25	設備投資を行う
❺	1.25	設備の縮小を進める

問題6
★★
▶解説は別冊 p.25

ジョルゲンソンの投資理論に基づいたストック調整モデルを考える。すなわち、t期の望ましいとされる最適資本ストック（$K_t{}^*$）と$t-1$期の実際の資本ストック（K_{t-1}）の差のすべてを投資するのではなく、その一部のみがt期に投資として実現されるとする。資本減耗率をゼロとし、投資の調整速度（伸縮的加速子）を0.5とする。t期の資本ストック（K_t）と資本の限界生産性（MPK）との間には、

$$MPK=0.5K_t{}^{-0.5}$$

という関係があるとする。ここで、完全競争を仮定し、市場利子率が5％、物価が1、$t-1$期の資本ストック（K_{t-1}）が64である場合、t期の粗投資（I_t）はいくらになるか。

国般2011改

❶ 18
❷ 32
❸ 50
❹ 64
❺ 100

第4章

貨幣市場

貨幣需要
貨幣供給
貨幣市場

1 貨幣需要

学習のポイント

・文章題（理論問題）が中心となるので、まずは"結果"部分を覚えるようにしましょう。

・特に大切なのは変化の方向（増加関数なのか減少関数なのか）です。

1 貨幣市場とは

財市場の分析（45°線分析）では、民間投資（I）を一定と仮定して、総需要（Y_D）の大きさに一致するように均衡国民所得（Y^*）が決定されることを学習しました（有効需要の原理）。

しかし、J. M. ケインズの限界効率論では、利子率が一定に定まれば、一定の投資が決まり、民間投資（I）は利子率（r）の減少関数になる、と説明されました。

では、利子率（r）は、どのように決まるのでしょうか。**ケインズ経済学では、貨幣市場と呼ばれるところで利子率（r）が決定されると考えます**。この点を本章で学習します。

貨幣市場は、貨幣需要と貨幣供給からなるので、以下で順次見ていくことにします。

2 貨幣需要

貨幣需要とは、**人々が資産の一部として貨幣を保有すること**をいいます。貨幣とは、現金（＝流動性）のことです。貨幣需要は流動性という意味からL（Liquidity）を用いて表します。

貨幣を保有していても、他の金融商品のように利息や値上がりといった運用益は期待できません。しかし、人々は好んで貨幣を保有しようとします。これはなぜなのでしょうか。この点を説明するのが、ケインズの**流動性選好理論**です。

(1) 流動性選好理論

ケインズは、**人々が貨幣を保有しようとする動機**には、以下の三つがあるとしています。

① 取引動機

企業のみならず、一般の個人においても、日常的に金銭的な取引を行います（買い物など）。これらの**日常的な取引に備えて貨幣を持とうとする動機**を、**取引動機**と呼びます。

② 予備的動機

突然、思いがけない支出に見舞われるかもしれません。このような**不測の事態に対処するためにも、貨幣を手もとに保有しておくことが必要となります**。これを**予備的動機**といいます。

③ 投機的動機

資産を株式や債券といった金融商品で保有すれば、値上がりによる運用益や利息がもらえます。しかし、逆に値下がりして損をする可能性もあります。このようなリスクが考えられる場合に、**損失を避けるために、人々は貨幣を持とうとするのです**。これを**投機的動機**といいます。

ケインズは、取引動機と予備的動機の二つについては取引需要（L_1）とし、投機的動機に基づく貨幣需要についてはそのまま投機的需要（L_2）としました。三つの動機を二つに分けて考えたのです。

(2) 取引需要

取引動機と予備的動機を合わせて取引需要（L_1）としたのは、**この二つの動機に基づく貨幣需要は、国民所得（Y）の増加関数になる**からです。

国民所得が高まって景気がよくなっているとします（$Y\uparrow$）。この場合、財の取引も活発ですから、支払（決済）手段としての貨幣が多く必要になります。また、景気がよく所得が多くなれば、人々は不測の事態に備える余裕ができるので、十分な貨幣を手もとに置こうとするでしょう（$L_1\uparrow$）。つまり、**取引動機と予備的動機に基づく貨幣需要は、景気に比例して変化する**と考えたのです。

(3) 投機的需要

投機的動機に基づいた貨幣の需要について、ケインズは、貨幣（現金）と債券（国債）の二者択一的な資産選択を前提として説明しています。投機的需要（L_2）は貨幣を資産として有する需要であるため、**資産需要**ともいいます。

① 債券（国債）とは

まず、債券（Bond）について説明しておきましょう。

債券とは、**団体が資金を借り入れるときに発行し、売り出される金融商品**です。国が発行する債券を「国債」、地方自治体が発行する債券を「地方債」、会社が発行する債券を「社債」といいます。以下、国債を前提として説明します。

国債は、発行する国の側からすれば借金なので、

❶ 約束の期限が来たら返済しなければならない

❷ 毎期、契約時に約束した利息（＝**確定利息**）を支払う必要がある

という特徴があります。購入する側からすれば、確定利息という運用益が得られるので、株式よりも確実性・安全性は高いといえます。

② 利子率と債券価格の関係

いま、平均的な金利水準である利子率（r）が１％であるとしましょう。普通に預金をすれば、１％の利息が付く状況だと考えてください。

このとき、資金を集めたい国が、利子率よりも少し有利な２％（確定利息）で国債を売りに出すとします。借入期間（償還期間）は10年としましょう。「預金するよりも有利だ」と考えた人々が、国債を購入することになります。

ここで、100万円分購入した人の立場で考えましょう。償還期間は10年ですから、10年後でないと貸したお金は国から返ってきません。もし、期間中に資金を回収したいときには、債券市場（≒証券会社）で売却して、売却代金という形で資金を回収します。

例えば、購入から５年経ったところで売却するとしましょう。このとき、利子率（r）が上昇していて３％になっていたら、誰も２％の確定利息がもらえる国債を100万円では買い取ってくれません。預金をしたほうが有利な運用になるからです。こうなると、100万円分の国債を、安く売るしかありません。例えば、90万円で売るのです。すると、新たな買い手にとっては、今後５年間２％の利息しか受け取れないとしても、国から100万円が受け取れる国債を90万円で買えるのですから、買う価値は大いにあるといえます。

このように、利子率が上昇すると（$r\uparrow$）、取引価格である債券価格（P_B）は下落することになるのです（$P_B\downarrow$）。

逆に、５年経ったところで利子率が0.5％まで下落したとすると、２％の確定利息が受け取れる国債は、大変有利な金融商品となります。買い手がたくさんつくことになりますので、過去に発行された債券（既発債）の取引価格は高騰することになります。つまり、利子率が下落すると（$r\downarrow$）、債券価格は上昇するのです（$P_B\uparrow$）。

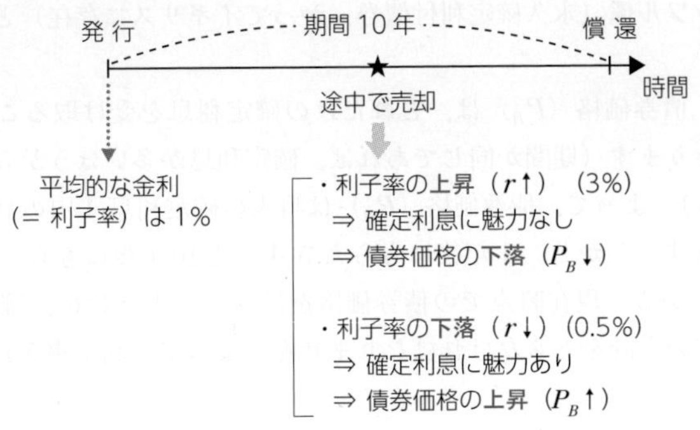

③ 債券（コンソル債）価格の理論値

（ア）割引計算

利子率が10%（年利）だとします。このとき、銀行に１年間預金をしたとすると、１年後には利息が付いて、

$(1+0.1)\times 100$万円$=110$万円

となります。この110万円を、さらにもう１年預け入れておくと、10%に相当する11万円の利息が付きます。計算式は、

$(1+0.1)^2\times 100$万円$=121$万円

とおけます。このような、**現在のお金が将来時点でいくらになるかを計算する方法**を、**利息（複利）計算**といいます。

今度は、逆に考えてみましょう。１年後の100万円や２年後の100万円を現在の価値で測るといくらになるでしょうか。現在の100万円に（1＋利子率）を乗じると１年後の金額になるのですから、１年後の金額を現在の価値に引き戻すには、100万円を（1＋利子率）で割ればよいことになります。よって、

$$\frac{100\text{万円}}{1+0.1}\ (\fallingdotseq 90.9\text{万円})$$

と計算できます。２年後の100万円を現在の価値にする場合には、２年分の利子率で割ります。

$$\frac{100\text{万円}}{(1+0.1)^2}\ (\fallingdotseq 82.6\text{万円})$$

このような、**将来のお金を現在の価値に引き戻す計算**を**割引計算**といい、**現在の価値に引き戻した金額**を**割引現在価値**といいます。

（イ）コンソル債の価格

いま、毎年の確定利息をA円（一定）とし、購入者はこれを永久にもらうこと

のできる**コンソル債**（永久確定利付債券、かつてイギリスに存在）という債券を前提とします。

基本的に、債券価格（P_B）は、どれだけの確定利息を受け取ることができるかによって決まります（期間が同じであれば、確定利息が多いほうが高い値が付くことになります）。よって、債券価格（P_B）は将来の確定利息A円の合計で計算することができます。しかし、1年後にもらえるA円と10年後にもらえるA円の価値は異なりますから、現在時点での債券価格を計算するときには、確定利息A円の割引現在価値の合計をとらなければなりません。よって、利子率をrとすると債券価格（P_B）は、

$$P_B=\frac{A}{1+r}+\frac{A}{(1+r)^2}+\frac{A}{(1+r)^3}+\frac{A}{(1+r)^4}+\cdots\cdots$$

と計算することができます。この式をよく見ると、初項が$\frac{A}{1+r}$、公比が$\frac{1}{1+r}$の無限等比数列の和になっています。無限等比数列の和の公式（$=\frac{\text{初項}}{1-\text{公比}}$）に当てはめて計算すると、

$$P_B=\frac{\frac{A}{1+r}}{1-\frac{1}{1+r}}$$

Aは確定利息（一定）を表します。国債の購入金額が 100万円、約定金利が２％だとすると、A＝２万円となります。

$$=\frac{A}{(1+r)-1} \qquad \therefore \ P_B=\frac{A}{r} \qquad \cdots\cdots①$$

となり、**債券価格は、確定利息をそのときの利子率で割った値になる**ことがわかります。

④ 投機的貨幣需要関数

債券との関係で説明される**投機的需要（L_2）は、利子率（r）の減少関数になる**としています。

利子率が上昇して高くなると（r↑）、債券価格は下落します（P_B↓）。債券の割安感から債券需要が増えます。このとき、手持ちの貨幣で債券を購入するので、資産としての貨幣保有が減ることになります（L_2↓）。よって、投機的需要（L_2）は利子率（r）の減少関数となるのです。

一方、利子率が下落して低くなると（r↓）、債券価格が上昇し（P_B↑）、債券を売却する人が多くなります。債券の売却によって得た売却代金は、貨幣として保有されることになります（L_2↑）。

いま、利子率がr_0からr_1に下落した場合、投機的需要がL_{20}（30兆円）からL_{21}（70兆円）に増加するとしましょう。横軸に投機的な貨幣需要量（L_2）、縦軸に利子率（r）をとると、右下がりの曲線を描くことができます。これを**投機的貨幣需要関数**と呼びます。

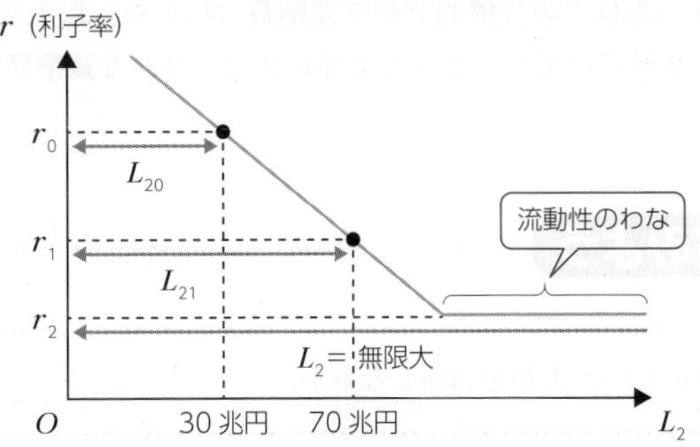

ここで、利子率r_2の水準に注目してください。これは利子率が下限に達している状況で、“超低金利”です。このとき、債券価格（P_B）は、上限（債券価格の“天井”）に達する状況です（①式参照）。債券価格が“天井”であるなら、人々は将来的な利子率の上昇とそれによる債券価格の下落を予想するはずです。今後の債券価格の下落を予想しつつ、債券を最高値で購入する人はいないでしょう。つまり、**利子率が下限に達すると、誰も債券を購入しようとせず、人々は、資産のすべてを値下がりのリスクのない安全な貨幣で保有しようとする**のです。すると、**貨幣需要量が無限大になってしまいます**。この状況を**流動性のわな**と呼びます。このとき投機的貨幣需要関数の傾きは**非常に緩やかなものとなり、ほぼ水平線となってしまいます。**

(4) 貨幣需要曲線

貨幣需要（L_D）は、取引需要（L_1）と投機的需要（L_2）の合計となります。

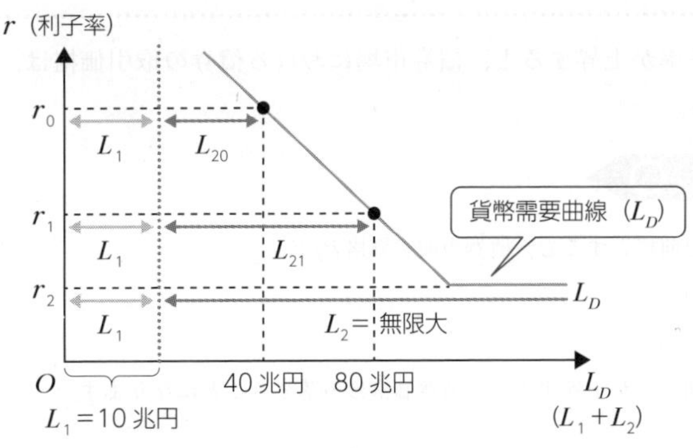

横軸に貨幣需要量L_D（L_1+L_2）、縦軸に利子率（r）をとります。このグラフ上では、国民所得の増加関数である取引需要（L_1）は、一定値として扱わざるを得ません。グラフに国民所得がとられていないからです。仮に、$L_1=10$兆円（一定）とすると、まず横軸に$L_1=10$兆円をとり、この横に投機的需要（L_2）を加えていきます。つまり、先ほどの投機的貨幣需要関数（L_2）を、取引需要（L_1）の分だけ右方にシフトさせるのです。こうして描かれたグラフを**貨幣需要曲線（L_D）**といいます。

確認してみよう

以下の記述が正しいか否かを判断しなさい。

① 予備的動機に基づく貨幣需要は、国民所得が増加すると減少することになる。

2 (2) 参照 ✕

予備的動機に基づく貨幣需要は、国民所得の増加関数なので（取引需要（L_1）の一部）、国民所得が増加すると増加することになります。

② 投機的動機に基づく貨幣需要は、利子率が下落すると減少することになる。

2 (3) ④ 参照 ✕

投機的動機に基づく貨幣需要は、利子率の減少関数なので、利子率が下落すると増加することになります。

③ 利子率が上昇すると、債券市場における債券の取引価格は、下落することになる。

2 (3) ③ 参照 ○

コンソル債を前提とすると、債券の取引価格P_Bは、

$$P_B=\frac{\text{確定利息}}{\text{利子率}}$$

となるので、利子率が上昇すると、債券価格は下落することになります。

④ 利子率が下落すると投資が拡大するので、貨幣の取引需要も高まることになる。

2 (2)、(3) ④ 参照 ×

利子率が下落すると投資は高まりますが、流動性選好理論では、貨幣の取引需要は、国民所得の増加関数であるとされています。

⑤ 利子率が下限に達すると、多くの人々が将来的な債券価格の下落を予想するため、誰も債券を購入しようとはせず、貨幣需要が無限大となる。

2 (3) ④ 参照 ○

利子率が下限に達すると、債券価格は上限に達するため、将来的な債券価格の下落を予想する人が多くなります。こうなると誰も債券で資産を保有しようとはせず、値下がりのリスクのない貨幣で保有しようとします。この結果、利子率の加減で貨幣需要が無限大となってしまうのです。この現象を、流動性のわなと呼びます。

過去問にチャレンジ

問題1 ★

▶解説は別冊 p.26

ケインズの流動性選好説に関する次の文の空欄Ａ～Ｄにあてはまる語句の組合せとして、妥当なのはどれか。

都Ⅱ2004

ケインズは、貨幣の保有動機を、取引動機、予備的動機及び投機的動機の３つに分け、貨幣需要を分析した。彼は、［　A　］に基づく貨幣需要は国民所得に依存し、国民所得が増加するほど貨幣需要は［　B　］するとし、［　C　］に基づく貨幣需要は利子率に依存し、利子率が上昇するほど貨幣需要は［　D　］すると考えた。彼は、社会全体の貨幣需要を上記３つの動機に基づく貨幣需要の総和であるとし、これを流動性選好関数とよんだ。

	A	B	C	D
❶	取引動機	減少	投機的動機及び予備的動機	増加
❷	取引動機	増加	投機的動機及び予備的動機	増加
❸	予備的動機	減少	投機的動機及び取引動機	減少
❹	取引動機及び予備的動機	増加	投機的動機	増加
❺	取引動機及び予備的動機	増加	投機的動機	減少

問題2 ★★ **ケインズの流動性選好説による貨幣需要の動機に関する記述として、妥当なのはどれか。**

▶解説は別冊 p.26

区Ⅰ 2002

❶ 投機的動機は、利子率の変動に関する予想から生じる動機であり、これに基づく貨幣需要は、国民所得の大きさに依存することなく、利子率が上昇するほど増大するとした。

❷ 取引動機は、家計と企業が収入と支出の時間差をカバーするために貨幣を保有する動機であり、これに基づく貨幣需要は、国民所得の大きさに依存することなく、利子率が低下するほど増大するとした。

❸ 予備的動機は、予測できない事態が発生し、不慮の支出が必要となるときに備え、貨幣を保有しようとする動機であり、これに基づく貨幣需要は、国民所得が上昇するほど増大するとした。

❹ 投機的動機には所得動機と営業動機があり、これらに基づく貨幣需要は、取引金額と一定期間内における所得回数とに依存し、所得回数が多いほど増大するとした。

❺ 利子率がかなり低い水準までくると、債券保有が不利となることから貨幣を保有しようとするが、これにより通貨供給量が増えても、取引動機に基づき吸収されるので、利子率をさらに低下させることができなくなるとした。

2 貨幣供給

学習のポイント

- 貨幣供給については、理論だけではなく制度の理解を問う問題も出題されます。
- また、計算問題がよく出題されますので、留意しておきましょう。

1 中央銀行の役割

次に、貨幣の供給について見ていきましょう。

市場に貨幣を供給しているのは、**中央銀行**と呼ばれる銀行です。我が国の中央銀行は「日本銀行」です。

中央銀行は、私たち個人や一般の企業とは一切取引をしません。主に、以下の三つの役割を担います。

(1) 発券銀行

中央銀行は、**銀行券**（＝紙幣）**を刷って市場に供給できる唯一の銀行**です。「日本銀行券」は、その名のとおり日本銀行が市場に供給した貨幣です。

(2) 銀行の銀行

中央銀行以外の民間の銀行（メガバンク、地方銀行など）を**市中銀行**と呼びます。市中銀行も、状況に応じて預金したり、借入れを行ったりします。このときに利用するのが中央銀行です。まさに、**中央銀行は“銀行のための銀行”の役割を担っています**。

(3) 政府の銀行

中央銀行は、**国**（**政府**）**の資金を管理しているところ**でもあります。国民からの税金や社会保険料の受入れ、公共事業費や年金の支払い、国債の発行事務なども行っています。

2 預金準備制度

市中銀行は、一般の預金者から預金という形で資金を集め、それを企業や家計に融資する（貸付け）形で運用しています。ただし、集めた資金をすべて融資に使ってはいけないことになっています。

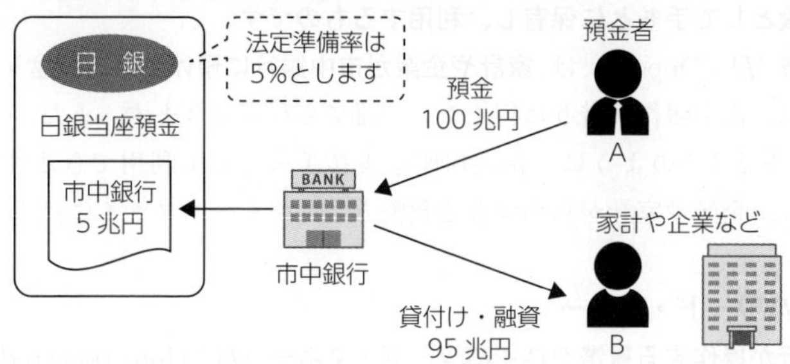

日本銀行（日銀）は、市中銀行を相手に預金業務を行っています（銀行の銀行）。日銀の基準を満たす市中銀行は、日銀に「日銀当座預金」という口座を開設します。**日銀は、市中銀行の過剰な融資を防ぐ目的で、市中銀行の預金の一定割合を強制的に預金させています**。この一定割合のことを**法定準備率**といい、預け入れられた資金を**法定準備金**と呼びます。例えば、市中銀行で集めた預金が100兆円、法定準備率が５％である場合、法定準備金は５兆円になります。そして、残りの95兆円が、家計や企業に融資される形で運用されることになります。このような制度を、**預金準備制度**といいます。

日銀当座預金の残高が常に法定準備金に一致している必要はありません。市中銀行は手持ちの余裕資金があれば、法定準備率を上回る過剰準備（余分に預金しておくこと）をすることも可能です。この場合の準備率のことを**預金**（支払）**準備率**（＝法定準備率＋過剰準備率）と呼びます。また、**法定準備金が不足するような場合には、市中銀行は他の市中銀行から短期的に資金を調達します**。このやり取りの場が、**コール市場**と呼ばれる市場で、**市中銀行の短期的な資金調達の場**として中心的な役割を果たしています。

日銀は主に、この**日銀当座預金口座を通じて貨幣供給量をコントロールします**（後述）。貨幣を供給する際の重要な経路になっているのです。

3 マネーサプライとハイパワード・マネー

(1) マネーサプライ（マネーストック）

家計や企業が利用することのできる貨幣の総量を、**マネーサプライ**（M：Money supply）、またはマネーストック、貨幣供給といいます。

統計上のマネーサプライの定義にはいろいろありますが、通常、マクロ経済学では以下のように定義します。

マネーサプライ（M）＝現金通貨（C）＋預金通貨（D）

現金通貨（C：Currency）は、まさに「**現金**」のことです。**家計や企業が日々の支払手段として手もとに保有し、利用するもの**です。

預金通貨（D：Deposit）は、**家計や企業が市中銀行に預けている預金**を指します。預金通貨は、市中銀行に借りに行くことで誰でも利用できます。また、公共料金の“自動引き落とし”のように、預金口座を支払手段として利用できます。よって、預金通貨も、企業や家計が利用できる貨幣としてマネーサプライに含めるのです。

(2) ハイパワード・マネー

中央銀行が操作する貨幣を**ハイパワード・マネー**（H：High-powered Money）、またはマネタリーベース、ベースマネーといいます。**ハイパワード・マネーを増減させることで、企業や家計が利用可能なマネーサプライをコントロールします**。ハイパワード・マネーは、以下のように定義されます。

ハイパワード・マネー（H）＝現金通貨（C）＋日銀当座預金（R）

現金通貨（C）は、**日銀が印刷すれば増えますし、処分すれば減ります**。

また、日銀がマネーサプライを増やしたいと考えたときには、市中銀行に資金を貸すなどします（詳しくは、後述します）。このとき、市中銀行の日銀当座預金（R：Reserve deposit）口座を利用します。**日銀が日銀当座預金に資金を振り込むと、市中銀行がそれを引き出して家計や企業への融資に利用します**。こうして、私たちが利用できる貨幣が増えることになるわけです。

4 信用創造と信用乗数

日銀が日銀当座預金口座を通じてハイパワード・マネー（H）を変化させると、マネーサプライ（M）が変化します。では、ハイパワード・マネー（H）が増やされたときに、マネーサプライ（M）はどれだけ増加するのでしょうか。ここでは、日銀が直接コントロールするハイパワード・マネーと全体のマネーサプライとの数値的な関係を見ておきましょう。

(1) 信用創造

まずは、直感的に説明しましょう。法定準備率は10%とし、市中銀行は過剰準備を持たないものとします。

はじめに、日銀がA銀行の日銀当座預金口座に1,000万円振り込んだとします（R↑）。ハイパワード・マネーの増加です。

A銀行はこのうち100万円だけとっておいて（準備金）、残りの900万円を住宅ローンの申込みに来た家計に融資したとします。このお金は住宅購入に充てられ、住宅メーカーの売上となります。住宅メーカーの預金口座がB銀行にあるのだとしたら、B銀行で新規に900万円預金が増加することになります（D↑）。

さらに、B銀行は900万円のうち90万円だけとっておいて（準備金）、残りの810万円をマイカー・ローンの申込みに来た家計に融資したとします。このお金は車の購入に充てられ、自動車販売会社の売上となります。車ディーラーの預金口座がC銀行にあるのだとしたら、C銀行で新規に810万円預金が増加します（D↑）。

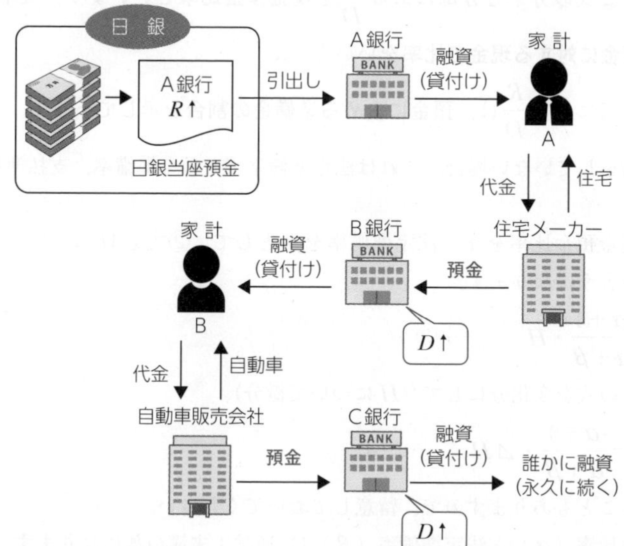

このように、日銀がハイパワード・マネーを増加させると、市中銀行がそれを融資などの形で運用します。すると、融資された資金は財の取引を通じて他行の預金となり、計算上、預金（D）をどんどん増やしていくことになるのです。この**預金を増やしていくプロセス**を**信用創造**といいます。**市中銀行の融資（貸付け）業務を通じて、マネーサプライ（M）は計算上増えていくのです。**

(2) 信用乗数（貨幣乗数・通貨乗数）

① 信用乗数（貨幣乗数・通貨乗数）

日銀がハイパワード・マネー（H）を増やすと、全体のマネーサプライ（M）は、どれだけ増えることになるのでしょうか。

ハイパワード・マネー（H）に対するマネーサプライ（M）の割合をとり、

$$\frac{M}{H}=\frac{C+D}{C+R} \quad \cdots\cdots ①$$

とします。

次に、①式の分子と分母をともに預金（D）で割ります。

$$\frac{M}{H}=\frac{\frac{C}{D}+1}{\frac{C}{D}+\frac{R}{D}} \quad \cdots\cdots ②$$

ここで、②式の分子と分母にある$\frac{C}{D}$を**現金預金比率**といいます。文字どおり、**民間での預金に対する現金の比率**をいいます。

一方、分母にある$\frac{R}{D}$は、**預金に占める準備金の割合**を示しています。市中銀行が過剰準備をしていない場合、これは法定準備率（＝預金準備率、支払準備率）に当たります。

ここで現金預金比率をα、法定準備率をβとして、②式をMについて変形すると、以下のようになります。

$$M=\frac{\alpha+1}{\alpha+\beta}\cdot H \quad \cdots\cdots ③$$

また、この式を変化分にして（Hについて微分）、

$$\varDelta M=\frac{\alpha+1}{\alpha+\beta}\cdot \varDelta H \quad \cdots\cdots ④$$

として使うこともありますので、留意しておいてください。

現金預金比率（α）と法定準備率（β）は、通常１未満の数になります。よって、$\frac{\alpha+1}{\alpha+\beta}$の部分は、１より大きな数になります。例えば、$\alpha=0.2$、$\beta=0.1$とすると、$\frac{\alpha+1}{\alpha+\beta}=4$となります。

このとき、ハイパワード・マネーが1,000万円増えたとすると（$\varDelta H=1{,}000$）、マネーサプライは４倍の4,000万円増えることになります（$\varDelta M=4{,}000$）。つまり、$\frac{\alpha+1}{\alpha+\beta}$の部分は、**日銀がハイパワード・マネーを変化させたときに、全体のマネーサプライにどれだけのインパクトを与えるか**を示しているのです。この信用創造の大きさを表す$\frac{\alpha+1}{\alpha+\beta}$を、**信用乗数**（貨幣乗数、通貨乗数）といいます。

② 預金のみで現金が存在しない場合

本試験の問題の中には、考慮するのは預金通貨（D）のみで、現金通貨（C）の存在を無視した問題が出題されることがあります。この場合、$C=0$ということになるので、

$$\text{マネーサプライ}(M)=C+D$$
$$=D$$

$$\text{現金預金比率}(\alpha)=\frac{C}{D}$$
$$=0$$

となります。よって、③式と④式はそれぞれ、

$$D=\frac{1}{\beta}\cdot H \quad \cdots\cdots ③'$$

$$\varDelta D=\frac{1}{\beta}\cdot \varDelta H \quad \cdots\cdots ④'$$

となります。問題文に現金通貨（C）の存在が認められない場合には、③′式あるいは④′式を使って計算することになりますので、留意しておきましょう。

例題1 ある人が500万円を市中銀行に預金した場合、市中銀行の預金準備率を20%とすると、預金総額はいくらになるか。

はじめの預金（＝本源的預金）500万円を、日銀によるハイパワード・マネー（H）と同様に考えてしまえば、現金（C）が存在しないので、預金総額（D）は、以下のように計算できます。

$$D=\frac{1}{\beta}\cdot H$$
$$=\frac{1}{0.2}\cdot 500$$
$$=2{,}500\ \text{（万円）}$$

例題2 ある人が500万円を市中銀行に預金した場合、市中銀行の預金準備率を20%とすると、信用創造としてもたらされる預金額はいくらになるか。

「信用創造としてもたらされる預金額」とは、信用創造によって増加した預金額を意味します。よって、預金総額（D）を計算したら、本源的預金を差し引いて、

増加した預金額＝預金総額－本源的預金
＝2,500－500
＝2,000（万円）

と計算します。

5 金融政策の具体的な手段

中央銀行（日本銀行）は、**マネーサプライ**（貨幣供給量）**をコントロールすることで、景気や物価の調整を行うことがあります**。これを**金融政策**と呼びます。主に、以下の三つの手段（やり方）があります。

(1) 法定準備率操作

日銀は、**法定準備率（β）を操作することで、マネーサプライの量をコントロールする**ことがあります。これを**法定準備率操作**といいます。

例えば、日銀が法定準備率を引き下げると（$\beta\downarrow$）、市中銀行は、企業や家計に融資できる金額が増えます。融資された資金は財の取引等に利用され、信用創造のプロセスを通じて預金が増えていきます（$D\uparrow$）。この結果、マネーサプライを増大させることができます（$M\uparrow$）。

この動きは、下の式を見ても明らかです。

$$M\uparrow=\frac{\alpha+1}{\alpha+\beta\downarrow}\cdot H\ （一定）$$

法定準備率（β）を引き下げられると、信用乗数が大きくなります。すると、ハイパワード・マネー（H）が不変であっても、マネーサプライ（M）が増加します。

逆に、法定準備率が引き上げられると（$\beta\uparrow$）、信用乗数が小さくなり、マネーサプライは減ることになります（$M\downarrow$）。

⑵ 公開市場操作

日銀は、**市中銀行が保有する国債などを買い取ったり、逆に、日銀が保有する国債などを市中銀行に売却したりすることがあります**。このときの“代金”のやり取りによって、マネーサプライの量をコントロールするのです。これを**公開市場操作**といいます。

① 買いオペレーション（買いオペ）

買いオペレーション（買いオペ）とは、**日銀が、市中銀行が保有する国債等を購入する操作**です。このときの代金は、市中銀行の日銀当座預金口座に振り込まれます（R↑）。つまり、ハイパワード・マネーが増大します（H↑）。市中銀行はこれを引き出して融資などの運用に使うことで、信用創造も経てマネーサプライを増大させることになります（M↑）。

② 売りオペレーション（売りオペ）

売りオペレーション（売りオペ）とは、**日銀が、手持ちの国債などを市中銀行に売却する操作**です。売却代金は、市中銀行の日銀当座預金口座から引き落とします（R↓）。つまり、ハイパワード・マネーが減少します（H↓）。すると、マイナスに信用創造が働き、マネーサプライを減少させることになります（M↓）。

⑶ 公定歩合（基準割引率および基準貸出利率）操作

日銀は“銀行の銀行”ですから、市中銀行が日銀から資金を借り入れることがあります。**このときに適用される金利**を、**公定歩合**（こうていぶあい）（基準割引率および基準貸出利率）といいます。この**公定歩合を操作することで、マネーサプライをコントロールする**のです。これを**公定歩合操作**といいます。

日銀が公定歩合を引き下げると、市中銀行の資金調達コストが低下します。これに伴い、民間の各種金利も連動して低下し、家計や企業への貸付け（融資）が拡大します。これにより、信用創造のプロセスによってマネーサプライが増加するのです（M↑）。

逆に、公定歩合を引き上げると、マネーサプライは減少します（M↓）。

しかし、1994年の金利の自由化以降、公定歩合と市中金利との連動性は失われ、現在では公定歩合操作は機能していません。

現在、日銀は、無担保コールレート（＝市中銀行間で資金のやり取りをするときの短期金利）や長期金利（＝新発10年物の国債利回り）を、公開市場操作を行って操作し、マネーサプライをコントロールします。公定歩合は、基準割引率および基準貸出利率（＝ロンバート型貸出金利）と呼称を変え、金利の上限としての役割だけを担っています。

短期の金利（無担保コールレート）で、金利操作のイメージを解説しておきましょう。

まず、日銀が政策金利（＝政策上の目標値）を設定します。金融市場に資金不足が生じると、無担保コールレートが上昇します（“品不足”で価格が上昇するのと同じです）。政策金利を大幅に上回るようなら、日銀は、買いオペレーションを実施してマネーサプライを増やします。すると、資金不足が解消されて、無担保コールレートは次第に下がっていき、政策金利に近づくことになります。

逆に、無担保コールレートが政策金利を大幅に下回った場合には、資金余剰が生じていると考えられるので、日銀は売りオペレーションを実施してマネーサプライを減少させます。これにより無担保コールレートは上昇し、政策金利に近づくことになります。

仮に、無担保コールレートが急騰して基準貸出利率を上回ることが起きたら、日銀は市中銀行への無制限の貸し出しを行って、無担保コールレートを抑え込みます。これを**補完貸付制度**（＝ロンバート型貸出制度）と呼びます。

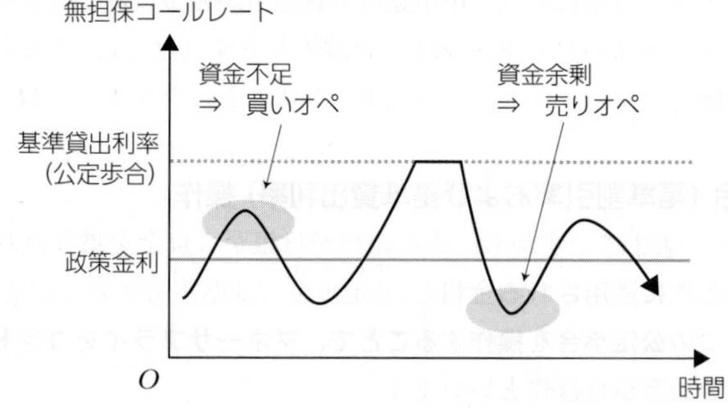

6 貨幣供給曲線

ここからは制度的な話ではなく、理論上の話になります。

(1) 名目マネーサプライと実質マネーサプライ

中央銀行によって供給されたマネーサプライ（M）は、名目マネーサプライと呼びます。基本的には“金額”で表されるからです。

しかし、物価（P）（＝財の価格の平均値）が上昇している場合、経済活動を支えるうえで既存のマネーサプライで十分な“量”が存在しているのか、名目マネーサプライではわかりません。

そこで、実質的な貨幣量を表すため、名目マネーサプライ（M）を物価（P）で割り、**実質マネーサプライ**（$\frac{M}{P}$）で考えます。

実質マネーサプライ（L_S）$=\frac{M}{P}$

名目マネーサプライ（M）は、基本的に中央銀行が決定するので、金融政策が行われない以上は一定であるとします（政策変数）。また、物価（P）は、これまでと同様に一定と仮定します。したがって、実質マネーサプライ（$\frac{M}{P}$）は一定量となります。

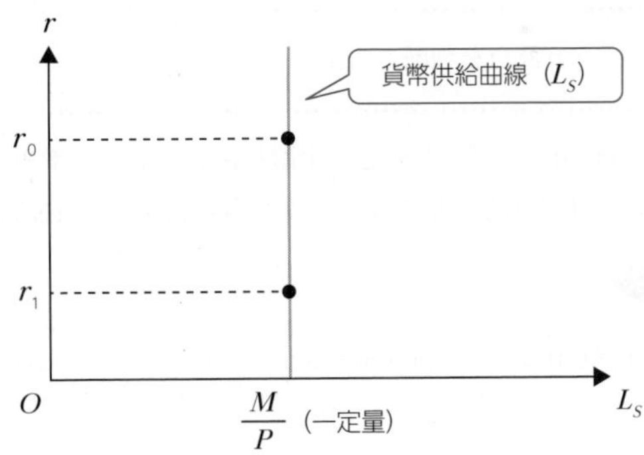

横軸に実質的な貨幣供給量（L_S）、縦軸に利子率（r）をとっています。実質マネーサプライ$\frac{M}{P}$は一定量で、縦軸の利子率の水準とは関係がありません。**実質マネーサプライは垂直線として表すことができます。**これを**貨幣供給曲線（L_S）**といいます。

(2) 金融政策と貨幣供給曲線のシフト

中央銀行は、その時どきの経済状況に応じて金融政策を実施します。

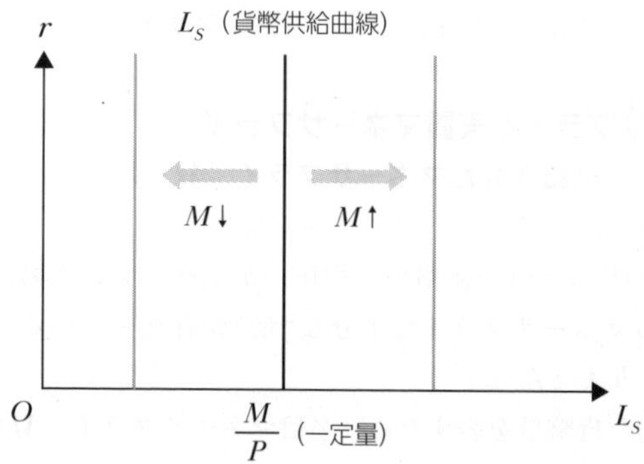

中央銀行が（名目）マネーサプライ（M）を増やしたとすると、実質マネーサプライが増加します。これは、貨幣供給量の増大を意味しますから、貨幣供給曲線（L_S）は右方にシフトします。

一方、中央銀行がマネーサプライを減少させると、実質マネーサプライが減少して貨幣供給曲線は左方にシフトすることになります。

確認してみよう

以下の記述が正しいか否かを判断しなさい。

① 法定準備率が引き上げられると、金融機関は準備金を増やすことができるので、それに応じて貸出しを増やすことができるために、預金通貨の増加を促す。

5 (1) 参照 ×

法定準備率が引き上げられると、準備金を増やさなければならず、貸出しは減らすことになります。これにより、信用創造がマイナスに働き、預金通貨は減少することになります。

② 法定準備率が引き下げられると、ハイパワード・マネーが増加するので、マネーサプライも増加することになる。

5 (1) 参照 ×

準備率操作では、ハイパワード・マネーは変化しません。法定準備率の引下げによって市中銀行の貸出額が増加し、信用創造のプロセスからマネーサプライが増加するのです。

3 買いオペレーションが実施されると、ハイパワード・マネーが増加し、マネーサプライも増加することになる。

5 (2) ① 参照 ◯

買いオペレーションが行われると、債券等の買取代金が市中銀行の日銀当座預金に振り込まれ、ハイパワード・マネーを増加させます。これを市中銀行が引き出して運用に使うことで、マネーサプライが増加することになります。

解法ナビゲーション

公衆の保有する現金通貨をC、預金通貨をD、市中銀行の支払い準備金をR、ハイパワード・マネーをH、マネー・サプライをMとする。このとき、

$$M=C+D$$

$$H=C+R$$

が成り立つものとする。

今、現金・預金比率$\frac{C}{D}=0.3$、支払い準備金・預金比率$\frac{R}{D}=0.2$であるとすると、ハイパワード・マネーが20億円増加された場合、貨幣乗数式に基づいて計算したときのマネー・サプライの増加額はどれか。

区Ⅰ 2004

❶ 30億円
❷ 48億円
❸ 50億円
❹ 52億円
❺ 100億円

現金通貨（C）が存在するオーソドックスな問題です。定期的に、公式の確認に解き直しましょう。

【解答・解説】 正解 ❹

現金通貨（C）が存在する場合、ハイパワード・マネー（H）とマネーサプライ（M）の関係は、以下のようになります。

$$M=\frac{\alpha+1}{\alpha+\beta}\cdot H \quad \cdots\cdots ①$$

〔α：現金・預金比率、β：支払準備金・預金比率（預金準備率）〕

本問では、ハイパワード・マネーが20億円増加した場合（$\varDelta H=20$）のマネーサプライの増加額（$\varDelta M$）が問われているので、①式を変化分の式にして、

$$\varDelta M=\frac{\alpha+1}{\alpha+\beta}\cdot \varDelta H$$

$$=\frac{0.3+1}{0.3+0.2}\cdot 20$$

$$=52\text{（億円）}$$

と計算します。

よって、正解は❹となります。

第4章 貨幣市場

過去問にチャレンジ

問題1
★
▶解説は別冊 p.27

ある銀行が7,500万円の預金を受け入れた場合、この預金をもとに市中銀行全体で派生的に信用創造される預金額として、正しいのはどれか。ただし、市中銀行の預金準備率は25％とし、預金は途中で市中銀行以外に漏れることはないものとする。

都Ⅰ 2003

❶ 1億円
❷ 1億7,500万円
❸ 2億2,500万円
❹ 3億円
❺ 3億7,500万円

問題2
★
▶解説は別冊 p.28

ある経済において、公衆保有の現金通貨をC、預金通貨をD、市中銀行の支払準備金をRとする。いま、現金・預金比率（$\frac{C}{D}$）が0.05、市中銀行の準備金・預金比率（$\frac{R}{D}$）が0.25であり、いずれも常に一定とした場合、中央銀行がハイパワード・マネーを10兆円増加させたとき、マネーサプライの増加量として、正しいのはどれか。

都Ⅰ 2008

❶ 25兆円
❷ 30兆円
❸ 35兆円
❹ 40兆円
❺ 45兆円

問題3 **貨幣供給の理論に関する次の記述のうち、妥当なのはどれか。**

★★

▶解説は別冊 p.28

国般2005

❶ 預金準備率を20%とすると、本源的預金が1000万円増加した場合、信用創造により、本源的預金を含めた預金総額の増加額は8000万円となる。

❷ 民間銀行の貸出の増加は、ハイパワード・マネーを増加させるので、それによってマネーサプライが増加することになる。

❸ 預金準備率を20%、公衆の現金・預金比率を30%とすると、ハイパワード・マネーの１億円の増加は、マネーサプライを５億円増加させる。

❹ 中央銀行は、預金準備率と公衆の現金・預金比率のコントロールを通じてマネーサプライをコントロールすることができる。

❺ 預金準備率を５%、公衆の現金・預金比率を20%とすると、貨幣乗数の値は4.8となる。

問題4　貨幣及び金融政策に関する次の記述のうち、最も妥当なのはどれか。

★★

▶解説は別冊 p.30

労基・財務2016

❶ 貨幣には、一般物価水準が上昇すれば、実質的な価値が減少するというリスクが存在するほか、利子の付かない貨幣を保有する分だけ、貨幣以外の金融資産を保有していた場合に得られる利子の損失を伴うことから、貨幣は、危険資産の代表的なものであるとされている。

❷ マネーストックとは、一国全体の貨幣の供給量を表すものであり、最も狭義なマネーストックとしてM1がある。これには、現金通貨、定期預金及び譲渡性預金といった流動性の高いもののみが含まれる。

❸ 公開市場操作とは、中央銀行が、保有している債券を、債券市場において売買することによってハイパワード・マネーをコントロールする政策である。このうち、買いオペレーションとは、債券を購入することによってハイパワード・マネーを減少させる政策である。

❹ 政府が法定準備率を引き下げることにより、市中銀行が預金準備率を引き下げる場合、ハイパワード・マネーが一定の下でも、貨幣乗数は上昇し、マネーストックが増加する。

❺ 日本銀行は、平成18年に、市中銀行へ貸し出す際の利子率に関して、「ロンバート型貸出金利」という名称を廃止し、「公定歩合」と改めた。現在において、公定歩合を操作することによってハイパワード・マネーをコントロールする政策は、日本銀行の中心的な金融政策となっている。

3 貨幣市場

学習のポイント

- 貨幣市場での利子率の動きを押さえましょう。
- 貨幣市場と債券市場の関係もよく問われます。しっかり覚えておきましょう。

1 利子率の決定

貨幣需要曲線（L_D）と貨幣供給曲線（L_S）を同じ平面上に描くと、以下のグラフのようになります。これを**貨幣市場**といいます。

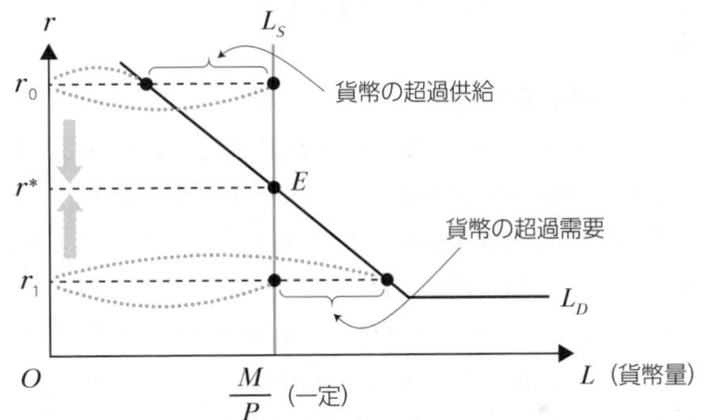

結論からいうと、ケインズ経済学では、**貨幣需要と貨幣供給が一致するE点で、利子率が決まる**と考えています（r^*）。

利子率は、貨幣の“価格”のようなものです。貨幣と債券の二者択一的な資産保有を前提とする場合、資産を貨幣で保有すると（貨幣需要）、債券を保有していたら得られる利息を失うことになります。つまり、利息を犠牲にして貨幣を保有することになるわけです。ケインズの理論では、人々が保有し得る貨幣の量（貨幣供給）に対して、人々がどれだけ貨幣を欲しているか（貨幣需要）で、貨幣の“価格”である利子率が決まると考えているのです。

もし、利子率がr_0で高い水準にあるときには、貨幣で資産を保有すると失う利息が多く、割高となるため、貨幣需要は小さくなります。つまり、貨幣市場に超過供給が発生します。これを受けて、利子率が下落し始めます。利子率の下落は貨幣の投機的需要（L_2）を拡大させ、やがてE点で均衡します。

逆に、利子率がr_1で低い水準にあるときには、貨幣での資産保有は割安となり、貨幣需要は大きくなります。つまり、貨幣市場に超過需要が発生します。これを受けて、利子率が上昇し始めます。利子率の上昇は貨幣の投機的需要（L_2）を減少させ、やがてE点で均衡するのです。

〔貨幣市場の均衡条件〕

貨幣需要＝貨幣供給

$L=\dfrac{M}{P}$　〔L：実質貨幣需要、$\dfrac{M}{P}$：実質貨幣供給〕

$L=M$　〔L：(名目) 貨幣需要、M：(名目) 貨幣供給〕

2 市場利子率の変化

中央銀行が金融政策を実施したり、財市場における国民所得（Y）が変化したりすると、貨幣市場における利子率（r）は変化します。

(1) 金融政策による利子率の変化

当初、貨幣市場はE_0点で均衡し、利子率がr_0に決定されていたとします。

ここで、中央銀行が金融政策を実施し、マネーサプライをM_0からM_1に増加させたとします。すると、貨幣供給曲線がL_SからL_S'へと右方シフトし、利子率r_0のもとで貨幣供給（L_{S1}）が貨幣需要（L_{D0}）を上回って貨幣市場に貨幣の超過供給（線分E_0F）が発生します。これを受けて、貨幣の超過供給を解消するように利子率が下落します。そして、再びE_1点で貨幣市場は均衡し、利子率はr_1に決定されることになります。このように、**マネーサプライが増加すると、利子率は下落する**ことになるのです。

逆に、中央銀行がマネーサプライを減少させたときには、貨幣市場に超過需要が発生し、**利子率を上昇させる**ことになります。

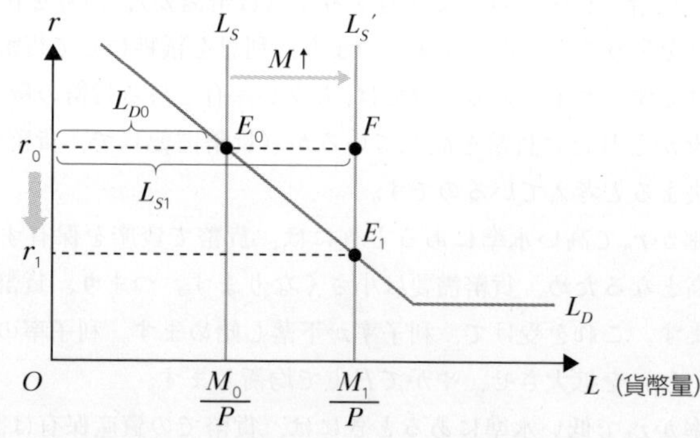

(2) 国民所得の変化による利子率の変化

財市場で国民所得（Y）が変化すると、その影響を貨幣市場が受けることになります。

貨幣市場がE_0点で均衡していたとしましょう。財市場で国民所得（Y）が増加したとすると、貨幣市場では国民所得の増加関数である取引需要（L_1）が増加します。これは貨幣需要全体を高めることになるため、貨幣需要曲線（L_D）が右方にシフトします。すると、利子率r_0のもとで貨幣需要（L_{D1}）が貨幣供給（L_{S0}）を上回り、貨幣市場に貨幣の超過需要（線分E_0G）が発生します。これを受けて、貨幣の超過需要を解消するように利子率が上昇します。そして、貨幣市場は再びE_1点で均衡し、利子率はr_1に決定されることになるのです。このように、**国民所得の増加により利子率は上昇する**ことになります。

逆に、国民所得が減少したときには、貨幣市場に超過供給が発生し、**利子率は下落する**ことになります。

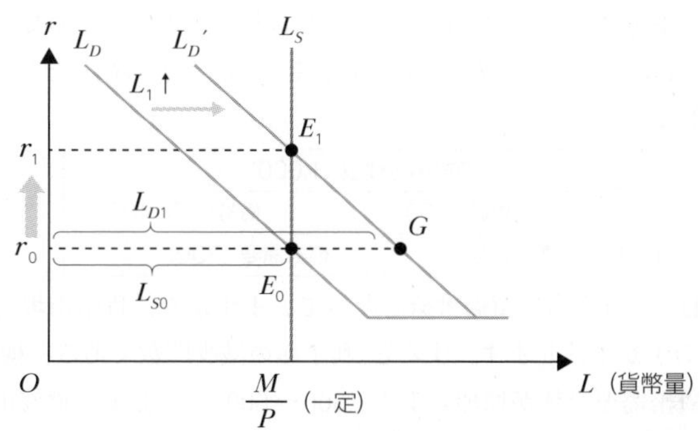

例題　貨幣に関するモデルが以下のようになっているとき、貨幣市場の均衡条件式を示しなさい（rについて整理して示しなさい）。また、この貨幣市場において、国民所得を100としたときの均衡利子率はいくらになるか。

$$L=0.2Y+90-20r$$

$$M=100$$

（L：実質貨幣需要、Y：国民所得、r：利子率、M：実質貨幣供給）

貨幣供給＝貨幣需要となるときに貨幣市場は均衡するので、

$$L=M$$

$$\Leftrightarrow \quad 0.2Y+90-20r=100$$

$$\Leftrightarrow \quad 20r = 0.2Y - 10$$

$$\therefore \quad r = 0.01Y - 0.5 \quad \cdots\cdots①$$

と表すことができます。これが貨幣市場の均衡条件になります。

均衡条件式である①式において $Y = 100$ とすると、

$$r = 0.01 \cdot 100 - 0.5 \qquad \therefore \quad r = 0.5$$

となります。

3 資産市場とワルラス法則

人々が持つことのできる資産は、貨幣と債券の合計とします。貨幣は中央銀行が供給し、債券は政府が供給します。貨幣供給（L_S）は600兆円、債券供給（B_S）は400兆円であるとしましょう（資産の全体量は1,000兆円）。

人々が望む貨幣需要と債券需要が、それぞれ貨幣供給と債券供給に一致するとは限りません。仮に、貨幣需要（L_D）が300兆円、債券需要（B_D）は700兆円になっているとしましょう。

<table>
<tr><td colspan="3">資産の全体量（1,000）</td></tr>
<tr><td colspan="2">貨幣供給（600）</td><td>債券供給（400）</td></tr>
<tr><td>貨幣需要（300）</td><td colspan="2">債券需要（700）</td></tr>
</table>

貨幣市場では、300兆円の超過供給となっていますから、貨幣市場を均衡させるように利子率（r）が下落します。すると、利子率の減少関数である投機的需要（L_2）が増加して、貨幣需要全体が増加します（300→600）。そして、貨幣市場が均衡したところで利子率の下落がストップします。

一方、債券の市場では、300兆円の超過需要となっています。貨幣市場での利子率の下落によって、債券価格（$P_B = \dfrac{\text{確定利息}}{\text{利子率}}$）が上昇します。債券価格が上昇すれば債券需要が減少します（700→400）。そして、債券市場が均衡したときに債券価格の上昇がストップします。

<table>
<tr><td colspan="2">資産の全体量（1,000）</td></tr>
<tr><td>貨幣供給（600）</td><td>債券供給（400）</td></tr>
<tr><td>貨幣需要（600）→</td><td>債券需要（400）</td></tr>
</table>

つまり、**貨幣市場と債券市場は“表と裏の関係”にあり、貨幣市場が均衡すれば、債券市場も同時に均衡する**のです。これを**ワルラス法則**といいます。**貨幣市場と債券市場を合わせた市場**を**資産市場**（ストック市場）といいますが、このことから、以後のIS－LM分析では、資産市場として貨幣市場のみを考えています。

確認してみよう

1 マネーサプライを増加させる金融緩和政策を行ったとすると、貨幣市場において利子率はどのように変化するか。

2 (1) 参照

貨幣市場に貨幣の超過供給が発生するので、利子率は下落することになります。

2 財市場で国民所得が高まったとすると、貨幣市場において利子率はどのように変化するか。

2 (2) 参照

国民所得が高まると、国民所得の増加関数である取引需要が拡大します。これにより、貨幣市場に貨幣の超過需要が発生するので、利子率は上昇することになります。

3 貨幣市場に貨幣の超過需要が発生しているとき、債券市場ではどのような状態になっているか。

3 参照

債券市場では、債券の超過供給が発生します。

過去問にチャレンジ

問題1 貨幣及び債券に関する次の記述のうち、妥当なのはどれか。

★★

▶解説は別冊 p.31

国般2009

❶ ストック市場におけるワルラスの法則によると、貨幣市場における超過需要と債券市場における超過需要には強い正の相関関係がある。

❷ 額面がA、利息が額面に対して年率0.1の割合で永続的に支払われるコンソル債券について、利子率が５％の場合、その割引現在価値は$\frac{A}{22}$で表される。

❸ 利子率と債券価格には完全な正の相関関係がある。すなわち、利子率が上昇すると、投資意欲の低下に伴う不景気が予測されるため、安全資産である債券の価格は上昇する関係にある。

❹ ケインズの流動性選好理論によると、現行の利子率が将来実現するであろう利子率に比べて低い場合は、債券価格の将来的な下落が予想されるため、現在の貨幣の資産需要は大きい。

❺ マネーサプライとハイパワードマネーの間には負の相関関係がある。このうち、ハイパワードマネーとは、流通通貨と預金の合計である。

金融政策に関する記述として最も適当なものはどれか。

★★

▶解説は別冊 p.32

裁判所2016

❶ 中央銀行の買いオペレーションの売り手が市中銀行の場合、市中銀行の預金準備が増加するが、売り手が企業や家計の場合、現金保有が直接的に増加することはない。

❷ 中央銀行による法定準備率の引き上げは、民間に出回るマネーストックの量を増やす。

❸ 中央銀行が買いオペレーションを実施した場合、貨幣需要の利子弾力性が小さいほど、貨幣供給量の増大による利子率の下落も小さくなる。

❹ 現金預金比率が低下した時、預金準備率は変化しないとすると、マネーストックを当初の水準に維持するためには、ハイパワードマネーを減少させる必要がある。

❺ 積極的な金融緩和政策を行っても、流動性の罠に陥っている場合には、利子率の低下は起こらない。

貨幣又は債券に関する記述として、妥当なのはどれか。

★★

▶解説は別冊 p.34

区Ⅰ 2016

❶ 資産市場におけるワルラスの法則では、資産が貨幣、債券の２種類しかない状況において、貨幣市場の需要と供給が均衡したとしても、債券市場の需要と供給は均衡しない。

❷ 債券価格は、将来支払われる利子の割引現在価値に応じて決まり、債券価格と利子率の間には比例関係があるため、利子率が上昇すれば、債券価格は上昇する。

❸ ケインズの流動性のわなの状態では、債券の現在価格が予想価格を上回っている場合、人々は将来の値下がりを恐れて債券を購入せず、貨幣の資産需要は増加している。

❹ ハイパワード・マネーとは、日本銀行の民間非銀行部門及び民間銀行に対する資産であり、日本銀行の発行する銀行券と民間金融機関が日本銀行に持っている当座預金の合計である。

❺ 貨幣乗数とは、ハイパワード・マネーをマネーストックで割った値であり、現金・預金比率が上昇すれば貨幣乗数の値は小さくなり、法定準備率が低下すれば、貨幣乗数の値は大きくなる。

第5章

IS－LM分析

財市場と貨幣市場の同時均衡
5種類の計算パターン
財政金融政策の相対的有効性
公債発行による財政政策の効果

1 財市場と貨幣市場の同時均衡

学習のポイント

・IS－LM分析は、公務員試験においては重要分野です。
・ここでは、基礎となるIS曲線とLM曲線について学習します。どれも重要事項ばかりですから、しっかりと学習に取り組んでください。

1 IS－LM分析とは

財市場では、財の総需要に一致するように、均衡国民所得（Y^*）が決まります。

ただし、投資（I）が利子率の減少関数になっている場合には（投資の限界効率論）、利子率（r）がわからないと投資（I）の大きさが決まりません。これは、財の総需要の大きさ（$=C+I+G$）が決まらないことを意味しますから、均衡国民所得（Y^*）もわからない、ということになってしまいます。

一方、貨幣市場では、貨幣供給と貨幣需要が一致するところで、利子率（r）が決まります。

ただし、貨幣の取引需要（L_1）が国民所得の増加関数になっているので、国民所得（Y）の大きさがわからないと取引需要（L_1）の大きさが決まりません。これは、貨幣需要全体の大きさ（$=L_1+L_2$）が決まらないことを意味しますから、均衡利子率（r^*）もわからない、ということになってしまいます。

では、国民所得（Y^*）と利子率（r^*）は、どちらを先に決めればよいのでしょうか。結論からいうと、**財市場と貨幣市場を同時に考えればよい**のです。この**二つの市場を同時に考える枠組み**を、IS－LM分析といいます。

2 IS曲線

(1) グラフ

財市場の均衡条件式によって示される曲線をIS曲線といいます。「I」は投資（Investment）、「S」は貯蓄（Saving）を表しています。数値例を使って、IS曲線を導いてみましょう。

財市場の均衡条件式：$Y=C+I+G$
消費関数　　　　　：$C=0.8Y+40$

投資関数　　　　　：$I = -20r + 40$　（利子率の減少関数）

政府支出　　　　　：$G = 50$

均衡条件式をrについて整理すると、

$$Y = C + I + G$$

$$\Leftrightarrow \quad Y = 0.8Y + 40 - 20r + 40 + 50$$

$$\Leftrightarrow \quad 20r = -0.2Y + 130 \quad \therefore \quad r = -0.01Y + 6.5 \qquad \cdots\cdots ①$$

となります。この①式がIS曲線です。これを、横軸に国民所得（Y）、縦軸に利子率（r）をとった平面上に描くと、**右下がりの曲線**（直線）となります。

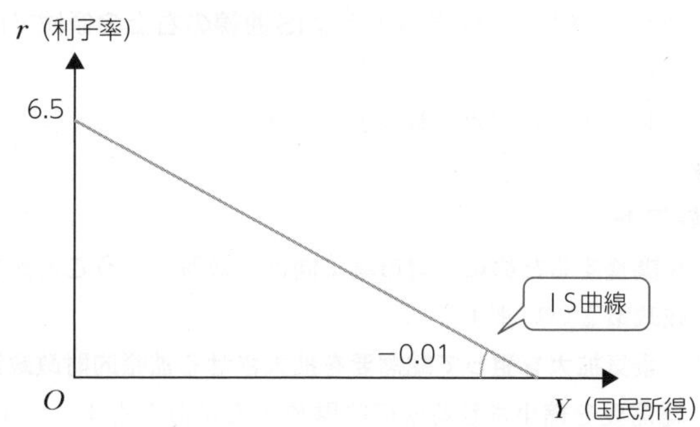

(2) 財市場の均衡・不均衡

IS曲線上ではどこをとっても財市場は均衡します。財市場の均衡条件式を変形したものだからです。逆にいえば、IS曲線上にない国民所得（Y）と利子率（r）の組合せでは、財市場は均衡しません。では、どのような状態になっているのでしょうか。

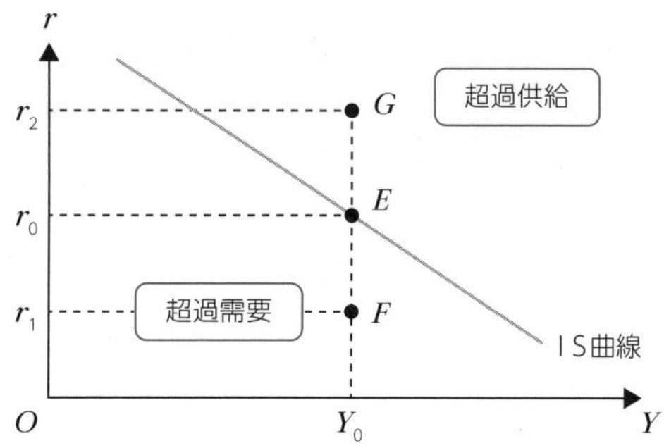

利子率r_0と国民所得Y_0の組合せで、財市場が均衡していたとします（E点）。E点では、

第5章 IS－LM分析

$Y = C + I + G$

となっています。

ここで、国民所得はY_0のままで利子率がr_1に下落したとすると（F点）、投資が増加します。投資は利子率の減少関数だからです。すると、総需要全体（$C+I+G$）が大きくなるので、F点では、

$Y < C + I\uparrow + G$（超過需要）

という状態になります。つまり、**IS曲線よりも左下の領域では、財市場は超過需要となる**のです。

逆に、E点から利子率だけがr_2に上昇したとすると、投資が減少し、総需要全体が小さくなります。つまり、G点のような**IS曲線の右上の領域では、財市場は超過供給になります**。

以上の結果は、しっかりと覚えておきましょう。

(3) IS曲線のシフト

政府は、景気を調整するために、財市場に向けて政策を行うことがあります。これを、一般に財政政策といいます。

財政政策には、**景気拡大を狙って総需要を拡大させる**拡張的財政政策と、**景気の引締めを狙って総需要を縮小させる**緊縮的財政政策があります。いずれの場合も、財市場の総需要が変化するので、**財政政策が行われるとIS曲線が変化**（シフト）**します**。

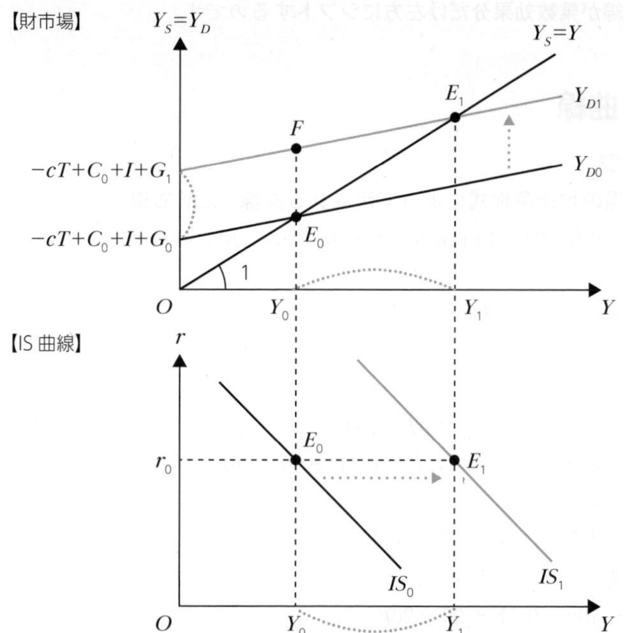

財市場がE_0点で均衡し、国民所得がY_0であったとしましょう（上図）。当初のIS曲線はIS_0で、利子率はr_0で変わらないとします（下図）。

ここで、政府が政府支出（G）をG_0からG_1に拡大させたとすると（拡張的財政政策）、総需要がY_{D0}からY_{D1}に上方シフトし、国民所得がY_1まで拡大します（上図）。

利子率を一定としているとき、国民所得は乗数効果分だけ拡大します（45°線分析）。閉鎖経済で租税は定額税である場合、政府支出の拡大を$\varDelta G(=G_1-G_0)$、国民所得の拡大を$\varDelta Y(=Y_1-Y_0)$とすると、

$$\varDelta Y=\frac{1}{1-c}\cdot\varDelta G \quad 〔c：限界消費性向〕$$

となります。利子率が不変で$\varDelta Y$だけ国民所得が高まるということは、IS曲線はE_1点（Y_1, r_0）を通るところまで右に移動しなければなりません（下図）。つまり、**拡張的財政政策が行われると、利子率を一定として、IS曲線が乗数効果分だけ右方にシフトする**のです。

一方、政府が増税（$\varDelta T>0$）を行うと（緊縮的財政政策）、総需要（Y_D）の縦軸切片が小さくなり、総需要は下方にシフトします。これにより、国民所得が乗数効果分だけ減少します。つまり、**緊縮的財政政策が行われると、利子率を一定とし**

て、**IS曲線が乗数効果分だけ左方にシフトする**のです。

3 LM曲線

(1) グラフ

貨幣市場の均衡条件式によって示される曲線をLM曲線といいます。「L」は流動性選好＝貨幣需要（Liquidity Preference）、「M」は貨幣供給（Money supply）を表しています。

数値例を使って、LM曲線を導いてみましょう。

貨幣市場の均衡条件式：$M=L \quad (L=L_1+L_2)$
実質マネーサプライ　：$M=100$
貨幣需要関数　　　　：$L=0.2Y+90-20r$

均衡条件式をrについて整理すると、

$$M=L$$
$$\Leftrightarrow \quad 100=0.2Y+90-20r$$
$$\Leftrightarrow \quad 20r=0.2Y-10 \qquad \therefore \quad r=0.01Y-0.5 \qquad \cdots\cdots②$$

となります。この②式がLM曲線です。これを横軸に国民所得（Y）、縦軸に利子率（r）をとった平面上に描くと、**右上がりの曲線**（直線）となります。

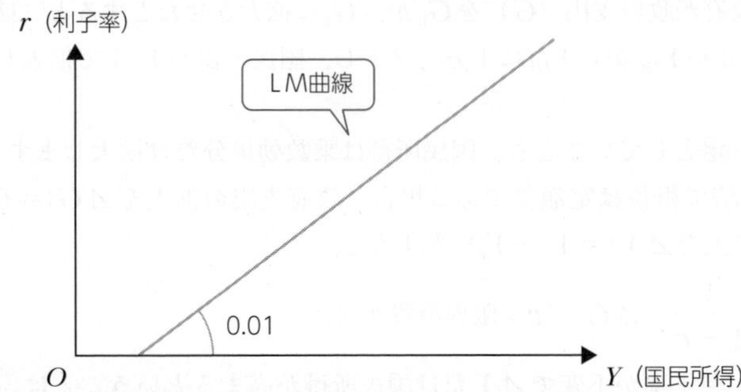

ただ、**利子率の下限において、貨幣市場は流動性のわなに陥ります。**この点を考慮すると、貨幣市場を均衡させる利子率が下限を下回ることがないため、**LM曲線は利子率の下限で水平になってしまいます**（後に詳述します）。

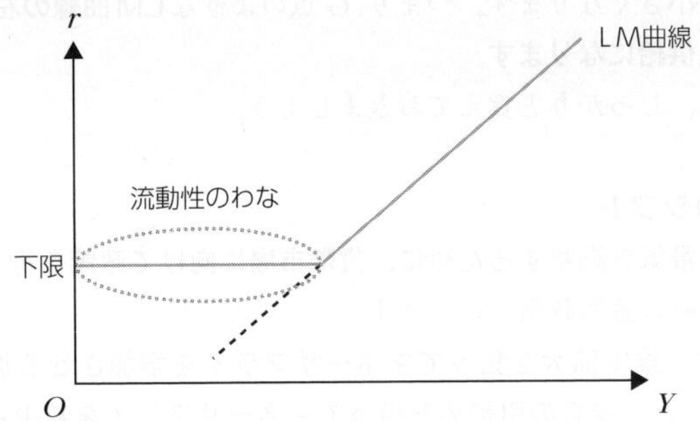

(2) 貨幣市場の均衡・不均衡

LM曲線上ではどこをとっても貨幣市場は均衡します。貨幣市場の均衡条件式を変形したものだからです。逆にいえば、LM曲線上にない国民所得(Y)と利子率(r)の組合せでは、貨幣市場は均衡しません。では、どのような状態になっているのでしょうか。

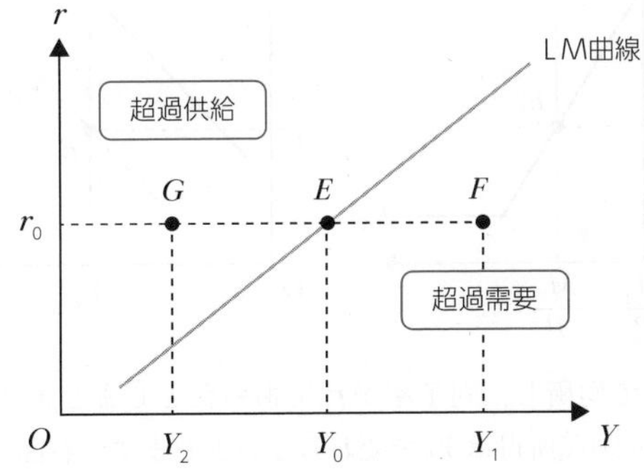

利子率r_0と国民所得Y_0の組合せで、貨幣市場が均衡していたとします(E点)。E点では、

$$M = L \quad (L = L_1 + L_2)$$

となっています。

ここで、利子率はr_0のままで、国民所得がY_1に増加したとすると(F点)、貨幣の取引需要(L_1)が増加します。貨幣の取引需要は国民所得の増加関数だからです。すると、貨幣需要全体(L)が大きくなるので、F点では、

$$M < L\uparrow \text{(貨幣の超過需要)}$$

という状態になります。つまり、**LM曲線よりも右下の領域では、貨幣市場は超過需要となる**のです。

逆に、E点から国民所得だけがY_2に減少したとすると、貨幣の取引需要が減少し、

貨幣需要全体が小さくなります。つまり、G点のような**LM曲線の左上の領域では、貨幣市場は超過供給になります。**

以上の結果は、しっかりと覚えておきましょう。

(3) LM曲線のシフト

中央銀行は、景気を調整するために、貨幣市場に向けて政策を行うことがあります。これを、一般に金融政策といいます。

金融政策には、**景気拡大を狙ってマネーサプライを増加させる**拡張的金融政策（**金融緩和政策**）と、**景気の引締めを狙ってマネーサプライを減少させる**緊縮的金融政策（**金融引締政策**）があります。いずれの場合も、貨幣市場のマネーサプライが変化するので、**金融政策が行われるとLM曲線が変化**（シフト）**します。**

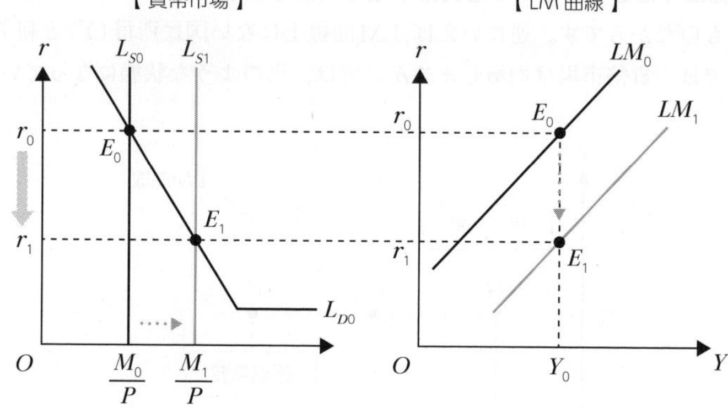

貨幣市場がE_0点で均衡し、利子率がr_0であったとしましょう（左図）。当初のLM曲線はLM_0で、国民所得はY_0で変わらないとします（右図）。

ここで、中央銀行がマネーサプライ（M）をM_0からM_1に増加させたとすると（拡張的金融政策）、実質マネーサプライが増加するので、貨幣供給曲線がL_{S0}からL_{S1}に右方にシフトし、利子率がr_1まで下落します（左図）。

国民所得は変化していませんから、LM曲線は、E_1点（Y_0, r_1）を通るところまで下に移動しなければなりません（右図）。つまり、**拡張的金融政策が行われると、LM曲線は国民所得を一定として下方**（右方）**にシフトする**のです。

一方、マネーサプライを減らした場合には、実質マネーサプライが減少しますので、貨幣供給曲線は左方にシフトします。これにより、利子率が上昇します。つまり、**緊縮的金融政策が行われると、国民所得を一定として、LM曲線は上方**（左方）**にシフトする**ことになります。

4 財市場と貨幣市場の同時均衡

先ほど数値例から導いたIS曲線とLM曲線をもう一度見てください。

IS曲線　：$r = -0.01Y + 6.5$　　……①

LM曲線：$r = 0.01Y - 0.5$　　……②

二つの市場の均衡条件式が、ともに国民所得（Y）と利子率（r）で表された式になっています。こうなると、財市場で国民所得を決定してから貨幣市場の利子率を決めるとか、あるいは逆に、貨幣市場で利子率を決めてから財市場の国民所得を決めるといった逐次的な決定関係をとることはできません。よって、“連立して解く”ことになります。

IS－LM分析では、国民所得（Y）と利子率（r）は、財市場と貨幣市場を同時に均衡させるときに決定されると考えます。財市場の均衡はIS曲線上で実現され、貨幣市場の均衡はLM曲線上で実現されますから、二つの曲線が交わるE点で、同時均衡を実現します。よって、国民所得はY^*、利子率はr^*に決定されることになります。

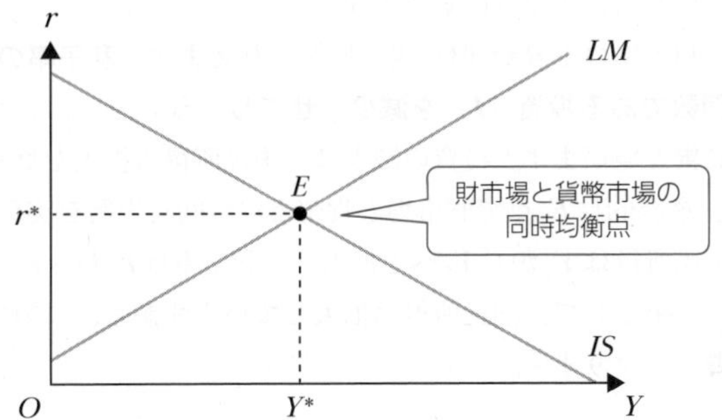

具体的に計算してみましょう。IS曲線（①式）とLM曲線（②式）を連立して、Yとrについて解きます。

$$-0.01Y + 6.5 = 0.01Y - 0.5$$

$$\Leftrightarrow \quad 0.02Y = 7 \qquad \therefore \quad Y^* = 350$$

これをLM曲線に代入すると（IS曲線でも構いません）、

$$r = 0.01 \cdot 350 - 0.5 \qquad \therefore \quad r^* = 3$$

となります。

5 財政政策の効果

景気の拡大を狙って、政府支出（G）を拡大した場合（拡張的財政政策）の効果について見ていきます。

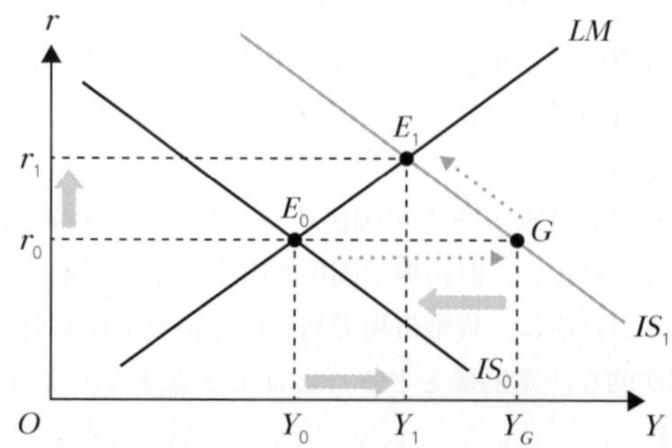

当初、E_0点で財市場と貨幣市場の同時均衡が実現されていたとしましょう。

政府が、政府支出（G）をΔGだけ拡大したとすると、財市場で国民所得が乗数効果分だけ拡大し、IS曲線がIS_0からIS_1に右方にシフトします（E_0点→G点）。

財市場における国民所得の拡大によって貨幣の取引需要（L_1）が増加し、貨幣市場は超過需要の状態になります（G点）。これを受けて、貨幣市場を均衡させるように利子率が上昇し始めます（G点→E_1点）。

貨幣市場での利子率の上昇が、財市場に影響を与えます。**利子率の上昇によって、利子率の減少関数である投資（I）を減少させてしまう**のです。これを**クラウディング・アウト効果**といいます。投資の減少は、国民所得の拡大を抑制することになり（Y_G→Y_1）、最終的にE_1点で財市場と貨幣市場の同時均衡を実現します。

以上から、国民所得はY_0からY_1へと拡大し、利子率はr_0からr_1へと上昇することになります。結果として、国民所得は拡大していますから、この拡張的財政政策は有効ということになります。

6 金融政策の効果

中央銀行が景気の拡大を狙ってマネーサプライ（M）を増加した場合の効果について見ていきます。

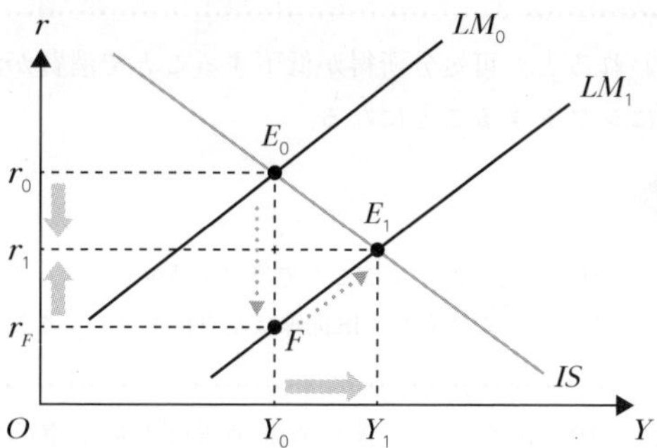

当初、E_0点で財市場と貨幣市場の同時均衡が実現されていたとしましょう。

中央銀行がマネーサプライ（M）を増加させたとすると、貨幣市場で利子率が下落します。これにより、LM曲線がLM_0からLM_1に下方にシフトします（E_0点→F点）。

貨幣市場における利子率の下落によって投資（I）が拡大し、財市場は超過需要の状態になります（F点）。これを受けて、財市場を均衡させるように国民所得が増加し始めます（F点→E_1点）。

財市場での国民所得の増加が貨幣市場に影響を与えます。国民所得の増加によって、国民所得の増加関数である貨幣の取引需要（L_1）を増加させることになります。貨幣需要の増加によって利子率が若干上昇し（$r_F \to r_1$）、最終的にE_1点で財市場と貨幣市場の同時均衡を実現します。

以上から、国民所得はY_0からY_1へと拡大し、利子率はr_0からr_1へと下落することになります。結果として、国民所得は拡大していますから、この拡張的金融政策は有効ということになります。

確認してみよう

以下の記述が正しいか否かを判断しなさい。

① IS曲線は、財市場を均衡させる国民所得と利子率の組合せを表す右下がりの曲線であり、IS曲線よりも左下の国民所得と利子率の組合せにおいては、財市場は超過供給となる。

2 (2) 参照 ×

IS曲線よりも左下の国民所得と利子率の組合せにおいては、財市場は超過需要になります。

第5章 IS-LM分析

② 増税が行われると、可処分所得が低下することで消費が減少するため、IS曲線が左方にシフトすることになる。

2 (3) 参照 ○

増税が行われると、可処分所得が低下することで消費が減少します。このため、利子率が不変でも国民所得が減少することになるため、IS曲線は左方にシフトすることになります。

③ LM曲線は、貨幣市場を均衡させる国民所得と利子率の組合せを表す右上がりの曲線であり、LM曲線よりも右下の国民所得と利子率の組合せにおいては、債券市場では債券の超過供給となる。

3 (2) 参照 ○

LM曲線よりも右下の国民所得と利子率の組合せにおいては、貨幣市場は貨幣の超過需要となるので、債券市場は債券の超過供給となります。

④ マネーサプライを増やすと、利子率の低下を通じて投資が拡大し、国民所得が高まるので、IS曲線は右方にシフトすることになる。

3 (3) 参照 ×

マネーサプライを増やすと、LM曲線が下方（右方）にシフトします。IS曲線はシフトせず、右下がりのIS曲線に沿って、利子率の低下を受けて国民所得が拡大します。

⑤ IS曲線とLM曲線の交点においては、財市場と貨幣市場の同時均衡が実現されているのと同時に、労働市場の需給も均衡させることになる。

4 参照 ×

IS曲線とLM曲線の交点においては、均衡利子率の決定を踏まえたうえで、財市場の均衡を実現します。しかし、財に関する需要と供給が一致しているからといって、労働の需要と供給が一致しているとは限りません。

解法ナビゲーション

ある経済において、マクロ経済モデルが次式で示されているとき、財市場と貨幣市場とを同時に均衡させる国民所得の大きさ及び利子率の組合せとして、正しいのはどれか。

都Ⅰ 2008

$Y = C + I + G$	Y ：国民所得
$C = 21 + 0.8Y_d$	C ：民間消費
$I = 11 - 40i$	I ：民間投資
$G = 20$	G ：政府支出
$Y_d = Y - T$	Y_d ：可処分所得
$T = 0.1Y$	i ：利子率
$L = \dfrac{M}{P}$	T ：租税
$L = 39 - 30i + 0.29Y$	L ：実質貨幣需要量
$M = 90$	M ：名目貨幣供給量
$P = 1.2$	P ：物価水準

	国民所得の大きさ	利子率
❶	150	0.25
❷	150	0.45
❸	180	0.04
❹	180	0.25
❺	180	0.45

着眼点

$Y = C + I + G$から租税関数$T = 0.1Y$までが財市場に関する式で、残りが貨幣市場に関する式になっています。これらの式からIS曲線とLM曲線を作り、二つを連立して解くことで、財市場と貨幣市場を同時に均衡させる国民所得と利子率を計算します。

$Y = C + I + G$ → IS曲線

$$\begin{cases} C = 21 + 0.8\,Y_d \\ I = 11 - 40i \\ G = 20 \\ Y_d = Y - T \\ T = 0.1Y \end{cases}$$

$L = \dfrac{M}{P}$ → LM曲線

$$\begin{cases} L = 39 - 30i + 0.29Y \\ M = 90 \\ P = 1.2 \end{cases}$$

【解答・解説】 正解 ❶

財市場の一番上にある式は、財市場の均衡条件式です。この均衡条件式に、下に並んでいる財市場に関する式をすべて代入して、IS曲線を作ります。

$$Y = C + I + G$$

$$\Leftrightarrow \quad Y = 21 + 0.8(Y - 0.1Y) + 11 - 40i + 20$$

$$\Leftrightarrow \quad 0.28Y = -40i + 52 \qquad \cdots\cdots①$$

この①式がIS曲線です。

貨幣市場の一番上にある式は、貨幣市場の均衡条件式です。この均衡条件式に、下に並んでいる貨幣市場に関する式をすべて代入して、LM曲線を作ります。

$$L = \frac{M}{P}$$

$$\Leftrightarrow \quad 39 - 30i + 0.29Y = \frac{90}{1.2}$$

$$\Leftrightarrow \quad 0.29Y = 30i + 36 \qquad \cdots\cdots②$$

この②式がLM曲線です。

ここで、①式と②式を連立して解きます。①式の両辺を3倍、②式の両辺を4倍すると、

$$0.84Y = -120i + 156 \qquad \cdots\cdots①'$$

$$1.16Y = 120i + 144 \qquad \cdots\cdots②'$$

となります。①′式と②′式の辺々を足すと、

$$2Y = 300 \qquad \therefore \quad Y = 150$$

となり、これを①′式か②′式に代入すると、$r = 0.25$となります。

よって、正解は❶となります。

第5章 IS-LM分析

過去問にチャレンジ

問題1 ★

▶解説は別冊 p.35

次は貨幣市場の均衡を表すLM曲線に関する記述であるが、文中のア〜エに当てはまる語句の組合せとして最も妥当なのはどれか。

労基2009

LM曲線は貨幣市場の均衡を維持する利子率と国民所得の組合せを表すものであり、一般的にLM曲線は右上がりになる。これは例えば国民所得が何らかの理由で増加した場合、貨幣に対する（　**ア**　）が増加するため貨幣市場の均衡が維持できなくなり、この増加分を打ち消すために貨幣に対する（　**イ**　）が減少する必要があり、（　**イ**　）が減少するためには利子率が上昇しなければならないからである。

また、LM曲線の右側においては、貨幣に対する（　**ウ**　）が発生している。このとき債券価格は（　**エ**　）して、貨幣の需要と供給は均衡する。

	ア	イ	ウ	エ
❶	資産需要	取引需要	超過供給	上昇
❷	資産需要	取引需要	超過需要	下落
❸	取引需要	資産需要	超過需要	下落
❹	取引需要	資産需要	超過供給	下落
❺	取引需要	資産需要	超過供給	上昇

問題2 ★★ 貨幣及び利子率に関する次の記述のうち、最も妥当なのはどれか。

労基2011

▶解説は別冊 p.35

❶ 貨幣に対する需要についてみると、所得が増加すると取引需要が増加し、利子率が上昇すると資産需要が増加する。このため貨幣需要関数は、所得や利子率の増加関数として表すことができる。

❷ 債券価格と利子率の関係をみると、債券価格が上昇すると高い債券価格に見合うだけの利子率が要求されるため、利子率は上昇する。つまり債券価格と利子率は比例的な関係にある。

❸ 国民所得を横軸、利子率を縦軸にとると、短期においては貨幣市場の均衡を表すLM曲線は、通常、右上がりとなる。また、LM曲線の右下部分では貨幣に対する超過需要が発生している。

❹ 中央銀行が直接コントロールできる貨幣量はハイパワードマネーと呼ばれている。ハイパワードマネーは、現金（流通している通貨）と民間金融機関に預けられている預金との合計である。

❺ 通貨乗数とは、マネーサプライをハイパワードマネーで割った数値であり、マーシャルのkとも呼ばれている。一般的に、預金準備率が上昇すると通貨乗数も上昇する。

問題3

★

▶解説は別冊 p.36

次の文は、IS－LM分析に関する記述であるが、文中の空所ア～オに該当する語の組合せとして、妥当なのはどれか。

区Ⅰ 2003

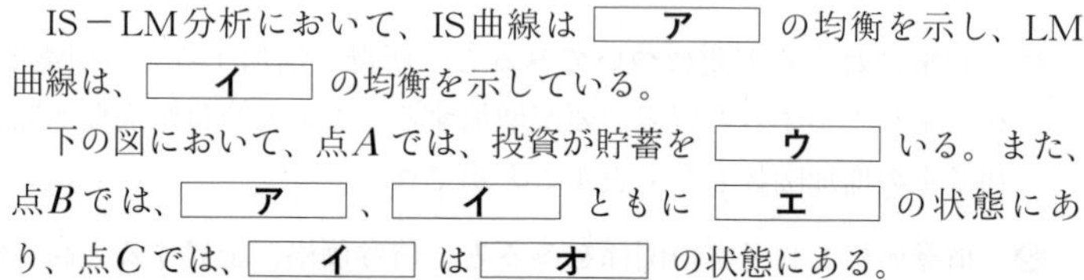
IS－LM分析において、IS曲線は［ア］の均衡を示し、LM曲線は、［イ］の均衡を示している。

下の図において、点Aでは、投資が貯蓄を［ウ］いる。また、点Bでは、［ア］、［イ］ともに［エ］の状態にあり、点Cでは、［イ］は［オ］の状態にある。

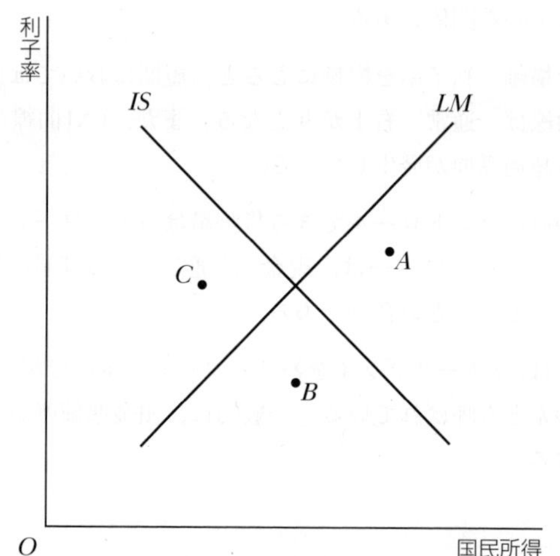

	ア	イ	ウ	エ	オ
❶	生産物市場	貨幣市場	下回って	超過供給	超過需要
❷	貨幣市場	生産物市場	下回って	超過供給	超過需要
❸	生産物市場	貨幣市場	上回って	超過供給	超過需要
❹	生産物市場	貨幣市場	下回って	超過需要	超過供給
❺	貨幣市場	生産物市場	上回って	超過需要	超過供給

問題4 ★

▶解説は別冊 p.38

ある経済において、マクロ経済モデルが次式で示されているとき、生産物市場と貨幣市場とを同時に均衡させる国民所得の大きさとして、正しいのはどれか。

都Ⅰ 2003

$C = 0.6Y + 30$
$I = 10 - 6i$
$L = 0.04Y + 280 - 3i$
$M = 760$
$P = 2$

(C ：民間消費
Y ：国民所得
I ：民間投資
i ：利子率
L ：実質貨幣需要量
M ：名目貨幣供給量
P ：物価水準)

❶ 400
❷ 500
❸ 600
❹ 700
❺ 800

2 5種類の計算パターン

学習のポイント

・IS－LM分析の計算問題にはいくつかのパターンがあります。
・すべてをカバーできるわけではありませんが、ここで紹介する5種類のパターンを押さえておけば十分合格レベルです。がんばって練習しましょう。

1 パターンⅠ（完全雇用国民所得の実現）

一つ目のパターンは、**完全雇用国民所得の実現を政策目標としている問題**です。要は、完全雇用国民所得の水準で、財市場と貨幣市場の同時均衡を実現することを念頭に計算していきます。

例題 ある国のマクロ経済が、

$Y = C + I + G$
$C = 40 + 0.7(Y - T)$
$I = 80 - 6r$
$T = 0.2Y$
$L = 100 + 0.4Y - 10r$
$M = 220$
$P = 1.1$
$Y_F = 300$

（Y：国民所得、C：消費、I：投資、G：政府支出、r：利子率（%）、T：租税、L：貨幣需要量、M：名目貨幣供給量、P：物価水準、Y_F：完全雇用国民所得）

で示されるとする。

ここで、政府支出により完全雇用を達成するには、政府支出はいくら必要か。ただし、物価水準は一定であるものとする。

❶ 連立方程式として解く方法

二つの市場の均衡条件式（IS曲線とLM曲線）を立てます。

【IS曲線】 $Y = C + I + G$

$\Leftrightarrow \quad Y = 40 + 0.7(Y - 0.2Y) + 80 - 6r + G$

$\Leftrightarrow \quad Y = 120 + 0.56Y - 6r + G$

$\Leftrightarrow \quad 0.44Y + 6r = 120 + G \quad \cdots\cdots①$

【LM曲線】 $L = \frac{M}{P}$

$$\Leftrightarrow \quad 100 + 0.4Y - 10r = \frac{220}{1.1}$$

$$\Leftrightarrow \quad 0.4Y - 10r = 100 \qquad \cdots\cdots②$$

財市場と貨幣市場の同時均衡を前提としないといけませんから、利子率を消去するように①式と②式を連立して一つの式にします。①式を5倍し、②式を3倍すると、

$2.2Y + 30r = 600 + 5G \qquad \cdots\cdots①'$

$1.2Y - 30r = 300 \qquad \cdots\cdots②'$

となります。辺々足すと、以下のようになります。

$3.4Y = 900 + 5G$

目標である$Y_F = 300$を、同時均衡を考慮した上式に代入すると、必要な政府支出は以下のように計算できます。

$3.4 \cdot 300 = 900 + 5G$

$\Leftrightarrow \quad 1{,}020 = 900 + 5G \qquad \therefore \quad G = 24$

よって、必要な政府支出は24となります。

❷ 図形的に解く方法

先ほどと同様に、IS曲線とLM曲線を立てます。

【IS曲線】 $0.44Y + 6r = 120 + G \qquad \cdots\cdots①$

【LM曲線】 $0.4Y - 10r = 100 \qquad \cdots\cdots②$

まず、$Y_F = 300$をLM曲線（②式）に代入します。

$0.4 \cdot 300 - 10r = 100 \qquad \therefore \quad r = 2$

E点の座標が決まったので、$Y = 300$、$r = 2$をIS曲線（①式）に代入すると、E点を実現するために必要な政府支出の金額が得られます。

$0.44 \cdot 300 + 6 \cdot 2 = 120 + G \qquad \therefore \quad G = 24$

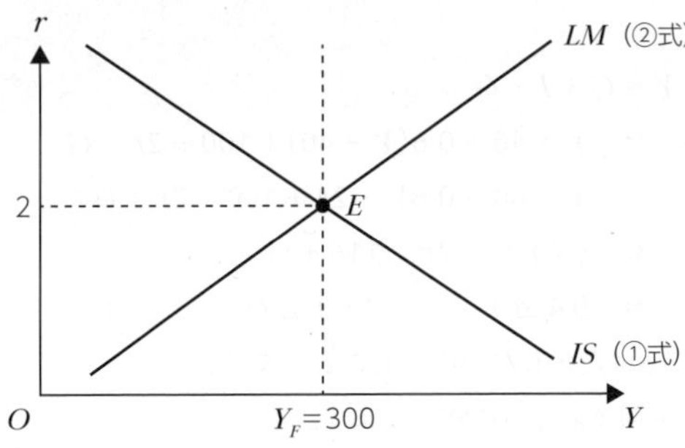

第5章 IS－LM分析

Y_F＝300を①式でなく②式に代入するのは、未知数がr一つでありY_Fを代入することで求めることができるからです。

2 パターンⅡ（変化分の計算）

二つ目のパターンは、**政府が総需要項目を変化させたときに、財市場と貨幣市場の同時均衡を前提とした均衡国民所得がどれだけ変化するかを問うタイプ**です。

例題 ある国の経済において、マクロ経済モデルが次のように表されているとする。

$Y = C + I + G$
$C = 40 + 0.6(Y - T)$
$I = 100 - 2r$
$G = 40$
$T = 40$
$L = M$
$L = 200 + Y - 4r$
$M = 500$

（Y：国民所得、C：民間消費、I：民間投資、G：政府支出、r：利子率、T：租税、L：貨幣需要量、M：貨幣供給量）

このモデルにおいて、政府が税収を変えずに政府支出を18増加させる場合、国民所得はいくら増加するか。ただし、物価水準は一定であると仮定する。

変化分の計算が求められたら、基本的には以下の計算ステップをとります。

(1) IS曲線とLM曲線の式を立て、それぞれ変化分の式にします。

Gの値は与えられていますが、変化分を計算するためいったん文字のままにしておきます。

【IS曲線】 $Y = C + I + G$

$\Leftrightarrow \quad Y = 40 + 0.6(Y - 40) + 100 - 2r + G$

$\Leftrightarrow \quad Y = 40 + 0.6Y - 24 + 100 - 2r + G$

$\Leftrightarrow \quad 0.4Y = -2r + 116 + G$

$\Leftrightarrow \quad 0.4\Delta Y = -2\Delta r + \Delta G$ ……①

ただし、定数116は変化しないのでゼロとします。

LM曲線も同じ要領で変化分の式にします。

【LM曲線】 $L = M$

$\Leftrightarrow\ 200 + Y - 4r = 500$

$\Leftrightarrow\ Y = 4r + 300$

$\Leftrightarrow\ \Delta Y = 4\Delta r$ ……②

ただし、定数300は変化しないのでゼロとします。

(2) **問題文の条件を当てはめて、二つの式を連立して解きます。**

①式に$\Delta G = 18$を代入して、①式と②式を連立して解きます。

$0.4\Delta Y = -2\Delta r + 18$ ……①′

$\Delta Y = 4\Delta r$ ……②

これらを連立して解くと、$\Delta Y = 20$、$\Delta r = 5$となり、国民所得の増加分は20とわかります。

3 パターンⅢ（クラウディング・アウト効果による国民所得の減少）

拡張的な財政政策が実施されると、IS曲線が右方にシフトし、貨幣市場で利子率が上昇します。利子率の上昇は、財市場における投資を減少させ、国民所得をいくぶん減少させてしまいます。このときの、**国民所得の減少分を計算させるタイプ**の問題が、三つ目のパターンです。

例題 ある国の経済において、マクロ経済モデルが次のように表されているとする。

$Y = C + I + G$

$C = 50 + 0.8(Y - T)$

$I = 1{,}000 - r$

$\dfrac{M}{P} = 2Y - 15r$

（Y：国民所得、C：民間消費、I：民間投資、G：政府支出、r：利子率、T：租税、M：名目貨幣供給量、P：物価）

政府支出を10だけ増加させるとき、クラウディング・アウト効果によって生じる国民所得の減少分はいくらか。

問題文に「政府支出を10だけ増加させるとき」とありますから、$\Delta G = 10$とおけます。よって、基本的には変化分の計算で、二つ目のパターンの計算（変化分の計算）をします。

IS曲線とLM曲線の式を立て、それぞれ変化分の式にすると、以下のようになります。

【IS曲線】 $Y = C + I + G$

$$\Leftrightarrow \quad Y = 50 + 0.8(Y - T) + 1{,}000 - r + G$$

$$\Leftrightarrow \quad 0.2Y = -0.8T + 1{,}050 - r + G$$

$$\Leftrightarrow \quad 0.2\varDelta Y = -0.8\varDelta T - \varDelta r + \varDelta G \qquad \cdots\cdots①$$

【LM曲線】 $\dfrac{M}{P} = 2Y - 15r$

$$\Leftrightarrow \quad \varDelta(\frac{M}{P}) = 2\varDelta Y - 15\varDelta r \qquad \cdots\cdots②$$

$\varDelta G = 10$を①式に代入します。また、租税（T）と実質貨幣供給量（$\dfrac{M}{P}$）の変化に関して問題文に言及がないので、$\varDelta T = 0$、$\varDelta(\dfrac{M}{P}) = 0$とすると、①式と②式は、

$0.2\varDelta Y = -\varDelta r + 10 \qquad \cdots\cdots①'$

$0 = 2\varDelta Y - 15\varDelta r \qquad \cdots\cdots②'$

①′式と②′式を連立して解くと、$\varDelta Y = 30$、$\varDelta r = 4$となります。

この$\varDelta Y = 30$は、二つの市場の同時均衡を前提として計算した結果ですから、以下のグラフにおけるY_0からY_1の変化に対応します。

次に、Y_0からY_Gへの変化（＝乗数効果）を計算します。

財市場の均衡は①′式で示されていますので、①′式において$\varDelta r = 0$（利子率一定）とすると、

$0.2\varDelta Y = 10 \qquad \therefore \quad \varDelta Y = 50$

となります。これがIS曲線のシフト幅（乗数効果）になります。同時均衡を前提にした場合の$\varDelta Y = 30$と、乗数効果の$\varDelta Y = 50$の差が、クラウディング・アウト効果による国民所得の減少分に当たります。よって、クラウディング・アウト効果によって国民所得は20減少してしまうことになります。

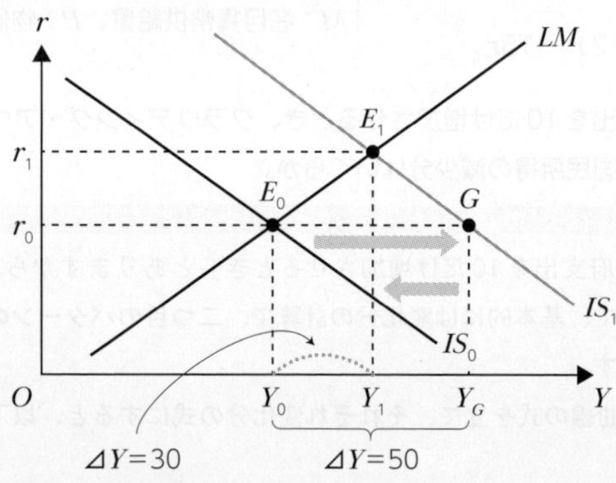

4 パターンⅣ（クラウディング・アウト効果による民間投資の減少）

クラウディング・アウト効果による国民所得の減少分（パターンⅢ）ではなく、**クラウディング・アウト効果そのもの**（民間投資の減少）**が問われることがあります。**これが四つ目のパターンです。

例題 ある国の経済において、マクロ経済モデルが次のように表されているとする。

$Y=C+I+G$
$C=50+0.8(Y-T)$
$I=1{,}000-r$
$\dfrac{M}{P}=2Y-15r$

（Y：国民所得、C：民間消費、I：民間投資、G：政府支出、r：利子率、T：租税、M：名目貨幣供給量、P：物価）

政府支出を10兆円だけ増加されると、この政策が民間投資に与える影響はどのようなものか。

$\varDelta G=10$（兆円）とおき、二つ目のパターンの計算（変化分の計算）をします。

IS曲線とLM曲線の式を立て、それぞれ変化分の式にすると、以下のようになります。

【IS曲線】 $Y=C+I+G$

$\Leftrightarrow\ Y=50+0.8(Y-T)+1{,}000-r+G$

$\Leftrightarrow\ 0.2Y=-0.8T+1{,}050-r+G$

$\Leftrightarrow\ 0.2\varDelta Y=-0.8\varDelta T-\varDelta r+\varDelta G$ ……①

【LM曲線】 $\dfrac{M}{P}=2Y-15r$

$\Leftrightarrow\ \varDelta\left(\dfrac{M}{P}\right)=2\varDelta Y-15\varDelta r$ ……②

$\varDelta G=10$を①式に代入します。また、租税（T）と実質貨幣供給量（$\dfrac{M}{P}$）の変化に関して問題文に言及がないので、$\varDelta T=0$、$\varDelta\left(\dfrac{M}{P}\right)=0$とすると、①式と②式は、

$0.2\varDelta Y=-\varDelta r+10$ ……①′

$0=2\varDelta Y-15\varDelta r$ ……②′

①′式と②′式を連立して解くと、$\varDelta Y=30$、$\varDelta r=4$となります。

ここで、投資の変化が問われているので、問題文の投資関数を変化分の式にします。

$\varDelta I=-\varDelta r$

利子率は4上昇するので、投資の変化は、

$\varDelta I = -4$

と計算できます。よって、民間投資は4兆円減少することがわかります。

5 パターンV（クラウディング・アウト効果の回避）

拡張的な財政政策を実施すれば、利子率が上昇してクラウディング・アウト効果が発生してしまいます。しかし、このとき同時に金融緩和（拡張的金融政策）を行えば、クラウディング・アウト効果を回避することができます。金融緩和（拡張的金融政策）が行われると、利子率を下落させることになるからです。

このように、**財政政策と金融政策を合わせて行う**（ポリシー・ミックス）**ことで、利子率を一定水準に保つことができれば、クラウディング・アウト効果を回避でき、乗数効果分の政策効果を得ることができます。**

計算上のポイントは、「利子率（r）を一定水準に保つ」ことです。変化分で表すと、$\varDelta r = 0$（変化なし）とおけます。

例題 ある国の経済において、マクロ経済モデルが次のように表されているとする。

$Y = C + I + G$

$C = 20 + 0.8Y$

$I = 40 - 5r$

$G = 10$

$M = L$

$M = 200$

$L = 2Y - 50r$

（Y：国民所得、C：民間消費、I：民間投資、G：政府支出、r：利子率、L：貨幣需要、M：貨幣供給）

政府が政府支出を10増加させるのと同時に、クラウディング・アウト効果を避けるために貨幣供給も増加させることにした。この場合、貨幣供給をいくら増加させればよいか。

このパターンも変化分の計算なので、IS曲線とLM曲線の式を立て、それぞれ変化分の式にします。なお、問題文の$G = 10$、$M = 200$は使わず、一度文字でおいて変化分の式を作ります。

【IS曲線】 $Y = C + I + G$

$\Leftrightarrow \quad Y = 20 + 0.8Y + 40 - 5r + G$

$\Leftrightarrow \quad 0.2Y = 60 - 5r + G$

$$\Leftrightarrow \quad 0.2\varDelta Y + 5\varDelta r = \varDelta G \qquad \cdots\cdots①$$

【LM曲線】 $M = L$

$$\Leftrightarrow \quad M = 2Y - 50r$$

$$\Leftrightarrow \quad \varDelta M = 2\varDelta Y - 50\varDelta r \qquad \cdots\cdots②$$

①式に$\varDelta G = 10$、$\varDelta r = 0$を代入すると、乗数効果（IS曲線のシフト幅）が計算できます。

$$0.2\varDelta Y + 0 = 10 \qquad \therefore \quad \varDelta Y = 50$$

クラウディング・アウト効果を生じさせないためには、LM曲線がE_1点（下図参照）を通るようにシフトさせればよいので、②式に$\varDelta r = 0$、$\varDelta Y = 50$を代入します。

$$\varDelta M = 2 \cdot 50 - 0 \qquad \therefore \quad \varDelta M = 100$$

となります。

よって、貨幣供給を100増加させればよいことがわかります。

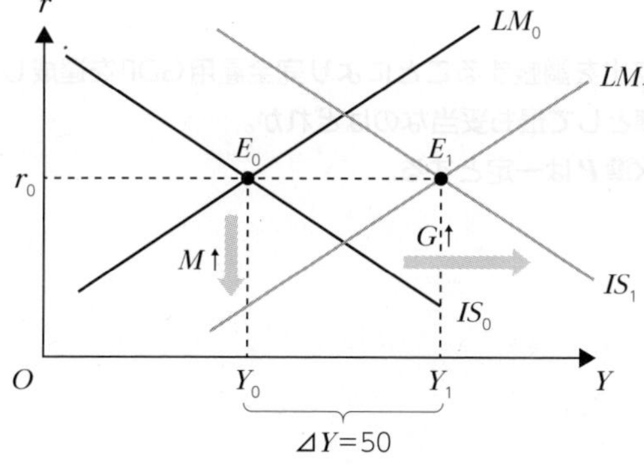

解法ナビゲーション

ある国のマクロ経済が次のように示されている。

$$Y = C + I + G$$
$$C = 30 + 0.8(Y - T)$$
$$I = 50 - 5r$$
$$T = 0.2Y$$
$$L = 100 + 0.4Y - 10r$$
$$\frac{M}{P} = 150$$
$$Y_F = 300$$

（Y：GDP、C：消費、I：投資、G：政府支出、T：租税、r：利子率（%）、L：貨幣需要量、M：名目貨幣供給量、P：物価水準、Y_F：完全雇用GDP）

ここで、政府支出を調整することにより完全雇用GDPを達成したい。この場合の政府支出の水準として最も妥当なのはどれか。

ただし、物価水準Pは一定とする。

労基2007

❶ 53
❷ 58
❸ 63
❹ 68
❺ 73

「完全雇用GDPを達成したい」とありますので、パターンⅠの問題です。財市場と貨幣市場の同時均衡を前提として、$Y = 300$となればよいので、これを前提にして考えていきましょう。

【解答・解説】

正解 ❸

❶ 連立方程式として解く方法

二つの市場の均衡条件式（IS曲線とLM曲線）を立てます。

【IS曲線】 $Y = C + I + G$

$\Leftrightarrow \quad Y = 30 + 0.8(Y - 0.2Y) + 50 - 5r + G$

$\Leftrightarrow \quad Y - 0.8Y + 0.16Y = 80 - 5r + G$

$\Leftrightarrow \quad 0.36Y = 80 - 5r + G$ ……①

【LM曲線】 $L = \dfrac{M}{P}$

$\Leftrightarrow \quad 100 + 0.4Y - 10r = 150$

$\Leftrightarrow \quad 0.4Y = 10r + 50$ ……②

財市場と貨幣市場の同時均衡を前提としないといけませんから、利子率を消去するように①式と②式を連立して一つの式にします。①式を２倍し、②式と辺々足すと、

$1.12Y = 2G + 210$

となります。この式に、目標である $Y_F = 300$ を代入すると、必要な政府支出は以下のように計算できます。

$1.12 \cdot 300 = 2G + 210 \quad \therefore \quad G = 63$

よって、正解は❸となります。

❷ 図形的に解く方法

先ほどと同様に、IS曲線とLM曲線を立てます。

【IS曲線】 $0.36Y = 80 - 5r + G$ ……①

【LM曲線】 $0.4Y = 10r + 50$ ……②

まず、$Y_F = 300$ をＬM曲線（②式）に代入します。

$0.4 \cdot 300 = 10r + 50 \quad \therefore \quad r = 7$

E 点の座標が決まったので、$Y_F = 300$、$r = 7$ をIS曲線（①式）に代入すると、E 点を実現するために必要な政府支出の金額が得られます。

$0.36 \cdot 300 = 80 - 5 \cdot 7 + G \quad \therefore \quad G = 63$

よって、正解は❸となります。

第5章 IS-LM分析

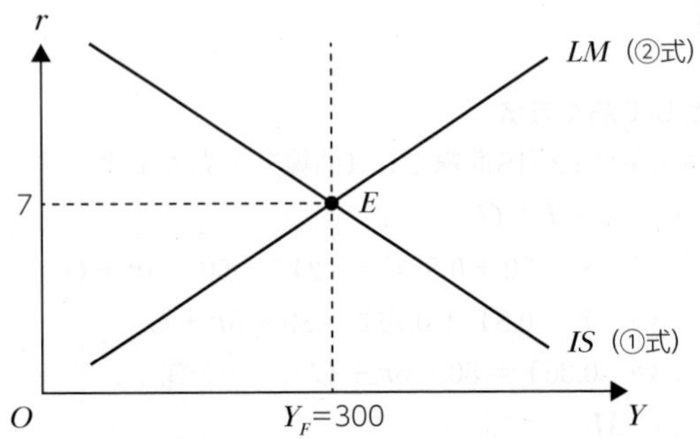
r
LM（②式）
7
E
IS（①式）
O
Y_F=300
Y

過去問にチャレンジ

問題1
★
▶解説は別冊 p.39

ある国のマクロ経済は次のように示される。

$$Y = C + I + G$$
$$C = 60 + 0.6\,(Y - T)$$
$$I = 95 - 7r$$
$$G = 140$$
$$T = 0.2Y$$
$$L = 50 + 0.4Y - 8r$$
$$\frac{M}{P} = 210$$
$$\frac{M}{P} = L$$

（Y：国民所得、C：消費、I：投資、G：政府支出、T：租税、r：利子率、L：実質貨幣需要量、M：名目貨幣供給量、P：物価水準）

この国の完全雇用国民所得が600であるとき、政府支出の拡大によって完全雇用国民所得の水準を達成するためには、政府支出をいくら増加させる必要があるか。

労基2013

❶ 75
❷ 87
❸ 97
❹ 100
❺ 125

問題2

★

▶解説は別冊 p.40

ある国の経済において、マクロ経済モデルが次のように表されているとする。

$Y = C + I + G$
$C = 80 + 0.6(Y - T)$
$I = 100 - 8r$
$G = 131$
$T = 0.2Y$
$L = 60 + 0.2Y - 10r$
$M = 160$
$P = 1$

（Y：国民所得、C：民間消費
I：民間投資、G：政府支出
T：租税、r：実質利子率
L：実質貨幣需要量
M：名目貨幣供給量、P：物価水準）

このモデルにおいて、均衡国民所得と、完全雇用国民所得600を実現するために必要な政府支出の増加の値との組合せとして、妥当なのはどれか。

区Ⅰ 2020

	均衡国民所得	政府支出
❶	575	17
❷	575	34
❸	580	17
❹	580	34
❺	585	51

問題3

★

▶解説は別冊 p.41

ある国の伝統的なIS－LMモデルに基づくマクロ経済モデルが次のように与えられているとする。

$Y = C + I + G$
$C = 100 + 0.8Y$
$I = 90 - 5i$
$M = L$
$L = 0.4Y - 5i + 30$

（Y：国民所得、C：消費、I：投資、G：政府支出、i：利子率、
M：貨幣供給量、L：貨幣需要）

この場合、財政政策を30増やしたときの国民所得と利子率の変化に

ついての記述として最も適当なのはどれか。

裁判所2010

❶ 国民所得は45増加し、利子率は5上昇する。
❷ 国民所得は50増加し、利子率は4上昇する。
❸ 国民所得は55増加し、利子率は3上昇する。
❹ 国民所得は60増加し、利子率は2上昇する。
❺ 国民所得は65増加し、利子率は1上昇する。

問題4
★★
▶解説は別冊 p.42

ある経済は、次のモデルで表されるものとする。

$$Y = C + I + G$$
$$C = 30 + 0.6Y_d$$
$$Y_d = Y - T$$
$$I = 100 - 4r$$
$$L = 0.5Y - 20r$$
$$M = L$$

（Y：国民所得、C：消費、I：投資、G：政府支出、Y_d：可処分所得、T：所得税、r：利子率、L：貨幣需要量、M：貨幣供給量）

このとき、政府支出を1単位増加させ、その財源をすべて所得税の増税で賄う場合、国民所得の増加はいくらか。

ただし、Mに変化はないものとし、物価水準は考慮しないものとする。

労基2003

❶ 0.4
❷ 0.6
❸ 0.8
❹ 1.0
❺ 2.0

問題5

★★

▶解説は別冊 p.42

ある国のマクロ経済が、次のように示されるとする。

$$Y = C + I + G$$
$$C = 60 + 0.6Y$$
$$I = 180 - 4r$$
$$\frac{M}{P} = L = 2Y - 10r$$

（Y：国民所得、C：消費、I：投資、G：政府支出、r：利子率
M：名目貨幣供給量、P：物価水準、L：貨幣需要）

ここで、政府支出が120、名目貨幣供給量が1200、物価水準が1でこの国の財市場、貨幣市場はともに均衡している。このとき、政府が政府支出を50増加させると同時に、中央銀行が5の買いオペレーションを行った。貨幣乗数を20とするとき、新たな均衡におけるYの増加分はいくらか。

国般2020

❶ 25
❷ 50
❸ 75
❹ 100
❺ 125

問題6

★★

▶解説は別冊 p.43

ある国のマクロ経済が次のように示されている。

$$Y = C + I + G$$
$$C = 10 + 0.6(Y - T)$$
$$I = 120 - i$$
$$G = 40$$
$$T = 20$$
$$M = L$$
$$M = 10$$
$$L = 0.1Y + 10 - i$$

ここで、Yは国民所得、Cは民間消費、Iは民間投資、Gは政府支出、Tは租税、iは利子率、Mは貨幣供給、Lは貨幣需要を表す。こ

の経済において、政府支出が40から50に増加したとき、クラウディング・アウト効果によって生じる国民所得の減少分の大きさはいくらか。

国般2010

❶ 2
❷ 4
❸ 5
❹ 7
❺ 9

問題7

★★

▶解説は別冊 p.44

政府を含むマクロ経済モデルが次のように与えられているとする。

$C = 20 + 0.6Y_d$
$I = 240 - 10i$
$G = 80$
$T = 40$
$L = 0.1Y + 20 - 10i$
$M = 20$

（C：消費、Y_d：可処分所得、I：投資、i＝利子率、G：政府支出、T：租税、L：貨幣需要量、Y：国民所得、M：貨幣供給量）

このモデルにおいて、国債の市中消化によって調達された資金で政府支出が20増加されるとき、それが生み出すクラウディング・アウト効果の大きさを国民所得の変化分で表すといくらになるか。

国般2002

❶ 10
❷ 20
❸ 30
❹ 40
❺ 50

問題8

★★

▶解説は別冊 p.45

マクロ経済モデルが次のように表されるとする。

$$Y = C + I + G$$
$$C = 40 + 0.8Y$$
$$I = 120 - 20i$$
$$L = 0.2Y + 90 - 20i$$
$$M = 100$$

（Y：国民所得、C：消費、I：投資、G：政府支出、i：利子率、L：貨幣需要、M：貨幣供給量）

いま、景気対策として、市中消化による国債発行によって10兆円の政府支出が行われたとすると、この政策が民間投資に与える影響として妥当なのはどれか。

国般2000

❶ 民間投資は変わらない
❷ 民間投資は5兆円増加する
❸ 民間投資は5兆円減少する
❹ 民間投資は10兆円増加する
❺ 民間投資は10兆円減少する

問題9

★★★

▶解説は別冊 p.46

ある国のマクロ経済が次のように与えられている。

$$Y = C + I + G$$
$$C = 15 + 0.6Y$$
$$I = 15 - i$$
$$G = 20$$
$$M = L$$
$$M = 60$$
$$L = Y - 10i + 10$$

（Y：国民所得、C：消費、I：投資、G：政府支出、i：利子率、M：貨幣供給、L：貨幣需要）

この経済において、財政政策と金融政策を組み合わせるポリシー・ミックスを考える。政府支出を20から24に増加させたとき、国民所得は増加するが、クラウディング・アウト効果が生じるため、クラウディング・アウト効果がない場合と比較すると、国民所得の増加は小さくなる。このクラウディング・アウト効果によって生じる国民所得の減少を完全に打ち消すためには、貨幣供給をいくら増加させればよいか。

国般2012

❶ 10
❷ 15
❸ 20
❹ 25
❺ 30

問題10
★★★
▶解説は別冊 p.47

ある国のマクロ経済は次のように示される。

$$Y = C + I + G$$
$$C = 20 + 0.8Y$$
$$I = 38 - 4r$$
$$G = 80$$
$$M = 600$$
$$L = Y - 10r + 150$$
$$M = L$$

（Y：国民所得、C：消費、I：投資、G：政府支出、r：利子率、M：貨幣供給、L：貨幣需要）

いま、この経済において政府は政府支出を50増加させて国民所得の増大を図ったが、クラウディング・アウト効果を完全に避けるために、貨幣供給も同時に増加させた。この場合、貨幣供給の増加分はいくらか。

労基2017

❶ 230
❷ 250
❸ 270
❹ 290
❺ 310

3 財政金融政策の相対的有効性

学習のポイント

・グラフを徹底的に頭に入れましょう。選択肢の文章からグラフを描き起こせるようにしてください。

・この領域からは計算問題は出題されません。

1 財政金融政策の相対的有効性

拡張的な財政政策を行うと、貨幣市場で利子率を上昇させ、総需要の一部である投資を減少させてしまいます（クラウディング・アウト効果）。一方、拡張的な金融政策を行うと、貨幣市場で利子率を下落させ、投資を拡大します。

いま、1国の投資が､利子率の変化に対して大きく反応する状況があるとしましょう。このような場合には、財政政策ではなく金融政策を行うべきです。利子率の下落により投資が大きく拡大し､国民所得も大きく高めることになるでしょう。逆に、財政政策を実施しても、クラウディング・アウト効果が大きく出てしまい、大きな政策効果が期待できません。

あるいは、人々が好んで資産を貨幣で保有しようとする状況がある場合にはどうでしょうか。このとき、拡張的な金融政策（金融緩和）を行っても、大きな効果は期待できません。増加したマネーサプライの多くが貨幣のまま保有されるだけで、ほとんど総需要の増加に結びつきません。国民所得もわずかな拡大にとどまってしまうでしょう。このような場合には財政政策を行うべきです。人々がお金を使う気になっていないときには、政府が総需要のテコ入れを行えばよいのです。

このように、財政政策と金融政策には、“やってよいとき・ダメなとき”があるのです。これを**財政金融政策の相対的有効性**といいます。

2 投資の利子弾力性とIS曲線

(1) 投資の利子弾力性

投資の利子弾力性（ε（イプシロン））とは、利子率（r）が1％変化したときに、利子率の減少関数である投資（I）が何％変化するかを表すものです。

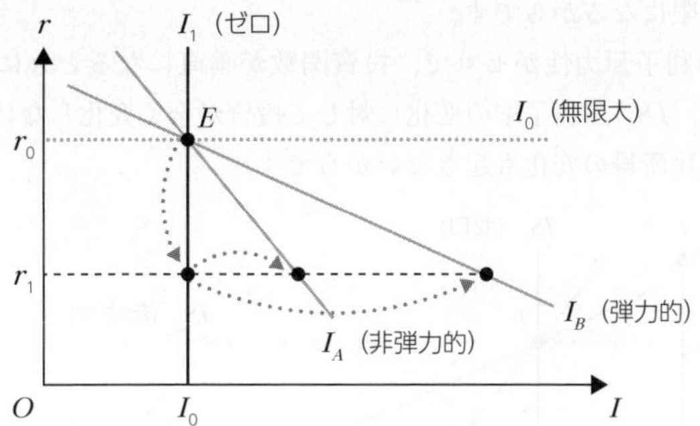

傾きが異なる二つの投資関数（I_A、I_B）があるとし、E点から利子率がr_0からr_1に下落したとします。

このとき、I_AよりもI_Bのほうが、投資の増加が大きくなります。つまり、I_Bのほうが投資の利子弾力性は大きい（弾力的）といえます。**投資の利子弾力性が大きくなるほど、投資関数の傾きは緩やかになる**のです。

投資関数が垂直になると（I_1）、利子率が変化しても投資は全く変化しないので、**投資の利子弾力性はゼロ（完全に非弾力的）**です。一方、投資関数が水平になれば（I_0）、**投資の利子弾力性が無限大（完全に弾力的）**と表現します。

このように、ミクロ経済学で学習した需要曲線と「需要の価格弾力性」の関係と全く同じ関係が、投資の利子弾力性と投資関数の間にも存在するのです。

⑵ IS曲線の形状

結論からいうと、**投資の利子弾力性が大きい（小さい）ほど、IS曲線の傾きは緩やか（急勾配）になります。**

利子率が下落したときに（r↓）、投資が大きく拡大するなら（I↑↑）、総需要が大きく増えるということですから、国民所得の拡大も大きくなります（Y↑↑）。IS曲線は、利子率と国民所得の関係を描いていますから、投資の利子弾力性が大きくなると、傾きの大きさは緩やかになるのです。

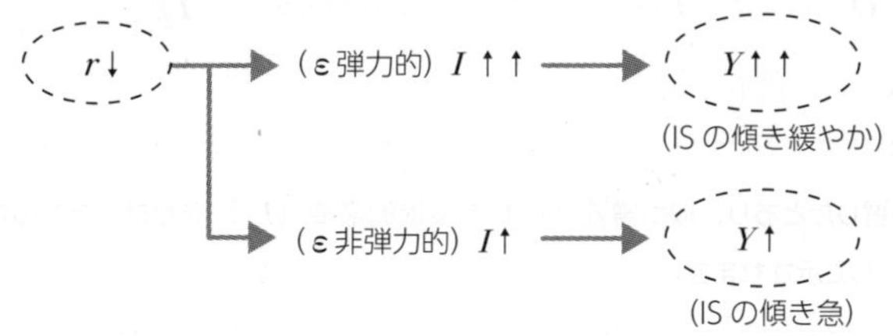

また、投資の利子弾力性が無限大で、投資関数が水平になるときには、IS曲線も水平になります（IS_0）。利子率の変化に対して投資が無限に変化するなら、国民

所得の変化も無限になるからです。

一方、投資の利子弾力性がゼロで、投資関数が垂直になるときには、IS曲線も垂直となります（IS_1）。利子率の変化に対して投資が全く変化しなければ、総需要も変化せず、国民所得の変化も起きないからです。

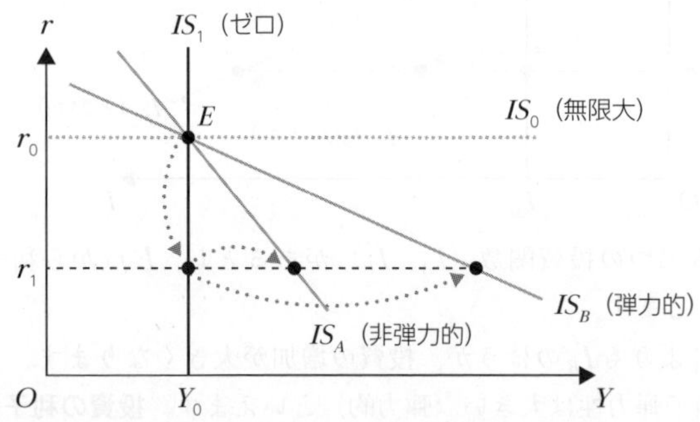

3 貨幣需要の利子弾力性とLM曲線

(1) 貨幣需要の利子弾力性

貨幣需要の利子弾力性（η（イータ））とは、利子率（r）が１％変化したときに、利子率の減少関数である投機的需要（L_2）が何％変化するかを表すものです。

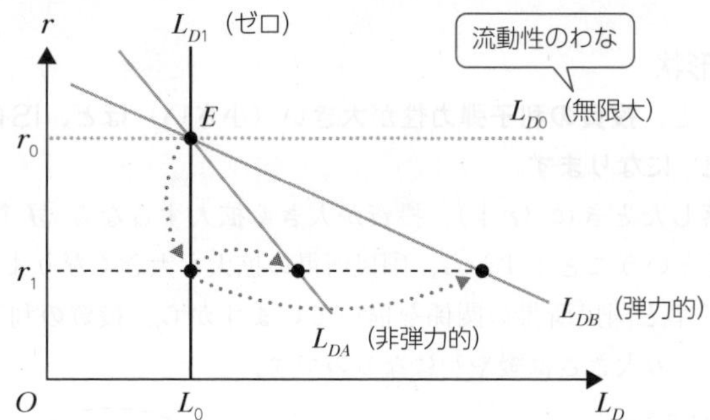

第４章で学習したとおり、取引需要（L_1）と投機的需要（L_2）を合計したものが貨幣需要曲線（L_D）として示されます。

傾きが異なる二つの貨幣需要曲線（L_{DA}、L_{DB}）があるとし、E点から利子率が

r_0からr_1に下落したとします。このとき、L_{DA}よりもL_{DB}のほうが、貨幣需要の増加が大きくなります。つまり、L_{DB}のほうが貨幣需要の利子弾力性は大きい（弾力的）といえます。**貨幣需要の利子弾力性が大きくなるほど、貨幣需要曲線の傾きは緩やかになる**のです。

貨幣需要曲線が垂直になると（L_{D1}）、利子率が変化しても貨幣需要は全く変化しないので、**貨幣需要の利子弾力性はゼロ（完全に非弾力的）**です。

一方、貨幣需要関数が水平になれば（L_{D0}）、**貨幣需要の利子弾力性が無限大（完全に弾力的）**と表現します。この状況は、利子率の"下限"で発生します。利子率が下限であれば、債券価格はもはや"上限"に達していると考えられるため、誰も債券を購入しようとせず、人々の貨幣に対する需要が無限大になります。これは、流動性のわなに陥っている状態です。つまり、**流動性のわなとは、貨幣需要の利子弾力性が無限大となっている状況**をいうのです。

(2) LM曲線の形状

結論からいうと、**貨幣需要の利子弾力性が大きい（小さい）ほど、LM曲線の傾きは緩やか（急勾配）になります。**

LM曲線は、貨幣市場の均衡を表す式なので、以下のように表せます。

$$\frac{M}{P}=L_1+L_2$$

〔M：名目マネーサプライ、P：物価、L_1：取引需要、L_2：投機的需要〕

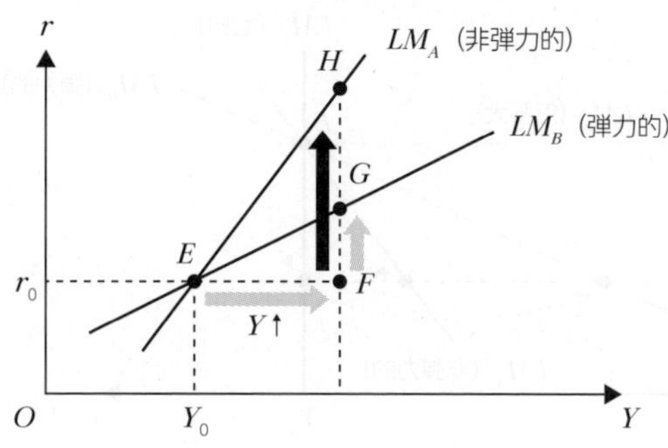

貨幣市場が均衡している状態（E点）から国民所得が高まったとすると（$Y\uparrow$）、貨幣の取引需要が増加します（$L_1\uparrow$）。これにより、貨幣市場は超過需要となりますから（F点）、利子率が上昇し（$r\uparrow$）、同額だけ投機的需要（L_2）が減少することで貨幣市場は均衡します。

$$\frac{M}{P}=L_1\uparrow+L_2\downarrow \quad \left(\frac{M}{P}\text{は一定}\right)$$

第5章 IS-LM分析

このとき、貨幣需要の利子弾力性が大きい場合（弾力的）には、わずかな利子率の上昇で貨幣市場が均衡します。なぜなら、わずかな利子率の上昇で投機的需要が大きく減少し（L_2↓）、すぐに貨幣市場が均衡を果たすことができるからです。LM曲線は、国民所得と利子率の関係を描いていますから、貨幣需要の利子弾力性が大きくなると、傾きの大きさが小さくなり、緩やかになるのです。

逆に、貨幣需要の利子弾力性が小さい場合（非弾力的）には、大きく利子率が上昇しないと貨幣市場は均衡しません（H点）。なぜなら、利子率の変化に対する投機的需要の反応が小さいため、均衡の回復に必要な投機的需要の減少を発生させるためには、大幅な利子率の上昇が必要となるからです。このため、LM曲線の傾きの大きさは大きくなり、急勾配になるのです。

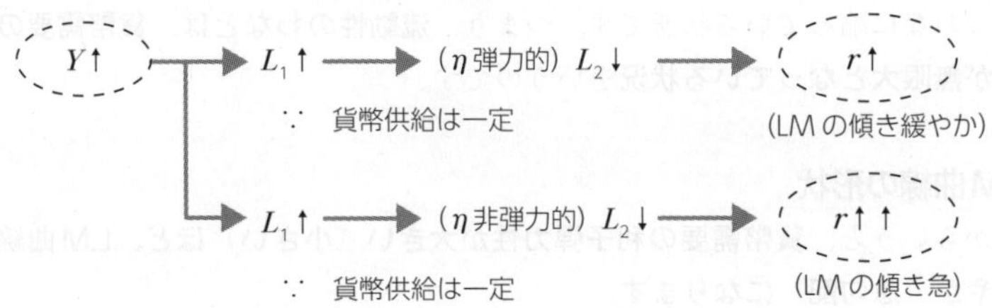

また、貨幣需要の利子弾力性が大きすぎて無限大となると（流動性のわな）、貨幣需要曲線が水平になり、LM曲線も水平になります（LM_0）。

一方、貨幣需要の利子弾力性が小さすぎてゼロとなると、貨幣需要曲線が垂直になり、LM曲線も垂直となります（LM_1）。

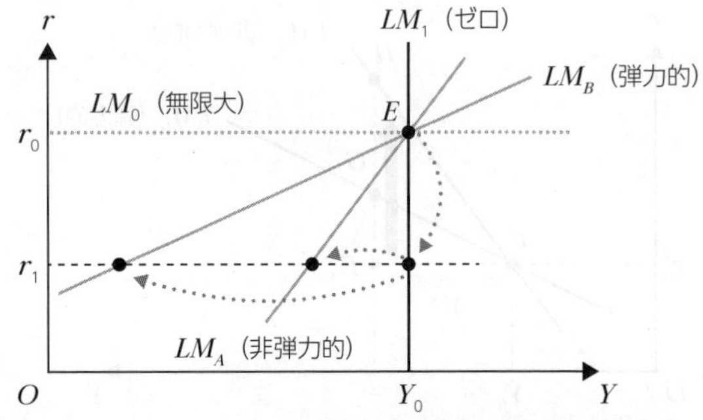

4 投資の利子弾力性と財政金融政策の有効性

試験問題では、投資の利子弾力性について指示があります。ほぼ100％“極端なケース”（無限大またはゼロ）が出題されますので、指示に従ってグラフを描き起こし、政策が有効か否か（均衡国民所得が高まるか否か）を判断します。

(1) 投資の利子弾力性がゼロ（完全に非弾力的）

投資の利子弾力性がゼロのときは、投資関数が垂直になるため、IS曲線が垂直になります。一方、投資の利子弾力性とLM曲線とは関係がありませんから、LM曲線は一般的な右上がりの形状で考えます。

① 財政政策の効果

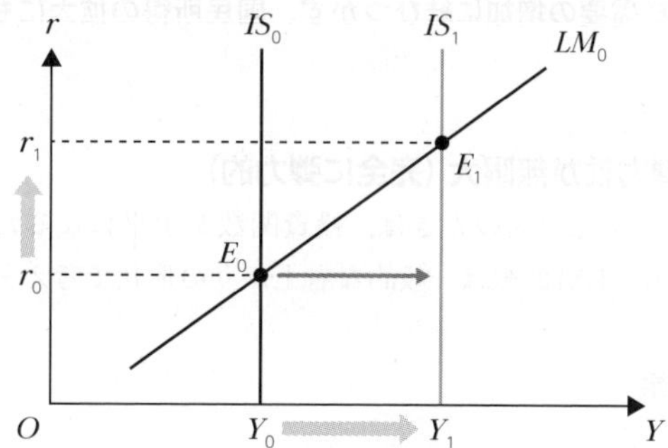

当初、E_0点で財市場と貨幣市場の同時均衡が実現されていたとします。

ここで、拡張的な財政政策（政府支出の拡大）を行うと、乗数効果分だけIS曲線が右方にシフトします（$IS_0 \rightarrow IS_1$）。これによって同時均衡点はE_0点からE_1点に変化し、国民所得は拡大します（$Y_0 \rightarrow Y_1$）。よって、**財政政策は有効です。**

この場合、IS曲線のシフト幅分（＝乗数効果分）だけ国民所得が高まっていることに注目してください。これは、利子率が上昇しても（$r_0 \rightarrow r_1$）、投資の利子弾力性がゼロ（投資が反応しない）なので、**投資の減少というクラウディング・アウト効果が生じないから**です。

② 金融政策の効果

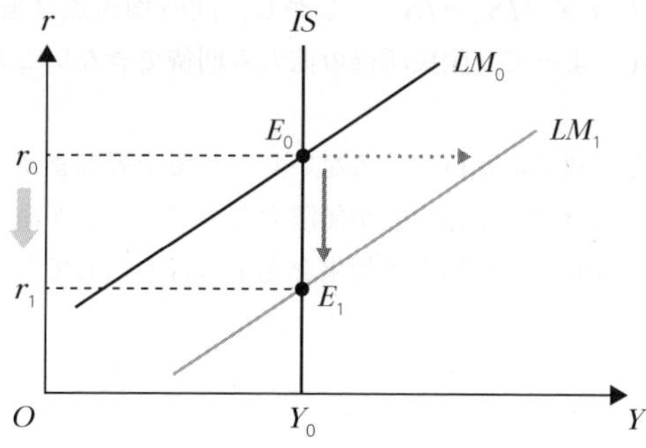

当初、E_0点で財市場と貨幣市場の同時均衡が実現されていたとします。

ここで、拡張的な金融政策（マネーサプライの拡大）を行うと、LM曲線が下方（右方でも可）にシフトします（$LM_0 \rightarrow LM_1$）。これによって同時均衡点はE_0点からE_1点に変化しますが、国民所得はY_0から変化しません。よって、**金融政策は無効です**。

これは、貨幣市場で利子率が下落しても（$r_0 \rightarrow r_1$）、投資の利子弾力性がゼロ（投資が反応しない）なので、財市場の投資が全く増えないからです。このため、**マネーサプライの増加が総需要の増加に結びつかず、国民所得の拡大にもつながらない**のです。

(2) 投資の利子弾力性が無限大（完全に弾力的）

投資の利子弾力性が無限大のときは、投資関数が水平になるため、IS曲線が水平になります。一方、LM曲線は一般的な右上がりの形状で考えます。

① 財政政策の効果

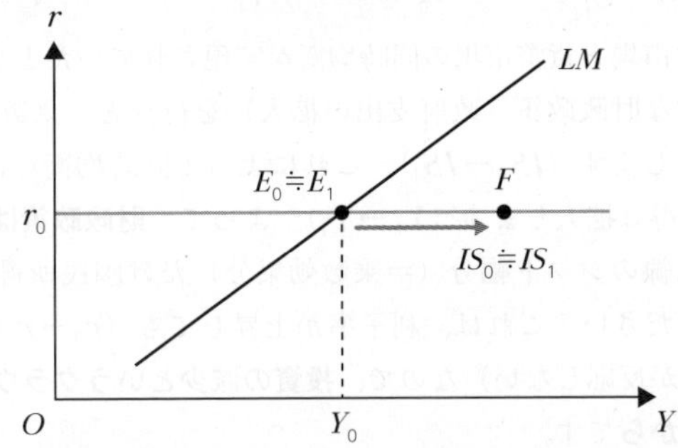

当初、E_0点で財市場と貨幣市場の同時均衡が実現されていたとします。

ここで、拡張的な財政政策（政府支出の拡大）を行うと、乗数効果分だけIS曲線が右方にシフトします（$IS_0 \rightarrow IS_1$）。しかし、同時均衡点は当初のE_0点からほとんど変化しません。よって、国民所得の拡大も期待できないことから、**財政政策は無効です**。

原則的に考えると、利子率は目に見えないレベルで上昇します。ほんのわずかな利子率の上昇でも、投資の利子弾力性が無限大なので、投資が激しく減少してしまいます。そのため、政府支出の拡大の効果を完全に打ち消してしまうのです。

② 金融政策の効果

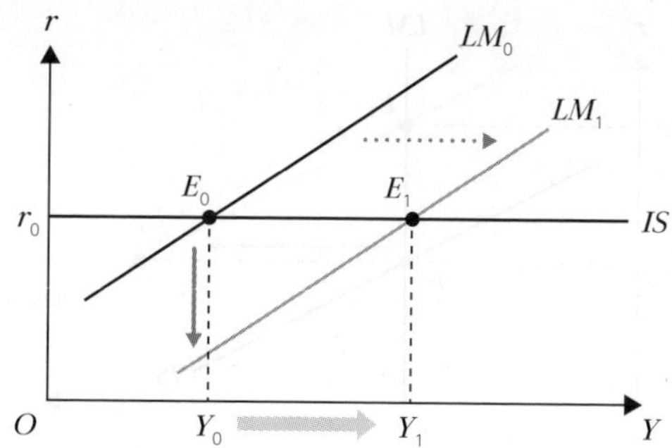

当初、E_0点で財市場と貨幣市場の同時均衡が実現されていたとします。

ここで、拡張的な金融政策（マネーサプライの拡大）を行うと、LM曲線が下方（右方でも可）にシフトします（$LM_0 \to LM_1$）。これによって同時均衡点はE_0点からE_1点に変化し、国民所得はY_0からY_1に拡大します。よって、**金融政策は有効です**。

原則的に考えると、利子率はほんのわずかに下落します。わずかな利子率の下落でも、投資の利子弾力性が無限大なので、投資が激しく増加してくれるのです。このため、国民所得も拡大するのです。

5 貨幣需要の利子弾力性と財政金融政策の有効性

やはり、貨幣需要の利子弾力性についても指示があります。ほぼ100％“極端なケース”（無限大またはゼロ）が出題されますので、指示に従ってグラフを描き起こし、政策が有効か否か（均衡国民所得が高まるか否か）を判断します。

(1) 貨幣需要の利子弾力性がゼロ（完全に非弾力的）

貨幣需要の利子弾力性がゼロのときは、貨幣需要曲線が垂直になるため、LM曲線が垂直になります。一方、貨幣需要の利子弾力性とIS曲線とは関係がありませんから、IS曲線は一般的な右下がりの形状で考えます。

① 財政政策の効果

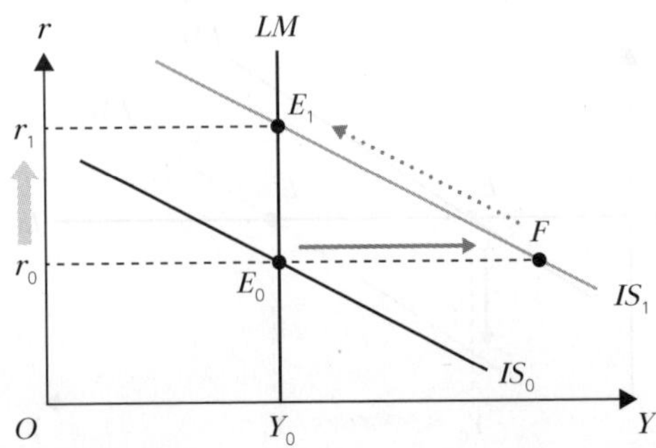

当初、E_0点で財市場と貨幣市場の同時均衡が実現されていたとします。

ここで、拡張的な財政政策（政府支出の拡大）を行うと、乗数効果分だけIS曲線が右方にシフトします（$IS_0 \rightarrow IS_1$）。これによって同時均衡点はE_0点からE_1点に変化しますが、国民所得はY_0から変化しません。よって、**財政政策は無効です。**

財政政策を実施してIS曲線をシフトさせても（F点）、利子率の上昇によってクラウディング・アウト効果（民間投資の減少）が発生します。これが、**政府支出拡大の効果を完全に打ち消してしまう**のです。これを**完全クラウディング・アウト**（100%クラウディング・アウト）といいます。このため、財政政策の効果は全く得られません。

② 金融政策の効果

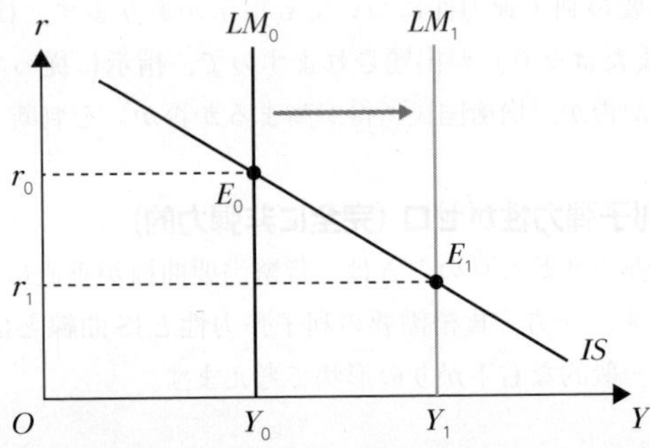

当初、E_0点で財市場と貨幣市場の同時均衡が実現されていたとします。

ここで、拡張的な金融政策を行うと（$M\uparrow$）、LM曲線が右方にシフトします（$LM_0 \rightarrow LM_1$）。すると、同時均衡点はE_0点からE_1点に変化し、国民所得がY_0からY_1に拡大します。よって、**金融政策は有効です。**

補足

ただし、この説明は少し無理があります。LM曲線が垂直であるということは、利子率の水準に関係なく貨幣市場が均衡してしまうことになり、ケインズの流動性選好理論を完全に無視してしまうことになるからです。一般的には、LM曲線が垂直になる状況は、古典派が想定する状況です。古典派は、金融政策は無効であると主張するので（この点は後述します）、国民所得は拡大しないと判断することが合理的です。

しかし、公務員試験では、LM曲線が垂直になっているときには、金融政策は国民所得を拡大させ、有効と判断しないと正解肢が絞れない問題が過去に数問出題されています。細かいことには目をつぶって、「有効」と考えておきましょう。

⑵　貨幣需要の利子弾力性が無限大（完全に弾力的）

貨幣需要の利子弾力性が無限大のときは、貨幣需要曲線が水平になるため、LM曲線が水平になります。つまり、貨幣市場が流動性のわなに陥っているケースです。一方、IS曲線は一般的な右下がりの形状で考えます。

①　財政政策の効果

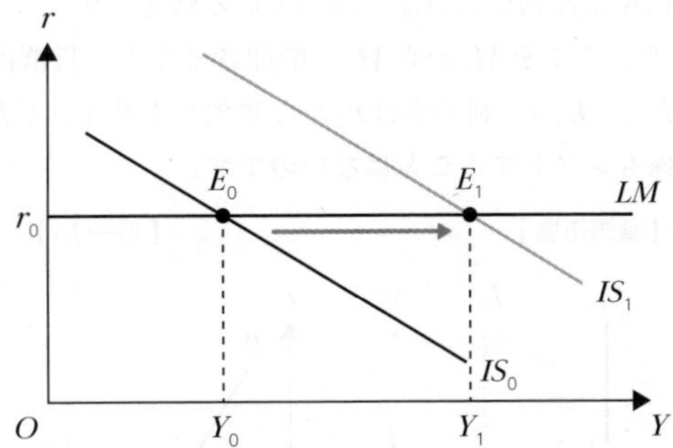

当初、E_0点で財市場と貨幣市場の同時均衡が実現されていたとします。

ここで、拡張的な財政政策（政府支出の拡大）を行うと、乗数効果分だけIS曲線が右方にシフトします（$IS_0 \to IS_1$）。これによって同時均衡点はE_0点からE_1点に変化し、国民所得は拡大します（$Y_0 \to Y_1$）。よって、**財政政策は有効です。**

この場合、IS曲線のシフト幅分（＝乗数効果分）だけ国民所得が高まっています。利子率がほとんど上昇せず（r_0）、クラウディング・アウト効果を発生させずに済むからです。

② 金融政策の効果

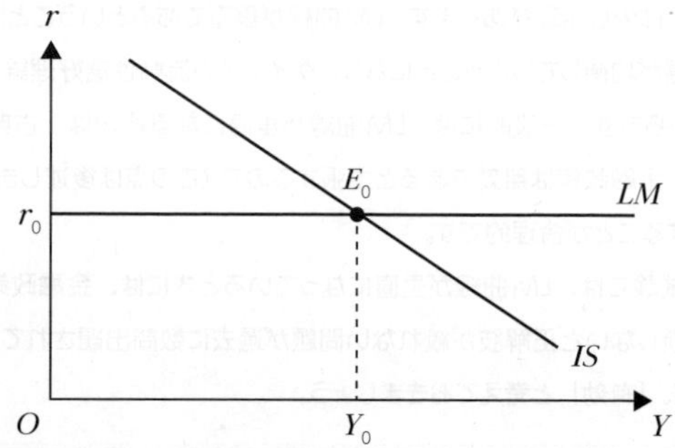

流動性のわなは、利子率が下限に達している状況で発生します。このとき、拡張的な金融政策を実施しても（M↑）、LM曲線をシフトさせることはできません。これ以上、利子率を下げることができないからです。このため、同時均衡点も変化させることができず、国民所得も高めることができません。よって、**金融政策は無効です**。

貨幣市場の状況を見ておきましょう。

貨幣市場がE_0点で均衡しているとします。貨幣需要曲線（L_D）が水平になっていますので、貨幣市場が流動性のわなに陥っている状態です。

ここで、マネーサプライをM_0からM_1に増加させると、貨幣供給曲線は右方にシフトしますが（L_{S0}→L_{S1}）、利子率はr_0から変化しません。したがって、均衡条件式であるLM曲線もシフトすることはないのです。

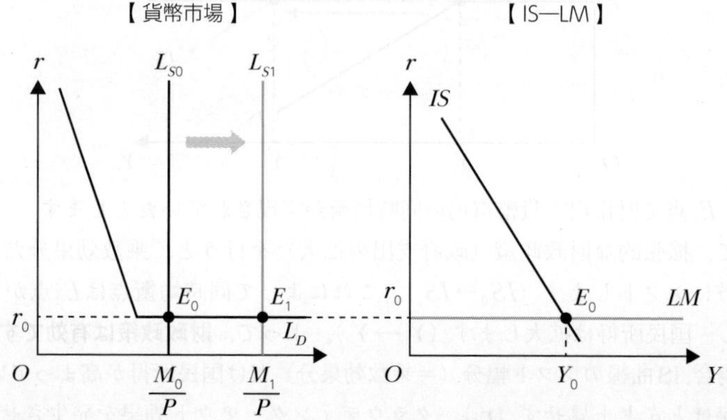

確認してみよう

縦軸に利子率、横軸に国民所得をとったIS－LM分析に関して、以下の記述が正しいか否かを判断しなさい。

① 投資の利子弾力性がゼロである場合、IS曲線は水平になる。

2 (2) 参照 ×

IS曲線は垂直になります。

② 投資の利子弾力性が無限大である場合、貨幣供給を増やすと均衡利子率は低下する。

4 (2) ② 参照 ×

IS曲線が水平になるため、貨幣供給を増やしてもほとんど利子率は低下しません。

③ 貨幣需要の利子弾力性がゼロである場合、LM曲線は水平になる。

3 (2) 参照 ×

LM曲線は垂直になります。

④ 政府が財政支出と租税とを同額だけ増加した場合、均衡利子率は低下する。

第2章第3節 1 (2) 参照 ×

財政支出を拡大するとIS曲線は右方にシフトし、租税を増やすとIS曲線は左方にシフトします。ここで、政府支出乗数$\left(\frac{1}{1-c}\right)$よりも租税乗数$\left(\frac{-c}{1-c}\right)$のほうが絶対値において小さい($0<c<1$であるため)ので、IS曲線はトータルでは右方にシフトすることになります。この結果、均衡利子率は上昇することになります。

⑤ 流動性のわなにおいては、財政支出の増加は均衡利子率を変化させない。

5 (2) ① 参照 ○

流動性のわなにおいては、LM曲線は水平になっています。この状況で財政支出を増加させてIS曲線を右方にシフトさせても、利子率を変化させることはありません。

第5章 IS－LM分析

過去問にチャレンジ

問題1 ★ **IS・LM曲線に関する次の記述のうち、明らかに誤っているものはどれか。**

▶解説は別冊 p.48

裁判所2004

❶ IS曲線は、財市場の均衡から生じる所得水準と利子率の負の関係を示す右下がりの曲線である。

❷ LM曲線は、実質貨幣残高市場の均衡から生じる利子率と所得水準の正の関係を示す右上がりの曲線である。

❸ 拡張的金融政策あるいは物価水準の下落は、LM曲線を右下方にシフトさせ、均衡利子率の低下及び所得の減少をもたらす。

❹ 「流動性のワナ」が存在する場合や投資が利子に対して非弾力的である場合では、金融政策の効果はほとんどない。

❺ 拡張的財政政策は、IS曲線を右方へとシフトさせ、所得を増加させるが、利子率の上昇を招いて民間投資を減少させてしまう可能性がある。

問題2

★

▶解説は別冊 p.49

三つの場合のIS曲線（IS_1曲線、IS_2曲線、IS_3曲線）とLM曲線が図のように示されている。これに関する次の記述のうち、妥当なのはどれか。

国税2009

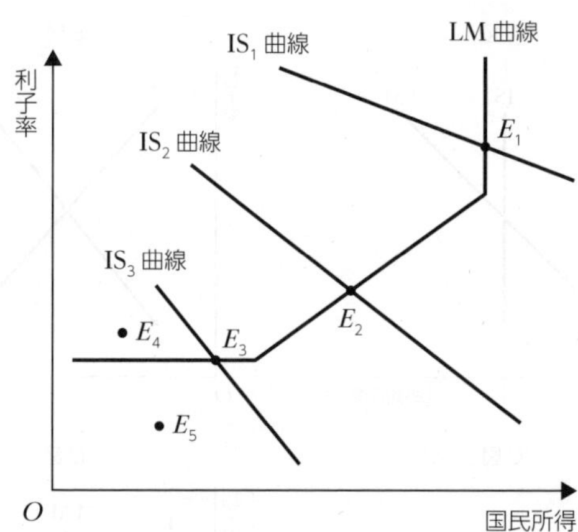

❶ LM曲線の垂直な部分とIS_1曲線がE_1で交わっている場合に、財政支出を拡大させると、利子率は下落し、国民所得は増加する。

❷ LM曲線の右上がりの部分とIS_2曲線がE_2で交わっている場合に、財政支出を拡大させると、利子率は上昇し、国民所得は減少する。

❸ LM曲線の水平な部分とIS_3曲線がE_3で交わっている場合に、マネーサプライを増加させると、利子率は上昇し、国民所得は増加する。

❹ 経済がE_4の状態にあるとき、IS曲線がいずれの場合であっても、財市場は需要超過、貨幣市場は供給超過となっている。

❺ 経済がE_5の状態にあるとき、IS曲線がいずれの場合であっても、財市場は供給超過、貨幣市場は需要超過となっている。

問題3
★
▶解説は別冊 p.51

次のA～D図は、縦軸に利子率を、横軸に国民所得をとり、IS曲線とLM曲線を描いたものであるが、それぞれの図の説明として、妥当なのはどれか。ただし、A図はIS曲線が横軸に対して垂直である状態、C図はLM曲線が横軸に対して水平である状態、D図はLM曲線が横軸に対して垂直である状態をそれぞれ表している。 区Ⅰ 2012

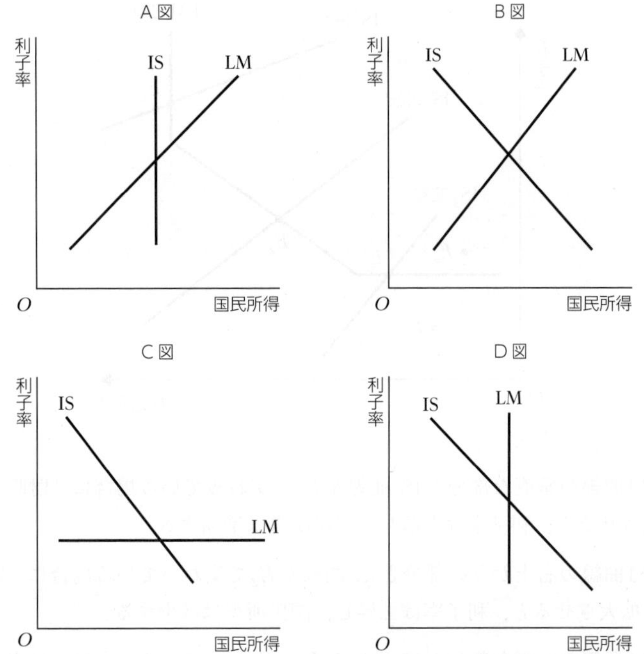

❶ A図は、投資の利子弾力性が無限大の場合であり、政府支出を増加させても国民所得は変化しない。

❷ B図では、金融緩和により貨幣供給量を増加させるとIS曲線が右にシフトし、国民所得が増加する。

❸ C図は、流動性のわなに陥っている場合であり、政府支出を増加させても国民所得は変化しない。

❹ C図では、政府支出を増加させると、利子率が上昇することにより民間投資が減少するクラウディング・アウト効果が生じる。

❺ D図は、貨幣需要の利子弾力性がゼロの場合であり、政府支出を増加させても国民所得は変化しない。

問題4 ★★

IS－LMモデルにおける財政・金融政策の効果に関するA～Dの記述のうち、妥当なもののみをすべて挙げているのはどれか。

▶解説は別冊 p.52

国般2007

A 投資が利子率に対して完全に非弾力的な場合、IS曲線は垂直になる。このとき、貨幣供給量を増加させても、国民所得を増加させることはできない。

B 貨幣需要が利子率に対して完全に非弾力的な場合、LM曲線は垂直になる。このとき、政府支出を増加させても、クラウディング・アウト効果は発生しない。

C 貨幣需要が利子率に対して完全に非弾力的な場合、LM曲線は水平になる。このとき、国民所得を増加させるには、政府支出の増加が必要となる。

D 貨幣市場が流動性のわなに陥っている場合、LM曲線は垂直になる。このとき、政府支出を増加させても、国民所得を増加させることはできない。

❶ A
❷ A、B
❸ B
❹ B、D
❺ C、D

問題5 財市場と貨幣市場に関する次の記述のうち、妥当なのはどれか。

★★ 国般2013

▶解説は別冊 p.54

❶ 消費支出が所得から税を控除した可処分所得に依存しているとすると、政府支出を増加させるとともにそれに等しい額の増税をした場合、貨幣市場を考慮しなければ、政府支出の増加の効果と増税の効果は相殺され、GDPは変化しない。

❷ 今まで民間部門で投資されていた額と等しい額を政府が完全に代替して投資する場合、貨幣市場を考慮しなければ、政府支出の増加分だけ乗数効果が働き、GDPは必ず増加する。

❸ IS－LM分析において、貨幣の投機的需要が全くない場合、政府支出を増やしても利子率が上昇して民間投資が減少し、完全なクラウディング・アウトが発生する。

❹ IS－LM分析において、IS曲線の傾きが水平のケースでは、民間投資の利子弾力性がゼロとなっており、貨幣供給の増加によって利子率が下落するが、それによって刺激される民間投資の増加はわずかである。

❺ IS－LM分析において、LM曲線の傾きが水平のケースでは、十分に低い利子率の下で債券価格も十分に低く、全ての家計が将来の債券価格の上昇を予想するために、貨幣供給を増やした場合、GDPが増加し金融政策は有効である。

4 公債発行による財政政策の効果

学習のポイント

・出題頻度が高くない分野なので、はじめは飛ばしてしまってもかまいません。
・ここも計算問題は出題されません。やはり、グラフを頭に入れるようにしましょう。

1 公債の発行方法

政府支出（G）の財源を、租税（T）ではなく、新規に公債（国債、地方債）を発行して調達することがあります。要するに、国民から“借金”をするわけです。この場合、財政政策の効果について、これまでにない動きが出てくる可能性があります。

公債は、どこから財源の調達を行うかによって、二つの発行方法があります。

(1) 市中消化（民間引受）

市中消化（民間引受）とは、**新規に発行した公債を市中金融機関**（主に、市中銀行）**や個人に買ってもらい、民間から財源を調達する方法**です。

この方法では、新規に発行され、それを民間が資産として購入していますので、**民間で新たな資産が増えている**といえます。

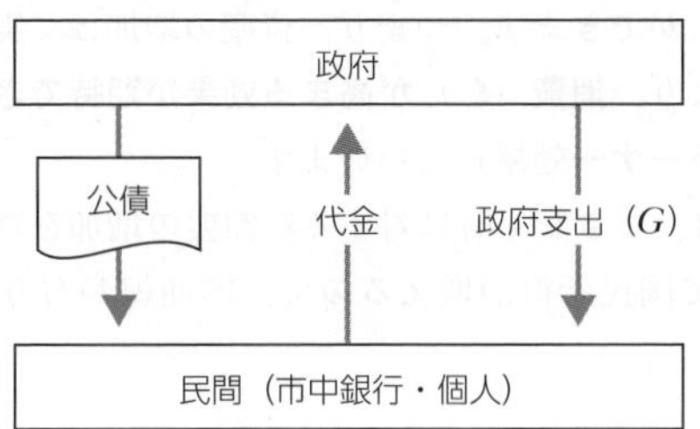

(2) 中央銀行引受（日銀引受）

中央銀行引受（日銀引受）とは、**中央銀行に公債を買ってもらい、中央銀行から財源を調達する方法**です。

この方法は、民間が公債を買っているわけではないので、民間で資産増加は起きません。

しかし、中央銀行が公債に対する代金を政府に支払い、政府はこれを政府支出の財源として民間に支出しますから、**民間では、貨幣供給量**（マネーサプライ）**が増える**ことになります。

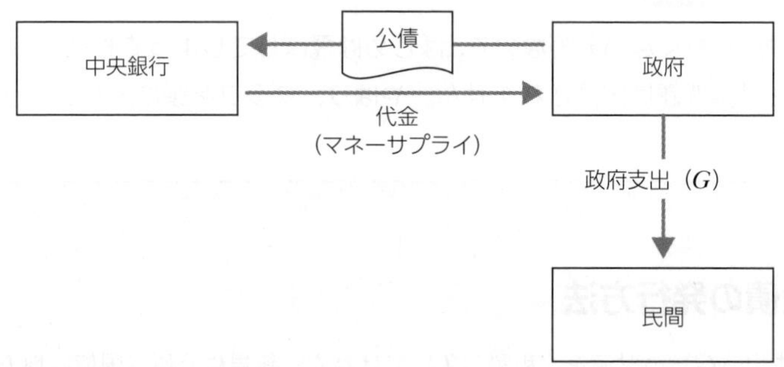

2 市中消化における資産効果

市中消化の場合には、民間で資産（公債）の量が増えます。**資産が増えると、人々は換金して消費（C）を増やしたり、資産の保有の仕方を変えたりします**。このような動きを、資産効果（公債の富効果）といいます。この資産効果には、「消費に対する資産効果」と「貨幣需要に対する資産効果」の二つがあります。

(1) 消費に対する資産効果（ラーナー効果）

民間において、公債という資産は、換金したり償還されたりすれば、そのお金を財の消費に充てることができます。つまり、資産の増加は、実質所得の増加をもたらすのです。これにより、**消費（C）が高まる効果が期待できます**。これを、**消費に対する資産効果（ラーナー効果）**といいます。

消費（C）の増加は、まさしく財に対する総需要の増加を意味します。総需要が増加すれば、財市場で国民所得が増えるので、IS曲線が右方にシフトすることになります。

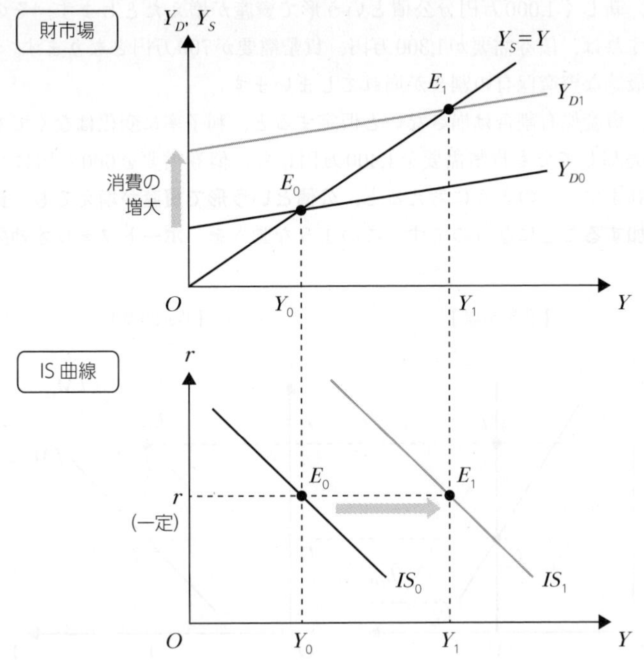

⑵ 貨幣需要に対する資産効果

公債を保有することで、貨幣需要も変化します。「すべての卵を一つのカゴに盛るな」という格言があるように、人々は、資産のすべてを公債で保有しようとはせず、公債と貨幣をバランスよく保有しようとします。

いま、人々が資産の70%は安全な貨幣で保有し（貨幣需要）、値上がりを期待して残りの30%を公債で保有する（債券需要）ことが最適であると考えているとします。資産の合計金額が1,000万円だとすると、貨幣需要が700万円、債券需要が300万円となります。

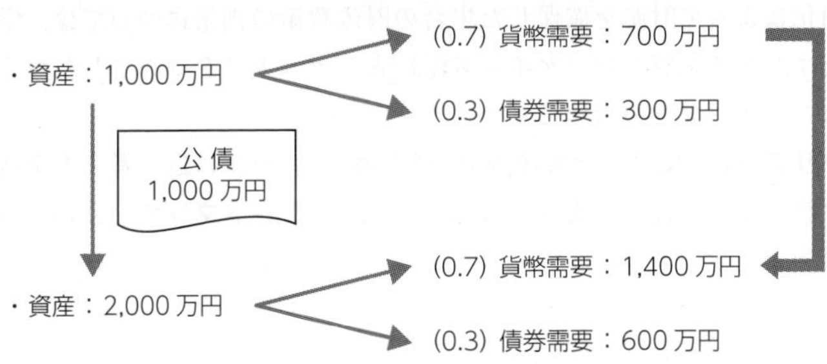

ここで、新しく1,000万円分公債という形で資産が増えたとします。そのまま素直に保有すれば、債券需要が1,300万円、貨幣需要が700万円となります。しかし、これでは最適な資産保有の割合が崩れてしまいます。

そこで、資産保有割合は崩さないと仮定すると、利子率に変化はなくても、公債の一部を売却してでも貨幣需要を1,400万円にし、債券需要を600万円に修正すると考えられます。このように考えると、**公債という形で資産が増えても、貨幣需要が必ず増加する**ことになるのです。このような動きを、**ポートフォリオ効果**といいます。

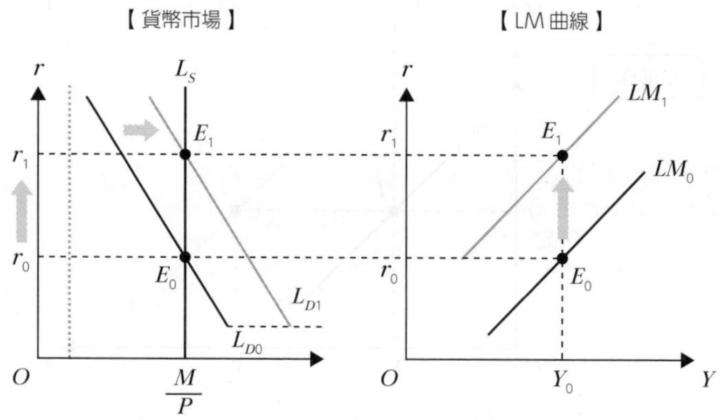

貨幣市場がE_0点で均衡し、利子率がr_0に決まっているとします。

ここで、ポートフォリオ効果によって貨幣需要が増加すると、貨幣需要曲線が右方にシフトします（$L_{D0} \rightarrow L_{D1}$）。すると、均衡点が$E_0$点から$E_1$点に変化し、利子率が$r_1$まで上昇します。国民所得は$Y_0$のままなので、LM曲線は上方（≒左方）にシフトすることになります。

3 市中消化による財政政策の効果

市中消化によって財源を確保した場合の財政政策の効果については、学説の対立があります。ケインジアン（ケインズ派）とシカゴ大学を中心としたマネタリストと呼ばれるグループとの対立です。

マネタリストは“反ケインズ経済学”の立場で、古典派に近い考え方を持つグループです（詳しくは、後述します）。代表者は**M.フリードマン**で、公務員試験でも重要な経済学者です。

⑴ ケインジアンの見解

ケインジアンは、資産効果を考慮しません。売りに出された公債分だけ代金が払い込まれるため、民間での実質所得に変化はないと考えます。よって、政府支出の拡大効果だけが民間に現れることになると考えます。

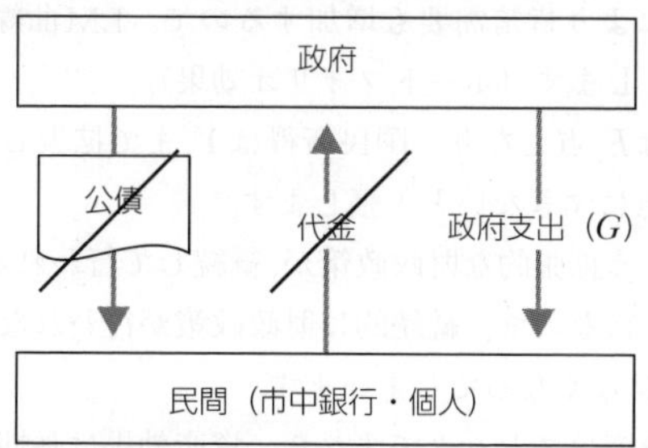

資産効果を全く考慮しないならば、財源が租税であろうと公債であろうと、政府支出拡大の民間経済に与える効果は同じであり、**財政政策は有効になると主張します。**

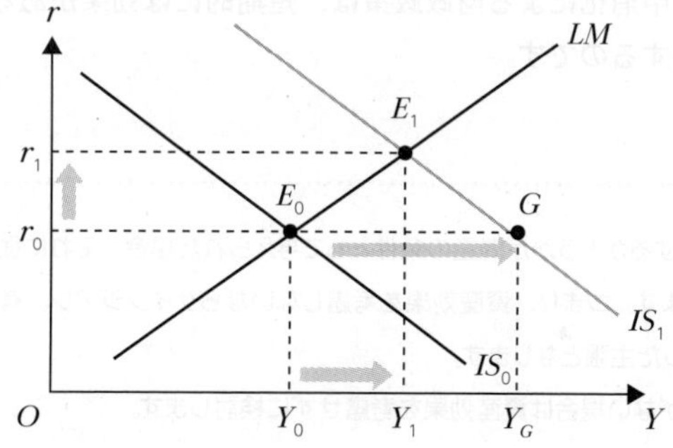

⑵ マネタリストの見解

マネタリストは、消費と貨幣需要に対する資産効果を考慮します。

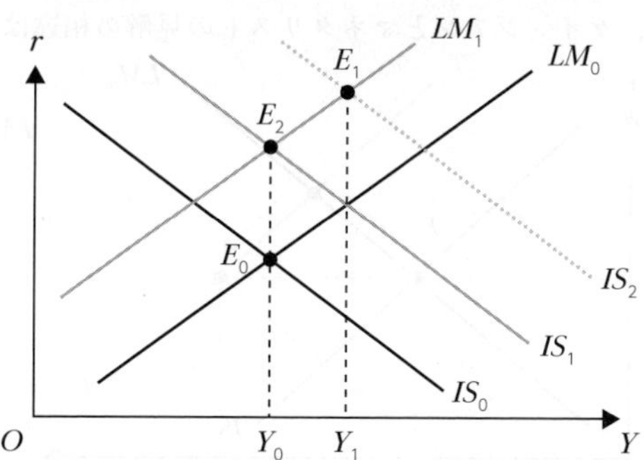

市中消化により民間の資産が増大すると、消費が増えてIS曲線がIS_0からIS_1に右方シフトします（ラーナー効果）。さらに、政府支出（G）を拡大させていますので、IS曲線はさらにIS_1からIS_2にシフトします。つまり、IS曲線は２段階でシフトします。

一方、資産の増大により貨幣需要も増加するので、LM曲線がLM_0からLM_1に上方（左方）にシフトします（ポートフォリオ効果）。

以上から、均衡点はE_1点となり、国民所得はY_1まで拡大します。しかし、このE_1点は短期的な均衡点にすぎないと主張します。

政府支出の拡大という拡張的な財政政策が、継続して行われるかはわかりません。政府支出はフローの金額なので、継続的に財政政策が行われない以上、長期的にはIS_1からIS_2にシフトはなくなってしまいます。

一方、公債という資産はストックですから、資産効果は長期的に残ります。つまり、長期的な均衡点はE_2になり、利子率を上昇させるだけで、国民所得はもとのY_0と変わらなくなってしまいます。

このように、**市中消化による財政政策は、短期的には効果があるが、長期的には無効であると主張するのです。**

資産効果を考慮するかどうかが問題の条件として与えられた場合、それに従ってそれぞれの見解に拠って解答します。つまり、資産効果を考慮しないならケインジアン、考慮するならマネタリストの見解に沿った主張となります。

また、特に断りがない場合は資産効果を考慮せずに検討します。

4 中央銀行引受による財政政策の効果

このケースでは、ケインジアンとマネタリストの見解の相違はありません。

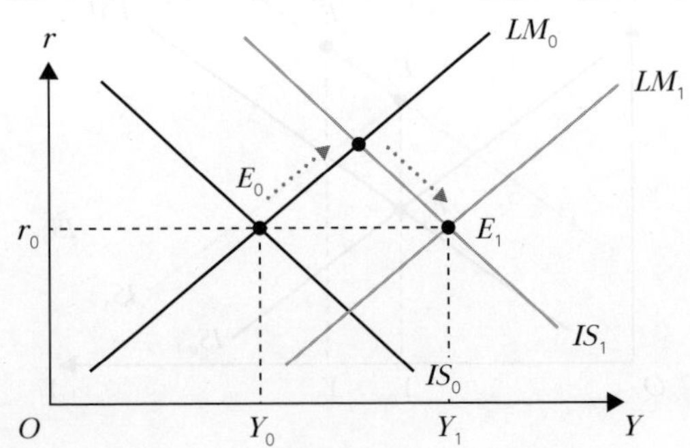

拡張的な財政政策によってIS曲線が右方にシフトし（$IS_0 \rightarrow IS_1$）、利子率が上昇しようとします。しかし、貨幣市場ではマネーサプライが増加するので、LM曲線が下方（右方）にシフトします（$LM_0 \rightarrow LM_1$）。この結果、利子率を政策実施前とほぼ同水準に保つことができるのです。このため、クラウディング・アウト効果を抑えることができ、国民所得を大きく高めることができます（$Y_0 \rightarrow Y_1$）。

中央銀行引受による財政政策のほうが市中消化に比べて、クラウディング・アウト効果を抑えている分国民所得の増大効果が大きく表れる点に注意しましょう。

確認してみよう

以下の記述が正しいか否かを判断しなさい。なお、IS曲線は右下がりの曲線、LM曲線は右上がりの曲線であるとする。

① 政府支出の財源を、国債の市中消化によって賄った場合、公債の富効果を無視するならば、財政政策は無効となる。

3 (1) 参照 ✕

公債の富効果（資産効果）を無視しても、政府支出の拡大によるIS曲線の右方シフトは発生するので、財政政策は有効となります。

② 政府支出の財源を、国債の市中消化によって賄った場合、公債の富効果を考慮すると、資産の一部が消費に充てられるため、貨幣需要が減少し、IS曲線とLM曲線は、ともに右方にシフトする。

3 (2) 参照 ✕

公債の富効果（資産効果）を考慮すると、消費が拡大することでIS曲線が右方にシフトする一方、貨幣需要が増加するので、LM曲線は上方（左方）にシフトします。

③ 政府支出の財源を、国債の市中消化によって賄った場合、公債の富効果を考慮すると、長期的に国民所得を高める効果が期待できる。

3 (2) 参照　×

政府支出というフローの効果は一時的です。その一方で、消費に対する資産効果（ラーナー効果）によるIS曲線の右方シフトと、貨幣需要に対する資産効果（ポートフォリオ効果）によるLM曲線の上方シフトは、資産というストックの増加による効果なので、長期的には国民所得を高める効果は期待できません。

---

④　政府支出の財源を、中央銀行引受によって賄った場合、公債の富効果は発生しないため、財源を租税で賄った場合と政策効果は同じになる。

4 参照　×

中央銀行引受は民間での資産を増加させることはありませんが、財源を租税で賄う場合とは異なり、マネーサプライが増加するため、LM曲線が下方（右方）にシフトします。

---

⑤　政府支出の財源を、中央銀行引受によって賄った場合、貨幣供給量が増加するため、IS曲線とLM曲線がともに右方にシフトし、国民所得を大きく高めることが可能となる。

4 参照　○

IS曲線とLM曲線がともに右方にシフトすることで、利子率をほぼ一定に保つことができます。このため、クラウディング・アウト効果の発生を抑え、国民所得を大きく高めることが可能になります。

過去問にチャレンジ

▶解説は別冊 p.56

次の図は、縦軸に利子率を、横軸に国民所得をとり、IS曲線とLM曲線を描き、その交点をE、IS曲線が右側にシフトした線をIS_1曲線、LM曲線が右側にシフトした線をLM_1曲線とし、その交点をE_1、IS曲線とLM_1曲線の交点をE_2、IS_1曲線とLM曲線の交点をE_3で表したものであるが、図に関する記述のうち、妥当なのはどれか。

区Ⅰ 2011

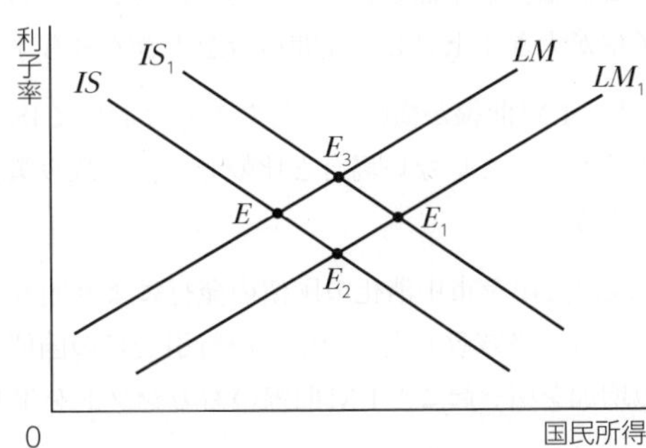

❶ 財政政策による政府支出が、市中消化による国債の形で賄われた場合には、その分だけ貨幣供給量が増加するから、LM曲線が右方向にシフトし、均衡点はEからE_2に移る。

❷ 流動性のわなが発生した場合、財政政策は無効となり、IS曲線が右方向にシフトし、均衡点はEからE_3に移る。

❸ IS曲線とLM曲線が交差する点Eでは、生産物市場と貨幣市場の双方において同時に均衡が成立するが、債券市場の均衡は同時には成立しない。

❹ 財政政策による政府支出が、中央銀行引受けによる国債の形で賄われた場合には、その分だけ貨幣供給量が増加するから、LM曲線がIS曲線のシフトに連動して移動し、均衡点はEからE_1に移る。

❺ クラウディング・アウトが発生した場合、利子率は下がり、LM曲線が右方向にシフトし、均衡点はEからE_2に移る。

問題2 ★★ IS－LM分析に関するA～Dの記述のうち、妥当なもののみを全て挙げているのはどれか。ただし、グラフを描いた場合、縦軸に利子率をとり、横軸に国民所得をとるものとする。

▶解説は別冊 p.57

国般2017

A　財政政策により政府支出が増加するとき、貨幣需要の利子弾力性が小さい場合は、貨幣需要の利子弾力性が大きい場合に比べ、財政政策による国民所得の増加幅が大きくなる。これは、貨幣需要の利子弾力性が大きい場合、同じ政府支出の増加に対して利子率が大きく上昇し、民間投資を大きく減らすためである。

B　流動性の罠が生じ、LM曲線が横軸と平行な部分においてIS曲線と交わっている場合、流動性の罠が生じていない場合と比較して、財政政策は国民所得を増加させる効果が小さくなる。

C　財政政策による政府支出を市中消化の国債の発行により賄う場合は、貨幣供給量は変化しない。一方、当該政府支出を中央銀行引受けの国債の発行で賄う場合は、貨幣供給量の増加を引き起こしLM曲線の右方シフトを生じさせる。

D　資産市場が、貨幣市場及び債券市場から成り立っている場合、IS曲線とLM曲線の交点においては、財市場、貨幣市場及び債券市場のいずれの市場においても需給が均衡している。

❶　A、B
❷　A、C
❸　B、C
❹　B、D
❺　C、D

★★★

▶解説は別冊 p.59

次の文は、公債の資産効果に関する記述であるが、文中の空所ア～オに該当する語の組合せとして、妥当なのはどれか。

区 I 2008

下の図は、縦軸に利子率を、横軸に国民所得をとり、市中消化により公債が発行された場合の公債の資産効果を、IS曲線とLM曲線を用いて表したものである。

市中消化による公債残高の増加は、長期的には二つの資産効果を持つとする考えがある。一つは、財市場で消費が［ア］する効果で、この効果はラーナー効果とも呼ばれ、IS曲線はISから［イ］にシフトする。もう一つは、公債の保有者が公債と貨幣の間の望ましい保有比率を維持しようとして、貨幣市場で貨幣需要が［ウ］する効果で、LM曲線はLMから［エ］にシフトする。

これにより、当初の均衡点E_0は、新しい均衡点［オ］にシフトすることになる。

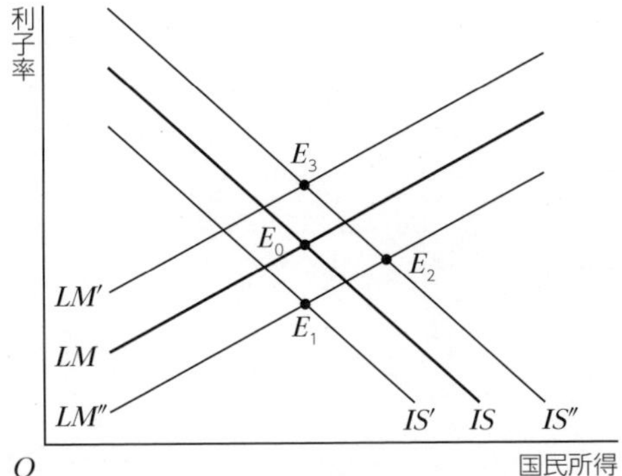

	ア	イ	ウ	エ	オ
❶	減少	IS'	増加	LM''	E_1
❷	増加	IS'	減少	LM''	E_1
❸	減少	IS''	減少	LM''	E_2
❹	増加	IS''	増加	LM'	E_3
❺	増加	IS''	減少	LM'	E_3

公債発行の経済的効果に関する記述として、妥当なのはどれか。

★★

▶解説は別冊 p.59

区Ⅰ 2013

❶ 公債発行が、全額中央銀行の引受けで行われる場合、景気が過熱しているときは、インフレーションを抑制する効果がある。

❷ 公債発行が、全額中央銀行の引受けで行われる場合、貨幣供給量が減少するため、有効需要の増大効果はない。

❸ 公債発行が、全額市中消化で行われ、貨幣供給量に変化がない場合、利子率が上昇し、民間投資が抑制されるクラウディング・アウトが生じる。

❹ 公債発行が、全額個人の購入で行われる場合、購入者の資産全体に占める貨幣の割合が低下することにより消費支出が減少するラーナー効果が生じる。

❺ 公債発行が、全額市中消化で行われる場合、民間投資から政府支出への振替えが起こり、中央銀行の引受けの場合よりも有効需要の増大効果が大きい。

第6章

AD－AS分析

総需要曲線
労働市場と総供給曲線
均衡国民所得の決定と
財政金融政策の効果

1 総需要曲線

学習のポイント

・AD－AS分析の概要をつかみましょう。
・総需要曲線は計算問題として出題されることが多いので、まずはこれを練習しましょう。
・難度の高いところですが、出題パターンはある程度決まっています。がんばりましょう。

1 AD－AS分析とは

これまでと同様に、均衡国民所得の決定（景気はどう決まるか）と、財政・金融政策の効果の2点について考えます。

ただし、これまでとは以下の3点が異なってきます。

(1) 物価の動きを考慮する

これまでは物価（P）は一定として、その動きを全く考えてきませんでした。ケインズが、マクロ経済における価格メカニズム（ワルラス的な価格調整）に否定的だったからです。

しかし、現実に物価（P）は一定ではなく、上がったり下がったりします。これを考慮すると、ケインズの理論はどのようになるか、さらに、古典派の考え方との相違を整理します。

(2) マクロ生産関数を通じて総供給が決まると考える

これまで総供給（Y_S）は、生産と分配の二面等価の関係から、分配面（Y）から定義し、

$Y_S = Y = C + S + T$　〔C：消費、S：貯蓄、T：租税〕

と表しました。

一方、伝統的なミクロ経済学では、企業の生産量は、企業の「生産関数」を通じて決定されると考えてきました。

古典派とケインジアンとの比較を行うに当たって、前者の表し方はやめ、後者の考え方を採ることにします。つまり、**1国には、その国の生産技術を表す「マクロ生産関数」という式が存在するとし、その式を通じて1国の総供給が決まる**と考え

ていきます。

(3) 労働市場を加える

例えば、マクロ生産関数が$Y = L^{\frac{1}{2}}$（Y：総供給、L：労働）となっているとすると、その国の労働者数がわからないと、何個財が作れるのかわかりません。

そこで、働きたいと考える労働供給者（家計）と、労働者を雇おうとする労働需要者（企業）が集う場としての労働市場を加えます。つまりここからは、

労働者数（雇用量）の決定　⇒　マクロ生産関数　⇒　総供給（Y）の決定

という流れで、総供給を見ていきます。

物価の動きに加え、総供給も新たなアプローチで定義するとなると、「均衡国民所得」も再検討しなければなりません。

そこで、**これまで「均衡国民所得」と呼んでいたものを、一度「総需要」と呼び直す**ことにします。均衡国民所得は、総需要に一致するように決まっているからです（有効需要の原理）。**「総需要」をグラフにしたもの**を、**総需要曲線（AD曲線）**と呼びます。

一方、**労働市場を前提とした新しい「総供給」をグラフにしたもの**を、**総供給曲線（AS曲線）**と呼びます。

そして、**二つの曲線を突き合わせて、均衡国民所得と物価の決まり方を考える**のです。これを**AD－AS分析**と呼びます。

2 総需要曲線

(1) ケインジアンの説明（一般的な説明）

① 一般的なケース

総需要曲線（AD：Aggregate demand curve）とは、**財市場と貨幣市場を同時に均衡させる総需要（Y）と物価（P）の組合せをグラフ化したもの**です。これまでIS－LM分析で均衡国民所得と呼んでいたものを、ここでは総需要と呼びます。

AD曲線は、IS曲線とLM曲線の二つのグラフから導かれます。

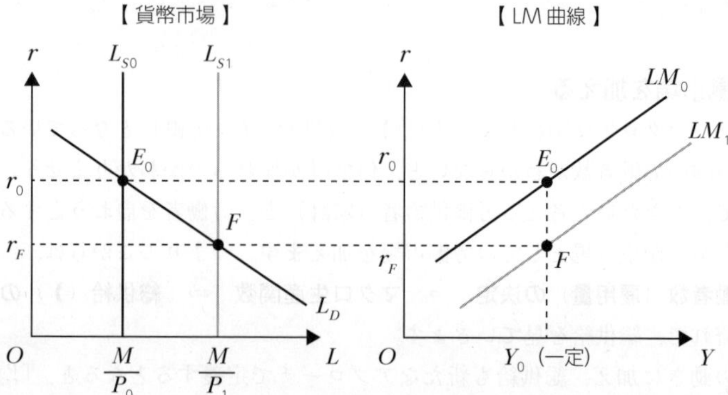

物価（P）が変化すると、貨幣市場における実質マネーサプライ（$\frac{M}{P}$）が変化して、LM曲線が変化します。

物価がP_0からP_1に下落したとすると、実質マネーサプライが$\frac{M}{P_0}$から$\frac{M}{P_1}$に増加します（Mは一定で分母の値が小さくなるため、分数全体の値は大きくなります）。これは貨幣供給曲線を右方にシフトさせ（L_{S0}→L_{S1}）、利子率が下落します（r_0→r_F）。これにより、LM曲線は下方にシフトするのです（LM_0→LM_1）。

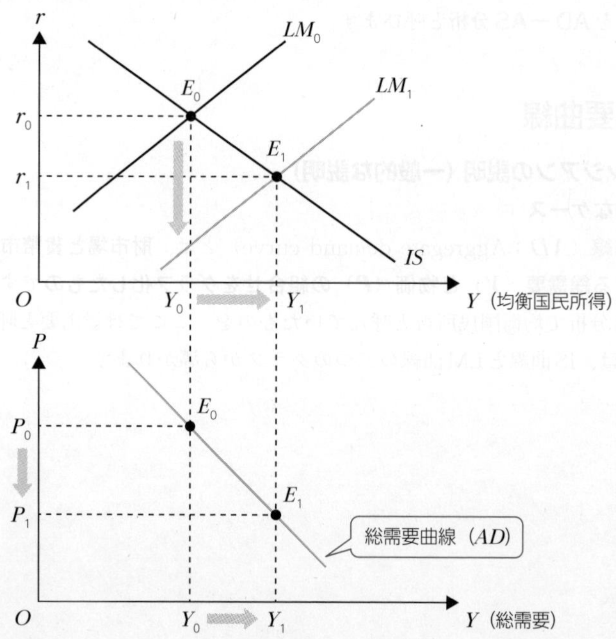

物価の下落によってLM曲線が下方（右方）にシフトすると、財市場と貨幣市場の同時均衡点がE_0点からE_1点に変化し、均衡国民所得（＝総需要）はY_0からY_1に増加することになります。このときの、物価の下落と総需要の拡大の関係を、横軸に総需要（Y）、縦軸に物価（P）をとった平面上に描くと、右下がりの曲線となります。これが、総需要曲線（AD）です。

例題　ある国の経済が、

$$Y=C+I$$
$$C=40+0.3Y$$
$$I=50-1.5r$$
$$\frac{M}{P}=L$$
$$L=100+0.2Y-r$$
$$M=160$$

（Y：国民所得、C：消費、I：投資、r：利子率、M：名目貨幣供給、P：物価水準、L：実質貨幣需要）

で示されるとき、この経済の総需要曲線を計算しなさい。

総需要曲線（AD曲線）は、財市場と貨幣市場を均衡させる総需要（Y）と物価（P）の組合せをグラフ化したものです。

そこで、財市場の均衡を表すIS曲線と貨幣市場の均衡を表すLM曲線を立て、二つの式から利子率（r）を消去して、Pについて整理したYとPの関係式を作ります。それがAD曲線となります。

【IS曲線】$Y=C+I$

$$\Leftrightarrow \quad Y=40+0.3Y+50-1.5r$$
$$\Leftrightarrow \quad 1.5r=-0.7Y+90 \quad \cdots\cdots①$$

【LM曲線】$\frac{M}{P}=L$

$$\Leftrightarrow \quad \frac{160}{P}=100+0.2Y-r \quad \cdots\cdots②$$

②式の両辺を1.5倍すると、

$$\frac{240}{P}=150+0.3Y-1.5r \quad \cdots\cdots②'$$

となります。①式と②′式から利子率（r）を消去すると、

$$\frac{240}{P}=Y+60$$
$$\frac{P}{240}=\frac{1}{Y+60}$$

両辺の逆数をとります。

$$\therefore \quad P=\frac{240}{Y+60}$$

となります。

第6章 AD-AS分析

② 特殊なケース

通常、AD曲線は右下がりになりますが、IS曲線が垂直な場合（投資の利子弾力性ゼロ）や、流動性のわな（貨幣需要の利子弾力性無限大）に陥っていてLM曲線が水平となる場合には、**AD曲線は垂直線になってしまいます。**

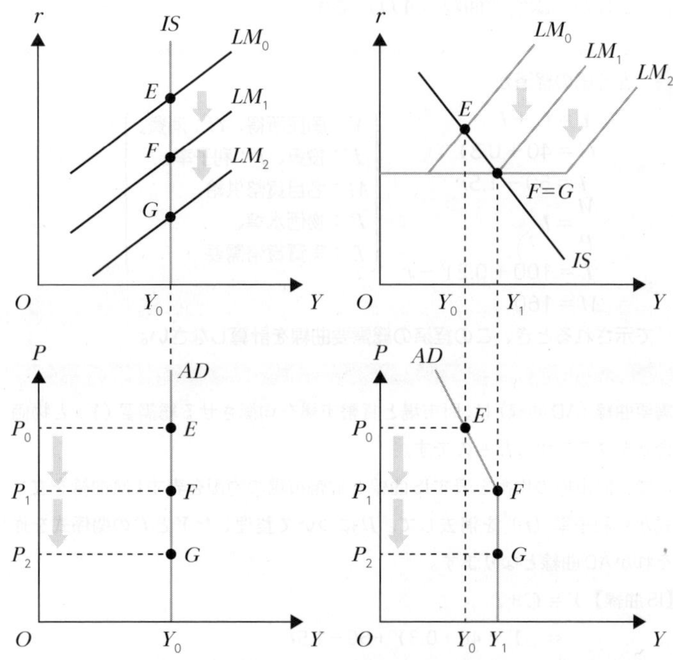

左側のグラフは、投資の利子弾力性がゼロで、IS曲線が垂直になっています。

当初、E点で財市場と貨幣市場が均衡し、物価はP_0、均衡国民所得（総需要）はY_0であったとします。ここから、物価が下落したとすると（$P_0 \rightarrow P_1 \rightarrow P_2$）、実質マネーサプライが増加して、LM曲線が下方（右方）にシフトします。この場合、物価の下落によってLM曲線がどんなに下方にシフトしても、総需要の大きさはY_0で変わりません。したがって、AD曲線はY_0の水準で垂直線になります。

一方、右側のグラフは、流動性のわな（貨幣需要の利子弾力性が無限大）のケースです。

当初の均衡点E点は流動性のわなに陥ってはいませんが、物価の下落によってLM曲線がLM_1まで下方シフトして利子率の下限に達すると、もはや利子率の下落は生じなくなります。こうなると、さらに物価がP_1からP_2に下落しても、LM曲線の下方シフトが生じないため、投資（I）が全く増加せず、総需要の増加が起きなくなります（Y_1）。よって、流動性のわなに陥っている状況では、AD曲線は垂直線になってしまうのです。

(2) 古典派の説明

① 一般的なケース

一方、古典派が考える総需要曲線も、同じ右下がりの曲線になります。

ミクロ経済学で、「価格が下がると消費者の実質所得が増える、財が上級財なら消費が増える」と学習しましたが、古典派の学者である**A.C.ピグー**は、これと同じようなことを1国全体でも考えました。

ピグーは、財市場における消費（C）は、人々の実質貨幣（資産）残高に依存すると考えました。これは「実質所得」と同じようなものです。物価が下落すると、人々の実質貨幣（資産）残高が増加するため、消費が高まると考えたのです。**財の消費が増えれば、それに合わせて生産も増え、新たな雇用も生み出されます**。このような効果を**ピグー効果（実質資産残高効果）**といいます。財の消費は総需要（$C+I+G$）を構成するものですから、物価が下がれば（$P\downarrow$）、総需要が増えることになり（$Y\uparrow$）、右下がりだとするのです。

問題にピグー効果についての言及がない場合、一般的なケインジアンの説明に依拠して解答してください。

② 特殊なケース

ここでは、ケインジアンとは、結論が異なってきます。

古典派は、物価が下落すると消費が増えると考えているので、LM曲線ではなく、IS曲線が変化することで総需要が高まると考えます。

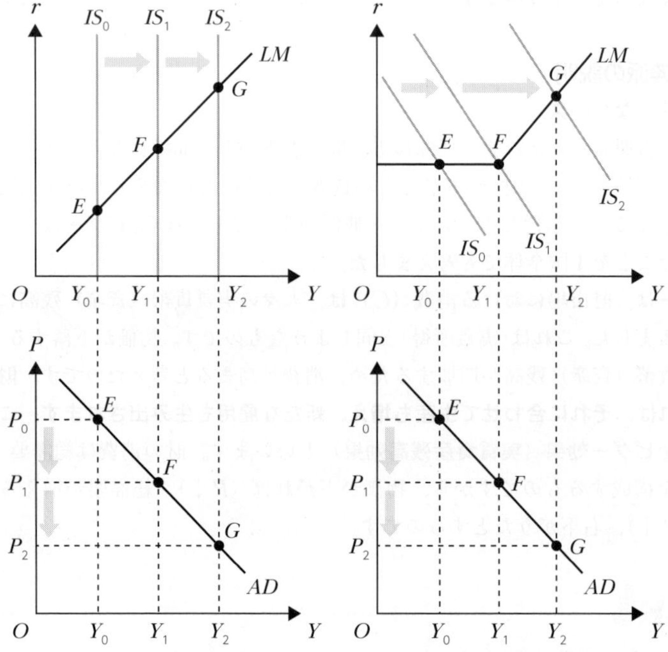

左側のグラフは、投資の利子弾力性がゼロで、IS曲線が垂直なケースです。

物価の下落によって消費が拡大すると、垂直なIS曲線が右方にシフトします（$IS_0 \to IS_1 \to IS_2$）。すると、均衡点が変化し（$E \to F \to G$）、総需要が増加するとします（$Y_0 \to Y_1 \to Y_2$）。この結果、総需要曲線は右下がりになると説明します。

一方、右側のグラフは、流動性のわな（貨幣需要の利子弾力性が無限大）のケースです。

LM曲線が水平線になっていても、ピグー効果によるIS曲線の右方シフトによって総需要は必ず増加することがわかります（$Y_0 \to Y_1 \to Y_2$）。よって、この場合も総需要曲線は右下がりになるのです。

以上から、IS曲線が垂直であったり、流動性のわなに陥っていたりしても、**ピグー効果を考慮すると総需要曲線は常に右下がりになる**のです。

3 総需要曲線のシフト

IS－LM分析では、物価（P）を一定として、財政・金融政策の効果について学習してきました。拡張的な財政政策を行えば、IS曲線が右方にシフトし、拡張的な金融政策（金融緩和）を行えば、LM曲線が下方（右方）にシフトすることで、均衡国民所得を高めることになりました。

IS－LM分析での均衡国民所得を、ここでは「総需要」と呼んでいます。よって、上記のことを換言すれば、「拡張的な財政・金融政策を行うと、物価（P）を一定として、総需要が拡大する」ということになります。これは、総需要曲線（AD）の右方シフトによって表現されます。

(1) 拡張的財政政策と総需要曲線

拡張的な財政政策（政府支出の拡大または減税）を実施すると、総需要曲線は右方にシフトします。

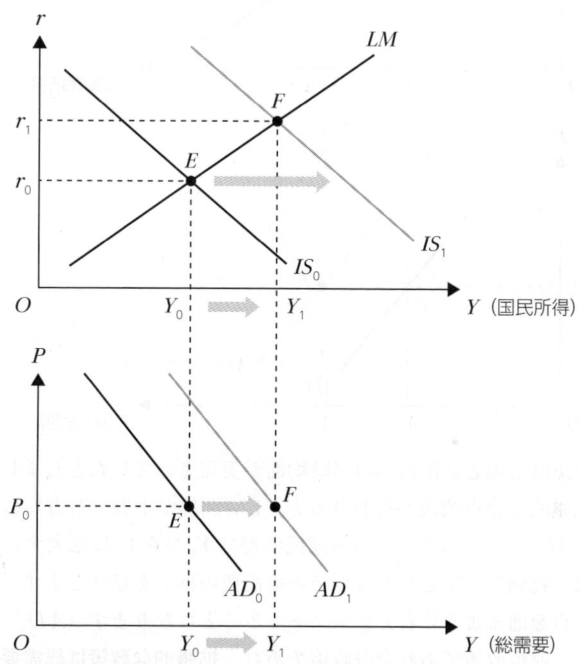

当初E点で、財市場と貨幣市場の同時均衡が実現されていたとしましょう。

ここで、拡張的な財政政策が行われると、IS曲線が右方へシフトします（$IS_0 \rightarrow IS_1$）。これにより、均衡国民所得はY_0からY_1に拡大することになります。これは、物価を一定としたもとでの総需要の拡大を意味します。物価が変わっていないのに総需要が拡大するのですから、総需要曲線はF点を通るように右に動くことになります（$AD_0 \rightarrow AD_1$）。

以上から、**拡張的な財政政策が行われると、総需要曲線は右方にシフトする**のです。

(2) 拡張的金融政策と総需要曲線

拡張的な金融政策（マネーサプライの増加）を実施すると、やはり総需要曲線は右方にシフトすることになります。

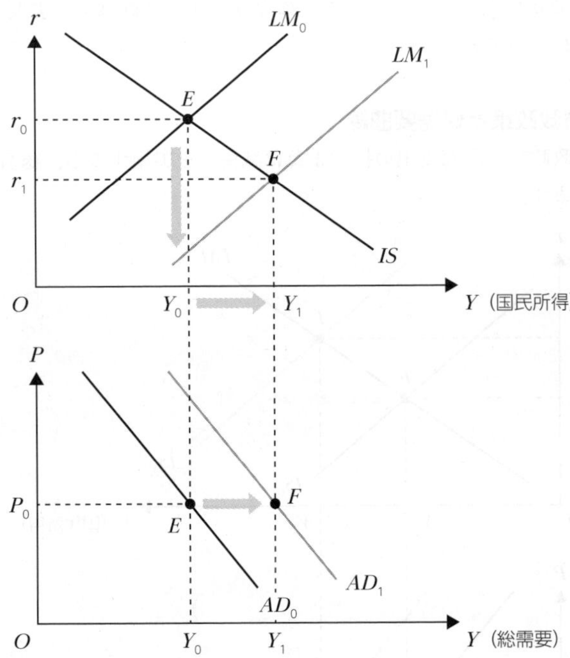

当初E点で、財市場と貨幣市場の同時均衡が実現されていたとしましょう。

ここで、拡張的な金融政策が行われると、LM曲線が下方（右方）にシフトします（$LM_0 \rightarrow LM_1$）。これにより、均衡国民所得はY_0からY_1に拡大することになります。これは、物価を一定としたもとでの総需要の拡大を意味します。よって、総需要曲線はF点を通るように右方にシフトすることになります（$AD_0 \rightarrow AD_1$）。

このように、財政政策であれ金融政策であれ、**拡張的な政策は総需要曲線を右方にシフトさせる**ことになるのです。

確認してみよう

以下の記述が正しいか否かを判断しなさい。

① 投資の利子弾力性がゼロであるとき、IS曲線が垂直になるので、総需要曲線も垂直になる。

2 (1) ② 参照 ○

「ピグー効果」に関する言及がない場合には、一般的なケインジアンの枠組みで考えます。

② 流動性のわなに陥っているとき、LM曲線が水平になるので、総需要曲線も水平になる。

2 (1) ② 参照 ×

流動性のわなに陥っているとき、LM曲線は利子率の下限で水平になります。この場合、物価が下落してもLM曲線のシフトは生じないため、総需要が拡大することはありません。よって、総需要曲線は垂直になります。

③ ピグーは、物価の下落は実質貨幣残高を増加させ、消費を拡大させるため、雇用量も増大するとした。

2 (2) ① 参照 ○

よく出題される記述です。

④ 総需要曲線は、拡張的な財政政策が実施されると右方にシフトし、拡張的な金融政策が実施されたときには、左方にシフトする。

3 (1) 参照 ×

拡張的な政策であるなら、どちらの政策を実施しても総需要曲線は右方にシフトします。

解法ナビゲーション

ある国のマクロ経済が、以下の式で示されているとする。

$$Y = C + I + G$$
$$C = 20 + 0.8\,(Y - T)$$
$$I = 40 - 5r$$
$$G = 15$$
$$T = 0.25Y$$
$$\frac{M}{P} = L$$
$$L = 150 + 0.6Y - 10r$$
$$M = 140$$

（Y：国民所得、C：消費、I：投資、G：政府支出、T：租税、r：利子率、
M：名目貨幣供給、P：物価水準、L：実質貨幣需要）

この経済の総需要関数として妥当なのはどれか。

国般2016

❶ $P = \dfrac{50}{Y}$

❷ $P = \dfrac{100}{Y}$

❸ $P = \dfrac{150}{Y}$

❹ $P = \dfrac{200}{Y}$

❺ $P = \dfrac{250}{Y}$

総需要曲線（AD曲線）の計算問題は、試験種問わず大変よく出題される問題です。確実に計算できるようにしておきましょう。

【解答・解説】

正解 ❷

総需要曲線（AD曲線）は、財市場と貨幣市場を均衡させる総需要（国民所得）（Y）と物価（P）の組合せをグラフ化したものです。そこで、財市場の均衡を表すIS曲線と貨幣市場の均衡を表すLM曲線を立て、二つの式から利子率（r）を消去してYとPの関係式を作ります。それがAD曲線となります。

【IS曲線】　$Y = C + I + G$

$\Leftrightarrow \quad Y = 20 + 0.8(Y - 0.25Y) + 40 - 5r + 15$

$\Leftrightarrow \quad 5r = -0.4Y + 75 \quad \cdots\cdots①$

【LM曲線】　$\dfrac{M}{P} = L$

$\Leftrightarrow \quad \dfrac{140}{P} = 150 + 0.6Y - 10r \quad \cdots\cdots②$

①式の両辺を２倍し、②式と連立して利子率（r）を消去すると、

$$\frac{140}{P} = 150 + 0.6Y - (-0.8Y + 150)$$

$$\Leftrightarrow \quad \frac{140}{P} = 1.4Y$$

$$\Leftrightarrow \quad 140 = 1.4YP \qquad \therefore \quad P = \frac{100}{Y}$$

と計算することができます。

よって、正解は❷となります。

過去問にチャレンジ

問題1
★
▶解説は別冊 p.61

ある国の経済が、

$$Y=C+I+G$$
$$C=30+0.8Y$$
$$I=45-10r$$
$$G=25$$
$$\frac{M}{P}=L$$
$$L=2Y-25r$$
$$M=1000$$

（Y：国民所得、C：消費、I：投資
G：政府支出、r：利子率
M：名目貨幣供給、P：物価水準
L：実質貨幣需要）

で示されるとき、この経済の総需要関数はどれか。

区Ⅰ 2014

❶ $P=\dfrac{400}{Y-100}$

❷ $P=\dfrac{400}{Y+100}$

❸ $P=\dfrac{400}{3Y-500}$

❹ $P=\dfrac{2000}{3Y+500}$

❺ $P=\dfrac{2000}{3Y-500}$

問題2

★★

▶解説は別冊 p.61

物価水準と所得の関係である総需要曲線は一般的には図のように示される。総需要曲線に関するA～Dの記述のうち、妥当なもののみを全て挙げているのはどれか。

労基2012

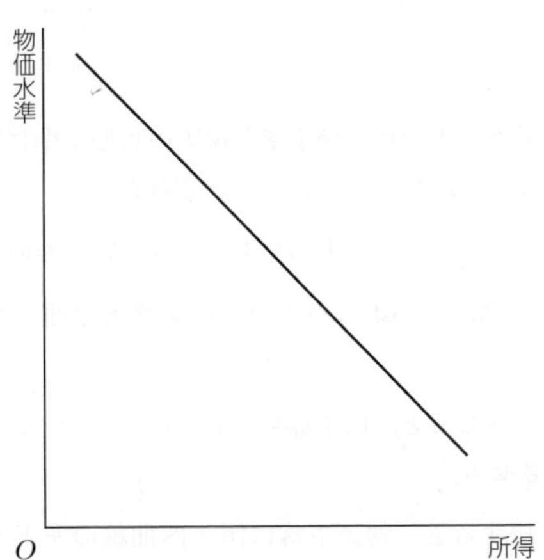

A　IS曲線が右下がりでありLM曲線が右上がりである場合、物価水準が上昇しLM曲線が右下にシフトすると総需要曲線は右上にシフトする。

B　IS曲線が右下がりでありLM曲線が右上がりである場合、IS曲線の傾きが急になると総需要曲線の傾きも急になる。

C　流動性のわなが存在しておりLM曲線が水平である場合、IS曲線が右下がりであっても総需要曲線は水平となる。

D　IS曲線が垂直でありLM曲線が右上がりである場合、総需要曲線は垂直となる。

❶ A
❷ A、C
❸ B、C
❹ B、D
❺ C、D

問題3 ★★

▶解説は別冊 p.64

総需要曲線に関するア〜オの記述のうち、妥当なもののみをすべて挙げているのはどれか。

ただし、IS曲線、LM曲線の一般的な形状は、それぞれ右下がり、右上がりであるものとし、総需要曲線の一般的な形状は右下がりであるものとする。

国般2011

ア 総需要曲線は、労働者の予想物価水準と現実の物価水準に関する認識のずれに基づく労働者錯覚モデルから導出されるものである。

イ 投資が利子率に対して完全に弾力的であるとき、総需要曲線は垂直となる。

ウ 拡張的な財政政策は、IS曲線の右上方へのシフトを通じて総需要曲線を右上方へシフトさせる。

エ 貨幣供給量を減少させると、LM曲線の左上方へのシフトを通じて総需要曲線を左下方へシフトさせる。

オ ピグー効果を考慮すると、物価下落に伴うIS曲線の左下方へのシフトを通じて総需要曲線を左下方へシフトさせる。

❶ ア、イ
❷ ア、オ
❸ ウ、エ
❹ イ、ウ、エ
❺ ウ、エ、オ

2 労働市場と総供給曲線

学習のポイント

・まずは古典派とケインジアンの労働市場に対する考え方を、結論だけでもいいので覚えましょう。
・計算問題として問われるところは、ミクロ経済学で学習したものと同じです。併せて復習するようにしましょう。

1 労働市場の二つの捉え方

労働市場では、労働の需要と供給の関係から、労働の取引量である雇用量（N）が決まります。この雇用量（N）が多いか少ないかで、総供給の大きさを決めることになります。

ただし、労働市場でどのように雇用量が決まるかについては、古典派とケインジアンとで考え方が異なります。結果、生み出される総供給についても違いが出てきます。そこで、まずは両派の労働市場の考え方について整理します。

2 古典派の労働市場

古典派の労働市場は、ミクロ経済学的です。

(1) 労働需要（古典派の第一公準）

労働者を雇用する（労働需要）企業は、**労働の限界生産力（MP_N）と実質賃金率（$\frac{w}{P}$）が一致するところで労働需要量（N_D）を決定する**とします。ミクロ経済学の企業理論で、労働需要の利潤最大化条件、

$$P \cdot MP_N = w \quad \Leftrightarrow \quad MP_N = \frac{w}{P}$$

〔P：物価、MP_N：労働の限界生産力、w：貨幣賃金率〕

について学習しましたが、**古典派は、この式に従って利潤を最大にするように労働を需要すると考えます**。これをここでは、**古典派の第一公準**と呼びます。

実質賃金率（$\frac{w}{P}$）とは、**貨幣賃金率（w）で何単位の財の購入が可能かを示す**

第6章 AD-AS分析

ものです。例えば、貨幣賃金率がw＝20万円、物価（財の価格）がP＝１万円であるとすると、

$$\text{実質賃金率}\ (\frac{w}{P}) = \frac{20\text{万円}}{1\text{万円}} = 20\text{個}$$

となり、「１万円の財が、20個買えるだけの給料」であることを表します。

一方、労働の限界生産力（MP_N）は、マクロ生産関数が以下のような形状をしているとした場合、**雇用量（N）の増加に伴って逓減します**。労働の限界生産力（MP_N）は、マクロ生産関数の接線の傾きの大きさに等しいからです。これをグラフ化したものを、**限界生産力曲線**と呼びます。限界生産力曲線は通常右下がりの曲線となります。

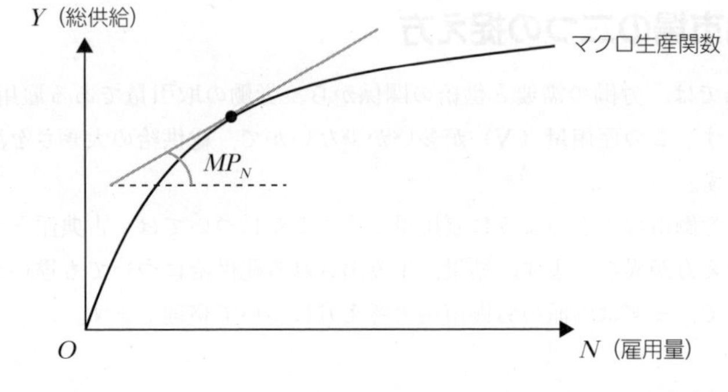

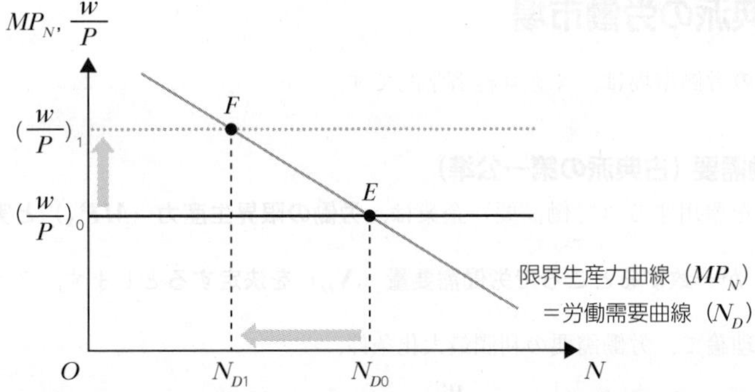

この限界生産力曲線のグラフに実質賃金率（$\frac{w}{P}$）$_0$を与えると、E点で古典派の第一公準（利潤最大化条件）を満たします。したがって、企業の労働需要量はN_{D0}に決まることになります。

ここで、何らかの原因で、実質賃金率が（$\frac{w}{P}$）$_1$に上昇したとしましょう（「Pが

下落した」でも「wが上昇した」でも構いません)。すると、古典派の第一公準を満たす点はF点に変化し、企業の労働需要量はN_{D1}まで減少することになります。つまり、**企業の労働需要量は、実質賃金率の減少関数になります**。

このように、限界生産力曲線上で労働需要量が決定されるので、以後は限界生産力曲線を**労働需要曲線(N_D)**と呼んでいきます。

補足

ミクロ経済学では、労働の限界生産力をMP_Lとし、「労働」に「L」の文字を割り当てていましたが、ここではLM曲線におけるL (Liquidity preference) との混同を避けるため、N (Number) を用いています。

⑵ 労働供給(古典派の第二公準)

労働を提供する(労働供給)家計は、**労働の限界不効用(MDU)と実質賃金率($\frac{w}{P}$)が一致するところで労働供給量(N_S)を決定する**とします。これは、消費者の効用最大化条件に相当し、**古典派の第二公準**と呼びます。

$$MDU=\frac{w}{P} \quad \cdots\cdots①$$

労働の限界不効用(MDU:Marginal disutility)とは、**労働者が労働を供給する(=働く)ことで、どれだけの苦痛を感じるか**を表すものです。例えば、お手伝いを嫌がる子どもでも、「お菓子(財)をあげるから手伝って」と頼めば、お菓子の量(実質賃金率)にもよりますが、喜んでお手伝いをする気になります。つまり、苦痛を埋め合わせるだけの見返りがあれば、人は喜んで働くのです。①式はこのことを示したものです。

労働の限界不効用(MDU)は、**労働供給量の増加に伴って逓増する**と仮定します(労働時間が増えれば、苦痛も増大します)。これをグラフ化したものを、**限界不効用曲線**と呼びます。

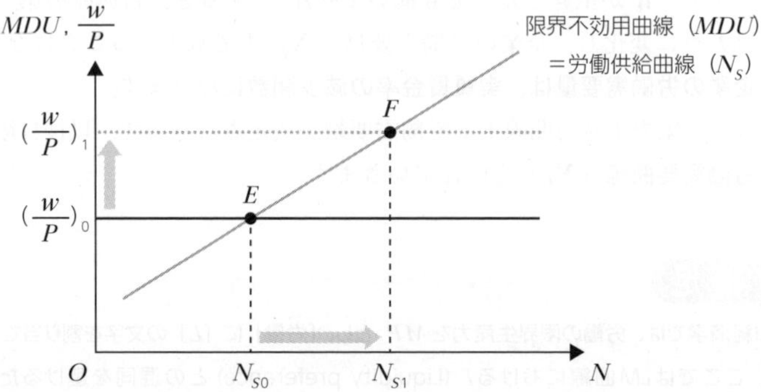

この限界不効用曲線のグラフに実質賃金率（$\dfrac{w}{P}$）$_0$を与えると、E点で古典派の第二公準（効用最大化条件）を満たします。したがって、家計の労働供給量はN_{S0}に決まることになります。

ここで、何らかの原因で、実質賃金率が（$\dfrac{w}{P}$）$_1$に上昇したとしましょう。すると、古典派の第二公準を満たす点はF点に変化し、家計の労働供給量はN_{S1}まで増加することになります。つまり、**家計の労働供給量は、実質賃金率の増加関数になります。**

このように、限界不効用曲線上で労働供給量が決定されるので、以後は限界不効用曲線を**労働供給曲線**（N_S）と呼んでいきます。

(3) 古典派が考える労働市場

労働需要曲線（N_D）と労働供給曲線（N_S）を同じ平面上に描くと、以下のようになります。縦軸に、実質賃金率（$\dfrac{w}{P}$）をとっている点に留意してください。

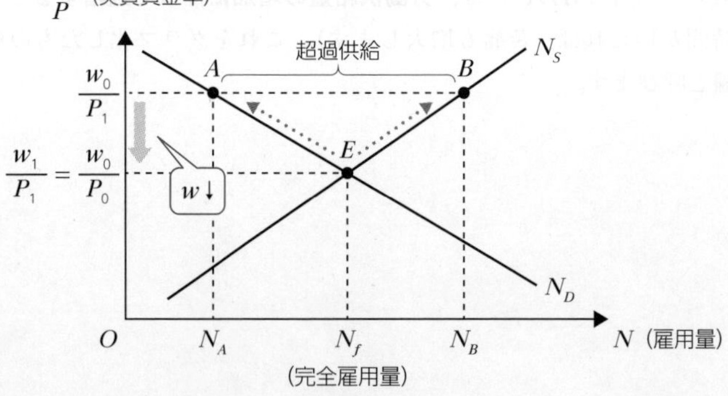

当初、実質賃金率は$\dfrac{w_0}{P_0}$で、労働市場はE点で均衡していたとします。労働の需要と供給が完全に一致している（働きたい人が全員雇用されている）ので、このときの雇用量を**完全雇用量（N_f）**と呼びます。

ここで、物価がP_0からP_1に下落したとしましょう。分子が一定のまま分母が小さくなるということは、分数全体の値は大きくなりますから、縦軸の実質賃金率は$\dfrac{w_0}{P_1}$まで上昇します。

これを受けて、労働需要はN_fからN_Aに減少し（E点→A点）、労働供給はN_fからN_Bに増加します（E点→B点）。結果、実質賃金率$\dfrac{w_0}{P_1}$のもとでN_B-N_Aだけの超過供給（＝失業）が発生することになります。

ここで、古典派は、労働の超過供給を解消するように、労働の"価格"に当たる貨幣賃金率（w）が下落すると主張します（$w_0 \to w_1$）。貨幣賃金率の下落は、労働の需要と供給が一致するまで続き、再びE点で完全雇用を回復します（$\dfrac{w_0}{P_0}=\dfrac{w_1}{P_1}$）。

逆に、物価が上昇した場合には実質賃金率が下落し、労働の超過需要が発生します。この場合には超過需要を解消するように貨幣賃金率が上昇するとします。

このように古典派は、**労働市場に需給不均衡**（需要と供給の不一致）**が生じたとしても、貨幣賃金率（w）が伸縮的に変化する**（＝スムーズに動く）**ことで常に完全雇用を実現すると主張します**。「失業」などは、放っておいても、そのうち解消されると考えたのです。

3 ケインジアンの労働市場

(1) ケインジアンの労働供給曲線

古典派の考える労働市場に関して、ケインズは、古典派の第一公準については賛成しましたが、古典派の第二公準については否定しました。つまり、**労働供給曲線は、実質賃金率の増加関数にはならないとした**のです。

ケインズは、労働供給曲線（N_S）は実質賃金率（$\dfrac{w}{P}$）の関数ではなく、貨幣賃金率（w）の関数であるとしました。家計は、実質賃金率を理解することはできず、"金額"で示される貨幣賃金率しか考えることができないと考えたのです。

家計がw_0の貨幣賃金率を受け取っているとしましょう。この水準から貨幣賃金率の引下げが起きる場合、家計は労働を供給しないと考えました。労働に見合わないからです。同時に物価も下落していれば問題はないように思われますが、家計には、このことは理解できないと考えたわけです。

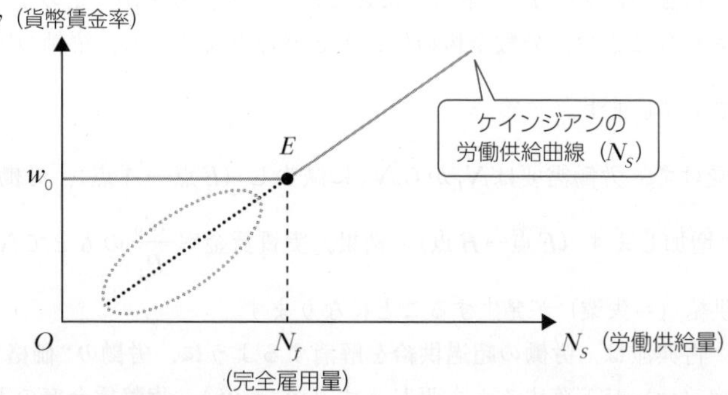

労働者は、貨幣賃金率w_0のもとでこれまでどおりに労働を供給し（N_f）、w_0未満での金額では、決して働かないだろうと考えました。労働者にとって、一度経験した賃金水準は最低賃金となり、これを下回る点線部分での労働供給を否定したわけです。ただ、貨幣賃金率が上がることに反発する労働者はいませんので、ケインジアンの労働供給曲線は、E点で屈折したものになります。

(2) ケインジアンが考える労働市場

当初、貨幣賃金率はw_0で、労働市場はE点で均衡し、完全雇用を実現していたとしましょう。

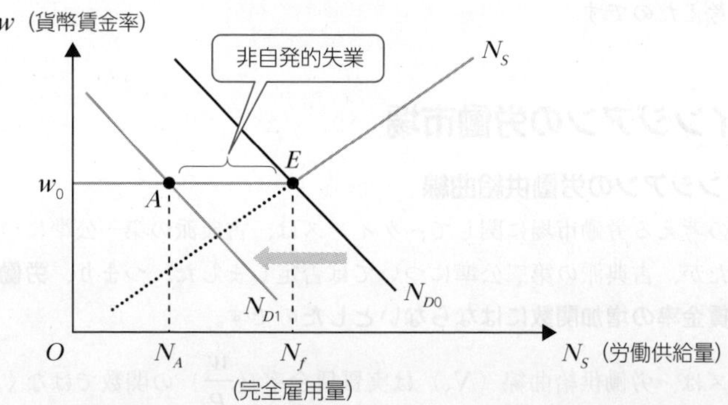

先ほどと同様に、物価（P）が下落したとすると、実質賃金率（$\frac{w}{P}$）が上昇し

ます。

労働需要（古典派の第一公準）については賛成していますから、実質賃金率の上昇によって労働需要量は減少します。ただ、ケインジアンのグラフの縦軸には物価がありません。そこで、労働需要の減少は、労働需要曲線の左方シフトという形で表現します（$N_{D0} \rightarrow N_{D1}$）。

一方、労働供給（古典派の第二公準）については否定していますから、シフト等の変化は起きません。

以上から、貨幣賃金率w_0のもとで、$N_f - N_A$だけの超過供給が発生します。

ここで、古典派は貨幣賃金率（w）が下落するとしましたが、ケインジアンは貨幣賃金の下落は起きないとします。一度市場が経験したw_0という賃金水準は、労働者にとって最低賃金であり、賃金の引下げには労働組合などの活動等を通じて反発するからです。この考え方を、**賃金の下方硬直性**と呼びます。その結果、企業が雇用した労働需要量（N_A）が市場での雇用量となってしまい（過少雇用）、超過供給（$N_f - N_A$）がそのまま非自発的失業になると主張します。

なお、賃金の下方硬直性は、「貨幣賃金率は下落しない」ということであって、**貨幣賃金率の上昇を否定するものではありません**。よって、物価が上昇して実質賃金率が下落した場合に生じる労働の超過需要は、貨幣賃金率（w）の上昇によって解消し、完全雇用を回復することになります。

4 総供給曲線

総供給曲線（AS:Aggregate supply curve）とは、**労働市場を前提に、物価（P）と国民所得（Y）との関係を示した曲線**です。総供給曲線は、労働市場における雇用量をマクロ生産関数（雇用量が増えると総供給も増えるという右上がりの曲線によって示される関数）を介して導出されます。

また、以下に示すように、労働市場に対する考え方の違いから、古典派とケインジアンでは全く違った形状となります。

(1) 古典派の総供給曲線

古典派は、物価がどのように変化したとしても、労働市場では常に完全雇用が実現されるので、生み出される総供給も物価に関係なく完全雇用国民所得（Y_f）に決まると主張します。

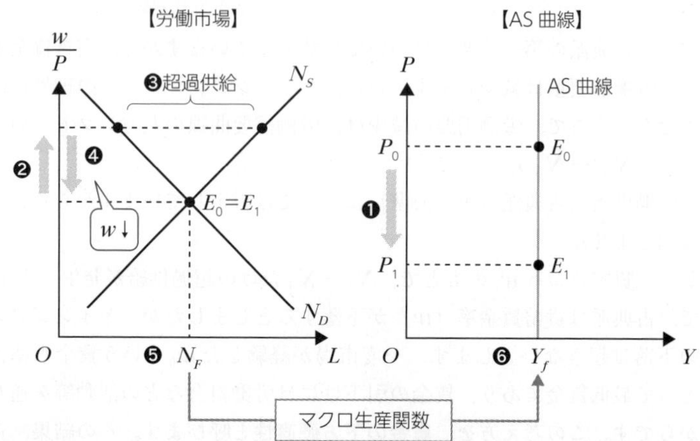

当初、物価はP_0であるとし、労働市場で完全雇用量（N_f）を実現していたとします。したがって、マクロ生産関数から決まる総供給は、完全雇用国民所得（Y_f）となります（E_0点）。

物価がP_0からP_1に下落したとすると（❶）、労働市場で実質賃金率（$\frac{w}{P}$）が上昇し（❷）、労働の超過供給が発生します（❸）。しかし、超過供給を解消するように貨幣賃金率（w）が下落し（❹）、再び完全雇用を実現します（❺）。よって、物価下落後も、マクロ生産関数から決まる総供給は完全雇用国民所得となります（❻）。

以上から、**古典派の総供給曲線**（AS曲線）**は、完全雇用国民所得の水準で垂直線となります。**

⑵ ケインジアンの総供給曲線

ケインジアンは、物価が下落した場合には、労働市場は過少雇用となり、総供給は完全雇用国民所得（Y_f）を下回ると主張します。このため、ケインジアンの総供給曲線は、右上がりの形状を持ちます。

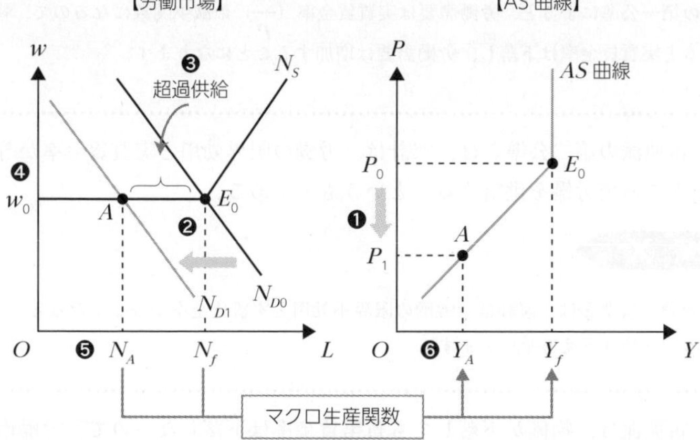

当初、物価はP_0で、労働市場で完全雇用量（N_f）を実現していたとします（E_0点）。

物価がP_0からP_1に下落したとすると（❶）、労働市場で実質賃金率（$\frac{w}{P}$）が上昇し、労働需要曲線が左方にシフトします（❷）。これにより、労働市場に超過供給が発生します（❸）。しかし、賃金の下方硬直性により貨幣賃金率は下落しないので（❹）、企業の労働需要量N_Aが雇用量になります（❺）。よって、労働市場では超過供給は解消されず、非自発的失業が発生することになります。雇用量の減少は総供給を減少させ、完全雇用国民所得を下回るY_Aに決定されます（❻）。

以上から、**ケインジアンの総供給曲線**（AS曲線）**は、右上がりとなります**。この右上がり部分では（A点）、**労働市場に非自発的失業が発生しています**。

なお、物価が上昇した場合には、貨幣賃金率（w）の上昇によって完全雇用を回復しますので、物価P_0を上回る領域については、古典派と同様に総供給曲線は垂直部分を持つことになります。

確認してみよう

以下の記述が正しいか否かを判断しなさい。

① 古典派の第一公準によると、物価が上昇すると、企業の労働需要は減少する。

2 (1) 参照 ×

第6章 AD－AS分析

古典派の第一公準によると、労働需要は実質賃金率 $\left(\frac{w}{P}\right)$ の減少関数になるので、物価 (P) が上昇すると実質賃金率は下落し、労働需要は増加することになります。

② 古典派の第二公準とは、家計は、労働の限界効用と実質賃金率が等しくなるところで労働を供給する、というものである。

2 (2) 参照 ×

古典派の第二公準とは、家計は、労働の限界不効用と実質賃金率が等しくなるところで労働を供給する、という考え方をいいます。

③ 古典派は、物価が下落しても貨幣賃金率は下落しないので、労働市場における雇用量は過少雇用となり、非自発的失業が発生するとしている。

3 (1)、(2) 参照 ×

これは、ケインジアンの主張です。

④ ケインジアンは、物価がどのように変化しても貨幣賃金率も伸縮的に変化するので、労働市場では常に完全雇用が実現され、非自発的失業は発生しないとしている。

1 (3) 参照 ×

これは、古典派の主張です。

⑤ 古典派の主張する総供給曲線は、完全雇用国民所得水準で垂直であり、ケインジアンの主張する総供給曲線は、完全雇用国民所得を下回る水準で、右上がりの形状となる。

4 (1)、(2) 参照 ○

古典派は、いかなる物価水準においても常に完全雇用国民所得を実現できるとしているので、古典派の総供給曲線は、完全雇用国民所得の水準で垂直となります。

一方、ケインジアンは、完全雇用国民所得を実現していた水準から物価が下落すると、労働市場での雇用は過少雇用となり、総供給は完全雇用国民所得を下回るとしています。このため、ケインジアンの総供給曲線は、完全雇用国民所得を下回る水準で、右上がりの形状を持つことになります。

過去問にチャレンジ

問題1 ★
古典派の雇用理論及びケインズの雇用理論に関する記述として、妥当なのはどれか。

▶解説は別冊 p.67

都Ⅰ 2003

❶ 労働供給曲線について、古典派は、貨幣賃金率の関数であるとしたが、ケインズは、実質賃金率の関数であるとした。

❷ 古典派は、現行の賃金で働く意思をもちながらも、労働需要が不十分なため雇用されない失業を、摩擦的失業とした。

❸ 古典派は、非自発的失業の存在を否定し、貨幣賃金が伸縮的でなくても、完全雇用が実現されるとした。

❹ ピグーは、貨幣賃金の低下は物価の下落をもたらし、これによって実質貨幣残高が増加すれば、消費は拡大し、雇用量も増大するとした。

❺ ケインズは、非自発的失業者間の競争によって実質賃金が低下した場合は、貯蓄はすべて投資されることから、長期的に雇用量は増大するとした。

問題2
★★
▶解説は別冊 p.68

ある国の労働供給曲線及び労働需要曲線は以下のようになっていると仮定する。労働需給について、次のア～エのうち、妥当なもののみを全て挙げているものはどれか。

裁判所2019

$$\text{労働供給曲線}: L^S = 4 + 3\frac{W}{P}$$

$$\text{労働需要曲線}: L^D = 20 - \frac{W}{P}$$

L^S：労働供給量、L^D：労働需要量、W：貨幣（名目）賃金率、P：物価水準

ア　実質賃金率が２の時、８の失業が発生する。

イ　この経済において均衡実質賃金率は４であり、均衡労働雇用量は16である。

ウ　ケインズは、実質賃金率に下方硬直性があると仮定し、非自発的失業が生じると主張した。

エ　古典派では、労働の超過供給が発生した場合、実質賃金率が低下するので、完全雇用が実現すると主張した。

❶　ア、ウ
❷　イ、エ
❸　ア、エ
❹　イ、ウ
❺　ウ、エ

問題3
★★★
▶解説は別冊 p.70

ある経済の生産関数が、

$$Y = 2\sqrt{N} \quad (Y:\text{総生産量、}N:\text{雇用量})$$

で与えられているものとする。いま、名目賃金率 W が４で一定であり、雇用量が労働需要曲線上で決定されているものとする。

このとき、この経済の総供給関数として妥当なのはどれか。ただし、古典派の第一公準は満たされており、P は物価水準を表すものとする。

国般2017

❶ $Y=8P$

❷ $Y=2P$

❸ $Y=P$

❹ $Y=\dfrac{P}{2}$

❺ $Y=\dfrac{P}{8}$

問題4
★★
▶解説は別冊 p.71

総供給曲線と総需要曲線に関するA～Dの記述のうち、妥当なもののみを全て挙げているのはどれか。ただし、総需要曲線は，IS－LMモデルから導かれるものとする。また、物価及び利子率を縦軸にとり、生産量、総供給量及び総需要量を横軸にとって考察するものとする。

国税・労基・財務2018

A　ケインジアンは、賃金などの下方硬直性を想定するため、物価は変化しないとしている。このため、総供給曲線は、完全雇用、不完全雇用のいずれの状況においても水平となる。

B　新古典派は、経済全体の供給量は、完全雇用に対応した完全雇用GDPの水準になるとする。このため、供給量は物価に依存せず、総供給曲線は完全雇用GDPの点で垂直となる。

C　IS曲線が右下がりでありLM曲線が右上がりである場合、政府支出が拡大すると、IS曲線が右方へシフトするため、総需要曲線も右方へシフトする。

D　経済が流動性の罠の状況にあり、かつIS曲線が右下がりである場合、物価が下落するとLM曲線は右方へシフトするが、国民所得には影響を与えない。このため、総需要曲線は水平となる。

❶ A、B
❷ A、C
❸ B、C
❹ B、D
❺ C、D

3 均衡国民所得の決定と財政金融政策の効果

学習のポイント

・まずは、グラフが問題文に示される問題を解けるようにしましょう。

・計算問題は、総需要曲線が計算できればもう一息です。

1 均衡国民所得の決定

総需要曲線（AD）は、財市場と貨幣市場を前提とし、総供給曲線（AS）は労働市場の均衡を前提としています。よって、**総需要曲線（AD）と総供給曲線（AS）の交点においては、三つの市場のすべてが均衡状態となります**。このとき、国民所得（Y）と物価水準（P）の組合せが決定されることになります。

(1) 古典派のケース

総需要曲線（AD）は右下がりの曲線となり（ピグー効果）、総供給曲線（AS）は完全雇用国民所得水準で垂直になります。**総需要曲線（AD）と総供給曲線（AS）が交わるE点において経済が均衡し、均衡国民所得は完全雇用国民所得水準Y_fに決定され、物価はP^*に決定される**と説明します。

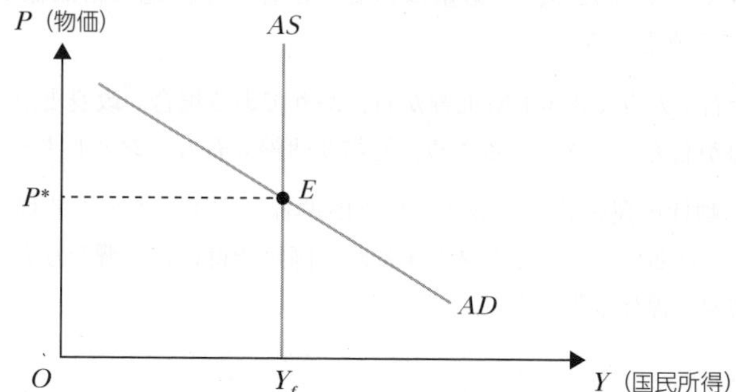

(2) ケインジアンのケース

ケインジアンは、財市場と貨幣市場の同時均衡を前提として総需要曲線（AD）は右下がりの曲線になり、総供給曲線（AS）は、労働市場に非自発的失業が発生している状況で、右上がりの曲線になるとしました。

ケインジアンは、**総供給曲線（AS）の右上がり部分で総需要曲線（AD）と交わり、E点で経済が均衡する**と主張します。このとき、**国民所得は完全雇用国民所**

得Y_fを下回るY^*となり、物価はP^*に決定されます。これは、労働市場に非自発的失業を発生させている状態で経済が均衡していることを意味します。これが、過少雇用均衡の状態です。

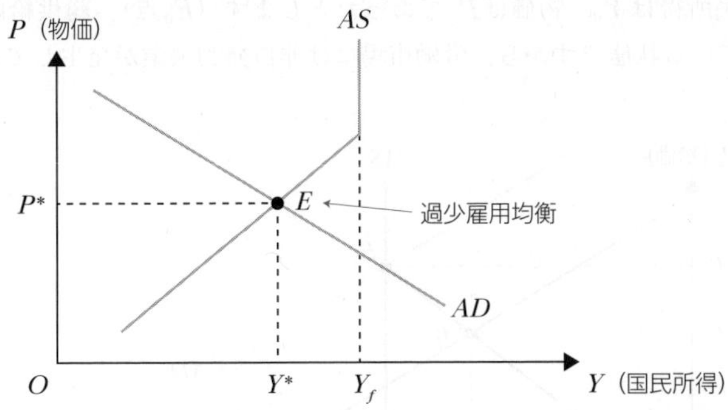

2 財政・金融政策の効果

(1) 古典派のケース

当初、国民所得は完全雇用国民所得Y_f、物価はP_0であったとします（E_0点）。

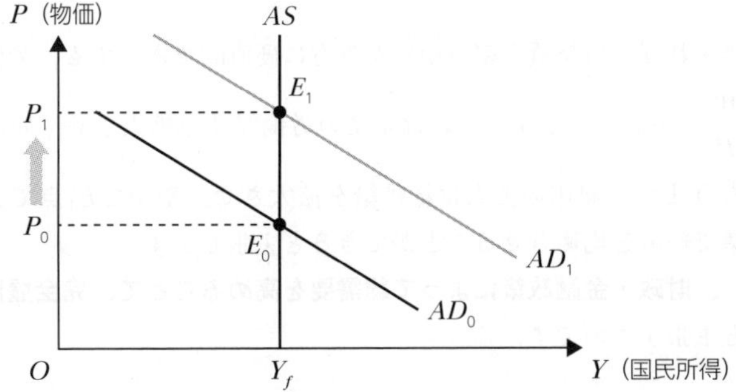

拡張的な財政・金融政策を実施すると、総需要曲線が右方にシフトします（$AD_0 \rightarrow AD_1$）。均衡点の変化に注目すると（$E_0 \rightarrow E_1$）、物価を高めるだけで（$P_0 \rightarrow P_1$）、国民所得には何ら影響がありません（Y_f）。

これは、総供給曲線（AS）が垂直になっているからです。総供給曲線が垂直になっていると、総需要曲線をどんなにシフトさせても、国民所得が増加することはありません。これは、**国民所得は総需要の規模とは関係がない**ことを示唆するものです。**古典派の枠組みでは、国民所得は、総供給に一致するように完全雇用国民所得Y_fに決まる**のです（セイの法則）。

以上から、古典派は、「ケインジアンが主張する総需要を拡大させる政策は、全く無効である」と主張します。

(2) ケインジアンのケース

当初、国民所得はY_0、物価はP_0であったとします（E_0点）。総供給曲線が右上がりとなっている状態ですから、労働市場には非自発的失業が発生しています（過少雇用均衡）。

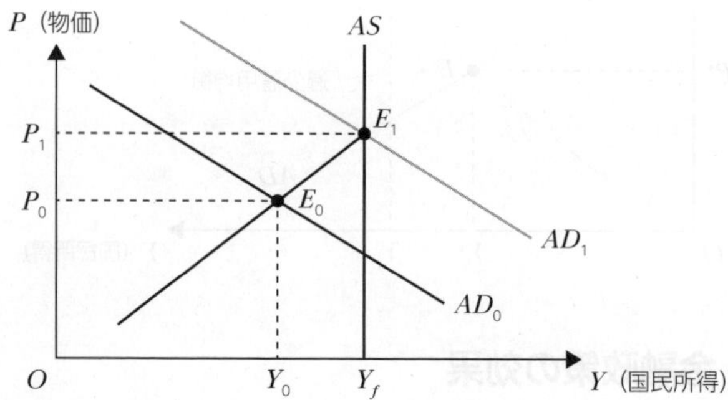

拡張的な財政・金融政策を拡大すると、総需要曲線を右方にシフトさせます（$AD_0 \to AD_1$）。これによって均衡点が変化し（$E_0 \to E_1$）、物価が上昇します（$P_0 \to P_1$）。

物価が上昇すれば、貨幣賃金率（w）が下方に硬直的であっても、労働市場の実質賃金率（$\frac{w}{P}$）が低下します。これは企業の労働需要を拡大させ、雇用を拡大させることになります。雇用の拡大は総供給を拡大させ、やがてE_1点で完全雇用国民所得の水準で経済を均衡させることができると主張します。

このように、**財政・金融政策によって総需要を高めることで、完全雇用国民所得を実現する**と主張するのです。

確認してみよう

AD－AS分析とIS－LM分析を使って、以下の記述が正しいか否かを判断しなさい。

① 古典派は、拡張的な財政金融政策を行っても、物価を高めるだけで、国民所得には何ら影響を与えないとした。

2 (1) 参照 ○

古典派の主張です。古典派は、総供給に一致するように国民所得が決まると考えているため(セイの法則)、総需要を高める政策を行っても、国民所得に対しては無効であると主張します。

② ケインジアンは、拡張的な財政政策が行われると、物価は上昇するものの、利子率を引き下げ、国民所得を高めるとした。

第5章第1節 5 参照 ×

拡張的な財政政策が行われると、IS曲線が右方にシフトするので、利子率は高まることになります。利子率の変化が問われたら、IS－LM分析で考えることがポイントです。

③ ケインジアンは、拡張的な金融政策が行われると、利子率と物価を低下させ、国民所得を高めるとした。

2 (2) 参照 ×

拡張的な金融政策が行われると、総需要曲線が右方にシフトするので、結果として、物価は上昇することになります。

④ 古典派の考え方によると、消費が冷え込むと物価を下落させることになる。

第1節 3 (1) 参照 ○

消費が低下すると、IS曲線が左方にシフトすることで、総需要曲線も左方にシフトします。これにより、物価は下落することになります。

⑤ 古典派もケインズ派も、増税は物価を下落させることになると考えている。

2 (1)、(2) 参照 ○

増税が行われると、可処分所得が減ることで消費が減少し、IS曲線が左方にシフトします。これは、総需要曲線を左方にシフトさせることになるため、どちらの考え方においても、物価は下落することになります。

解法ナビゲーション

政府と海外部門を捨象したマクロ経済モデルが次のように与えられている。

$$C = 30 + 0.6Y$$
$$I = 20 - 2i$$
$$L = 0.2Y - 4i$$
$$\frac{M}{P} = \frac{400}{P}$$

（Y：国民所得、C：消費、I：投資、i：利子率、L：貨幣需要、$\frac{M}{P}$：実質貨幣供給量、P：物価）

この経済の総供給関数が、$P = \frac{1}{6}Y$で与えられるとすると、総需要曲線と総供給曲線の均衡点における国民所得と物価水準はいくらになるか。

国般2005

	国民所得	物価水準
❶	60	10
❷	120	20
❸	180	30
❹	240	40
❺	300	50

総需要曲線と総供給曲線の交点で、国民所得と物価水準の組合せが決定されます。総供給曲線の式（総供給関数）は与えられているので、総需要曲線の式（総需要関数）を計算して連立して解きます。

【解答・解説】

正解 ❷

総需要曲線は、財市場と貨幣市場を均衡させる総需要（Y）と物価（P）の組合せを表す式です。そこで、IS曲線とLM曲線を立て、二つの式から利子率（i）を消去してYとPの関係式を作ります。

【IS曲線】 $Y = C + I$

$$\Leftrightarrow \quad Y = 30 + 0.6Y + 20 - 2i$$

$$\Leftrightarrow \quad 0.4Y = 50 - 2i \qquad \cdots\cdots ①$$

【LM曲線】 $\dfrac{M}{P} = L$

$$\Leftrightarrow \quad \frac{400}{P} = 0.2Y - 4i$$

$$\Leftrightarrow \quad \frac{200}{P} = 0.1Y - 2i \qquad \cdots\cdots ②$$

①式と②式の辺々を差し引き、利子率（i）を消去すると、総需要曲線となります。

$$0.4Y - \frac{200}{P} = 50 - 0.1Y$$

$$\Leftrightarrow \quad \frac{200}{P} = 0.5Y - 50$$

$$\Leftrightarrow \quad Y = \frac{400}{P} + 100 \qquad \cdots\cdots ③$$

最後に、この③式と問題文の総供給関数を連立して解くと、

$$6P = \frac{400}{P} + 100$$

> 問題文の総供給関数をYについて整理すると、
> $Y = 6P$
> となります。この式と③式の右辺どうしを等号で結んでいます。

$$\Leftrightarrow \quad 6P^2 = 400 + 100P$$

$$\Leftrightarrow \quad 3P^2 - 50P - 200 = 0$$

$$\Leftrightarrow \quad (3P + 10)(P - 20) = 0 \qquad \therefore \quad P = 20 \ (P > 0)$$

$$20 = \frac{1}{6}Y \qquad \therefore \quad Y = 120$$

と計算することができます。

よって、正解は❷となります。

過去問にチャレンジ

★★

▶解説は別冊 p.73

次のⅠ図及びⅡ図は２つの異なるモデルについて縦軸に物価を、横軸に国民所得をとり、総需要曲線Dと総供給曲線Sを描いたものであるが、それぞれの図の説明として妥当なのはどれか。

区Ⅰ 2015

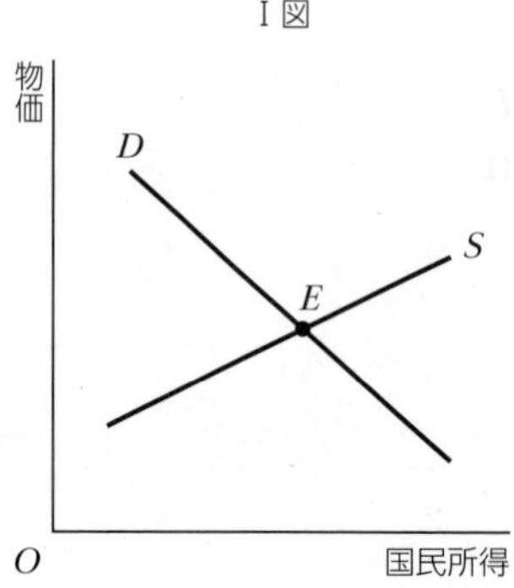

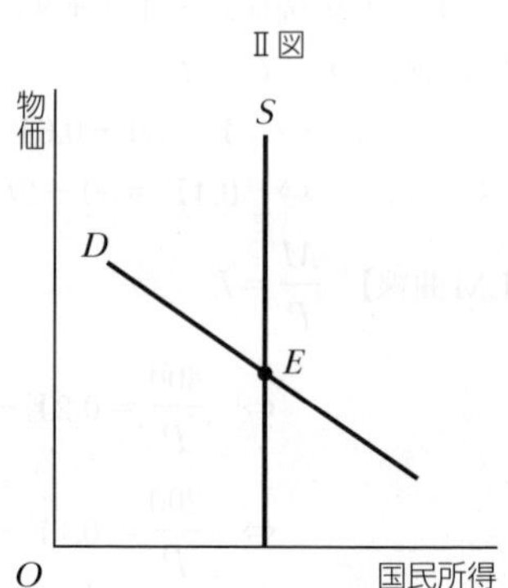

❶ Ⅰ図は、ケインズ派モデルにおける総需要曲線と総供給曲線を描いており、このモデルでは政府支出を増加させる財政政策を行うと、総需要曲線Dが左下方にシフトし、クラウディング・アウトが生じるため、国民所得は減少する。

❷ Ⅰ図において、労働者の名目賃金率が上昇すると、総供給曲線Sが右下方にシフトするため、物価は下落し、国民所得は減少する。

❸ Ⅱ図は、新古典派モデルにおける総需要曲線と総供給曲線を描いており、この状況では、貨幣供給量を増加させる金融政策を行っても、国民所得は変わらない。

❹ Ⅱ図において、政府支出を増加させる財政政策を行うと、総供給曲線Sが右方にシフトするため、物価は下落し、国民所得は増加する。

❺ Ⅰ図、Ⅱ図ともに、総需要曲線と総供給曲線が交わるE点において、完全雇用が実現されている。

問題2

★★

▶解説は別冊 p.75

次のⅠ図はケインズ派、Ⅱ図は古典派のケースについて、縦軸に物価を、横軸に国民所得をとり、総需要曲線をAD、総供給曲線をASとし、その2つの曲線の交点をE_1で表したものであるが、それぞれの図の説明として妥当なのはどれか。ただし、Ⅰ図における総供給曲線ASは、国民所得Y_0で垂直であるとする。

区Ⅰ2020

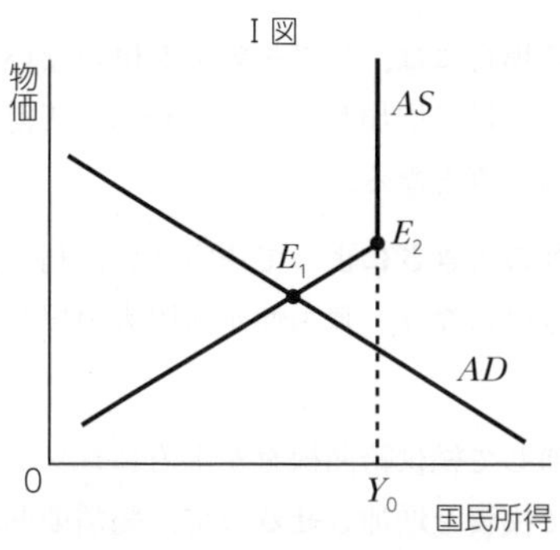

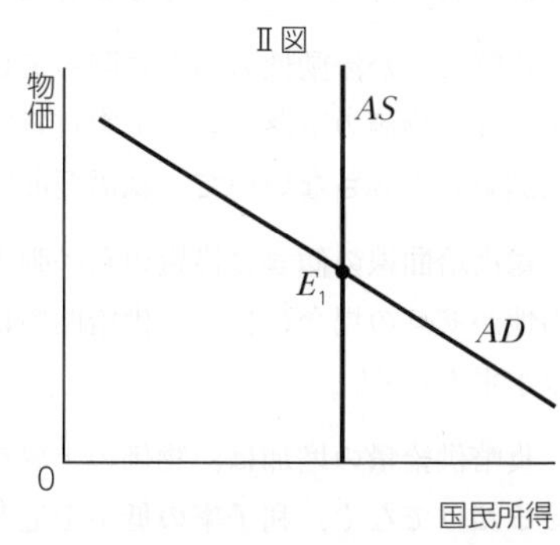

❶ Ⅰ図では、政府支出を増加させる財政政策が実施され、総需要曲線ADが右へシフトして均衡点がE_1からE_2に移動した場合、物価が上昇するとともに国民所得も増加し、均衡点E_2では完全雇用が達成される。

❷ Ⅰ図では、生産要素価格が上昇すると総供給曲線ASが上へシフトして均衡点E_1が移動し、物価が上昇するが国民所得は減少することとなり、このようにして生じるインフレーションをディマンド・プル・インフレーションという。

❸ Ⅱ図では、貨幣供給量を増加させる金融緩和政策が実施されると、総需要曲線ADが左へシフトして均衡点E_1が移動するが、国民所得は変化しない。

❹ Ⅱ図では、政府支出を増加させる財政政策が実施され、総需要曲線ADが右へシフトして均衡点E_1が移動した場合、物価が下落するが、このようにして生じるインフレーションをコスト・プッシュ・インフレーションという。

❺ Ⅱ図では、労働市場に摩擦的失業と非自発的失業のみが存在しているため、総供給曲線ASが垂直となっている。

問題3 ★★ 国民所得と物価水準の関係を表す総需要曲線と総供給曲線に関する次の記述のうち、最も妥当なのはどれか。

▶解説は別冊 p.76

国般2003

❶ 政府支出の増加は、IS曲線の右上方へのシフトを通じて総需要曲線を右上方へシフトさせるが、総需要の増加に対応して生産が拡大するので総供給曲線を右下方へシフトさせることになる。

❷ 貨幣市場が流動性のわなに陥っている場合には、ピグー効果が働かないとすれば、物価の下落によって実質貨幣供給量が増加してもそれが国民所得の増加をもたらさないので、総需要曲線は垂直となる。

❸ 総供給曲線の傾きは投資の利子弾力性の大きさによって決定され、利子弾力性がゼロの場合には、総供給曲線は垂直になり、弾力性が無限大の場合には水平となる。

❹ 貨幣供給量の増加は、物価の上昇を通じて総供給曲線を左上方にシフトさせるだけでなく、利子率の低下を通じて投資を増加させるので、総需要曲線を右上方へシフトさせる。

❺ 貨幣賃金が上昇する場合には、労働供給量の増加により生産が拡大するので、総供給曲線は右下方にシフトするが、賃金上昇が消費需要を拡大させるので、総需要曲線は右上方にシフトすることになる。

★★

▶解説は別冊 p.76

海外部門を捨象した閉鎖経済を考える。ある国の経済が次のようなマクロモデルで表されるとする。

$$C = 20 + 0.8Y$$
$$I = 30 - i$$
$$G = 25$$
$$L = 0.4Y - 2i$$
$$M = 400$$

（Y：国民所得、C：消費、I：投資、i：利子率、G：政府支出、L：実質貨幣需要、M：名目貨幣供給）

この国の総供給関数が$P = \frac{1}{5}Y$（P：物価水準（$P > 0$））で表されるとき、総需要曲線と総供給曲線の均衡点における国民所得はいくらか。

国税・労基・財務2014

❶ 200
❷ 250
❸ 300
❹ 350
❺ 400

第7章

インフレーションの理論

インフレーションとフィリップス曲線
IAD－IAS分析

1 インフレーションとフィリップス曲線

学習のポイント

- フィリップス曲線は頻出なのでしっかり学習しましょう。計算問題を意識する必要はありません。
- マネタリストの「労働者錯覚モデル」と「自然失業率仮説」はプロセスの“あらすじ”を覚えましょう。細かく暗記する必要はありません。

1 インフレーションの種類

インフレーション（インフレ）とは、**持続的に物価が上昇すること**をいいます。インフレは、その発生原因によって、以下の２種類に分けて考えることができます。

(1) ディマンド・プル・インフレーション

ディマンド・プル・インフレーションとは、**総需要曲線**（AD曲線）**の右方シフトによって引き起こされるインフレーション**を指します。例えば、拡張的な財政・金融政策が行われ、総需要曲線がAD_0からAD_1に右方シフトすると、国民所得が拡大（$Y_0 \rightarrow Y_1$）すると同時に、物価が上昇します（$P_0 \rightarrow P_1$）。

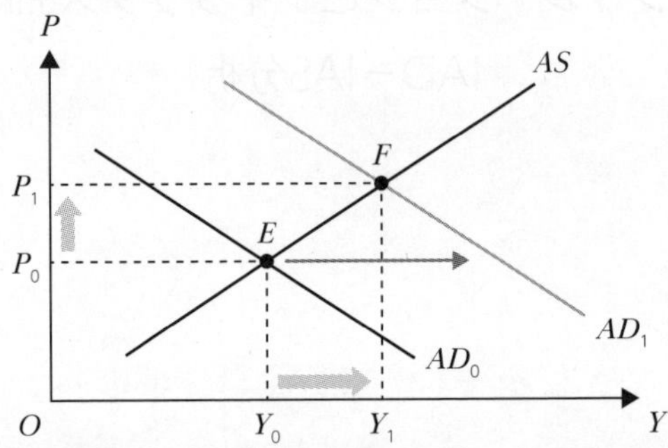

(2) コスト・プッシュ・インフレーション

コスト・プッシュ・インフレーションとは、**総供給曲線**（AS曲線）**の上方シフトによって引き起こされるインフレーション**を指します。例えば、賃金の上昇等、企業の生産コストを高める要因が発生すると、総供給曲線を上方にシフトさせ（$AS_0 \rightarrow AS_1$）、国民所得が減少する（$Y_0 \rightarrow Y_1$）と同時に、物価が上昇します

$(P_0 \to P_1)$。

このインフレは、景気を悪化（stagnation）させながらインフレ（inflation）を発生させています。この一例が、70年代初頭に起きた「オイル・ショック」です。当時の状況を特に、**スタグフレーション**（stagflation）と呼びます。

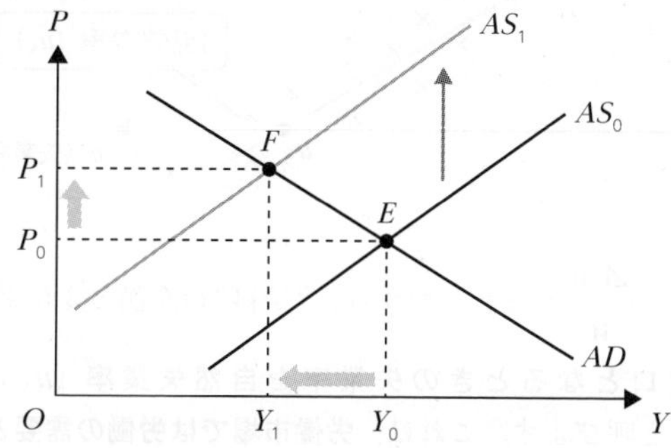

スタグフレーションは、ケインズが主張した総需要管理政策（≒財政・金融政策）では打開することができません（AD曲線をどのように変化させても、物価を下げ、国民所得を高めることはできません）。これを契機に、反ケインズ経済学の時代に入っていくことになりました。

2 フィリップス曲線

(1) 名目賃金上昇率版フィリップス曲線

ケインズ経済学と反ケインズ経済学との間で論争になったものに、**フィリップス曲線**と呼ばれるものがあります。

A.W. フィリップスは、1861年から1957年までのイギリスにおける名目賃金上昇率（$\frac{\Delta w}{w}$）と失業率（u:unemployment）の組合せを調査し、右下がりの関係（負の相関関係）が存在することを発見しました。この関係をグラフにしたものを、**名目賃金上昇率版フィリップス曲線**と呼びます。

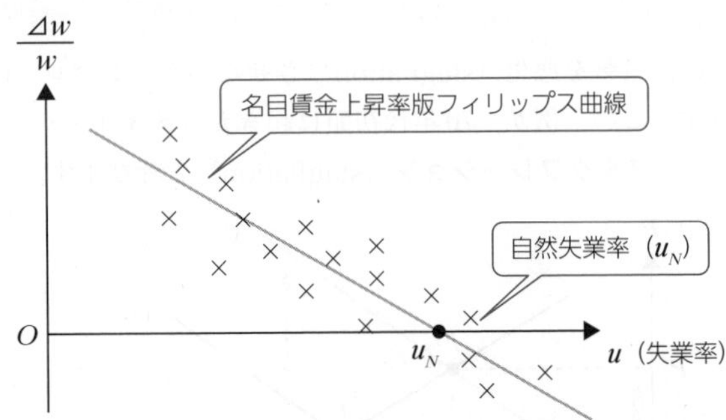

名目賃金上昇率（$\frac{\Delta w}{w}$）とは、要するに"給料"の金額の変化率です。この**名目賃金上昇率がゼロとなるときの失業率**を**自然失業率**（u_N：natural rate of unemployment）と呼びます。これは、**労働市場では労働の需要と供給が一致し、均衡している**ことを示します。つまり、**自然失業率（u_N）は、完全雇用に対応した失業率**ということになります（完全雇用＝非自発的失業がゼロである状態、自発的失業等は存在します）。

補足

一般に、景気がよいときには失業率は低くなり、景気が悪いと失業率は高くなる傾向があります。つまり、国民所得が増加するときには（Y↑）失業率は低くなり（u↓）、国民所得が減少するときには（Y↓）失業率は高くなるのです（u↑）。このような、国民所得（Y）と失業率（u）が逆に変化する関係（負の相関関係）を、オークンの法則と呼びます。失業率の動きから景気（国民所得）の状況がわかるようにしておくと、以後の話がわかりやすくなります。覚えておきましょう。

(2) 物価版フィリップス曲線

P.A.サミュエルソンは、縦軸に物価上昇率（$\frac{\Delta P}{P}=\pi$）をとったフィリップス曲線を提示しました。これを**物価版フィリップス曲線**といいます。

ケインズも受け入れた古典派の第一公準は、

$P \cdot MP_N = w$　〔P：物価、MP_N：労働の限界生産力、w：貨幣賃金率〕

でした。これを変化率の式にします（公式参照）。

$$\frac{\varDelta P}{P}+\frac{\varDelta MP_N}{MP_N}=\frac{\varDelta w}{w} \quad \cdots\cdots ①$$

変化率の公式

$$A=B\cdot C \Rightarrow \frac{\varDelta A}{A}=\frac{\varDelta B}{B}+\frac{\varDelta C}{C}$$

$$A=\frac{B}{C} \Rightarrow \frac{\varDelta A}{A}=\frac{\varDelta B}{B}-\frac{\varDelta C}{C}$$

$\frac{\varDelta P}{P}(=\pi)$ を、物価上昇率（インフレ率）と呼びます。$\frac{\varDelta MP_N}{MP_N}$ は労働生産性上昇率といい、ここでは一定とします。$\frac{\varDelta w}{w}$ は名目賃金上昇率です。

①式を見ると、名目賃金上昇率（$\frac{\varDelta w}{w}$）が高まる（下がる）と、物価上昇率（$\frac{\varDelta P}{P}$）も高まる（下がる）ことがわかります。つまり、名目賃金上昇率（$\frac{\varDelta w}{w}$）と物価上昇率（$\frac{\varDelta P}{P}$）の間には、**同じ方向に変化する関係がある**のです。

そこで、名目賃金上昇率版フィリップス曲線の縦軸にとられていた名目賃金上昇率（$\frac{\varDelta w}{w}$）を物価上昇率（$\frac{\varDelta P}{P}$）に置き換えてしまいます。これが物価版フィリップス曲線です。

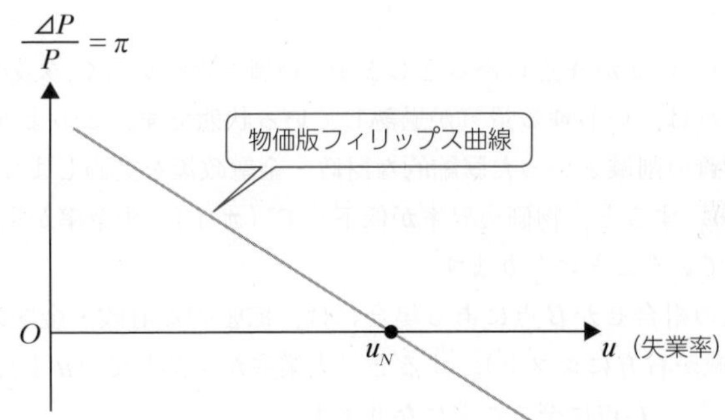

ヒント

単に「フィリップス曲線」という場合、物価版フィリップス曲線のほうを指していることがありますので注意してください。

3 ケインジアンのフィリップス曲線の解釈

(1) インフレと失業のトレード・オフ関係

物価版フィリップス曲線は右下がりのグラフですから、**失業率と物価上昇率**（インフレ率）**との間にも負の相関関係がある**ことが示されています。つまり、一方を引き下げようとすれば、他方を引き上げざるを得ないのです。これを、**インフレと失業のトレード・オフ関係**（二律背反）といいます。

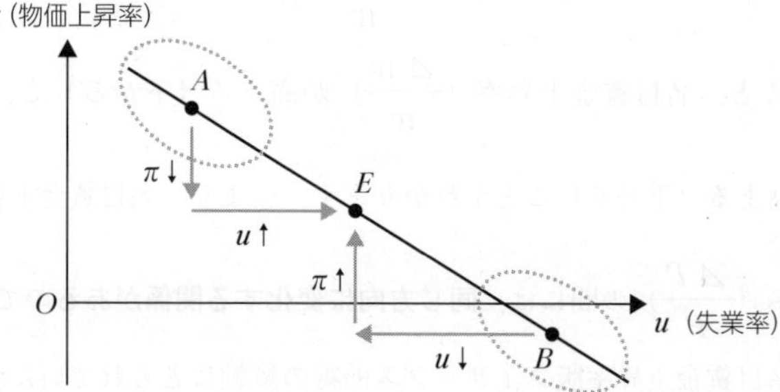

ケインジアンは、インフレと失業のトレード・オフ関係を前提として、政府が行う総需要管理政策（≒財政・金融政策）の重要性を主張しました。

仮に、自国にとって望ましい失業率と物価上昇率の組合せがE点であるとしましょう。

いま、自国の組合せがA点にあるとします。物価上昇率が高く、失業率が低くなっています。これは、いわゆる景気が過熱している状態です。このような場合には、増税や公共投資の削減といった緊縮的な財政・金融政策を実施します（AD曲線が左方にシフト）。すると、物価上昇率が低下して（$\pi\downarrow$）、失業率が上昇し（$u\uparrow$）、E点に近づいていくことになります。

一方、自国の組合せがB点にある場合には、拡張的な財政・金融政策を実施します（AD曲線が右方にシフト）。すると、失業率が下落して（$u\downarrow$）、物価上昇率が上昇し（$\pi\uparrow$）、E点に至ることになります。

このようにケインジアンは、**インフレと失業にはトレード・オフの関係があるため、政府が総需要管理政策を行って、自国経済を望ましい方向に微調整していく必要がある**、と主張したのです。

(2) スタグフレーションの発生

70年代初頭から、次第にインフレと失業のトレード・オフ関係は認められなくなり、インフレ率と失業率が同時に高まるというスタグフレーションが発生しました（オイル･ショック）。ケインジアンたちは、スタグフレーションの解決策を含め、この動きを説明することができなかったのです。

この新たな動きに理論的な説明を加えたのが、**M.フリードマン**を中心とした**マネタリスト**と呼ばれる経済学者たち（反ケインズ経済学）です。

4 マネタリストのフィリップス曲線の解釈

(1) 期待形成

失業率（u）と物価上昇率（π）の動きを説明するために、物価の動きに関して、**期待形成**という考え方を採り入れます。直感的なイメージを示しておくと、人々は物価の動きに関して予想して行動し、その時どきの状況に応じて予想を変化させます。この**人々の行動が、全体の失業率（u）と物価上昇率（π）の動きに現れている**と考えたのです。

昨年と今年の物価に関する情報が、以下のようになっていたとしましょう。

今年の実際値：物価P、物価上昇率π

昨年の実績値：物価P_{-1}、物価上昇率π_{-1}

これに対して、人々の**物価に関する予想値**を**期待物価水準**（P_e）、**物価上昇率に関する予想値**を**期待物価上昇率**（期待インフレ率）（π_e）といいます。

物価上昇率を例にとると、マネタリストは期間を短期と長期に分け、人々の期待形成は以下のようになるとします。

〔短期〕$\pi_e = \pi_{-1}$

〔長期〕$\pi_e = \pi$

つまり、**短期的には、人々は現状（π）を正しく認識することができず、昨年の傾向が今期も続いていると考える**、ということです。

しかし、**長期的には、人々は現状（π）を正しく認識することができる**、と考えるのです。このようなマネタリストの期待形成に対する考え方を、**静学的期待形成**（≒適応的期待形成）といいます。

一方、**労働を需要する企業の側は、このような考え方は適用せず、常に物価に関する正しい情報を認識している**とします。

「静学的期待形成」という記述とマネタリストの立場を対応して把握しておきましょう。問題文では「マネタリストの立場では」と書かれずに「静学的期待形成に基づけば」などと書かれていることがあります。

⑵ マネタリストの労働市場（労働者錯覚モデル）

失業率（u）は、労働市場における雇用量（N）によって決まります。一般に、労働市場で雇用量が増えれば（$N\uparrow$）、失業率は下がります（$u\downarrow$）。そこで、雇用量がどのように変化するかを見ておきます。

マネタリストによる労働市場の捉え方を**労働者錯覚モデル**といいます。労働者錯覚モデルでは、労働者（人々）は、自己の期待物価水準（P_e）に基づいて行動するとします。

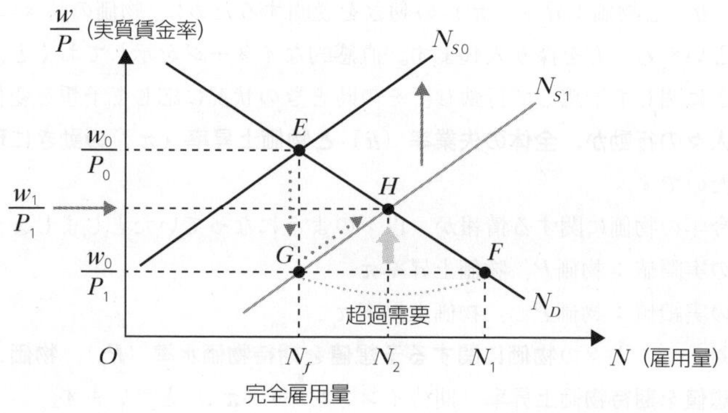

① 短期的な動き

当初、労働市場で完全雇用量（N_f）が実現されていたとします（E点）。このときの実際の実質賃金率は、$\dfrac{w_0}{P_0}$です。

ここで、政府が総需要を拡大させる政策を行い（AD曲線右方シフト）、実際に物価がP_0からP_1に上昇したとします。これは実質賃金率を下落させ（$\dfrac{w_0}{P_0}\rightarrow\dfrac{w_0}{P_1}$）、これを正しく認識している企業は、労働需要を$E$点から$F$点（$N_1$）に増加させます。一方、家計は物価が上昇していることに気がついていないので（$P_e=P_0$）、$\dfrac{w_0}{P_1}$の実質賃金率のもとで、これまでどおりN_fの労働供給をし続けてしまいます（G点）。よって、労働供給曲線を下方にシフトさせます。

労働市場では超過需要（N_1-N_f）が発生しますので、貨幣賃金率（w）がw_0からw_1に上昇します（H点）。これにより、企業は、労働需要をN_1からN_2に減少させます（F点からH点）。一方、**家計は物価の上昇には気づいていないので、この貨幣賃金率の上昇だけを見て実質賃金率が上昇したものと錯覚してしまいます**。これを**貨幣錯覚**といいます。実際には実質賃金率は下がっているにもかかわらず、労働供給をN_fからN_2まで増やしてしまいます（G点→H点）。

以上から、**短期的には、労働市場はH点で均衡し、雇用量（N_2）は完全雇用量を超える**ことになります。

② 長期的な動き

長期的には、家計も物価の上昇に気がつきます（$P_e = P_1$）。実質賃金率が下落していたことを理解すると、労働供給をもとの水準まで戻そうとします。これは、労働供給曲線をシフトバックさせます。

労働供給の減少によって貨幣賃金がさらに上昇し、労働需要も減少します（H点→E点）。やがて、労働市場は再びE点で均衡し、**雇用量は完全雇用量に戻る**ことになります。

やや複雑な説明が続きましたが、大まかな流れがつかめていれば十分です。以上を要約すると、「短期的には、家計に貨幣錯覚が生じ、雇用量は完全雇用量を超えることになる。しかし、長期的には貨幣錯覚は解消され、雇用量はもとの完全雇用量に戻る」となります。これだけでも頭に入れておきましょう。

⑶ フリードマンの自然失業率仮説

① 期待フィリップス曲線

M.フリードマンは、**1本の物価版フィリップス曲線は絶対的なものではなく、人々の物価上昇率に対する期待**（＝期待物価上昇率）**によって変化する**と考え、物価版フィリップス曲線を以下のように定式化しました。

$$\pi - \pi_e = -\alpha(u - u_N)$$

（π：インフレ率、π_e：期待物価上昇率、u：失業率、u_N：自然失業率、α：正の定数）

この式を**期待フィリップス曲線**と呼びます。横軸に失業率（u）、縦軸に物価上昇率（π）をとった平面上では、定点（u_N, π_e）を通り、傾きが$-\alpha$の右下がりの直線となります。

点（a, b）を通り傾きがmである直線

$$y - b = m(x - a)$$

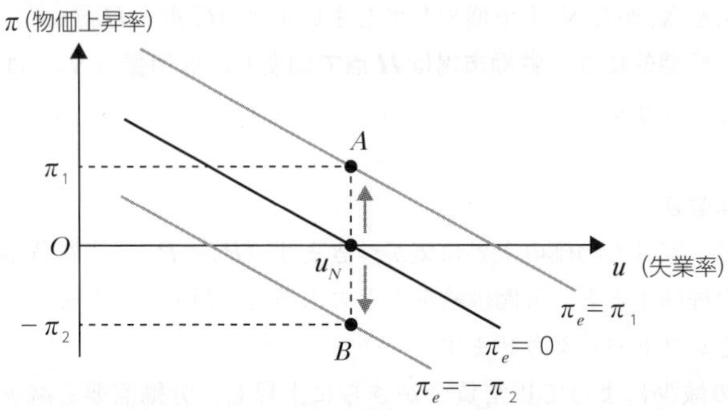

当初、人々が「物価は変化しておらず、一定である」と考えているとすると、$\pi_e=0$とおけます。このとき、期待フィリップス曲線の定点は（u, π）=（u_N, 0）になり、u_N点を通過する右下がりの直線になります。

ここで、人々が「物価は上昇傾向で、物価上昇率はπ_1になった」（**インフレ期待**）と考えたとすると、$\pi_e=\pi_1$となります。これは期待フィリップス曲線の定点を（u, π）=（u_N, π_1）に移動させ、**期待フィリップス曲線を上方にシフトさせる**ことになります。

逆に、人々が「物価は下落傾向で、物価上昇率は$-\pi_2$になった」（**デフレ期待**）と考えたとすると、$\pi_e=-\pi_2$となります。これは、定点を（u, π）=（u_N, $-\pi_2$）に移動させ、**期待フィリップス曲線を下方にシフトさせる**ことになります。

このように、フリードマンは、人々の物価上昇率に対する予想次第でフィリップス曲線も変化し、極めて不安定的であると考えたのです。

② 自然失業率仮説

当初、労働市場では完全雇用が実現されていたとして、失業率は自然失業率（u_N）であるとします。

また、昨年の物価は一定で、物価上昇率はゼロ（$\pi_{-1}=0$）、労働者の期待物価上昇率もゼロ（$\pi_e=\pi_{-1}=0$）となっていたとします。以上から、期待フィリップス曲線の定点は（u, π）=（u_N, 0）となり、E点をスタート時点とします。

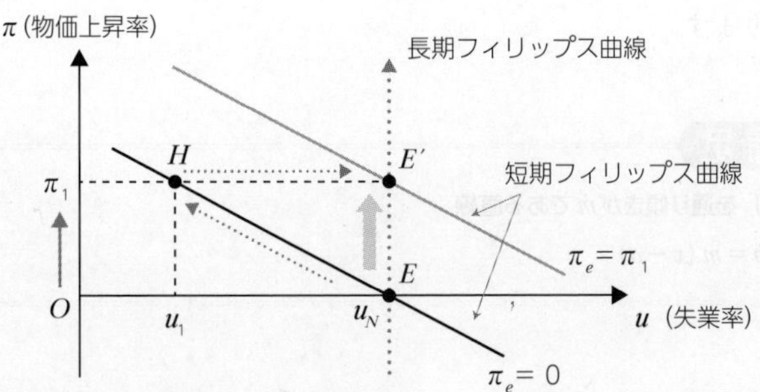

(ア) 短期的な動き

政府が総需要を拡大させる政策を行い、実際に物価上昇率が0からπ_1に上昇したとします。これにより実質賃金率が下落し、企業は労働需要を増加させます。一方、家計は物価が上昇していることに気がついていないので、労働供給に変化はありません。

よって、労働市場で超過需要が発生し、貨幣賃金率（w）が上昇します。これにより、企業は労働需要をいくぶん減少させます。一方、家計は物価の上昇には気づいていないので、この貨幣賃金率の上昇だけを見て実質賃金率が上昇したものと錯覚してしまいます（貨幣錯覚）。これにより労働供給が増えることになります。

以上から、**短期的には、雇用量は完全雇用量を超えることになり、失業率は自然失業率（u_N）を下回るu_1になります**（E点→H点）。

(イ) 長期的な動き

長期的には、家計も物価上昇率がπ_1になったことに気がつき、実質賃金率の下落を理解して労働供給を減らします。これにより、期待フィリップス曲線の定点が$(u, \pi)=(u_N, \pi_1)$に変化し（E'点）、期待フィリップス曲線は上方にシフトします。

労働供給の減少によって貨幣賃金がさらに上昇し、労働需要も減少します。**やがて、雇用量は完全雇用量に戻り、失業率も自然失業率（u_N）に戻ることになります**（H点→E'点）。

以上から、**家計に貨幣錯覚が生じる短期においては、フィリップス曲線は右下がりになる**としています（**短期フィリップス曲線**）。短期的にはインフレと失業との間にトレード・オフの関係が認められるため、ケインズ的な財政・金融政策は有効であるとしました。

しかし、**貨幣錯覚が解消される長期においては、失業率は自然失業率に一致し、フィリップス曲線は垂直になる**としています（**長期フィリップス曲線**）。長期的にはインフレと失業のトレード・オフ関係は認められず、ケインズ的な財政・金融政策は、物価上昇率を引き上げてインフレを加速化させるだけで、無効であるとしたのです。

4 合理的期待形成学派

70年代から80年代にかけて、マネタリストとは別に、**合理的期待形成学派**（新しい古典派、マネタリズム・パートⅡ）と呼ばれるグループが登場しました。このグループの主張は、ほぼ古典派と同じなので、受験対策上は、「合理的期待形成学派＝古典派」と考えてしまって結構です。代表者は**R.ルーカス**といいます。

期待形成について、マネタリストとは異なる以下のような考え方を採ります。

〔合理的期待形成〕 **人々は、そのときに利用可能な情報をすべて駆使して、短期的にも合理的な予測を形成することが可能である。**

合理的期待形成学派は、短期的にも長期的にも貨幣錯覚は生じることはなく、人々は常に現状を正しく認識できると考え、常に、

$\pi_e = \pi$ ……①

〔π_e：期待物価上昇率、π：現実の物価上昇率〕

が成立するとします。**マネタリストが「長期」でしか認めなかった関係を、合理的期待形成学派は短期的にも成立すると考える**のです。

期待フィリップス曲線は、

$\pi - \pi_e = -\alpha(u - u_N)$ ……②

〔u：失業率、u_N：自然失業率、α：定数〕

となりました。

ここで、①式を②式に代入すると、

$$\pi - \pi = -\alpha(u - u_N)$$

$$\Leftrightarrow \quad \alpha u = \alpha u_N \quad \therefore \quad u = u_N$$

となります。つまり、**合理的期待（$\pi_e = \pi$）が可能であるとき、失業率は必ず自然失業率になる（$u = u_N$）**ということです。グラフで見ると、**フィリップス曲線は、常に自然失業率の水準で垂直になる**のです。

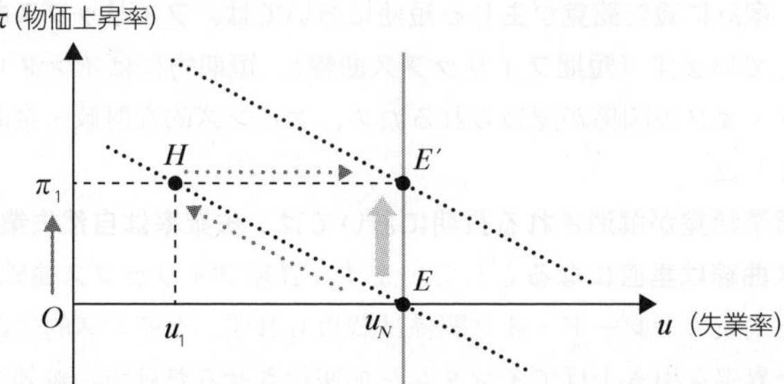

完全雇用の状態（E点）から、拡張的な財政・金融政策を実施したとします。合理的期待のもとでは、企業も労働者も物価上昇率がπ_1まで上昇することを合理的に予想できるため（$\pi_e = \pi_1$）、E点からいきなりE'点へと移動します。つまり、短期的にも失業率の低下は生じないとするのです。したがって、**財政・金融政策は短期的にも無効**ということになります。

ただし、これは人々が合理的に政策の効果を予測できた場合に限られます。もし、

よい意味で人々の"期待を裏切る"ような政策が実施されるならば、合理的期待のもとでも政策は有効になります。貨幣錯覚が生じ得るからです。逆にいえば、**"サプライズな政策"が行われない限り、失業率を低下させることはできない**ということです。これを**政策無効命題**（LSW命題）といいます。

「$\pi_e = \pi$」であるのが合理的期待形成学派の立場です。問題文の記述からマネタリストか合理的期待形成学派かを判断して解答する場面があるので、キーワードから反応できるようにしておきましょう。

確認してみよう

以下の記述が正しいか否かを判断しなさい。

① ディマンド・プル・インフレーションは、総需要が総供給を上回ることによって生じる物価の上昇をいい、総供給曲線が左方にシフトすることで発生する。

1 (1) 参照 ×

ディマンド・プル・インフレーションは、総需要曲線が右方にシフトすることで発生します。

② フィリップス曲線は、インフレ率と失業率との間に正の相関があることを示した曲線であり、スタグフレーションを説明する手段とされる。

3 (1) 参照 ×

物価版フィリップス曲線は、インフレ率と失業率との間の負の相関（トレード・オフ）を示した右下がりの曲線です。

③ 自然失業率仮説によると、労働者は現実のインフレ率の動きを予知して行動するため、ケインズ的需要拡大政策では、短期的にも長期的にも失業率を引き下げることはできない。

3 (3) ②、4 参照 ×

これは、合理的期待形成学派の主張です。マネタリストは、短期的には、失業率を引き下げ得るとして、ケインズ的需要拡大政策の有効性を一部認めています。

4 自然失業率仮説によると、インフレ率がどのような水準にあっても、失業率は長期的には自然失業率と等しくなり、長期フィリップス曲線は自然失業率の水準で垂直になる。

3 (3) ② 参照 ○

長期的には、労働者の貨幣錯覚は解消され、労働市場における雇用量は完全雇用量に戻り、失業率は自然失業率に一致するとしました。

5 合理的期待形成学派は、民間の経済主体が利用可能な経済情報を活用して物価水準の上昇率を完全に予測できる場合、財政政策は何の効果も持たず、短期的にも失業率の低下は起きないとした。

4 参照 ○

合理的期待形成学派は、短期、長期関係なく、財政金融政策は無効であると説きます。

過去問にチャレンジ

問題1 ★

インフレーションに関する記述として、妥当なのはどれか。ただし、総需要曲線は右下がり、総供給曲線は右上がりであるとする。

▶解説は別冊 p.78

都Ⅰ2008

❶ インフレーションとは、一般物価水準の上昇をいうが、いくつかの財・サービスの価格が、持続的ではなく１回限り上昇した場合であっても、上昇幅が大きいときはインフレーションと定義される。

❷ クリーピング・インフレーションには、第１次世界大戦後のドイツでみられたように、天文学的な物価上昇を引き起こすという特徴がある。

❸ コスト・プッシュ・インフレーションとは、名目賃金や原材料の価格など費用の上昇率が生産性の上昇率を上回ることによって起こる物価上昇をいい、総供給曲線は左上方にシフトする。

❹ ディマンド・プル・インフレーションとは、総需要が総供給を上回ることによって起こる物価上昇をいい、総需要曲線は左下方にシフトする。

❺ ハイパー・インフレーションには、景気が停滞し失業率が上昇しているにもかかわらず、物価水準が緩慢に上昇し続けるという特徴がある。

問題2 ★★ ▶解説は別冊 p.79

M.フリードマンの提唱した労働者錯覚モデルによる労働市場が図のように表されるとき、ア〜エの記述のうち、妥当なもののみをすべて挙げているのはどれか。

なお、労働市場は点Eで当初均衡しているものとする。

国般2008

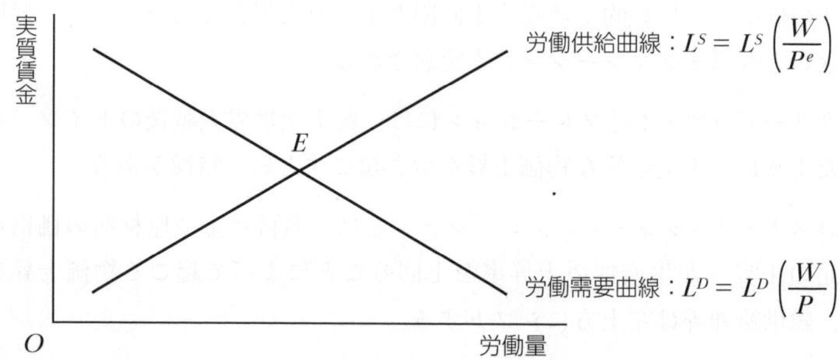

（L^S：労働供給、L^D：労働需要、W：名目賃金、P^e：予想物価水準、P：現実の物価水準）

ア Pが上昇した場合において、労働者がこれを正しく予想していたとき、労働供給曲線も労働需要曲線も変化しない。

イ Pが上昇した場合において、労働者がこれに気付かないとき、労働供給曲線は右下方にシフトするが、労働需要曲線は変化しない。

ウ 労働者の錯覚の程度が大きいほど、労働供給曲線のシフト幅は小さくなる。

エ 長期では労働者の錯覚が解消されるため、完全雇用水準を上回る雇用水準が実現する。

❶ ア、イ
❷ ア、ウ
❸ イ、ウ
❹ イ、エ
❺ ウ、エ

問題3 フィリップス曲線及び自然失業率仮説に関する記述として、妥当なのはどれか。

★

▶解説は別冊 p.80

都Ⅰ2004

❶ フィリップス曲線は、名目賃金上昇率と失業率との間の正の相関関係を示す右上がりの曲線をいい、1970年代のアメリカ経済におけるスタグフレーションの生成を検証したものである。

❷ フィリップス曲線は、期待インフレ率の大きさに依存しており、期待インフレ率が上昇した場合、上方にシフトする。

❸ 自然失業率は、有効需要の減少によって、完全雇用が成立していない場合に存在する失業率をいい、全労働者に占める現行の市場賃金で働く意思がありながらも職を見つけることのできない失業者の割合である。

❹ 自然失業率仮説によると、政府が総需要拡大政策をとった場合、企業や労働者は、現実の物価上昇率と期待物価上昇率との乖(かい)離を正しく認識できるため、短期的に失業率を下げることはできない。

❺ 自然失業率仮説によると、長期的には、フィリップス曲線が垂直となるため、金融政策や財政政策によって、失業率を自然失業率より下げることができる。

問題4
★
▶解説は別冊 p.81

フィリップス曲線に関する記述について、(A) から (D) の各欄に入る語句の組み合わせとして正しいものは、次のうちどれか（なお、同じ記号には同じ語句が入る。）。

裁判所2004

「フィリップス曲線は、短期においてインフレ率と失業率の（　A　）の関係を示すものであるが、その位置はインフレ期待に依存する。

インフレ期待が高まるときには、フィリップス曲線は上方にシフトする。現実のインフレ率と期待インフレ率が等しいと、フィリップス曲線は安定する。この状態のもとでの失業率を（　B　）失業率という。

なお、インフレ期待がインフレ率と一致するよう完全に調整された（　C　）で見ると、（　C　）フィリップス曲線は横軸に（　D　）になると考えられている。」

（注）縦軸をインフレ率、横軸を失業率とする。

	A	B	C	D
❶	比例	構造的	短期	水平
❷	トレードオフ	自然	長期	垂直
❸	トレードオフ	平均	長期	水平
❹	バランスオフ	名目	長期	垂直
❺	比例	実質	短期	水平

問題5

★★

▶解説は別冊 p.82

次の図は、縦軸に現実のインフレ率、横軸に失業率をとり、フィリップス曲線P_0、P_1及びP_2によってフリードマンの自然失業率仮説を表したものであるが、この図に関する記述として、妥当なのはどれか。

区 I 2019

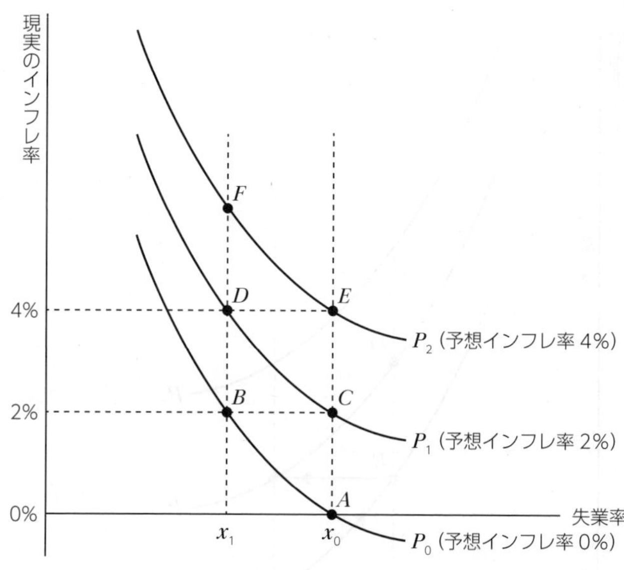

❶ 点Aにおける失業率x_0は、労働者の貨幣錯覚により、自発的失業が存在していることを示している。

❷ 点Aから点B、点Cから点D及び点Eから点Fに向かう動きは、企業の貨幣錯覚が解消され、失業率が自然失業率を下回ることを示している。

❸ 点A、点C及び点Eを結んだ垂直線は、短期のフィリップス曲線と呼ばれ、失業率x_0は自然失業率を示している。

❹ 点Bから点C及び点Dから点Eに向かう動きは、労働者が現実のインフレ率が予想よりも高いことを知り、労働供給を減少することを示している。

❺ 点B、点D及び点Fを結んだ垂直線は、長期のフィリップス曲線と呼ばれ、失業率x_1は自然失業率を示している。

問題6

★★

▶解説は別冊 p.83

下の図は、縦軸に物価上昇率、横軸に失業率をとり、フィリップス曲線P_0及びP_1によってミルトン・フリードマンの自然失業率仮説を表したものである。労働者の錯覚を前提としてこの図を解釈する場合、この図に関する記述として、妥当なのはどれか。

区Ⅰ 2013

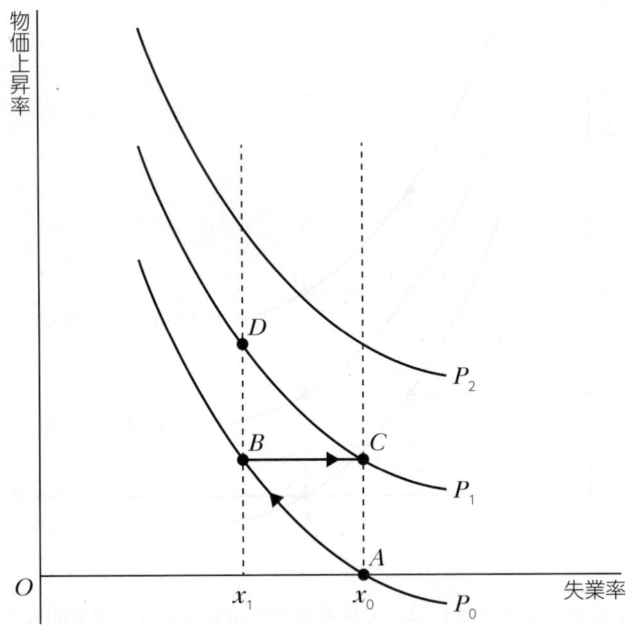

❶ フィリップス曲線P_0とフィリップス曲線P_1を垂直方向に足した曲線P_2は長期フィリップス曲線と呼ばれる。

❷ 点Aから点Bに向かう動きは、労働者が考えている実質賃金上昇率が現実の実質賃金上昇率を下回っているために生じる。

❸ 点Bから点Cに向かう動きは、労働者が名目賃金の上昇を求めるために生じる。

❹ この図における自然失業率は、点B及び点Dにおける失業率x_1となる。

❺ 点Aから点Bに向かう動きの間は、労働者は貨幣錯覚に陥っている。

2 IAD－IAS分析

学習のポイント

・本節の最後に出てくる、マネタリストと合理的期待形成学派それぞれの財政・金融政策の効果を示す２種類のグラフを頭に入れましょう。それまでの説明は細かく覚える必要はありません。

・複雑な式が登場しますが、基本的には計算問題を意識する必要はありません。

1 IAD－IAS分析とは

IAD－IAS分析は、基本的には**マネタリストの経済学で、インフレ率（π）の決定を説明するモデル**です。イメージでいうと、AD－AS分析とフィリップス曲線の議論を“足して２で割った感じ”のものになっています。

2 インフレ需要曲線（IAD曲線）

(1) インフレ需要曲線の導出

インフレ需要曲線（IAD）とは、**財市場と貨幣市場を同時に均衡させるような、総需要（Y）とインフレ率（π）の組合せを示した右下がりの曲線**をいいます。これは、これまで考えてきた総需要曲線（AD曲線）の縦軸にある物価（P）をインフレ率（π）に置き換えただけで、実態は同じものと考えて差し支えありません。

試験問題では、インフレ需要曲線は、以下のように与えられます（覚える必要はありません）。

$$Y = Y_{-1} + \beta(m - \pi) + \gamma g$$

（Y：国民所得（総需要）、Y_{-1}：前期の国民所得、
m：名目マネーサプライ増加率、
π：インフレ率、
g：政府支出増加率、β、γ：正の定数）

総需要を高める要因は、財市場と貨幣市場にあります。

実質マネーサプライは$\frac{M}{P}$で表されますが、このうちMの変化率がm、Pの変化率がπなので、変化率の公式に当てはめると（$m - \pi$）は**実質マネーサプライ増加率**となります。実質マネーサプライ（$\frac{M}{P}$）が増加すると、LM曲線が下方にシ

第7章 インフレーションの理論

フトして総需要が高まります。この総需要へのインパクトを、定数βを乗じて$\beta(m-\pi)$としているのです。

次に、g（政府支出増加率）のところに注目してください。$g>0$となっている場合には、政府支出（G）が年々増加しているということです。政府支出が増加すれば、IS曲線が右方にシフトして総需要が高まることになります。この総需要へのインパクトを、定数γを乗じてγgとしています。

よって、総需要全体の変化を$\varDelta Y$とすると、

$$\varDelta Y=\beta(m-\pi)+\gamma g$$

と表すことができます。ここで、総需要の変化（$\varDelta Y$）は今期の国民所得（Y）と前期（1年前）の国民所得（Y_{-1}）との差として表すことができますから、$\varDelta Y=Y-Y_{-1}$となります。よって上式は、

$$Y-Y_{-1}=\beta(m-\pi)+\gamma g$$

$$\therefore Y=Y_{-1}+\beta(m-\pi)+\gamma g \quad \cdots\cdots①$$

となるわけです。

さて、ここで簡単化のために政府支出増加率をゼロとします（$g=0$）。そして、①式を以下のように変形します。

$$Y=Y_{-1}+\beta(m-\pi)$$

$$\Leftrightarrow \quad Y=Y_{-1}-\beta(\pi-m)$$

$$\Leftrightarrow \quad \beta(\pi-m)=-Y+Y_{-1}$$

$$\Leftrightarrow \quad \beta(\pi-m)=-(Y-Y_{-1})$$

$$\therefore \quad \pi-m=-\frac{1}{\beta}(Y-Y_{-1}) \quad \cdots\cdots②$$

この②式は、縦軸にインフレ率（π）、横軸に国民所得（Y）をとった平面上において、定点$(Y,\ \pi)=(Y_{-1},\ m)$を通り、傾きが$-\dfrac{1}{\beta}$の右下がりの直線であることを示しています。

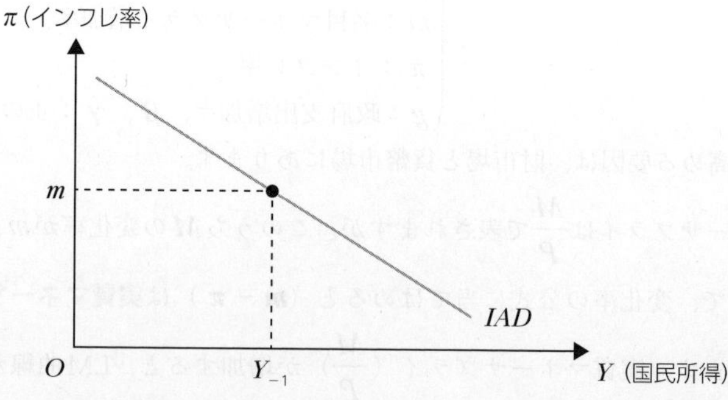

点 (a, b) を通り傾きが m である直線

$$y-b=m(x-a)$$

⑵ インフレ需要曲線のシフト

インフレ需要曲線は (Y_{-1}, m) を定点としますから、名目マネーサプライ増加率 (m) や前期の国民所得 (Y_{-1}) に変化があった場合には、インフレ需要曲線はシフトすることになります。

① 前期の国民所得の変化によるシフト

インフレ需要曲線は、1年前の国民所得 (Y_{-1}) を横軸の定点に持ちます。具体的にいうと、2021年のインフレ需要曲線は、2020年の国民所得を定点に持つのです。**国民所得は毎年変わりますから、定点も毎年変わり、インフレ需要曲線も毎年シフトします。**

例えば、2020年のインフレ需要曲線 (IAD_0) は2019年の国民所得を定点に持ちます (Y_{2019})。2020年の国民所得が Y_{2020} に決まると、インフレ需要曲線は b 点に向かって右方にシフトし、2021年のインフレ需要曲線は IAD_1 に決まります。

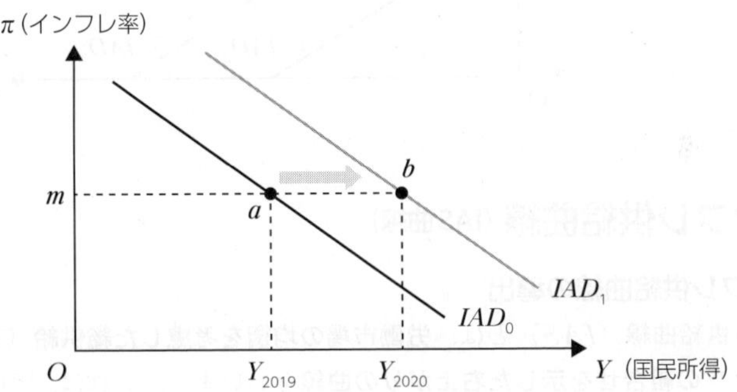

② 財政・金融政策によるシフト

今度は、政府支出増加率 (g) を考慮して、インフレ需要曲線を以下のように変形します。

$$Y=Y_{-1}+\beta(m-\pi)+\gamma g$$

$$\Leftrightarrow \quad Y=Y_{-1}+\beta m-\beta\pi+\gamma g$$

$$\Leftrightarrow \quad \beta\pi=-Y+Y_{-1}+\beta m+\gamma g$$

$$\therefore \quad \pi = -\frac{1}{\beta}Y + \frac{Y_{-1} + \beta m + \gamma g}{\beta}$$

この式をよく見ると、縦軸にπ、横軸にYの平面上において、傾きが$-\frac{1}{\beta}$、縦軸の切片が$\frac{Y_{-1} + \beta m + \gamma g}{\beta}$の右下がりの直線であることがわかります。

ここで、政府が政府支出増加率（g）を高めたとしましょう（拡張的財政政策）。政府支出増加率（g）はインフレ需要曲線の縦軸切片の分子にありますので、縦軸の切片である分数全体の値が大きくなり、**インフレ需要曲線を上方にシフトさせることになります。**

一方、中央銀行が名目マネーサプライ増加率（m）を高めたとします（拡張的金融政策）。この場合もインフレ需要曲線の縦軸切片を高めることになるため、インフレ需要曲線を上方にシフトさせることになります。

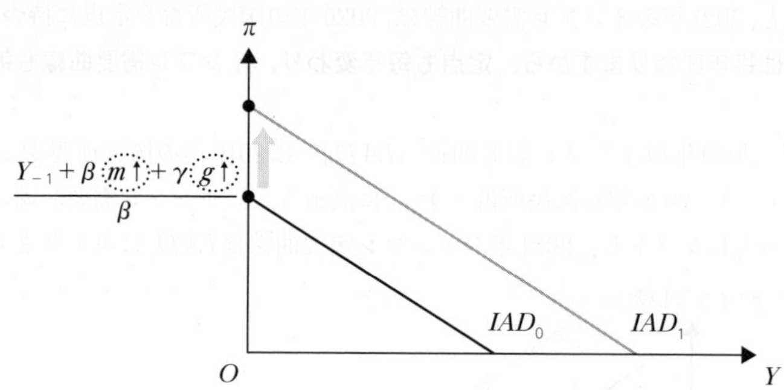

3 インフレ供給曲線（IAS曲線）

(1) インフレ供給曲線の導出

インフレ供給曲線（IAS）とは、**労働市場の均衡を考慮した総供給（Y）とインフレ率（π）の組合せを示した右上がりの曲線**をいいます。これは、短期フィリップス曲線の失業率の変化を、**オークンの法則**によって国民所得の変化に読み替えるだけで導くことができます。

まず、期待インフレ率をゼロとし（$\pi_e = 0$）、短期フィリップス曲線が、以下の左図のようになっているとします。

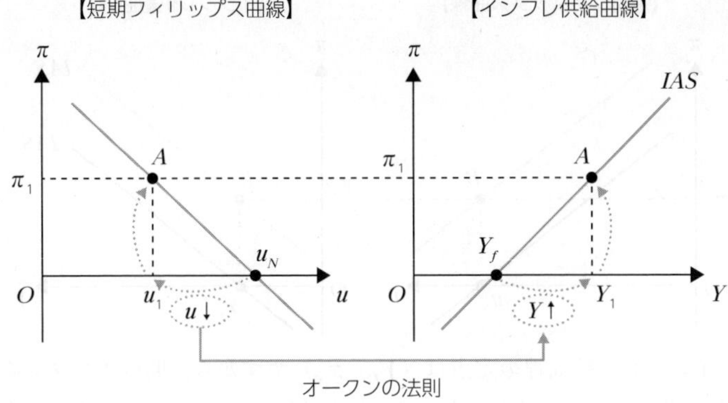

自然失業率（u_N）は完全雇用に対応した失業率ですから、国民所得でいえば、完全雇用国民所得（Y_f）に対応します。期待インフレ率（π_e）がゼロである場合、インフレ供給曲線は（Y_f, 0）を定点として持つことになります。

短期フィリップス曲線において、失業率がu_1まで低下するとインフレ率がπ_1まで上昇します。このときの失業率の低下を、オークンの法則から、国民所得の増加に読み替えます。すると、横軸に国民所得（Y）、縦軸にインフレ率（π）をとった平面上に、右上がりの曲線を描くことができます（右図）。これがインフレ供給曲線（IAS）です。

両者の式を対比して示すと以下のようになります。

〔短期フィリップス曲線〕 $\pi = \pi_e - \alpha(u - u_N)$
⇒定点（u_N, π_e）を通り、傾きが$-\alpha$の右下がりの直線

〔インフレ供給曲線〕 $\pi = \pi_e + \alpha(Y - Y_f)$
⇒定点（Y_f, π_e）を通り、傾きがαの右上がりの直線

(2) インフレ供給曲線のシフト

人々の期待インフレ率（π_e）が変化すると、短期フィリップス曲線はシフトします。よって、短期フィリップス曲線と表裏一体の関係にある**インフレ供給曲線も、人々の期待インフレ率の変化によってシフトする**ことになります。

当初、期待インフレ率はゼロであったとしましょう（$\pi_e = 0$）。ここで、人々がインフレ率はπ_2になると予想すると（$\pi_e = \pi_2$）、短期フィリップス曲線は、B点に向かって上方にシフトすることになります（左図）。

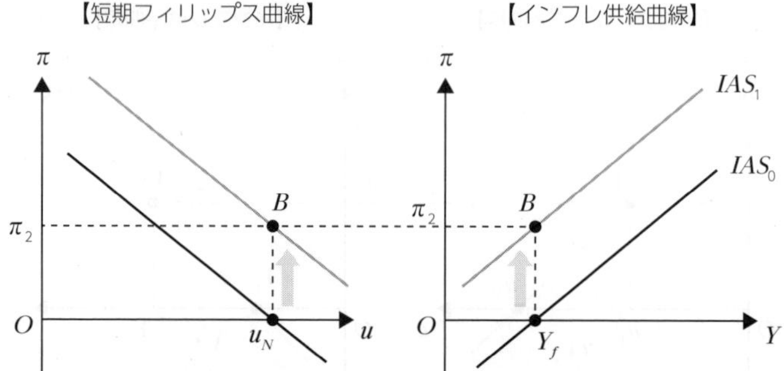

一方、インフレ供給曲線の定点は（Y_f, π_e）ですから、期待インフレ率がゼロからπ_2に変化すると、定点は（Y_f, 0）から（Y_f, π_2）に変化します。自然失業率（u_N）に変化はありませんから、完全雇用国民所得（Y_f）にも変化はありません。よって、インフレ供給曲線もB点に向かって上方シフトすることになるのです（右図）。

逆に、デフレ期待（$\pi_e\downarrow$）が発生すると、短期フィリップス曲線が下方シフトし、インフレ供給曲線も下方シフトすることになります。

4 インフレ率の決定

(1) 短期均衡

インフレ供給曲線（IAS）とインフレ需要曲線（IAD）を同一平面上に描くと、以下のようになります。**IAD－IAS分析においては、インフレ供給曲線とインフレ需要曲線が交わるところで、国民所得（Y）とインフレ率（π）の組合せが決定されると考えます。**

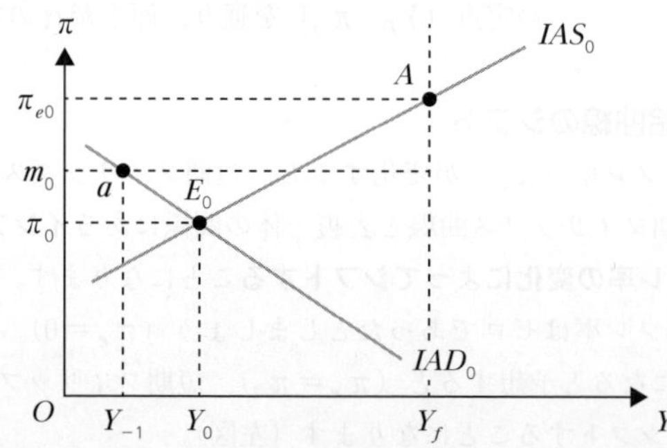

第0期（スタート時点）においては、名目マネーサプライ増加率がm_0で一定で、昨年の所得がY_{-1}だとすると、インフレ需要曲線はIAD_0に決まります。一方、完

全雇用国民所得がY_fで一定で、人々の期待インフレ率がπ_{e0}だとすると、インフレ供給曲線はIAS_0に決まります。この、IAD_0とIAS_0の交点であるE_0点で、第0期のインフレ率と国民所得の組合せが決定されます。このE_0点を短期均衡と呼びます。

⑵ 長期均衡へのプロセス

E_0点で経済が均衡し続けることはありません。人々がインフレ率に関する予想をその時どきの状況に応じて修正することで、インフレ供給曲線がシフトします。また、国民所得も毎年変化し、インフレ需要曲線にもシフトが生じます。つまり、均衡点が毎年徐々に変化していくのです。では、長期的にはどのような状態で均衡を迎えることになるのでしょうか。

① 第1期の状況

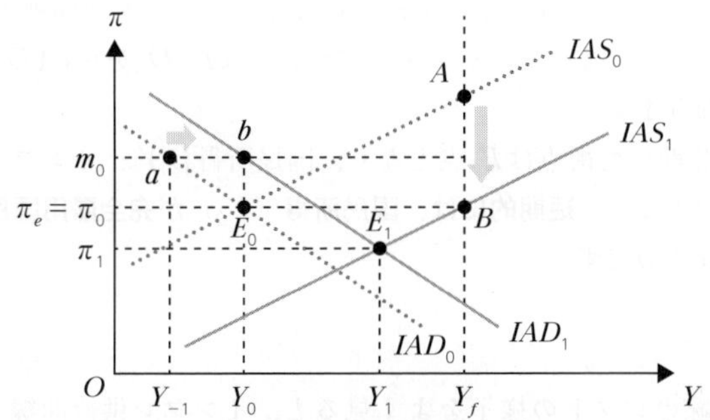

第1期において、人々は期待インフレ率を前期のπ_0に修正します（$\pi_e=\pi_0$）（静学的期待形成）。これによりインフレ供給曲線の定点はA点からB点に変化し、インフレ供給曲線はIAS_0からIAS_1に下方シフトします。

一方、前期の国民所得はY_0なので、インフレ需要曲線の定点はa点からb点に変化します。よって、インフレ需要曲線はIAD_0からIAD_1に右方にシフトすることになります。

以上から、第1期における均衡点はE_1点となり、国民所得はY_1、インフレ率はπ_1に決まります。

② 第2期の状況

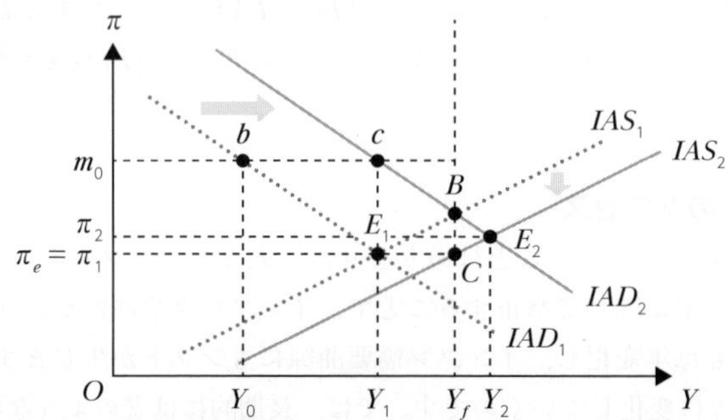

第2期において、人々は期待インフレ率を第1期のπ_1に修正します（$\pi_e = \pi_1$）。これによりインフレ供給曲線の定点はB点からC点に変化し、インフレ供給曲線はIAS_1からIAS_2に下方シフトします。

一方、前期（第1期）の国民所得はY_1なので、インフレ需要曲線の定点はb点からc点に変化します。よって、インフレ需要曲線はIAD_1からIAD_2に右方にシフトすることになります。

以上から、第2期の均衡点はE_2点となり、国民所得はY_2、インフレ率はπ_2に決まります。このように、**短期的には、国民所得（Y_2）が完全雇用国民所得（Y_f）を超える**ことになるのです。

③ 長期均衡

それぞれの曲線のシフトの様子をよく見ると、インフレ供給曲線（IAS）は、一定の完全雇用国民所得（Y_f）を常に満たしながら、垂直的にシフトしています。

一方、インフレ需要曲線（IAD）は、一定の名目マネーサプライ増加率（m_0）を常に満たしながら、水平的にシフトしています。

では、このような二つの曲線のシフトは、いつまで続くのでしょうか。

いま、均衡点が、完全雇用国民所得（Y_f）と名目マネーサプライ増加率（m_0）の組合せを示すE^*点に至ったとします。

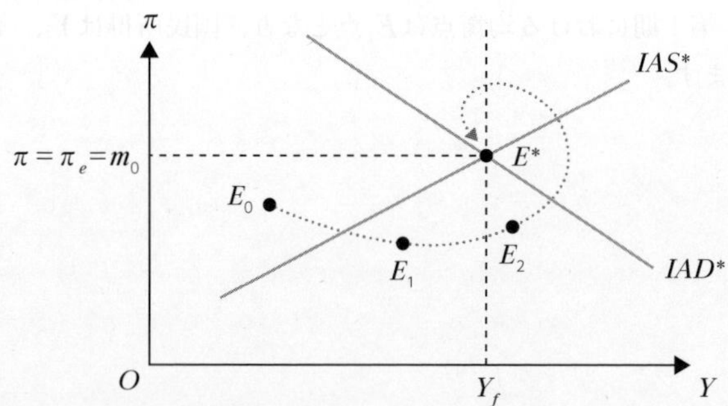

E^*点では、現実のインフレ率（π）が$\pi = m_0$となる状態で決定され、かつ、インフレ供給曲線上を満たしていますから、$\pi_e = \pi$が成立します。これは貨幣錯覚が解消された状態を表しますから、**もはやIAS^*からインフレ供給曲線のシフトが起こることはありません。**

また、名目マネーサプライ増加率がm_0で一定で、国民所得が完全雇用国民所得（Y_f）を実現すれば、**インフレ需要曲線のシフトも生じなくなります。**

つまり、E^*点のような状態になると、インフレ供給曲線とインフレ需要曲線のシフトが生じなくなり、**長期的な均衡を実現します。**これを長期均衡といいます。**長期均衡は、完全雇用国民所得（Y_f）と名目マネーサプライ増加率（m_0）の組合せを示す点で実現される**のです。

5 インフレ供給曲線の形状

インフレ供給曲線は期待フィリップス曲線から導かれますから、期待フィリップス曲線の形状が変化すると、インフレ供給曲線の形状も変化します。

貨幣錯覚が解消される「長期」の状態や合理的期待形成のもとでは、$\pi_e = \pi$が成立するため、期待フィリップス曲線は、

$$\pi = \pi_e - \alpha(u - u_N)$$
$$\Leftrightarrow \quad \pi = \pi - \alpha(u - u_N)$$
$$\Leftrightarrow \quad \alpha u = \alpha u_N \qquad \therefore \quad u = u_N$$

となり、失業率（u）はインフレ率（π）に関係なく、常に自然失業率（u_N）に一致します。つまり、**フィリップス曲線は自然失業率水準で垂直になる**ということです（左図）。

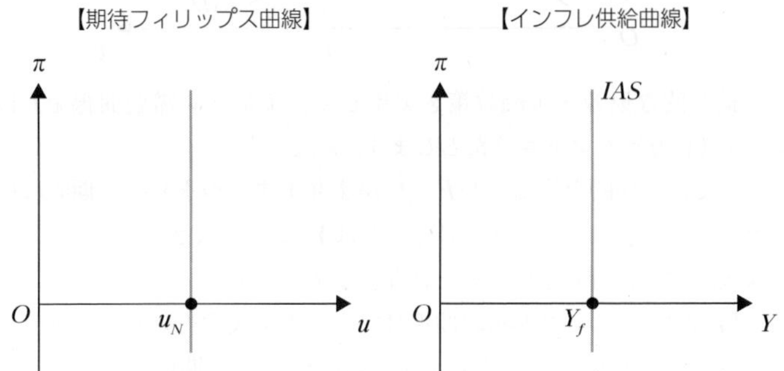

期待フィリップス曲線が自然失業率水準で垂直であれば、オークンの法則を使って導かれる**インフレ供給曲線も完全雇用国民所得（Y_f）の水準で垂直になります。**

インフレ供給曲線（IAS）は、$\pi_e = \pi$が成立する状況では、

$$\pi=\pi_e+\alpha(Y-Y_f)$$
$$\Leftrightarrow\quad \pi=\pi+\alpha(Y-Y_f)$$
$$\Leftrightarrow\quad \alpha Y=\alpha Y_f \quad \therefore\ Y=Y_f$$

となります。これは、**国民所得（Y）はインフレ率に関係なく、常に完全雇用国民所得（Y_f）に一致する**ことを表しています。

6 財政・金融政策の効果

拡張的な財政・金融政策が行われると、いずれもインフレ需要曲線（IAD）が上方（右方）にシフトします。

(1) マネタリスト

マネタリストは、インフレ供給曲線は短期的には右上がりになり、長期的には垂直になると考えています。

当初、E点で経済が長期均衡を実現し、国民所得は完全雇用国民所得（Y_f）、インフレ率がπ_0となり、$\pi_0=m_0$が成立していたとします。

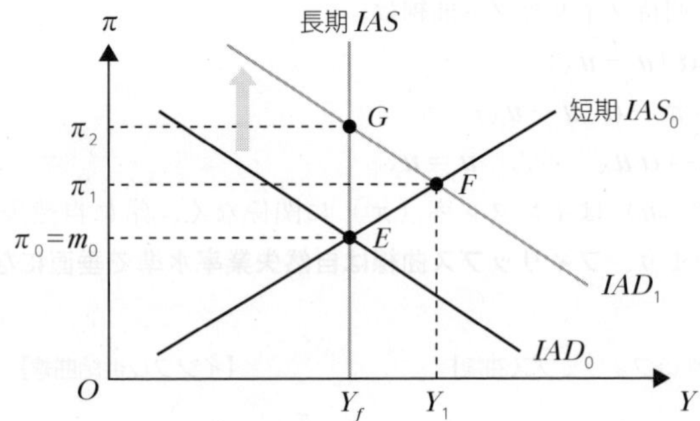

ここで、拡張的な財政・金融政策を実施して、インフレ需要曲線をIAD_0からIAD_1に上方（右方）シフトさせたとします。

政策によって、短期的な均衡点がF点に決まります。つまり、短期的には、インフレ率はπ_1まで上昇するものの、国民所得はY_1まで拡大させることになるので、短期的には金融政策は有効ということになります。

しかし、長期的にはインフレ供給曲線は完全雇用国民所得の水準で垂直になるので、均衡点はF点からG点に変化します。このG点が長期均衡点です。この均衡点の変化の過程で、インフレ率はπ_2まで上昇し、国民所得はもとの完全雇用国民所得まで減少してしまうことになります。国民所得の減少は、失業率を高めることになりますから（オークンの法則）、この調整過程でインフレ（π↑）と失業の増大（u↑）が同時に発生します。これがスタグフレーションです。

以上から、**長期的にはインフレ率を高めるだけで、国民所得には何ら影響を与えないことになるため、金融政策は無効であると主張する**のです。つまり、長期においては古典派と全く同じ主張になります。

⑵ 合理的期待形成学派

インフレ率に関して**合理的期待を前提とする場合、インフレ供給曲線は短期・長期に関係なく、常に垂直になります。**

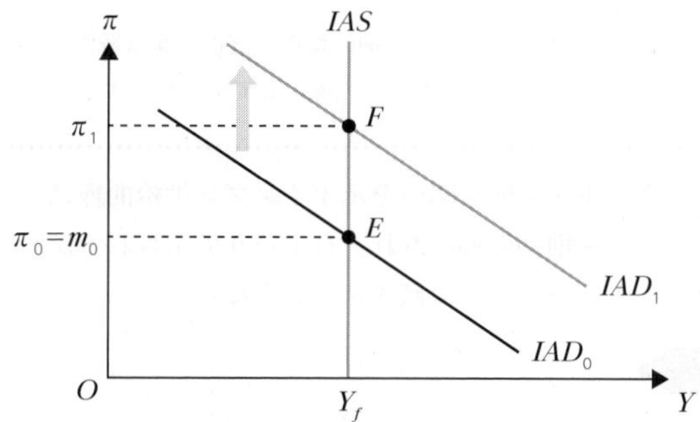

当初の均衡点をE点とします。ここで、拡張的な財政・金融政策を実施して、インフレ需要曲線をIAD_0からIAD_1に上方（右方）シフトさせたとします。

インフレ供給曲線が垂直なので、政策実施後の均衡点は、短期・長期関係なくF点に決まることになります。つまり、合理的期待形成学派は、**拡張的な財政・金融政策は、インフレ率を高めるだけで、国民所得の拡大や失業率の低下を実現することはできない**とします。つまり、政策は完全に無効だと説くのです。

しかし、自然失業率仮説のところでも説明したように、政策の効果を人々が合理的に予想できる状況では無効になりますが、人々の裏をかくような"サプライズな政策"が実施されるならば、合理的期待のもとでも政策は有効になる可能性があります。

確認してみよう

以下の記述が正しいか否かを判断しなさい。

① インフレ需要曲線は、財市場の均衡を前提とした総需要とインフレ率の組合せをグラフ化したもので、通常、右下がりの曲線として示される。

2 (1) 参照 ✕

インフレ需要曲線は、財市場と貨幣市場の同時均衡を前提とする総需要とインフレ率の組合せをグラフ化したものです。通常、右下がりの曲線として示されます。

② インフレ率と生産水準の関係を示すインフレ供給曲線は、フィリップス曲線とオークンの法則から導出され、右上がりで示されるが、フィリップス曲線の傾きが大きいほど、その傾きが大きくなる。

5 参照 ○

フィリップス曲線が右下がりであるとき、インフレ供給曲線は右上がりになり、フィリップス曲線が垂直になると、インフレ供給曲線も垂直になります。つまり、フィリップス曲線の傾きが大きいほど、その傾きが大きくなります。

③ 拡張的な金融政策を実施しない場合、長期均衡点は、名目マネーサプライ増加率と完全雇用国民所得の組合せで実現される。

4 (2) ③ 参照 ○

インフレ需要曲線は名目マネーサプライ増加率を満たすようにシフトし、インフレ供給曲線は完全雇用国民所得を満たすようにシフトします。よって、名目マネーサプライ増加率と完全雇用国民所得の組合せに至ると、二つの曲線は動かなくなり、長期均衡を迎えます。

④ 静学的期待（適応的期待）に基づいて人々が行動する場合、財政支出の拡大は、短期的には国民所得を高めるが、インフレ率は変化しない。

6 (1) 参照 ✕

静学的期待（適応的期待）に基づいて人々が行動する場合（マネタリスト）、短期的にはインフレ供給曲線は右上がりになるので、財政支出を拡大してインフレ需要曲線を上方（右方）

にシフトさせると、国民所得もインフレ率も高まることになります。

---

5 合理的期待に基づいて人々が行動する場合、マネーサプライを増加させても、インフレ率を高めるだけで、国民所得を変化させることはできない。

6 (2) 参照 ○

合理的期待に基づいて人々が行動する場合、インフレ供給曲線は、短期・長期関係なく垂直になります。このとき、マネーサプライを増加させてインフレ需要曲線を上方（右方）にシフトさせても、インフレ率を高めるだけで、国民所得を変化させることはできません。

過去問にチャレンジ

問題1
★★
▶解説は別冊 p.84

インフレ供給曲線及びインフレ需要曲線が、それぞれ、

$$\pi = \pi_e + \alpha\ (Y - Y_f)$$
$$Y = Y_{-1} + \beta\ (m - \pi)\ + \gamma g$$

（π：物価上昇率、π_e：期待物価上昇率、Y：実質国民所得、
Y_f：完全雇用実質国民所得、Y_{-1}：前期の実質国民所得、
m：名目マネーサプライ増加率、g：実質政府支出増加率、
α、β、γ：正の定数）

で示される経済に関する次の記述のうち、妥当なのはどれか。

なお、初期時点では$\pi = \pi_e = m$、$g = 0$、$Y = Y_f$とし、政策変化は名目マネーサプライの増加率（m）または実質政府支出増加率（g）の変化を考える。

国般2004

❶ 期待物価上昇率が当期の物価上昇率に等しい（$\pi_e = \pi$）場合、名目マネーサプライ増加率を初期時点より高めると、実質国民所得は増加する。

❷ 期待物価上昇率が当期の物価上昇率に等しい（$\pi_e = \pi$）場合、実質政府支出増加率を高めても、物価上昇率は変化しない。

❸ 期待物価上昇率が当期の物価上昇率に等しい（$\pi_e = \pi$）場合、実質政府支出増加率を高めても、実質国民所得は増加しない。

❹ 期待物価上昇率が前期の物価上昇率に等しい（$\pi_e = \pi_{-1}$）場合、名目マネーサプライ増加率を高めても、短期的には実質国民所得は増加しない。

❺ 期待物価上昇率が前期の物価上昇率に等しい（$\pi_e = \pi_{-1}$）場合、実質政府支出増加率を高めると、長期的には実質国民所得は増加する。

問題2

★★

▶解説は別冊 p.85

ある国の経済が次のように表されるとする。

$\pi = \pi_e + \alpha\ (Y - Y_F)$・・・インフレ型供給曲線

$Y = Y_{-1} + \beta\ (m - \pi) + \gamma g$・・・インフレ型需要曲線

（π：物価上昇率、π_e：期待物価上昇率、Y：実質GDP、
Y_F：完全雇用GDP、Y_{-1}：前期の実質GDP、
m：名目マネーサプライ増加率、g：実質政府支出増加率、
α、β、γ：正の定数）

財政政策と金融政策を行ったときの効果についての次の記述のうち、妥当なのはどれか。

ただし、財政拡大は実質政府支出増加率の上昇を、金融緩和は名目マネーサプライ増加率の上昇をそれぞれ指すものとする。また、合理的期待仮説の下では完全予見モデルに従い、適応的期待仮説の下では各経済主体の今期の期待物価上昇率が前期の物価上昇率と等しいものとする。

国般2003

❶ 合理的期待仮説に各経済主体が従う場合、財政拡大は実質GDPと物価上昇率を共に上昇させる。

❷ 合理的期待仮説に各経済主体が従う場合、金融緩和は物価上昇率を上昇させるのみで、実質GDPは不変である。

❸ 適応的期待仮説に各経済主体が従う場合、財政拡大は物価上昇率を上昇させるのみで、実質GDPは不変である。

❹ 適応的期待仮説に各経済主体が従う場合、金融緩和は物価上昇率と実質GDPに何ら影響を与えない。

❺ 適応的期待仮説に各経済主体が従う場合、財政拡大と金融緩和は共に物価上昇率を上昇させるが、実質GDPには何ら影響を与えない。

問題3
★★
▶解説は別冊 p.86

インフレ率と国民所得の関係を表すマクロ経済モデルが次のように与えられているとする。

$$\pi = \pi_e + \alpha\ (Y - Y_f) \cdots\cdots (1)$$

$$Y = Y_f + \beta\ (m - \pi) + \gamma g \cdots (2)$$

（π：インフレ率、π_e：期待インフレ率、Y：実質国民所得、Y_f：実質完全雇用国民所得、m：名目マネーサプライ増加率、g：政府支出増加率、α：正の整数、β：通貨乗数、γ：政府支出乗数）

ここで、(1)式はインフレ供給曲線であり、(2)式はインフレ需要曲線である。

このモデルにおいて、初期条件$\pi = \pi_e = m$、$g = 0$として、財政政策により政府支出増加率が増大する場合に関して、次の文の（A）と（B）に当てはまるものの組合せとして妥当なのはどれか。

国般2001

「インフレ率がインフレ期待に等しい場合、政府支出増加率gが増大すると、インフレ率は（　A　）が、実質国民所得は（　B　）。」

	A	B
❶	変化しない	増加する
❷	上昇する	変化しない
❸	低下する	増加する
❹	低下する	変化しない
❺	上昇する	減少する

第8章

消費理論と貨幣理論

消費理論
貨幣理論

1 消費理論

学習のポイント

- ここはとにかくキーワードの暗記が必要です。がんばって覚えましょう。
- ライフサイクル仮説と恒常所得仮説については、計算問題が出題される可能性がありますので、練習しておきましょう。

1 二つの消費関数

(1) ケインズ型消費関数

これまで前提としてきた消費関数は**ケインズ型消費関数**と呼ばれ、

$C = cY + C_0$ 〔C：消費、Y：国民所得、c：限界消費性向、C_0：基礎消費〕

という形をしています。限界消費性向（c）と基礎消費（C_0）は一定値ですから、**今期の消費（C）は今期の国民所得（Y）のみに依存する**、ということになります。このケインズの考え方を、**絶対所得仮説**といいます。

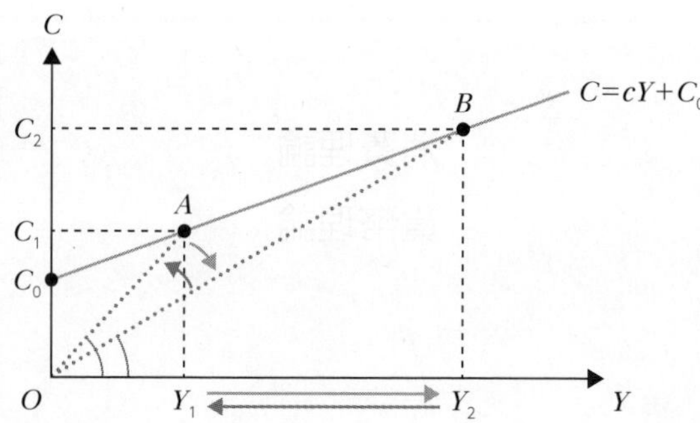

ケインズ型消費関数の特徴は、平均消費性向に現れます。**平均消費性向とは、国民所得に占める消費の割合**をいい、$\dfrac{C}{Y}$と計算できます。国民所得がY_1のときの消費をC_1とした場合（A点）、平均消費性向は$\dfrac{C_1}{Y_1}$となり、**線分OAの傾きの大きさ**に対応します。

ここで、好景気となり国民所得がY_2まで高まったとすると、平均消費性向は$\dfrac{C_2}{Y_2}$（線分OBの傾きの大きさ）となり、傾きの大きさが小さくなります。**国民所得が**

増加したときに平均消費性向は逓減するのです。逆に、景気が後退して国民所得がY_2からY_1に減少すると、平均消費性向は線分OBの傾きから線分OAの傾きに変化し、その大きさは増加することになります。

限界消費性向（$\frac{\Delta C}{\Delta Y}$）は、所得水準に関係なく常に一定値ですが、**平均消費性向（$\frac{C}{Y}$）は、国民所得の変化に応じて変化する**、というのがケインズ型消費関数の特徴です。

(2) クズネッツ型消費関数

1940年代に計量経済学者である**S.クズネッツ**という人が、1869年から1938年のアメリカにおける所得と消費の関係について調べました。その結果、消費関数は、

$C \fallingdotseq 0.9Y$

となっていることを発見しました。これを**クズネッツ型消費関数**と呼びます。

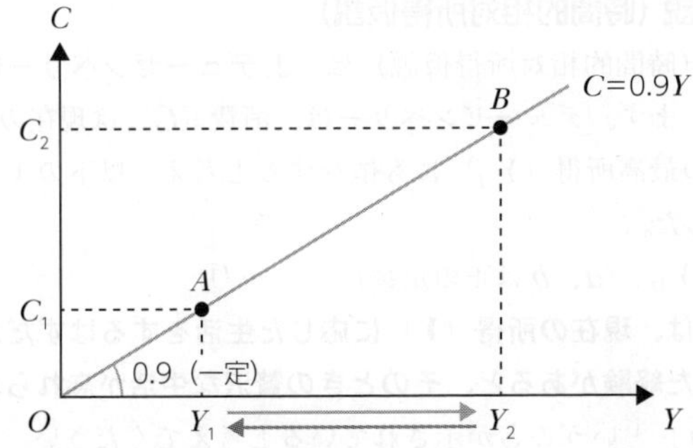

クズネッツ型消費関数は原点を通る直線になるため、**国民所得（Y）が変化しても平均消費性向（$\frac{C}{Y}$）は変化せず、0.9で一定である**ことがわかります。

この発見はケインズ型消費関数と矛盾します。このため、1940年代から1950年代にかけて二つの消費関数に関する論争が巻き起こり、**二つの消費関数の関係を説明するいくつかの学説**が提示されました。これを、**消費仮説**といいます。

2 四つの消費仮説

以下に紹介する四つの消費仮説では、二つの消費関数の関係を説明するために、所得の概念を拡張した独自の消費関数を提示しています。よって、試験でも「**誰が**（学者名）」、「**どのような所得概念を用いて**（導入した所得概念）」、「**どのような学**

説を提唱したか（学説名）」が問われます。この３点と各仮説で登場するキーワードを、試験日までにしっかり暗記しましょう。

	学者名	導入した所得概念
相対所得仮説	デューゼンベリー	過去の最高所得
恒常所得仮説	フリードマン	恒常所得
ライフサイクル仮説	モディリアーニ、安藤	生涯所得
流動資産仮説	トービン	流動資産

また、どの仮説も、期間を「短期」と「長期」に分けて二つの消費関数の関係を説明し、同じ結論を導いています。いずれも、

短期の消費関数　⇒　ケインズ型消費関数

長期の消費関数　⇒　クズネッツ型消費関数

としています。ただし、「短期」と「長期」の定義は、仮説ごとに異なりますので、一応留意しておいてください（この点は、覚える必要はありません）。

(1)　相対所得仮説（時間的相対所得仮説）

相対所得仮説（時間的相対所得仮説）は、**J.デューゼンベリーによって示された消費仮説**です。まず、デューゼンベリーは、消費（C）は現在の所得（Y）だけではなく、過去の最高所得（Y_M）にも依存すると考え、以下のような独自の消費関数を提示しました。

$C=aY+bY_M$　（a、bは正の定数）　……①

これは、「**人々は、現在の所得（Y）に応じた生活をするはずだが、過去に高額所得（Y_M）を得た経験があると、そのときの贅沢な生活が忘れられず、不相応な消費をしてしまう**」ということが示されていると考えてください。

①　長　期

長期とは、１国経済が安定的に成長していくような期間をいいます。“右上がりの成長”を前提とするなら、現在の所得は最高所得となり、$Y=Y_M$と置くことができます。

このとき消費関数（①式）は、

$$C=aY+bY=(a+b)Y$$

となり、この式の両辺をYで割って平均消費性向（$\frac{C}{Y}$）を計算すると、

$$\frac{C}{Y}=a+b$$

と計算できます。このときの$a+b$が0.9であると考えれば、クズネッツ型の消費

関数の特徴と一致します。

つまりデューゼンベリーは、**クズネッツが発見した消費関数は、安定的成長を前提とした長期の消費関数である**と主張するのです。

② 短　期

短期においては、過去の最高所得（Y_M）は過去に記録された一定値となり、消費関数は、

$$C = aY + bY_M$$

となります。このとき、aが限界消費性向、bY_M（一定）が基礎消費に当たると解釈すれば、縦軸に切片を持つケインズ型の消費関数の特徴と一致します。

一方、平均消費性向（$\frac{C}{Y}$）は、

$$\frac{C}{Y} = a + b \cdot \frac{Y_M}{Y}$$

となります。

いま、不況になり、国民所得が下がったとしましょう（Y↓）。分子を一定として分母の値が小さくなりますから、$\frac{Y_M}{Y}$の値が上昇し、平均消費性向が逓増することになります。逆に、好況になり、国民所得が上がると（Y↑）、$\frac{Y_M}{Y}$の値が下落し、平均消費性向が逓減することになります。これは、ケインズ型消費関数の特徴そのものです。

グラフで見てみましょう。A点を出発点として、長期的な経済成長の局面では、クズネッツ型消費関数に沿って消費は変化します（A点→B点）。

ここで、Y_Mを最高所得として、短期的な不況期に入ったとしましょう（Y↓）。このとき、消費はB点からA点に減少するのではなく、ケインズ型に沿って平均消費性向を高めながら、B点からC点に向かって緩やかに減少します。過去に経験した最高所得（Y_M）のときの消費習慣（B点）を、人々は崩すことができないからです。このため、**所得の低下ほどには消費は落ち込まない**とします。これを、**ラチェット効果**（歯止め効果）と呼びます。

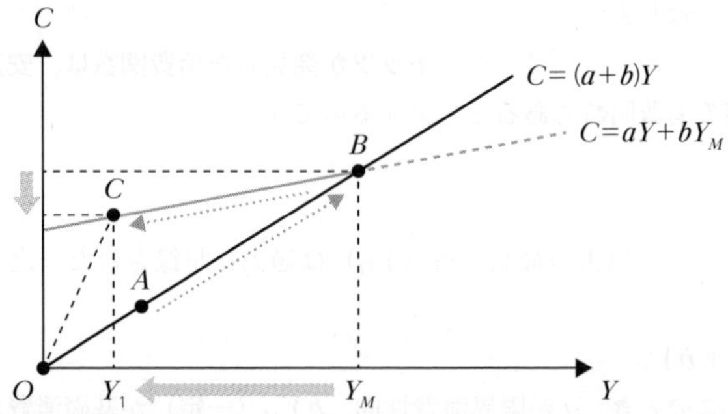

以上から、デューゼンベリーは、**ケインズ型消費関数は短期の消費関数である**とするのです。

また、デューゼンベリーは、人々の消費は、現在の所得（Y）のみならず、**周囲の同一所得階層における社会的平均消費にも依存する**、と考えました。簡単にいうと、「友だちが買うと、自分もほしくなる」という動きです。これを**デモンストレーション効果**と呼びます（空間的相対所得仮説）。

いまの説明にあったように、好況・不況などの景気変動を考慮するのは短期の議論です。問題文では明示がなくても、景気の変動が話題になっていたら短期のことが問われていると考えましょう。

(2) 恒常所得仮説

恒常所得仮説は、M.フリードマンによって示された消費仮説です。フリードマンは、現在の所得（Y）を恒常所得（Y_P）と変動所得（Y_T）の二つの所得概念に分けて考えました。そして、**消費（C）は恒常所得（Y_P）のみに依存する**とし、以下のような独自の消費関数を提示しました。

$C = aY_P$（aは正の定数）……②

恒常所得（Y_P）とは、**人々の学歴や技能等の所得獲得能力から予想される平均的所得で、景気の変動による影響を受けない一定値**であるとされます。一方、変動所得（Y_T）とは、**景気の良否により変動する所得部分**をいいます。景気がいいときには恒常所得にプラスされ（$Y_T > 0$）、景気が悪いときには恒常所得からマイナスされます（$Y_T < 0$）。

つまり、人々は平均的な恒常所得（Y_P）を念頭に置いて、消費（C）を決めるだろうと考えたのです。

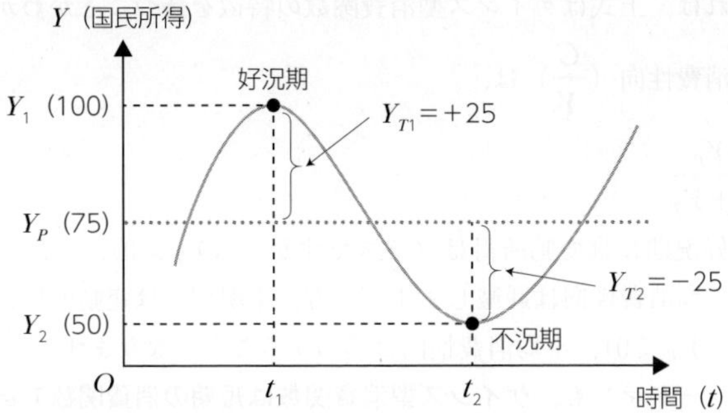

所得のイメージを示すと、上記のとおりです（覚える必要はありません）。横軸に時間（t）、縦軸に国民所得（Y）をとり、国民所得の変動を描いています。恒常所得（Y_P）を75とし、t_1期に好況、t_2期に不況となり、国民所得がそれぞれY_1（100）、Y_2(50)になったとしましょう。$Y = Y_P + Y_T$となりますから、t_1期の変動所得（Y_{T1}）は恒常所得を上回る＋25、t_2期の変動所得（Y_{T2}）は恒常所得を下回る－25となります。

① 長　期

変動所得（Y_T）はプラスのときもあればマイナスのときもあります。よって長期的に平準化して見れば、変動所得（Y_T）はゼロとなり、所得（Y）は恒常所得（Y_P）に一致することになります（$Y = Y_P$）。

このとき消費関数（②式）は、

$$C = aY_P = aY$$

となり、クズネッツ型の消費関数に一致します。

また、両辺をYで割った平均消費性向は、

$$\frac{C}{Y} = a$$

となり、長期において平均消費性向は一定となります。

つまり、フリードマンも、**クズネッツが発見した消費関数は、長期の消費関数である**と主張するのです。

② 短　期

短期的には変動所得はゼロにはなりません（$Y_T \neq 0$）から、$Y = Y_P + Y_T$となります。これを$Y_P = Y - Y_T$として消費関数（②式）に代入すると、

$$C = aY_P = a(Y - Y_T) = aY - aY_T$$

となり、$-aY_T$だけ縦軸に切片を持つことがわかります。これを基礎消費に相当

すると解釈すれば、上式はケインズ型消費関数の特徴を持つことがわかります。

また、平均消費性向（$\frac{C}{Y}$）は、

$$\frac{C}{Y}=\frac{aY_P}{Y_P+Y_T}$$

となります。好況期には変動所得はプラスですから（$Y_T>0$）、分母の値が大きくなる、つまり平均消費性向は逓減します。一方、不況期には変動所得はマイナスになりますから（$Y_T<0$）、平均消費性向は逓増することになります。

よって、フリードマンも、**ケインズ型消費関数は短期の消費関数である**と結論づけるのです。

(3) ライフサイクル仮説

ライフサイクル仮説は、F.モディリアーニ、R.ブランバーグ、アルバート安藤によって示された消費仮説です。彼らは、**個人の消費は今期の所得（Y）に依存するのではなく、生涯所得に依存する**と考えました。

この仮説は、ミクロ経済学的な観点から消費を説明します。そこで、以下のような代表的な個人（平均的な個人）を想定して消費関数を導きます。

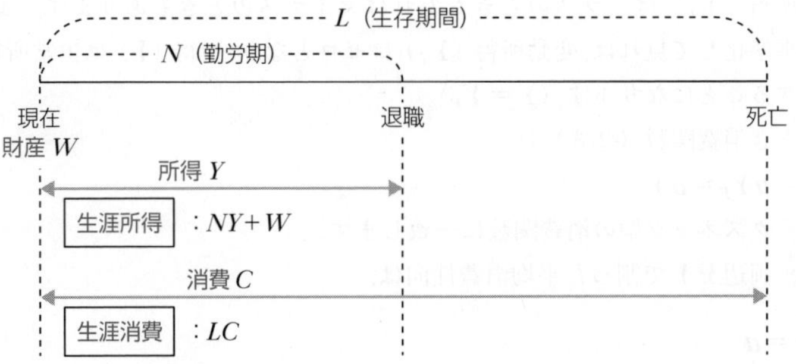

現在、財産W（預貯金など）を保有する、ある個人を考えます。この個人は、現在からN年間働くことができ、毎年Y円の所得を得ることができます。また、現在からL年後には死亡してしまうとしましょう。この生存期間における毎年の消費をCとします。

財産Wを含めるとこの個人の生涯所得は、

$$\text{生涯所得}=NY+W$$

と計算できます。一方、生存期間にわたって必要となる生涯消費は、

$$\text{生涯消費}=LC$$

とおけます。

ここで、この個人が子や孫に遺産を一切遺さないとすると（所得の使い切り）、

$$LC = NY + W$$

とおけます。この式の両辺をL（生存期間）で割ると、代表的個人の消費関数（C）は、

$$C = \frac{N}{L} \cdot Y + \frac{1}{L} \cdot W$$

となり、この式の$\frac{N}{L}$と$\frac{1}{L}$は年数で計算される一定値となりますから、$\frac{N}{L} = \alpha$、$\frac{1}{L} = \beta$として、

$$C = \alpha Y + \beta W \quad \cdots\cdots ③$$

と表します。これが、ライフサイクル仮説による消費関数です。

① 長　期

長期的な経済成長の局面では、資産Wは所得Yと比例的に増加すると考えられます。ここで、

$W = \gamma Y$（$\gamma < 1$の定数）

とすると、消費関数（③式）は、

$$\begin{aligned} C &= \alpha Y + \beta \gamma Y \\ &= (\alpha + \beta \gamma) Y \end{aligned}$$

となます。$\alpha + \beta \gamma$は一定値ですから、上式はクズネッツ型消費関数を示していると読むことができます。

また、平均消費性向（$\frac{C}{Y}$）は、

$$\frac{C}{Y} = \alpha + \beta \gamma$$

となり、長期において平均消費性向は一定となります。

つまり、ライフサイクル仮説においても、**クズネッツ型消費関数は、長期の消費関数である**と主張するのです。

② 短　期

短期的には、資産Wは増加することはなく、一定であると考えられます。このとき、消費関数$C = \alpha Y + \beta W$のうち、βWは一定となりますから、この部分を基礎消費と解釈すればケインズ型消費関数と一致します。

また、平均消費性向（$\frac{C}{Y}$）は、

$$\frac{C}{Y}=\alpha+\beta\cdot\frac{W}{Y}$$

となり、所得（Y）が増える好況期には平均消費性向は逓減し、所得が減る不況期には平均消費性向は逓増することがわかります。これは、ケインズ型消費関数の特徴そのものです。

よって、ライフサイクル仮説においても、**ケインズ型消費関数は、短期の消費関数である**と主張するのです。

(4) 流動資産仮説

流動資産仮説は、J. トービンによって示された消費仮説です。トービンは、**消費（C）は現在の所得（Y）のみならず、手もとにある流動資産（M）にも依存する**と考え、以下のような独自の消費関数を提示しました。

$C=aY+bM$　（a、bは正の定数）　……④

流動資産（M）とは、**換金性の高い資産**のことを指し、代表的なものが預貯金です。つまり、消費（C）は、人々の労働による所得（Y）だけではなく、各人が保有する流動資産（M）の金額にも依存すると考えたのです。

① 長　期

長期的な経済成長の局面では、流動資産（M）は所得（Y）と比例的に増加すると考えられます。ここで、

$M=\gamma Y$　（$\gamma<1$の定数）

とすると、消費関数（④式）は、

$$\begin{aligned}C&=aY+b\gamma Y\\&=(a+b\gamma)Y\end{aligned}$$

となります。$a+b\gamma$は一定値ですから、上式はクズネッツ型消費関数を示していると読むことができます。

また、平均消費性向（$\frac{C}{Y}$）は、

$$\frac{C}{Y}=a+b\gamma$$

となり、長期において平均消費性向は一定となります。

つまり、流動資産仮説においても、**クズネッツ型消費関数は、長期の消費関数である**と主張するのです。

② 短　期

短期的には、流動資産（M）は増加することはなく、一定であると考えられます。このとき、④式のbMは一定となりますから、この部分を基礎消費と解釈すればケインズ型消費関数と一致します。

また、平均消費性向（$\frac{C}{Y}$）は、

$$\frac{C}{Y}=a+b\cdot\frac{M}{Y}$$

となり、所得（Y）が増える好況期には平均消費性向は逓減し、所得が減る不況期には平均消費性向は逓増することがわかります。これは、ケインズ型消費関数の特徴そのものです。

よって、流動資産仮説においても、**ケインズ型消費関数は、短期の消費関数であると主張する**のです。

確認してみよう

以下の記述が正しいか否かを判断しなさい。

① 相対所得仮説に従うと、現在の所得水準が過去の最高所得を下回る不況期には、平均消費性向は上昇すると考えられる。

2 (1) ② 参照 ○

「不況期」とは、短期的な景気変動を指します。相対所得仮説でも、短期の消費関数はケインズ型だとしているので、所得が低下するときには、平均消費性向は上昇（逓増）します。

② 絶対所得仮説に従うと、限界消費性向がゼロより大きい値をとるので、所得が増加するに従って長期的には平均消費性向は上昇すると考えられる。

1 (1) 参照 ×

絶対所得仮説とは、ケインズの消費に対する考え方ですから、ケインズ型消費関数そのものを指します。したがって、所得が増加するに従って、平均消費性向は減少（逓減）します。

③ 恒常所得仮説に従うと、恒常所得を上回る一時的な所得の増加があると、そのほとんどはその期の消費に使われると考えられる。

2 (2) 参照 ×

恒常所得仮説では、消費は恒常所得に依存し、変動所得には依存しないとしています。

---

④ 流動資産仮説に従うと、実質流動資産の増加は消費よりも資本蓄積に回されるので、長期的には平均消費性向を低下させると考えられる。

2 (4) ① 参照 ×

流動資産仮説においても、長期の消費関数はクズネッツ型だとしているので、平均消費性向は、常に一定になります。

---

⑤ ライフサイクル仮説に従うと、人々はその時どきの所得に応じて消費を行う傾向にあるので、限界消費性向が１より小さい値をとるために、長期的には平均消費性向は所得の増加に応じて低下すると考えられる。

2 (3) ① 参照 ×

ライフサイクル仮説では、消費はその時どきの所得ではなく、生涯所得に依存するとしています。また、この仮説においても、長期の消費関数はクズネッツ型だとしているので、平均消費性向は、常に一定になります。

解法ナビゲーション

現在400万円の年収があり、1000万円の資産を保有している30歳の人がいる。この人が60歳まで働き、80歳まで寿命があり、今後30年間は現在と同額の所得があるが、その後は所得がないという予想の下で、生涯にわたって毎年同額の消費を行うとしたときの限界消費性向及び平均消費性向の値の組合せとして、妥当なのはどれか。ただし、個人の消費行動はライフサイクル仮説に基づき、遺産は残さず、利子所得はないものとする。

区Ⅰ 2005

	限界消費性向	平均消費性向
❶	0.55	0.65
❷	0.6	0.65
❸	0.6	0.6
❹	0.65	0.6
❺	0.65	0.55

着眼点

ライフサイクル仮説に関しては計算問題として出題されることが多く、本問はその典型例となります。繰り返し、しっかり練習しましょう。

【解答・解説】 正解 ❷

ライフサイクル仮説では、消費は、生涯所得に依存するとしています。

生涯所得は、利子所得がなければ、資産（1,000）と勤労期間における労働所得の合計になります。また、遺産はないので、生涯所得を生存期間中にすべて消費します。よって、

生涯消費 ＝ 生涯所得

$$\Leftrightarrow \quad LC = NY + W \quad \begin{pmatrix} L\text{：生存期間、}C\text{：1年間の消費、}N\text{：勤労期間、} \\ Y\text{：所得、}W\text{：資産} \end{pmatrix}$$

$$\Leftrightarrow \quad C = \frac{N}{L} \cdot Y + \frac{1}{L} \cdot W$$

とおけます。

ここで、資産が1,000万円で一定の短期を前提とすると、

$$C = \frac{30\text{年}}{50\text{年}} \cdot Y + \frac{1}{50\text{年}} \cdot 1{,}000\text{万円}$$

$$\Leftrightarrow \quad C = 0.6Y + 20 \qquad \cdots\cdots①$$

（限界消費性向0.6、基礎消費20）

となります。これが、ケインズ型消費関数です。したがって、限界消費性向は0.6となります。

次に、平均消費性向（$\frac{C}{Y}$）は、①式の両辺をYで割ることで、以下のように示せます。

$$\frac{C}{Y} = 0.6 + \frac{20}{Y}$$

いま、所得（Y）は400万円なので、具体的には以下のように計算できます。

$$\frac{C}{Y} = 0.6 + \frac{20}{400}$$

$$= 0.65$$

よって、正解は❷となります。

解法ナビゲーション

恒常所得仮説に基づく消費関数と恒常所得が次のように与えられている。

$$C_t = 0.5Y_t^P$$

$$Y_t^P = 0.4Y_t + 0.3Y_{t-1} + 0.2Y_{t-2} + 0.1Y_{t-3}$$

ここでC_tはt期の消費、Y_t^Pはt期の恒常所得、Y_tはt期の所得を表す。$Y_t =$ 500、$Y_{t-1} = Y_{t-2} = Y_{t-3} = 400$のとき、$t$期の平均消費性向として、正しいのはどれか。

国税・労基2007

❶ 0.22
❷ 0.44
❸ 0.55
❹ 0.66
❺ 0.88

着眼点

ライフサイクル仮説ほどではありませんが、恒常所得仮説に関する計算問題もときどき出題されます。

提示されている式がややこしそうに見えますが、恒常所得仮説の内容が頭に入っていれば、素直な計算で正解に至ることができます。

【解答・解説】 正解 ❷

平均消費性向は$\dfrac{C}{Y}$と計算されるので、まず与式に従って消費（C）を計算します。恒常所得を計算すると、

$$Y_t^P = 0.4Y_t + 0.3Y_{t-1} + 0.2Y_{t-2} + 0.1Y_{t-3}$$
$$= 0.4 \cdot 500 + 0.3 \cdot 400 + 0.2 \cdot 400 + 0.1 \cdot 400$$
$$= 440$$

となります。この結果を、問題文の消費関数に代入すると、以下のようになります。

$$C_t = 0.5Y_t^P$$
$$= 0.5 \cdot 440$$
$$= 220$$

t期の平均消費性向は$\dfrac{C_t}{Y_t}$となるので、

$$\frac{C_t}{Y_t} = \frac{220}{500}$$
$$= 0.44$$

と計算できます。

よって、正解は❷となります。

過去問にチャレンジ

問題1　ケインズの消費関数の理論に関する記述として、妥当なのはどれか。

★

▶解説は別冊 p.88

区Ⅰ 2003

❶　ケインズは、消費者の消費水準を決定するのは、現在及び過去の所得のうちの最高所得水準であるとした。

❷　ケインズは、消費水準を規定するものは絶対所得水準と流動資産であり、所得水準が同一であれば、流動資産が多いほど消費水準が高くなるとした。

❸　ケインズは、消費者の消費水準を決定するのは、その所得の絶対水準ではなく、その個人の所得が社会において位置する相対的地位であるとした。

❹　ケインズは、実際の所得を恒常所得と変動所得とに分け、実際の所得の中で恒常所得の占める割合が増大すれば、平均消費性向は短期的には高まるとした。

❺　ケインズは、消費は所得の絶対水準に依存し、所得が上昇すれば平均消費性向は下落するとした。

問題2　消費関数の理論に関する記述として、妥当なのはどれか。

★

▶解説は別冊 p.88

区Ⅰ 2006

❶　クズネッツは、アメリカの長期データを用いて所得と消費の関係を調べ、所得が時間の経過とともに増加すると平均消費性向は低下するとした。

❷　ケインズは、消費者は一定の消費習慣を持っていると主張し、現在の消費水準は、現在の所得水準のみならず過去の最高所得水準にも依存するとした。

❸　フリードマンは、所得を定期的に受け取ることが確実な恒常所得と臨時的に得られる変動所得とに分け、消費は変動所得に依存して決まるとした。

❹　トービンは、消費は所得だけではなく流動資産に依存すると主張し、所得に占める流動資産の割合が変化することにより、平均消費性向も変化するとした。

❺　デューゼンベリーは、個人の消費行動は、今期の所得によって決められるのではなく、その個人の生涯所得の大きさによって決められるとした。

問題3　消費関数の理論に関する記述として妥当なのはどれか。

★★
▶解説は別冊 p.89

労基2004

❶ ケインズ型のマクロ消費関数においては、消費が今期の所得水準に依存して決まることから、所得が増加しても平均消費性向は常に一定の値をとるが、消費量は飽和するため限界消費性向は所得が増加するにつれて低下する。

❷ ケインズ型のマクロ消費関数においては、顕示欲による消費を考慮して所得が増加するにつれて消費も増加していくことから、平均消費性向は所得が増加するにつれて上昇し、また、限界消費性向も所得が増加するにつれて上昇する。

❸ フリードマンによる「恒常所得仮説」においては、消費が今期の所得水準に依存するものではなく、将来の自己の所得獲得能力をも考慮した恒常所得の水準に依存することから、平均消費性向は好況期の時は小さく、不況期には大きくなる。

❹ フリードマンによる「恒常所得仮説」は、個人資産からの利子収入など雇用所得以外も考慮した恒常的な所得から合理的に導き出された恒常所得に基づく消費理論であることから、平均消費性向は好況期の時は大きく、不況期には小さくなる。

❺ フランコ・モジリアニなどによる「ライフサイクル仮説」に基づく消費関数は、社会全体の予想所得、社会全体の資産総額や社会全体の平均寿命などからなるものであり、フリードマンによる「恒常所得仮説」とは異なり長期的観点からの消費理論である。

問題4　消費関数に関する次の記述のうち、妥当なのはどれか。

★★
▶解説は別冊 p.90

国般2009

❶ ケインズの絶対所得仮説に従うと、人々の消費は現在所得及び将来にわたって平均的に得ると予想される恒常的な所得に依存するので、長期的にはこれらの所得の増加とともに平均消費性向が上昇していく。

❷ デューゼンベリーの相対所得仮説に従うと、人々の消費は過去の習慣、特に過去の最高所得に影響されるので、所得が減少した場合、それまでの消費水準を切り下げるのは容易ではないため、所得の減少ほどには消費は減少せず、その結果、平均消費性向は上昇する。

❸ フリードマンの流動資産仮説に従うと、人々の消費は将来にわたって平均的に得ると予想される恒常的な所得に加え、流動資産の保有量にも依存するので、所得が増加した場合、資産効果によって所得の増加分以上に消費が増加するため、平均消費性向は上昇する。

❹ トービンの恒常所得仮説に従うと、長期的には現在所得の増加に応じて消費水準も比例的に上昇していくが、景気後退期にはラチェット効果が働くので、平均消費性向は低下する。

❺ モディリアーニらのライフサイクル仮説に従うと、人々の消費はその時々の所得に依存するので、限界消費性向がゼロより大きく1より小さい値をとるために、長期的には所得の増加とともに平均消費性向が低下していく。

問題5
★★
▶解説は別冊 p.91

現在600万円の年収がある25歳の人がいる。この人が65歳まで働き、85歳まで寿命があり、今後40年間は現在と同額の所得があるが、その後は所得がないという予想の下で、今後生涯にわたって毎年同額の消費を行うとしたとき、この人の稼得期の毎年の貯蓄額はいくらか。ただし、個人の消費行動はライフサイクル仮説に基づき、稼得期の最初に資産を持たず、また、遺産を残さず、利子所得はないものとする。

区Ⅰ 2015

❶ 200万円
❷ 250万円
❸ 300万円
❹ 350万円
❺ 400万円

問題6

★★

▶解説は別冊 p.92

恒常所得Y_t^pは3期間の所得Y_t、Y_{t-1}、Y_{t-2}をもとに、次のように決まるものとする。

$$Y_t^p = 0.5Y_t + 0.3Y_{t-1} + 0.2Y_{t-2}$$

また消費は、

$$C_t = 0.9Y_t^p$$

によって決まるものとし、この個人は、各期においてその期の所得から消費を差し引いた残りをその期の貯蓄に充てる。ここで、Y_tはt期の所得を表し、C_tはt期の消費を表す。

この個人は、t期までは毎期300万円の所得を得てきたが、$t+1$期は所得が400万円に上昇した。

このとき、$t+1$期の貯蓄額はt期と比べてどう変化するか。

国税・労基2005

❶ 5万円増加
❷ 10万円増加
❸ 55万円増加
❹ 5万円減少
❺ 45万円減少

2 貨幣理論

学習のポイント

- 本節の内容も暗記が中心となります。ただ、出題頻度は低いところですから、とりあえず古典派の貨幣数量説を押さえ、残りは余力があったら取り組む、という方針でもかまいません。
- 計算問題を意識する必要はありません。

1 古典派の貨幣数量説

ケインズ経済学における貨幣理論（ケインズの流動性選好理論）は第4章で学習済みですので、ここでは古典派とマネタリストの貨幣に対する考え方を中心に、ケインズの流動性選好理論以外の理論を紹介します。

(1) フィッシャーの交換方程式

ケインズの流動性選好理論では、貨幣と債券の資産選択の問題から貨幣需要を考え、国民所得の増加関数となる取引需要（L_1）と利子率の減少関数となる投機的需要（L_2）からなるとしました。

これに対して、古典派は、財の取引関係から貨幣需要を説明します。

I.フィッシャーは、**一定期間内**（1年間）**における財の取引総額と貨幣の利用総額の間には、以下の関係式が常に成立する**としています（恒等式）。これを**フィッシャーの交換方程式**（数量方程式）といいます。

$$MV = PT$$

〔M：貨幣供給量、V：貨幣の流通速度、P：物価、T：財の取引量〕

数値例を用いて説明しましょう。3人（A、B、C）だけの経済を考えます。この経済には、貨幣は1万円札が1枚だけ存在するとし（$M=10{,}000$）、3人はそれぞれ1万円の財（$P=10{,}000$）を販売する商店主であるとしましょう。

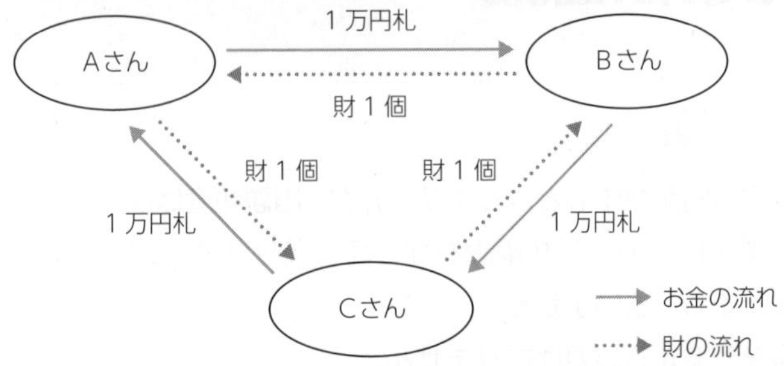

はじめにAさんが1万円札を持っていたとします。AさんがBさんのお店に行き、1万円の財を1個購入したとします。財と交換に貨幣が手渡され、1万円札はBさんのものになります（Bさんの売上1万円）。Bさんはこの1万円札でCさんのお店に行き、1万円の財を1個購入すれば、1万円札はCさんのものになります（Cさんの売上1万円）。さらに、このお金でCさんがAさんのお店で1万円の財を1個購入すれば、1万円札はAさんのものになります（Aさんの売上1万円）。

さて、"財の流れ"で見ると、1万円の財が全体で3個取引されており、取引総額は10,000円×3個＝30,000円となります。これがフィッシャーの交換方程式の右辺の金額になります（PT）。一方、"お金の流れ"で見ると、1枚の1万円札が取引に3回利用され、その利用金額の合計は10,000円×3回＝30,000円であることが確認できます。これが左辺の金額です（MV）。1万円札が1枚しかなくても、その1枚が取引に利用されることで、3万円の取引額を生み出すことが可能なのです。このときの**一定期間内における貨幣の利用回数**のことを**貨幣の流通速度**（V）、または貨幣の所得速度といいます。この貨幣の流通速度（V）は、**国ごとの社会的な慣習等によって異なり、一定値**とされます。

このように、財と貨幣の交換関係（取引）を"お金の流れ"と"財の流れ"の二つの側面に分解して考えているだけなので、当然に貨幣の流通金額と財の取引総額は一致し、$MV=PT$が成立することになるのです。

(2) ケンブリッジ方程式（現金残高方程式）

国全体の財の取引量（T）は、実質国民所得（Y）に等しいと考えることができますから（$T=Y$）、フィッシャーの交換方程式は、

$$MV=PY$$

と表すことができます。PYの部分を、**名目国民所得**と呼びます。先ほどと同様に、財の取引総額を表します。

ここで、この式を以下のように変形します。

$$M = \frac{1}{V} \cdot P \cdot Y$$

$$\Leftrightarrow \quad M = k \cdot P \cdot Y \quad \cdots\cdots ①$$

〔k：マーシャルのk $\left(=\frac{1}{V}\right)$〕

この①式を、**ケンブリッジ方程式**（現金残高方程式）と呼びます。

貨幣の流通速度の逆数 $\left(\frac{1}{V}\right)$ を、古典派の**A.マーシャル**にちなんで**マーシャルのk**と呼びます。貨幣の流通速度（V）は一定ですから、マーシャルのkも一定となります。①式は、**名目国民所得**（＝財の取引総額）**の一定割合（k）だけ貨幣が必要になるので**（貨幣需要）、**それに応じたマネーサプライ（M）が必要であること**が示されています。貨幣の流通速度（V）が大きいほど（＝貨幣の利用回数が多いほど）、同じ取引総額を生み出すに当たって必要となるマネーサプライ（M）は、少なくて済みます（Vが大きい値になるほどkの値は小さくなるためです）。

①式の両辺を物価（P）で割ると、

$$\frac{M}{P} = k \cdot Y \quad \cdots\cdots ②$$

となります。

一方、ケインズ経済学における貨幣市場の均衡条件式（LM曲線）は、

$$\frac{M}{P} = L_1(Y) + L_2(r) \quad \cdots\cdots ③$$

となりました。$L_1(Y)$ は国民所得の増加関数となる取引需要、$L_2(r)$ は利子率の減少関数となる投機的需要を表します。

ここで、②式と③式を比べてみましょう。②式の$k \cdot Y$は、③式の$L_1(Y)$ と同等のものだといえますが、②式には利子率の減少関数となる$L_2(r)$ に相当するものが見当たりません。つまり、**古典派は、財の取引に必要となる貨幣**（＝貨幣需要）**は、利子率（r）に依存することはなく、国民所得（Y）にのみ依存すると考えているのです**（**古典派には、利子率の減少関数となる投機的需要はない**、と覚えておきましょう）。

このように、フィッシャーの交換方程式とケンブリッジ方程式は、形式的には同じものであると考えることができます。しかし、フィッシャーの交換方程式は、単に財の取引総額と貨幣の利用総額の関係を記述しているのに対して、ケンブリッジ方程式（現金残高方程式）は、人々の貨幣保有の動機（取引動機）に基づいて、貨幣の需給均衡を考えています。よって、両者は本質的には異なります。

(3) 貨幣数量説（貨幣の中立性命題）

古典派のケンブリッジ方程式（現金残高方程式）、

$$M = k \cdot P \cdot Y \qquad \cdots\cdots ①$$

は、貨幣の需給均衡を示しています。古典派は、労働市場では必ず完全雇用量が実現され、（実質）国民所得も常に完全雇用国民所得を実現すると考えています。したがって、（実質）国民所得（Y）は、完全雇用国民所得水準で一定となります。また、マーシャルの$\boldsymbol{k}$も一定ですから、①式からマネーサプライ（M）に応じて、物価水準（P）が決まることになります。

ここで、中央銀行が拡張的な金融政策を実施し、マネーサプライ（M）を増加させたとします。①式によれば、国民所得（Y）とマーシャルの$\boldsymbol{k}$は一定ですから、左辺のマネーサプライの拡大は、右辺の物価だけを高める結果になることがわかります。

つまり古典派は、拡張的な金融政策を実施しても、投資（I）や国民所得（Y）を拡大させることができないと考えているわけです。よって、**拡張的な金融政策は物価を比例的に高めるだけで、国民所得には何ら影響を与えることはできないとして金融政策は無効としました。**このような古典派の考え方を**貨幣数量説**、**貨幣ヴェール観**、**貨幣の中立性命題**などといいます。

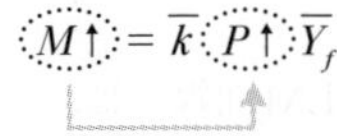

マネーサプライ（M）の拡大は、物価（P）を比例的に上昇させるだけで、
国民所得（Y）には何ら影響を及ぼさない。

このように、古典派は、**経済の貨幣的な側面**（貨幣経済、貨幣部門）**と実物的な側面**（財市場、実物部門）**を分断して考えている**のです。このような、マクロ体系を２分して捉える古典派の考え方を、**古典派の二分法**と呼びます。この点は、財市場と貨幣市場の同時均衡を前提として、財政金融政策の有効性を論じていたケインズ経済学とは決定的に異なります。

2 マネタリストの新貨幣数量説

(1) 新貨幣数量説

マネタリストも、基本的には、古典派のケンブリッジ方程式（現金残高方程式）に基づいて貨幣の需給均衡を考えます。

ただし、**マーシャルの$\boldsymbol{k}$については一定値ではなく、利子率（r）をはじめとした金融資産からの収益率や恒常所得、期待インフレ率に依存すると考えました。**

例えば、利子率が上昇したとすると（$r\uparrow$）、財の取引に備えて貨幣を保有しているよりも、利子率に応じた収益が期待できる金融資産で保有したほうが有利です。よって、貨幣での保有が減ることになり、貨幣需要の割合であるマーシャルのkは低下することになります（k↓）。このような要因によってマーシャルのkが変化することで、**短期的には、マネーサプライ（M）の変化が実質国民所得（Y）に対して影響を及ぼし得る**としました。

(2) マネタリストの政策提言

マネタリストは、短期的には、拡張的な金融政策には効果があるとしました。ただし、“裁量的な”金融政策の運営を否定しました。

> 変化率の公式
> $A = B \cdot C \Rightarrow \frac{\Delta A}{A} = \frac{\Delta B}{B} + \frac{\Delta C}{C}$

まず、ケンブリッジ方程式（$M = k \cdot P \cdot Y$）を変化率の式にします。

$$M = k \cdot P \cdot Y$$

$$\Leftrightarrow \quad \frac{\Delta M}{M} = \frac{\Delta k}{k} + \frac{\Delta P}{P} + \frac{\Delta Y}{Y} \qquad \cdots\cdots ①$$

ここで、長期的には、マーシャルのkは一定であるとすると、$\frac{\Delta k}{k}$はゼロ（変化なし）とおけます。すると、①式は以下のように変形できます。

$$\frac{\Delta M}{M} - \frac{\Delta Y}{Y} = \frac{\Delta P}{P} \qquad \cdots\cdots ②$$

②式の$\frac{\Delta M}{M}$は、名目マネーサプライ増加率です。また、$\frac{\Delta Y}{Y}$の部分は、「**実質国民所得が何%変化するか**」を示しており、これを経済成長率と呼びます。$\frac{\Delta P}{P}$はインフレ率です。

仮に、１国の経済成長率（$\frac{\Delta Y}{Y}$）が２％であるとしましょう。毎年２％ずつ実質国民所得が高まっているのです。これは財の取引が活発になっている証拠ですから、政策当局は円滑な取引を支えるために、成長率に見合った貨幣の供給を行う必要があります。そこで、名目マネーサプライ増加率（$\frac{\Delta M}{M}$）を経済成長率と同率の２％に設定し、これに従って毎年安定的にマネーサプライを増やしていくとします。すると、②式から2%－2%＝0%となり、右辺のインフレ率（$\frac{\Delta P}{P}$）をゼロにすることができます。つまり、**経済成長率に合わせてマネーサプライを増加させるという“ルール”に従って金融政策を行えば、インフレを加速化させることはな**

い、と主張するのです。

このように**マネタリストは、裁量的な金融政策の運営は物価を撹乱するだけであるとして否定し、ルールに基づいた金融政策を提言する**のです。このような考え方を、**k%ルール**（x%ルール）といいます（この場合のkは、マーシャルのkとは関係がありません）。

3 在庫理論アプローチ

古典派によると、財の取引に備えて貨幣が保有され（取引需要）、それは、国民所得の増加関数になり、利子率には依存しないとされました。

これに対して、ケインジアンである**J.トービン**（やW.ボーモル）は、**貨幣の取引需要（L_1）も、利子率の減少関数になり得る**としました。

例えば、毎月月末に給料が30万円預金口座に振り込まれるとします。生活（取引）のためには現金が必要です（取引需要）。キャッシュレスという概念がなく、取引には現金が必要な社会を想定すると、銀行やATMで現金の引出しが必要です。

毎日こまめに引き出しに行くと面倒ですし、引出し手数料が多くかかってしまって経済的ではありません。では、給料日に一気に全額引き出すのがよいでしょうか。これだと、預金口座の預金残高が一気に減ってしまいますから、銀行からもらえる利息が得られなくなってしまいます。このような犠牲を、**機会費用**といいます。これも経済的ではありません。このような点に注目し、トービンは、**引出し手数料と逸失利息**（機会費用）**の合計を現金保有**（取引動機に基づく貨幣需要）**のコストと考え、人々は、これを最小にするように引出し回数を決定するはずだと考えた**のです。このような考え方を、**在庫理論アプローチ**と呼びます。

仮に、最適な引出し回数を決めている状態から、利子率が上昇したとします（$r\uparrow$）。これは、預金口座に預金を多く残しておけば、多くの利息を得られることを意味します。こうなると、人々は預金口座に預金を多く残し、手もとに現金は持たないようにするでしょう（生活に最低限必要な現金をこまめに引き出すようにします）。これは、貨幣の取引需要が減少することを意味します（$L_1\downarrow$）。

このように、トービンは、**貨幣の取引需要（L_1）は、国民所得の増加関数であると同時に、利子率（r）の減少関数でもある**と主張したのです。

確認してみよう

以下の記述が正しいか否かを判断しなさい。

① 古典的な貨幣数量説では、貨幣需要は国民所得と利子率の増加関数になると考えられている。

1 (2) 参照 ×

古典派の貨幣数量説では、貨幣需要は国民所得の増加関数になるとしていますが、利子率とは無関係であるとしています。

② マーシャルは、貨幣需要は主に利子率に依存していると考え、現金残高方程式を用いて物価水準は実物経済市場とは無関係に決定されると論じた。

1 (2) 参照 ×

マーシャルは古典派であり、貨幣需要は国民所得にのみ依存すると考えています。後半部分は、正しいといえます。

③ フィッシャーは、交換方程式により、財の取引量と貨幣の流通速度が一定であるならば、物価水準は貨幣量により決まるとする考え方を示した。

1 (1) 参照 ○

フィッシャーの交換方程式は、

$$MV = PT$$

$\left(\begin{array}{l} M\text{：貨幣量、}V\text{：貨幣の流通速度、} \\ P\text{：物価水準、}T\text{：財の取引量} \end{array}\right)$

となります。ここで、財の取引量（T）と貨幣の流通速度（V）が一定であるならば、貨幣量（M）に応じて物価水準（P）が決まることになります。

④ 将来の不測の事態に備えるための貨幣需要は予備的貨幣需要と呼ばれるが、主として利子率の減少関数になると見られている。

第4章第1節 2 (2) 参照 ×

予備的貨幣需要は、ケインズの流動性選好理論で示されたもので、国民所得の増加関数になるとしています（取引需要の一部）。

5 トービンとボーモルは、在庫理論アプローチにより、取引動機に基づく貨幣需要は、所得のみならず利子率にも依存するとした。

3 参照 ○

取引需要（L_1）は、国民所得の増加関数になるだけではなく、利子率の減少関数にもなり得るとしている点が、ケインズの流動性選好理論とは異なります。

過去問にチャレンジ

問題1 **貨幣理論に関する記述として最も妥当なのはどれか。**

★★

▶解説は別冊 p.93

労基2008

❶ 古典的な貨幣数量説によると、貨幣の所得速度はマネーサプライの大きさに比例し、実質国内総生産の大きさに反比例する。

❷ マーシャルのkは、マネーサプライを実質国内総生産で割った数値であり、フィッシャーの数量方程式における貨幣の所得速度に比例して変動する。

❸ 古典的な貨幣数量説によると、マーシャルのkは実質国内総生産とは独立して決定される一方、利子率が上昇すると、常に比例的に上昇する。

❹ 貨幣の中立性命題は、マネーサプライの大きさは物価水準を決定するが実物経済には影響しないとするものであり、経済における実物部門と貨幣部門が分離しているとする考え方である。

❺ 貨幣の中立性命題によると、マネーサプライが増加すると、実質国内総生産の増加につながるもののマーシャルのkや利子率には影響を与えない。

★★

▶解説は別冊 p.94

貨幣供給と物価の関係に関する次の文章の（ア）～（オ）に入るものの組合せとして妥当なのはどれか。

国般2012

古典派経済学によれば、貨幣供給量の変化は全て物価水準の変化によって吸収されるため、貨幣は実物経済に対して全く影響を及ぼさないとされる。これは（**ア**）と呼ばれる考え方であり、貨幣は実物経済を覆うヴェールにすぎない。

一方、ケインズ経済学によれば、貨幣供給量の変化は、実物経済の変化を引き起こすことになる。例えば、貨幣供給量が増加した場合、物価水準を一定としたIS－LM分析で考えると、LM曲線は（**イ**）にシフトし、均衡国民所得は（**ウ**）する。そして、総需要－総供給分析では、総需要曲線が右下がり、総供給曲線が右上がりであるとすると、貨幣供給量の増加は（**エ**）の右方へのシフトをもたらし、物価水準の（**オ**）を引き起こす。

	（**ア**）	（**イ**）	（**ウ**）	（**エ**）	（**オ**）
❶	貨幣の中立性	右　方	増　加	総需要曲線	上　昇
❷	貨幣の中立性	右　方	増　加	総供給曲線	下　落
❸	貨幣錯覚	右　方	増　加	総供給曲線	下　落
❹	貨幣錯覚	左　方	増　加	総供給曲線	上　昇
❺	貨幣錯覚	左　方	減　少	総需要曲線	上　昇

問題3　貨幣需要に関する記述として、妥当なのはどれか。

★★

▶解説は別冊 p.94

都Ⅰ 2006

❶ ケインズの流動性選好説は、貨幣需要の動機を取引動機及び投機的動機の２つに分類し、取引動機による貨幣需要は、利子率の減少関数であり、投機的動機による貨幣需要は、所得の増加関数であるとする理論である。

❷ トービンの資産選択理論は、投機的動機に基づく古典派の貨幣数量説を発展させ、資産を貨幣という安全資産と債券や株式などの危険資産の２つに分類した、保有する資産の組合せによる貨幣需要の理論である。

❸ トービンやボーモルの在庫理論アプローチは、貨幣の取引需要を貨幣保有の機会費用を用いて説明するものであり、貨幣需要は、所得の増加関数で、利子率の減少関数であるとする理論である。

❹ フィッシャーの数量方程式は、ケンブリッジ方程式とも呼ばれ、マーシャルの k を用いて貨幣量と所得の比を表したものである。

❺ フリードマンの新貨幣数量説は、貨幣の流通速度は、利子率に依存せず、貨幣需要には影響を及ぼさないとする理論である。

第9章

国際マクロ経済学

45°線分析・IS－LM分析
マンデル＝フレミング・モデル

1 45°線分析・IS－LM分析

学習のポイント

・輸出と輸入が加わるだけで、基本的な考え方や問題の解き方はこれまでと同じです。
・貿易収支の計算が問われますから、この点だけ意識して練習しておきましょう。

1 輸出と輸入

これまでのマクロ・モデルでは、輸出（X:Export）や輸入（M:Import）といった、外国との財の取引は考えてきませんでした。

しかし、いまや他国と取引をしない国などありません。**輸出**（X）は、**自国の財に対する需要**を意味します。一方、**輸入**（M）は、自国民が財を需要したとはいっても、**外国の財に対する需要**です。よって、現実的な自国の"景気"の問題や、経済政策の効果等の問題を考えるに当たって、輸出（X）と輸入（M）を考慮することは、避けてとおることができません。

そこで、まずは最もシンプルな45°線分析（サミュエルソン・モデル）を使って、外国との取引が自国の均衡国民所得や政策の効果（乗数効果）にどう影響するかを見ていきましょう。

輸出（X）と輸入（M）は、試験問題には以下のような形で与えられます。

【輸出（X）】　一定値
【輸入（M）】　$M = mY + M_0$　（M：輸入、m：限界輸入性向（一定）、Y：自国の国民所得、M_0：基礎輸入（一定））

どれだけ日本が外国に輸出できるかは、外国の景気によります。外国の景気がよければ、日本の財に対する需要も増えることになるでしょう。しかし、ここでは外国の景気の分析はしませんから、輸出（X）は一定とします。

逆に、輸入は日本の景気（国民所得（Y））によります。自国の景気がいいと（Y↑）外国の財に対しても需要が増え、輸入が増えます（M↑）。つまり、**輸入（M）は国民所得（Y）の増加関数になります。**

限界輸入性向（m）は、国民所得（Y）が1単位増加したときに、輸入（M）がどれだけ増加するかを表すもので、$0 < m < 1$の間の**一定値**です。また、**基礎輸入（M_0）は、輸入のうち国民所得（Y）に依存しない大きさ**を表すものです（独立輸入ともいいます）。

なお、輸出（X）から輸入（M）を引いたものを**貿易収支**（TA：Trade account）といい、**外国との財の取引における収支**を表します。

2 総供給と総需要

(1) 総供給

総供給（Y_S）については何ら修正はなく、これまでと同じです。租税を無視するなら、

$Y_S = Y = C + S$ 〔Y：国民所得、C：消費、S：貯蓄〕

となります。総供給（Y_S）が$Y_S = Y$であることに変わりはありませんから、総供給のグラフ（45°線）にも修正はありません。

(2) 総需要

輸出（X）は、外国からの自国の財に対する需要を、輸入（M）は、外国の財に対する需要を表しますから、総需要（Y_D）は以下のようにおけます（問題文で何らかの形で指示があります）。

$Y_D = C + I + G + X - M$ ……①

〔C：消費、I：投資、G：政府支出〕

ここで、輸出（X）は一定値、輸入（M）は、

$M = mY + M_0$

とします（問題文に与えられます）。租税を無視する場合、消費関数は、

$C = cY + C_0$〔c：限界消費性向、C_0：基礎消費〕

となるので、これらを①式に代入すると、

$$Y_D = C + I + G + X - M$$
$$\Leftrightarrow \quad Y_D = cY + C_0 + I + G + X - (mY + M_0)$$
$$\Leftrightarrow \quad Y_D = cY + C_0 + I + G + X - mY - M_0$$
$$\Leftrightarrow \quad Y_D = (c - m)Y + C_0 + I + G + X - M_0$$

となります。総需要（Y_D）と分配面の国民所得（Y）以外はすべて一定値ですから、横軸にY、縦軸にY_Dをとった平面上に、傾きが（$c - m$）、縦軸切片が$C_0 + I + G + X - M_0$の右上がりの直線として示すことができます（$c > m$とします）。

(3) 均衡国民所得の決定

総供給と総需要が一致するところで均衡国民所得が決まります。

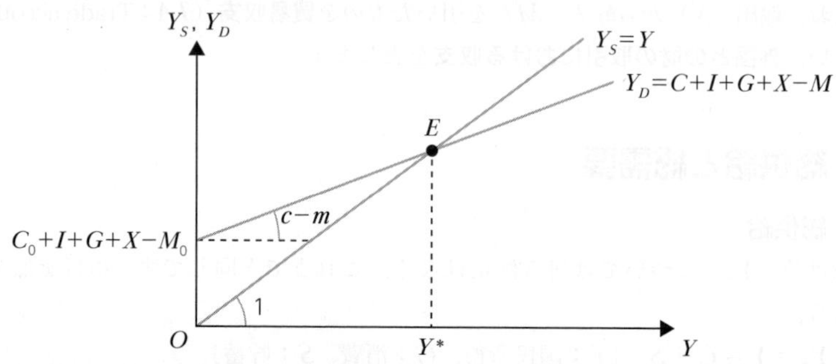

財市場の均衡条件式は、以下のようになります。

総供給（Y_S）＝総需要（Y_D）

$$\Leftrightarrow \quad Y=C+I+G+X-M$$

消費関数$C=cY+C_0$と輸入関数$M=mY+M_0$を代入してYについて解くと、均衡国民所得（Y^*）は以下のようになります。

$$Y=C+I+G+X-M$$
$$\Leftrightarrow \quad Y=cY+C_0+I+G+X-(mY+M_0)$$
$$\Leftrightarrow \quad Y-cY+mY=C_0+I+G+X-M_0$$
$$\Leftrightarrow \quad (1-c+m)Y=C_0+I+G+X-M_0$$
$$\therefore \quad Y^*=\frac{1}{1-c+m}\cdot(C_0+I+G+X-M_0)$$

均衡国民所得（Y^*）の大きさは、その国の限界消費性向（c）、限界輸入性向（m）、基礎消費（C_0）、民間投資（I）、政府支出（G）、輸出（X）、基礎輸入（M_0）の大きさによって決まることがわかります。これらは、すべて総需要を構成する項目です。**輸出が増加すると（X↑）、自国は好況となり（Y^*↑）、定額部分の基礎輸入が増加すると（M_0↑）、自国の景気は悪化してしまう（Y^*↓）ことがわかります。**

3 開放マクロ・モデル

(1) 開放マクロ・モデルⅠ

次に、以下のようなモデルで乗数効果（政策の効果）を見てみましょう。第2章で扱ったのと同様に、以下の3ステップを踏みます。まず、租税が定額税である場合のマクロ・モデルです。

$Y=C+I+G+X-M$	：均衡条件式
$C=c(Y-T)+C_0$	：消費関数
$T=T$（一定）	：定額税（一定）
$I=I$（一定）	：民間投資（一定）
$G=G$（一定）	：政府支出（一定）
$X=X$（一定）	：輸出（一定）
$M=mY+M_0$	：輸入関数

❶　均衡条件式に他の条件をすべて代入し、均衡国民所得を計算します。

$$Y=C+I+G+X-M$$
$$\Leftrightarrow \quad Y=c(Y-T)+C_0+I+G+X-(mY+M_0)$$
$$\Leftrightarrow \quad (1-c+m)Y=-cT+C_0+I+G+X-M_0$$
$$\therefore \quad Y=\frac{1}{1-c+m}(-cT+C_0+I+G+X-M_0)$$

❷　限界消費性向と限界輸入性向を一定として、この均衡国民所得の式を変化分の式にします。

$$\varDelta Y=\frac{1}{1-c+m}(-c\cdot\varDelta T+\varDelta C_0+\varDelta I+\varDelta G+\varDelta X-\varDelta M_0) \quad \cdots\cdots①$$

❸　総需要の項目が変化したときに、均衡国民所得がどれだけ変化するかを見ます（代表的なもののみ示します）。

①　政府支出の効果

政府支出（G）が変化した場合の乗数効果は、①式において$\varDelta G$以外の項目は変化してないと判断して、すべてゼロとおきます。すると、

$$\varDelta Y=\frac{1}{1-c+m}\cdot\varDelta G$$

となります。

租税を定額税とする場合、閉鎖経済のときの政府支出乗数は、$\frac{1}{1-c}$となりました（覚える必要はありません）。上記の政府支出乗数と比べると、

$$\frac{1}{1-c}>\frac{1}{1-c+m}$$

第9章 国際マクロ経済学

となることがわかります。$0<c<1$、$0<m<1$であり、分母の大きい右辺のほうが分数全体の値が小さくなるためです。これは、**閉鎖経済のときよりも開放経済のほうが政府支出拡大の政策効果が小さくなってしまう**ことを示しています。これは、以下の理由によります。

閉鎖経済のもとでは、政府支出を拡大させて均衡国民所得を拡大させると、可処分所得が増えることで国内の消費（C）の増加に結びつきます。

一方、開放経済のもとでは、政府支出の拡大によって均衡国民所得が拡大すると、限界輸入性向（m）倍だけ輸入（M）が高まることになります。つまり、閉鎖経済ならば国内の消費だけに向かうはずが、開放経済ではその一部が海外へ向けられてしまい、国内の財に対する総需要（Y_D）の拡大を抑制してしまうのです。結果、**開放経済の場合には、政策効果も抑制されてしまう**ことになるのです。

② 租税の効果

租税（T）が変化した場合の乗数効果は、①式において$\varDelta T$以外の項目は変化していないと判断して、すべてゼロとおきます。すると、

$$\varDelta Y=\frac{-c}{1-c+m}\cdot\varDelta T$$

となります。やはり、租税乗数（$\frac{-c}{1-c+m}$）はマイナスとなります。したがって、**開放経済下においても、増税（$\varDelta T>0$）は国民所得を低下させ**（$\varDelta Y<0$）、**減税（$\varDelta T<0$）は国民所得を高める**（$\varDelta Y>0$）ことになります。

③ 輸出の効果

輸出（X）が変化した場合の乗数効果は、①式において$\varDelta X$以外の項目は変化していないと判断して、すべてゼロとおきます。すると、

$$\varDelta Y=\frac{1}{1-c+m}\cdot\varDelta X$$

となり、輸出乗数は政府支出乗数と同値になることがわかります。

④ 輸入の効果

基礎輸入（M_0）が変化した場合の乗数効果は、①式において$\varDelta M_0$以外の項目は変化していないと判断して、すべてゼロとおきます。すると、

$$\varDelta Y=\frac{-1}{1-c+m}\cdot\varDelta M_0$$

となり、基礎輸入乗数（$\frac{-1}{1-c+m}$）はマイナスであることから、**輸入の拡大**（$\varDelta M_0>0$）**は国民所得を低下させ**（$\varDelta Y<0$）、**輸入の縮小**（$\varDelta M_0<0$）**は国民所得を高める**（$\varDelta Y>0$）ことがわかります。

⑵　開放マクロ・モデルⅡ

次に、租税（T）が所得に依存する場合（比例税）を前提として、乗数効果を確認しましょう。

$Y=C+I+G+X-M$	：均衡条件式
$C=c(Y-T)+C_0$	：消費関数
$T=tY+T_0$	：租税関数（t：限界税率、T_0：基礎租税（定数））
$I=I$（一定）	：民間投資（一定）
$G=G$（一定）	：政府支出（一定）
$X=X$（一定）	：輸出（一定）
$M=mY+M_0$	：輸入関数

❶　**均衡条件式に他の条件をすべて代入し、均衡国民所得を計算します。**

$$Y=C+I+G+X-M$$
$$\Leftrightarrow\quad Y=c(Y-T)+C_0+I+G+X-(mY+M_0)$$
$$\Leftrightarrow\quad Y=c\{Y-(tY+T_0)\}+C_0+I+G+X-mY-M_0$$
$$\Leftrightarrow\quad (1-c+ct+m)Y=-cT_0+C_0+I+G+X-M_0$$
$$\therefore\quad Y=\frac{1}{1-c+ct+m}(-cT_0+C_0+I+G+X-M_0)$$

❷　**限界消費性向と限界輸入性向を一定として、この均衡国民所得の式を変化分の式にします。**

$$\varDelta Y=\frac{1}{1-c+ct+m}(-c\cdot\varDelta T_0+\varDelta C_0+\varDelta I+\varDelta G+\varDelta X-\varDelta M_0)$$

❸　**総需要の項目が変化したときに、均衡国民所得がどれだけ変化するかを見ます（代表的なもののみ示します）。**

政府支出の効果と租税の効果は、それぞれ以下のようになります。

第9章　国際マクロ経済学

【政府支出・輸出の効果】 $\Delta Y = \dfrac{1}{1 - c + ct + m} \cdot \Delta G$

【租税の効果】 $\Delta Y = \dfrac{-c}{1 - c + ct + m} \cdot \Delta T_0$

【輸入の効果】 $\Delta Y = \dfrac{-1}{1 - c + ct + m} \cdot \Delta M_0$

第2章で紹介した均衡予算乗数定理は開放経済下では成立しません。均衡予算乗数定理成立のための条件のうち三つ目を満たすことができないためです。

4 IS－LM分析

貨幣市場の均衡も考慮したIS－LM分析を使って、開放経済を考えます。この枠組みは、財市場の総需要の項目に、輸出（X）と輸入（M）が加わるだけで、通常のIS－LM分析と同じだと考えて結構です。

ただ、財市場の需要項目が増えますから、確認の意味でIS曲線だけ見ておきましょう（貨幣市場とLM曲線については、これまでと全く同じなので、ここでは割愛します）。

(1) IS曲線

IS曲線は、財市場の均衡条件式のことです。輸出と輸入を考慮して、IS曲線を導いてみましょう。

$Y = C + I + G + X - M$	：均衡条件式
$C = c(Y - T) + C_0$	：消費関数（c：限界消費性向、C_0：基礎消費）
$T = T$（一定）	：定額税
$I = I_0 - ar$	：投資関数（I_0、a：定数、r：利子率）
$G = G$（一定）	：政府支出
$X = X$（一定）	：輸出
$M = mY + M_0$	：輸入関数（m：限界輸入性向、M_0：基礎輸入）

均衡条件式に他の条件をすべて代入し、rについて整理すると、

$$Y = C + I + G + X - M$$

$$\Leftrightarrow \quad Y = c(Y - T) + C_0 + I_0 - ar + G + X - (mY + M_0)$$
$$\Leftrightarrow \quad ar = -Y + cY - cT + C_0 + I_0 + G + X - mY - M_0$$
$$\therefore \quad r = -\frac{1 - c + m}{a} \cdot Y + \frac{C_0 - cT + I_0 + G + X - M_0}{a} \quad \cdots\cdots ①$$

となります。この①式がIS曲線です（覚える必要はありません）。これを、横軸に国民所得（Y）、縦軸に利子率（r）をとった平面上に描くと、右下がりの曲線（直線）となります。

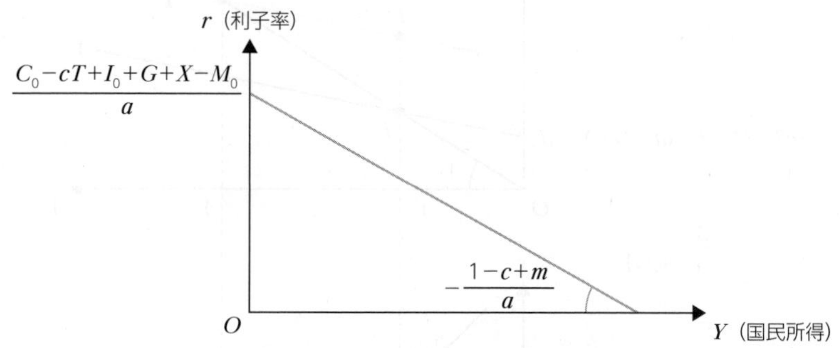

⑵　IS曲線のシフト

ここでは定額税（T）を考慮して、総供給（Y_S）と総需要（Y_D）を確認します。

総供給（Y_S）は、

$Y_S = Y = C + S + T$　〔S：貯蓄〕

となり、傾きの大きさが1の45°線で示されます。

一方、総需要（Y_D）は、

$$\begin{aligned} Y_D &= C + I + G + X - M \\ &= c(Y - T) + C_0 + I_0 - ar + G + X - (mY + M_0) \\ &= cY - cT + C_0 + I_0 - ar + G + X - mY - M_0 \\ &= (c - m)Y - cT + C_0 + I_0 - ar + G + X - M_0 \end{aligned}$$

となります。利子率（r）を一定として投資（$I_0 - ar$）を一定値と見れば、傾きが（$c - m$）（ただし、$c > m$とします）、縦軸の切片が$-cT + C_0 + I_0 - ar + G + X - M_0$の右上がりの直線となります。

財市場がE_0点で均衡し、国民所得がY_0であったとしましょう（上図）。当初のIS曲線はIS_0で、利子率はr_0で変わらないとします（下図）。

輸出（X）が高まったり、基礎輸入（M_0）を引き下げるような保護主義的な政策が採られたりすると、総需要の縦軸切片が高まることになります。これにより、総需要は上方にシフトし（$Y_{D0} \to Y_{D1}$）、乗数効果分だけ国民所得が拡大します

第9章　国際マクロ経済学

（$Y_0 \rightarrow Y_1$）（上図）。これは、利子率を一定（r_0）としたもとで実現される効果ですから、IS曲線はE_1点を通るように、**乗数効果分だけ右方にシフトします。**

一方、輸出（X）の減少や基礎輸入（M_0）の増加が起きると、利子率を一定として、IS曲線は**乗数効果分だけ左方にシフトすることになります。**

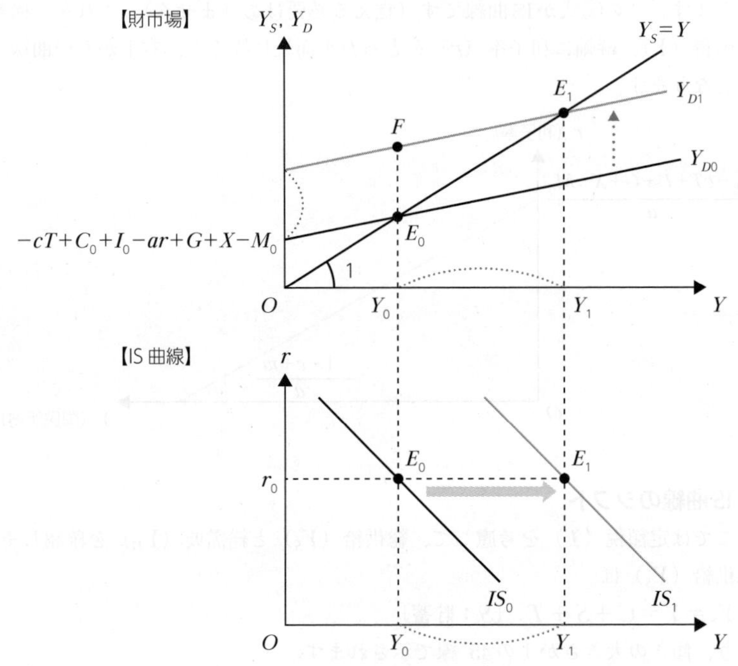

確認してみよう

以下の記述が正しいか否かを判断しなさい。

① 開放経済を前提にすると、定額税の減税は、企業の投資意欲を直接刺激するため、政府支出増より景気浮揚効果は大きい。

3 (1) ①、②参照 ×

租税乗数 $\left(\frac{-c}{1-c+m}\right)$ よりも政府支出乗数 $\left(\frac{1}{1-c+m}\right)$ のほうが大きいので、政府支出増のほうが景気浮揚効果は大きいといえます。

② 政府支出増は、全額有効需要の増加となるため、増加した可処分所得の一部が貯蓄となる減税より景気浮揚効果は大きい。

3 (1) ①、②参照 ○

このことが、租税乗数と政府支出乗数の大きさに違いをもたらすのです。

③ 輸入の拡大は、財に対する需要の増加を意味するため、政府支出増より景気浮揚効果は大きい。

3 (1) ①、②参照 ×

政府支出乗数 $\left(\frac{1}{1-c+m}\right)$ に対して基礎輸入乗数 $\left(\frac{-1}{1-c+m}\right)$ はマイナスの値であり、輸入の拡大は景気に対してマイナスに作用することがわかります。

④ 輸出の拡大は、財に対する需要の増加を意味するため、景気浮揚効果はあるが、減税ほどの景気浮揚効果はない。

3 (1) ①、②参照 ×

租税乗数 $\left(\frac{-c}{1-c+m}\right)$ よりも輸出乗数 $\left(\frac{1}{1-c+m}\right)$ のほうが大きいので、輸出増のほうが景気浮揚効果は大きいといえます。

5　限界輸入性向が高まると、政府支出乗数が小さくなるため、政府支出増の景気浮揚効果は小さくなる。

3 (1) ①、②参照　〇

限界輸入性向（m）は、乗数の分母に存在します。よって、限界輸入性向が高まると、乗数を小さくしてしまうため、政府支出増の効果も小さくなってしまうといえます。

解法ナビゲーション

ある国のマクロ経済が次のように示されている。

$$Y = C + I + G + EX - IM$$
$$C = 100 + 0.8\,(Y - T)$$
$$IM = 0.1Y$$

ここで、Yは国民所得、Cは民間消費、Iは民間投資（一定）、Gは政府支出、EXは輸出（一定）、IMは輸入、Tは租税を表す。いま、政府支出と租税がともに15増加したとする。このとき、均衡国民所得はいくら増加するか。

国税・労基2011

❶ 10
❷ 15
❸ 20
❹ 25
❺ 30

計算過程で小数点以下の計算を行うことは効率的とはいえませんし、計算ミスの検証もしにくいので、一度与式を文字式でおいて、政府支出乗数を取り出します。

【解答・解説】

正解 ❶

与式を以下のようにおきます。

$$Y = C + I + G + EX - IM \quad \left(\begin{array}{l} C_0：基礎消費、c：限界消費性向、\\ m：限界輸入性向 \end{array}\right)$$

$$C = C_0 + c(Y - T)$$

$$IM = mY$$

均衡条件式に消費関数と輸入関数を代入し、均衡国民所得を計算します。

$$Y = C + I + G + EX - IM$$

$$\Leftrightarrow \quad Y = C_0 + c(Y - T) + I + G + EX - mY$$

$$\Leftrightarrow \quad Y = C_0 + cY - cT + I + G + EX - mY$$

$$\Leftrightarrow \quad Y - cY + mY = C_0 - cT + I + G + EX$$

$$\Leftrightarrow \quad Y(1 - c + m) = C_0 - cT + I + G + EX$$

$$\therefore \quad Y = \frac{1}{1 - c + m}(C_0 - cT + I + G + EX) \qquad \cdots\cdots①$$

①式を変化分の式にして、政府支出（G）と租税（T）だけが変化したとすると、

$$\varDelta Y = \frac{-c}{1 - c + m} \cdot \varDelta T + \frac{1}{1 - c + m} \cdot \varDelta G$$

となります。この式に具体的な数値を代入して計算すると、

$$\varDelta Y = \frac{-0.8}{1 - 0.8 + 0.1} \cdot 15 + \frac{1}{1 - 0.8 + 0.1} \cdot 15$$

$$= -40 + 50$$

$$= 10$$

となります。

よって、正解は❶となります。

ヒント

問題文に「政府支出と租税がともに15増加した」（$\varDelta G = \varDelta T = 15$）とありますから、均衡予算が前提であることがわかります。しかし、本問では、均衡予算乗数定理は成立しません。輸出と輸入を考慮した開放経済が前提となっているからです。❷が正解ではないか、と考えた方は、いま一度、均衡予算乗数定理の成立要件を確認しましょう。

解法ナビゲーション

国民所得をY、消費をC、投資をI、政府支出をG、輸出をE、輸入をMとし、

$Y = C + I + G + E - M$

$C = 0.8Y + C_0$　〔C_0は定数〕

$M = 0.2Y + M_0$　〔M_0は定数〕

が成り立つものとする。

今、貿易収支($E - M$)が均衡しているとしたとき、政府支出Gが100増加された場合、貿易収支($E - M$)の変化に関する記述として妥当なのはどれか。ただし、投資I及び輸出Eは変化せず、その他の条件は考えないものとする。

区Ⅰ 2005

❶ 貿易収支は50の赤字になる。
❷ 貿易収支は30の赤字になる。
❸ 貿易収支は変化しない。
❹ 貿易収支は80の黒字になる。
❺ 貿易収支は100の黒字になる。

着眼点

貿易収支(TA)が「均衡している」とは、$TA = E - M = 0$となっている状態をいいます。まず政府支出拡大の乗数効果での国民所得の変化分を求め、その値をもとに貿易収支の変化を計算します。

【解答・解説】

正解 ❶

貿易収支が均衡（輸出－輸入＝0）している状態から政府支出を拡大すると、国民所得が増え（Y↑）、輸入が拡大します（M↑）。輸入の拡大によって、貿易収支は赤字になります（輸出－輸入＜0）。よって❸～❺は誤りです。

まず、政府支出が増加されると国民所得がいくら増えるかを計算します。

与式を以下のようにおきます。

$$Y=C+I+G+E-M$$
$$C=cY+C_0$$
$$M=mY+M_0$$

（C_0：基礎消費、c：限界消費性向、m：限界輸入性向）

均衡条件式に消費関数と輸入関数を代入し、均衡国民所得を計算します。

$$Y=C+I+G+E-M$$
$$\Leftrightarrow\quad Y=cY+C_0+I+G+E-mY-M_0$$
$$\Leftrightarrow\quad Y-cY+mY=C_0+I+G+E-M_0$$
$$\Leftrightarrow\quad Y(1-c+m)=C_0+I+G+E-M_0$$
$$\therefore\quad Y=\frac{1}{1-c+m}(C_0+I+G+E-M_0)\qquad\cdots\cdots①$$

①式を変化分の式にして、政府支出（G）だけが変化したとすると、

$$\varDelta Y=\frac{1}{1-c+m}\cdot\varDelta G$$

となります。この式に具体的な数値を代入して計算すると、

$$\varDelta Y=\frac{1}{1-0.8+0.2}\cdot 100$$
$$=250$$

となります。

国民所得が高まると、輸入が変化し、貿易収支が変化します。貿易収支（TA）は、

$$TA=E-M$$
$$=E-mY-M_0$$

となります。輸出（E）と基礎輸入（M_0）は一定であることに注意して、この式を変化分の式にして計算すると、

$$\varDelta TA=-m\cdot\varDelta Y$$
$$=-0.2\cdot 250$$
$$=-50$$

と計算できます。当初、貿易収支は均衡していたのですから、貿易収支は50の赤

字になります。

よって、正解は❶となります。

解法ナビゲーション

開放マクロ経済モデルが次のように与えられている。

$C = 20 + 0.9Y$

$I = 140 - 16i$

$G = 40$

$X = 50$

$M = 0.1Y$

$L = 0.2Y + 260 - 8i$

$M_S = 300$

（Y：国民所得、C：消費、I：投資、i：利子率、G：政府支出、
X：輸出、M：輸入、L：貨幣需要、M_S：貨幣供給量）

このとき、このモデルにおける貿易収支に関する次の記述のうち、正しいのはどれか。

国般2006

❶ 10の黒字である。
❷ 5の黒字である。
❸ 均衡している。
❹ 5の赤字である。
❺ 10の赤字である。

IS－LM分析では、国民所得（Y）は、財市場と貨幣市場を同時に均衡させるものでなければいけません。この点以外の考え方は、45°線分析と大差ありません。

【解答・解説】

正解 ❹

貿易収支（TA）は、以下のようにおくことができます。

TA ＝輸出（X）－輸入（M）

$= 50 - 0.1Y$ ……①

①式を見ると、貿易収支（TA）を求めるには、国民所得（Y）を計算する必要があることがわかります。

二つの市場の均衡条件式（IS曲線とLM曲線）を立てます。

【IS曲線】 $Y = C + I + G + X - M$

$\Leftrightarrow \quad Y = 20 + 0.9Y + 140 - 16i + 40 + 50 - 0.1Y$

$\Leftrightarrow \quad 0.2Y = 250 - 16i$ ……②

【LM曲線】 $M_S = L$

$\Leftrightarrow \quad 300 = 0.2Y + 260 - 8i$

$\Leftrightarrow \quad 0.2Y = 40 + 8i$ ……③

財市場と貨幣市場の同時均衡を前提としないといけませんから、③式の両辺を2倍し、②式と辺々合計すると（連立して解く）、

$0.6Y = 330 \quad \therefore \quad Y = 550$

と計算できます。

この結果を①式に代入すると、

$TA = 50 - 0.1Y$

$= 50 - 0.1 \cdot 550 \quad \therefore \quad TA = -5$（赤字）

となります。

よって、正解は❹となります。

過去問にチャレンジ

問題1
★★
▶解説は別冊 p.96

マクロ経済が次のモデルで与えられているとする。

$Y = C + I + G + EX - IM$

$C = 120 + 0.7\ (Y - T)$

$T = 0.25Y$

$IM = 10 + 0.2\ (Y - T)$

ここで、Yは国民所得、Cは消費、Iは投資（一定）、Gは政府支出、EXは輸出（一定）、IMは輸入、Tは税収を表す。このとき、政府支出乗数はいくらか。

国般2013

❶ 1.2
❷ 1.6
❸ 2.1
❹ 3.0
❺ 3.3

問題2
★
▶解説は別冊 p.97

ある国のマクロ経済が次のように示されている。

$Y = C + I + G + X - M$

$C = 0.6\ (Y - T) + 30$

$I = 20$

$G = 20$

$T = 0.1Y$

$X = 30$

$M = 0.04Y + 20$

（Y：国民所得、C：消費、I：投資、G：政府支出、X：輸出、M：輸入、T：税収）

この経済の完全雇用国民所得が200であるとき、デフレギャップはいくらか。また、政府支出の増加によって完全雇用を達成するとき、その結果として財政収支はどうなるか。

国般2008

❶ デフレギャップは10である。また、財政赤字は15である。
❷ デフレギャップは15である。また、財政赤字は15である。
❸ デフレギャップは15である。また、財政赤字は20である。
❹ デフレギャップは20である。また、財政赤字は15である。
❺ デフレギャップは20である。また、財政赤字は20である。

問題3
★
▶解説は別冊 p.98

ある国の経済において、マクロ経済モデルが次のように表されているとする。

$Y=C+I+G+X-M$　（Y：国民所得
$C=56+0.6(Y-T)$　C：民間消費
$M=10+0.1Y$　I：民間投資
$I=100$　G：政府支出
$G=60$　X：輸出
$X=60$　M：輸入
$T=60$　T：租税）

このモデルにおいて、完全雇用国民所得が520であるとき、完全雇用を減税によって達成するために、必要となる減税の大きさはどれか。

区Ⅰ2017

❶ 24
❷ 30
❸ 40
❹ 50
❺ 60

問題4

★★

▶解説は別冊 p.99

マクロ経済が

$Y = C + I + G + E - M$

$C = 0.7Y + 30$

$M = 0.2Y + 20$

（Y：国民所得、C：消費、I：投資、G：政府支出、E：輸出、M：輸入）

で示され、当初、投資が60、政府支出が50、輸出が130であった。政府支出を倍増させた場合、貿易収支（$= E - M$）はどのように変化するか。

ただし、投資及び輸出は当初の水準から変化しないものとする。

労基2018

❶ 当初は赤字であり、政府支出を倍増させた後は赤字が更に増える。
❷ 当初は赤字であるが、政府支出を倍増させた後は黒字となる。
❸ 政府支出の倍増の前後で貿易収支は変化しない。
❹ 当初は黒字であるが、政府支出を倍増させた後は赤字となる。
❺ 当初は黒字であり、政府支出を倍増させた後は黒字が更に増える。

問題5

★★

▶解説は別冊 p.100

ある国の経済が次のマクロモデルで表されるとする。

$Y = C + I + G + EX - IM$

$C = 50 + 0.5YD$

$I = 200 - 1000r$

$T = 0.2Y$

$YD = Y - T$

$EX = 200$

$IM = 50 + 0.2Y$

$L = 0.4Y - 2000r$

$L = M$

（Y：国民所得、C：消費、I：投資、G：政府支出、EX：輸出（一定）、IM：輸入、YD：可処分所得、r：利子率、T：税収、L：貨幣需要量、M：貨幣供給量）

このとき、新たに50の国債が市中引受方式で発行され、同額を政府支出に充てた場合の国民所得の増加額はどれか。ただし、物価水準は考慮しないものとする。

国税・労基2002

❶ 50
❷ 60
❸ 70
❹ 80
❺ 90

問題6
★★
▶解説は別冊 p.101

ある国のマクロ経済が、以下の式で示されているとする。

$$Y = C + I + G + EX - IM$$
$$C = 50 + 0.6\,(Y - T)$$
$$I = 100 - 3r$$
$$G = 60$$
$$EX = 90$$
$$IM = 0.2Y$$
$$T = 0.25Y$$
$$M = L$$
$$M = 100$$
$$L = Y - 8r + 60$$

（Y：国民所得、C：消費、I：投資、G：政府支出、EX：輸出、IM：輸入、T：租税、M：貨幣供給、L：貨幣需要、r：利子率）

いま、この経済において、政府支出を60％拡大した。この場合におけるクラウディング・アウト効果による国民所得の減少分はいくらか。

国般2016

❶ 8
❷ 12
❸ 16
❹ 20
❺ 24

第9章 国際マクロ経済学

2 マンデル＝フレミング・モデル

学習のポイント

- 大変よく出題される重要分野です。
- 理論の流れが大切なので、基本的には計算面のことは気にせずに、内容を追っていくようにしてください。
- 慣れが大事ですので、グラフを描きながら問題を解くことで手応えをつかんでください。

1 国際収支表

国家間では、財の取引や証券（国債等）の売買など、外国と多様な取引を行っています。そこで、**外国との取引による日本の収入と支出の統計**（会計）をとって、一つの表にまとめています。これを**国際収支表**といいます。

現在の国際収支表の作成マニュアル（2013IMFマニュアル６版）では、大きく四つに区分して作成することになっています。四つの収支の合計は、必ずゼロになります（金融収支は、マイナス項目として合計します）。

<table>
<tr><td rowspan="6">国際収支</td><td rowspan="3">経常収支</td><td>貿易・サービス収支</td></tr>
<tr><td>第一次所得収支</td></tr>
<tr><td>第二次所得収支</td></tr>
<tr><td>（－）金融収支</td><td>投資収支</td></tr>
<tr><td>資本移転等収支</td><td>外貨準備</td></tr>
<tr><td>誤差脱漏</td><td></td></tr>
</table>

三つの区分（「誤差脱漏」は無視します）の細かい内容を示しておきます（無理して覚える必要はないと思います）。

(1) 経常収支

経常収支（CA：Current account）には、主として、**財・サービスの取引を記録します**。

① 貿易・サービス収支

財の輸出と輸入、旅行、運輸サービス、特許の使用料等での収入と支出の関係を記録します。

② 第一次所得収支

国境を越えた給与（雇用者報酬）の受払い、対外金融資産から生じる利子・配当等の受払いを記録します。

③ 第二次所得収支

官民の無償資金協力、寄付金など、対価を伴わない資産の受払いを記録します。

⑵ 金融収支

金融収支（FA：Financial account）には、**対外的な資産**（債権）**や負債**（債務）**の増減を記録します**。

① 投資収支

外国企業の経営権取得などの直接投資、株式や債券（国債・社債）への投資である証券投資、金融派生商品（先物、スワップ、オプションなどのデリバティブ）の取引、預金や貸出しなどを記録します。

② 外貨準備

政府や中央銀行が保有する流動性の高い対外資産（＝外貨、外貨建て預金など）の増減を記録します。

⑶ 資本移転等収支

資本移転等収支には、**対価の受領を伴わない固定資産の提供、債務免除等を記録します**。

2 為替レートと輸出・輸入

外国との取引を考えるときに、無視することができないのが為替レートです。以後、外国通貨（外貨）としてUSドル（以後、単に“ドル”と表記）を前提とし、為替レートに関する説明をしていきます。

⑴ 為替レートとは

為替レート（e：exchange rate）とは、**自国通貨と外国通貨の交換比率**と定義されますが、難しく考える必要はありません。例えば、１ドル＝100円ということは“１ドルという通貨を手に入れるには100円必要”ということを意味しますから、為替レートとは、“**ドルの価格**”を表すのです。

このとき、為替レートをeとして、

e＝100円／ドル　（1ドル当たり100円）

と表記します。

また、為替レートが上昇（e↑）した場合（例えば、e_0＝100円／ドル→e_1＝120円／ドル)、「円安・ドル高」、「減価」、「切り下げ」などと表現されます。これらは、それぞれ**他国の通貨で測ったドルの価格が上昇し、逆に、円の価格が下落した**ことを表します。

逆に、為替レートが下落（e↓）した場合（例えば、e_0＝100円／ドル→e_1＝80円／ドル)、「円高・ドル安」、「増価」、「切り上げ」などと表現されます。これらは、それぞれ**他国の通貨で測ったドルの価格が下落し、逆に、円の価格が上昇した**ことを表します。

⑵ 輸出・輸入への影響

為替レートの変化は、輸出（X）と輸入（M）に影響を及ぼします。

例えば、1ドルが100円から120円に為替レートが上昇（e↑：減価）したとしましょう。これは、アメリカ側から見れば、1ドルの支払いでこれまでよりも20円分多く日本の財が買えることを意味します。アメリカ側から見て日本の財が割安になり、輸出は拡大していくことになります（X↑)。つまり、**輸出（X）は為替レート（e）の増加関数**になります。

一方、日本側から見れば、1ドルのアメリカ製品を輸入するのに、20円も余計に支払いをしなければいけません。日本人には、アメリカの財は割高になり、財の輸入は減少していくことになります（M↓)。つまり、**輸入（M）は為替レート（e）の減少関数**になるのです。

3 外貨（ドル）の需要と供給

為替レートは“ドルの価格”ですから、ドルの需要と供給の関係から決まります。通貨ドルの取引をグラフにするために、ドルに対する需要曲線と供給曲線を見ていきましょう。

⑴ ドルの需要

ドルの需要とは、**手持ちの円をドルに替える動き**をいいます。主に、財の輸入や自国が外国証券を購入（資本流出）する際に発生します。アメリカに対して、代金を支払うために必要となるからです。裏を返せば、外国為替市場に円が持ち込まれていますから、ドルの需要＝円の供給となります。

縦軸に為替レート（e）、横軸にドルの需要量（$\$_D$）をとります。当初の為替レートが$e_0$で、ドルの需要が$\$_0$であったとしましょう（$A$点）。

ここで為替レートがe_0からe_1に下落したとすると（e↓）、為替レートの減少関数である輸入が拡大します（M↑）。代金の支払いのためにドルが必要になりますから、ドルの需要が$\$_0$から$\$_1$に拡大することになります（$B$点）。よって、**通貨であるドルの需要曲線は、右下がりの曲線となる**のです。

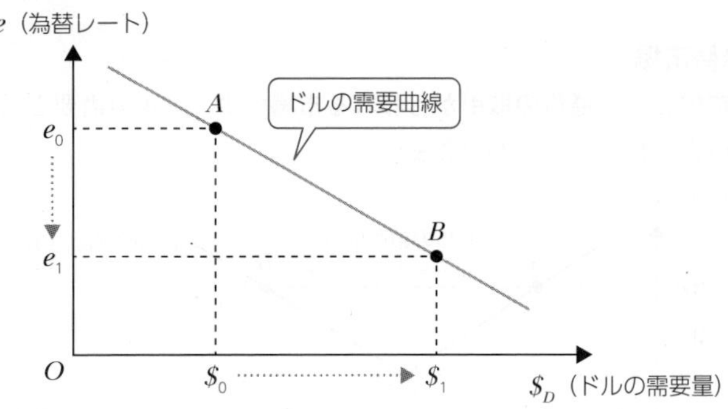

⑵ ドルの供給

ドルの供給とは、**外国為替市場において、手持ちのドルを円に替える動き**をいいます。主に、財の輸出や外国が自国の証券を購入（資本流入）するときに発生します。アメリカ側が日本に対して支払いをするために、手持ちのドルを円に替えるためです（ドルの供給＝円の需要）。

縦軸に為替レート（e）、横軸にドルの供給量（$\$_S$）をとります。当初の為替レートが$e_0$で、ドルの供給が$\$_0$であったとしましょう（$A$点）。

ここで為替レートがe_0からe_1に下落したとすると（e↓）、為替レートの増加関数である輸出が減少します（X↓）。ここでドルを円に替える動きが減り、ドルの供給が$\$_0$から$\$_1$に減少することになります（$B$点）。よって、**通貨であるドルの供給曲線は、右上がりの曲線となる**のです。

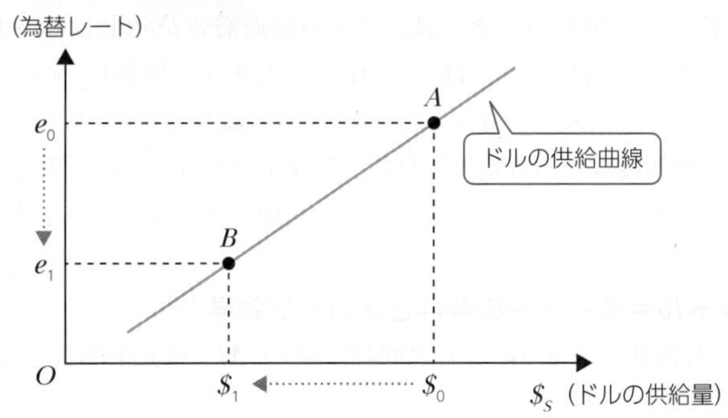

第9章 国際マクロ経済学

⑶　変動為替相場制と固定為替相場制

外国為替の制度には、変動為替相場制と固定為替相場制の二つがあります。

変動為替相場制とは、**為替レートの決定を、市場の取引に任せてしまう仕組み**です。ドルの需要と供給の関係から、為替レートは変化します。

一方、**固定為替相場制**は、**為替レートを２国間の協議で決定し、それを維持・管理する制度**です。維持・管理するので、為替レートは一定です。

⑷　外国為替市場

外国為替市場とは、**通貨の取引が行われる市場**です。ドルの需要と供給に注目すると、以下のように示すことができます。

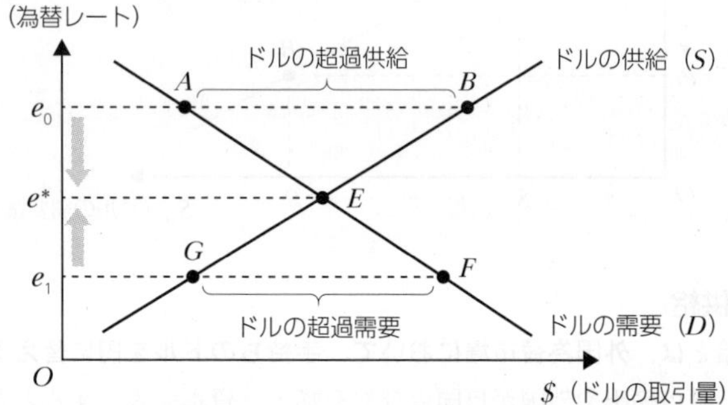

結論からいうと、**ドルの需要と供給が一致するE点で、為替レートの水準が決定されます（e^*）**。

為替レートがe_0のときには、ドルの需要（D）よりもドルの供給（S）のほうが大きくなり、ドルの超過供給が発生しています。変動為替相場制であれば、為替レートは下落（e↓）します（増価）。すると、為替レートの減少関数である輸入等が拡大し、ドルの需要が拡大します（A点→E点）。一方、為替レートの増加関数である輸出等を減少させますから、ドルの供給が減少します（B点→E点）。E点に至ると、ドルの需要と供給は一致します。

逆に、為替レートがe_1のときには、ドルの超過需要が発生しています。変動為替相場制であれば、為替レートは上昇（e↑）します（減価）。すると、為替レートの減少関数である輸入等が減少し、ドルの需要が減少します（F点→E点）。一方、為替レートの増加関数である輸出等を拡大させますから、ドルの供給が増加します（G点→E点）。やがてE点に至ると、ドルの需要と供給は一致します。

⑸　マーシャル＝ラーナーの条件とＪカーブ効果

輸出（X）は為替レート（e）の増加関数、輸入（M）は減少関数となりますから、為替レートの上昇が起きると、経常収支は改善します。ただし、以下の**マーシャル＝ラーナーの条件**を満たす必要があります。

輸出財の価格弾力性＋輸入財の価格弾力性＞1

イメージをつかんで、上記の条件を暗記しておけば十分なので、直感的に説明します。

為替レートが上昇（円安・ドル高、減価）すると、アメリカ側から見て日本の財が割安になります。これを、「輸出財価格（P_J）の低下」と表現しましょう。日本にとっては輸出がしやすい状況ですから、輸出量（x_J）は増加します。

ここで、輸出（X）は、

輸出（X）＝輸出財価格（P_J）×輸出量（x_J）

となりますから、為替レート（e）の上昇によって輸出（X）が増えるには、輸出財価格の低下（P_J）に対して、輸出量（x_J）が大きく増加する必要があることがわかります。このときの、**輸出財価格の変化に対する輸出量の変化のしやすさ**を示すものが、**輸出財の価格弾力性**です。輸出財の価格弾力性が大きくなっていれば、為替レートの上昇によって輸出（X）が増加し（増加関数）、経常収支が改善していきます。

一方、為替レートが上昇（円安・ドル高、減価）すると、日本側から見てアメリカの財が割高になります。これを、「輸入財価格（P_A）の上昇」と表現しましょう。日本にとっては輸入がしにくい状況ですから、輸入量（x_A）は減少します。

ここで、輸入（M）は、

輸入（M）＝輸入財価格（P_A）×輸入量（x_A）

となりますから、為替レート（e）の上昇によって輸入（M）が減少するには、輸入財価格の上昇（P_A）に対して、輸入量（x_A）が大きく減少する必要があることがわかります。このときの、**輸入財価格の変化に対する輸入量の変化のしやすさ**を示すものが、**輸入財の価格弾力性**です。輸入財の価格弾力性が大きくなっていれば、為替レートの上昇によって輸入（M）が減少し（減少関数）、経常収支が改善していきます。

ここで、経常収支（CA）が当初は赤字であったとしましょう。

CA＝輸出（X）−輸入（M）＜0

です。為替レートの上昇によって、輸出（X）が増加するか、輸入（M）が減少すれば、経常収支は改善します。つまり、**少なくとも輸出財の価格弾力性と輸入財の価格弾力性のいずれか一方が弾力的になればよい**のです。マーシャル=ラーナーの条件は、このことを示していると考えてください。

ところが、短期的には、マーシャル=ラーナーの条件は満たされません。つまり、**為替レートが上昇しても、一時的に経常収支が悪化してしまう**のです。このような動きを、**Jカーブ効果**と呼びます。

これは、為替レートの変化によって輸出財の価格や輸入財の価格が変化しても、輸出量や輸入量がほとんど変化しないためです。他国との輸出や輸入に関する契約は、為替レートの変化前から締結されており、その時どきの為替レートの変化に対応して、両国ともに国内生産量を調整し、輸出と輸入を弾力的に変化させることは、短期的には不可能です。このため、為替レートが上昇しても、一時的に経常収支は悪化してしまうことになるのです。

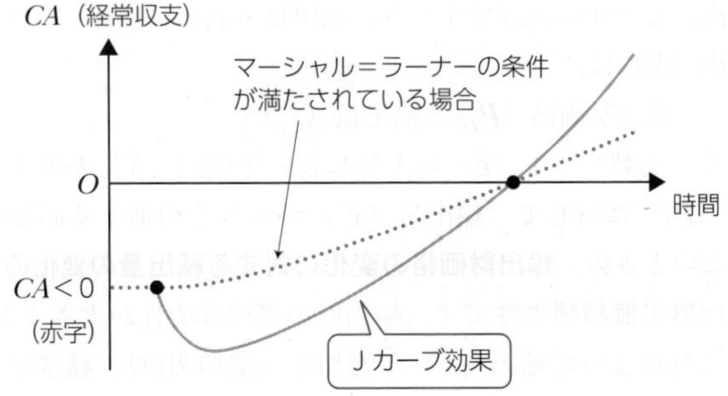

⑹ 購買力平価説

購買力平価説とは、「**同じ品物は同じ価格で購入できるはずだ**」（一物一価の法則）**という前提に立って為替レートを考える理論**で、**自国通貨と外国通貨の購買力の比率によって為替レートが決定されると考えます。**

例えば、マクドナルドのビッグマックがアメリカでは4ドル、日本では400円で販売されているとしましょう。同じビッグマックが買えるなら、4ドルと400円は同じ価値を持っているといえます。このとき、4ドル＝400円となり、為替レートは1ドル＝100円になります。

一般化して、日本の物価をP、アメリカの物価をP^*とすると、為替レート（e）は以下の式を満たすように決定されます。

$$e=\frac{P}{P^*}\quad\left(=\frac{400\text{円}}{4\text{ドル}}\right)\qquad\cdots\cdots①$$

この式から、日本とアメリカで物価の変化が起きたときに、為替レートにどのような影響を与えるかがわかります。①式を"変化率"の式にすると、

$$\frac{\Delta e}{e}=\frac{\Delta P}{P}-\frac{\Delta P^*}{P^*}\qquad\cdots\cdots②$$

となります。例えば、日本のインフレ率$\frac{\Delta P}{P}$が1％、アメリカのインフレ率

$\frac{\Delta P^*}{P^*}$が２％であったとすると、②式から為替レートの変化率$\frac{\Delta e}{e}$は－１％となります。よって、為替レートは１％下落する（e↓）（増価、円高・ドル安）ことになります。

このように、**購買力平価説によると、為替レートの変化は、両国のインフレ率の差によって説明できる**のです。

4 固定為替相場制における中央銀行の役割

前述のとおり、固定為替相場制とは、為替レートを一定の水準に維持・管理する制度のことをいいます。

ただし、自動的に一定にできるわけではありません。ドルに対する需要と供給は日々変化しますから、何もしないで放っておけば、ドルの超過供給や超過需要が日常的に発生して、為替レートは変化してしまいます。

そこで、**為替レートを一定に保つために、中央銀行が介入します**。為替レートの変動を政策的に抑え込むのです。

(1) ドルの超過供給が発生している場合

ドルの超過供給が発生しているとき（ドルは余り気味）、円は超過需要になっています（円は不足気味）。この状況を放置しておくと、為替レートが下落（e↓：増価）してしまいます。

そこで、為替レートが下落（増価）しないように、中央銀行が政策介入します。**市場に余っているドルを吸い上げてしまい、代わりに、不足している円を注入する**のです。このような政策介入を、**ドル買い（円売り）介入**といいます。この介入によって、ドルの超過供給と円の超過需要がなくなり、為替レートは安定化します。

留意しなければならないのは、「円売り」によって、いままで市場に流通していなかった貨幣が民間に出てきていることです。つまり、**この介入を行うと、マネーサプライが増加します**。

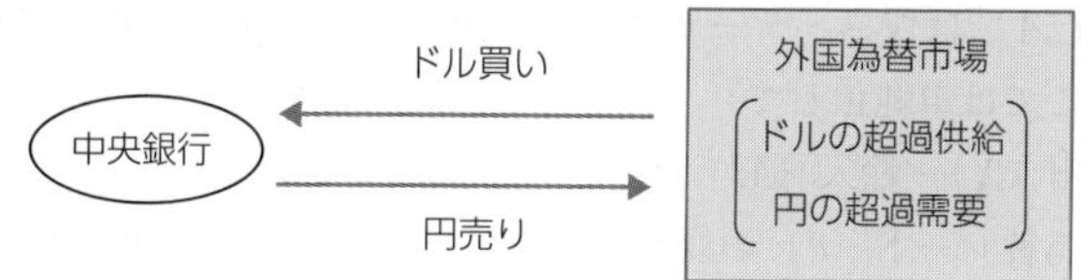

(2) ドルの超過需要が発生している場合

ドルの超過需要が発生しているとき（ドルは不足気味）、円は超過供給になって

第9章 国際マクロ経済学

います（円は余り気味）。この状況を放置しておくと、為替レートが上昇（e↑：減価）してしまいます。

そこで、為替レートが上昇（減価）しないように、中央銀行が**市場で不足しているドルを注入し、代わりに、余っている円を吸収する**のです。このような政策介入を、**ドル売り（円買い）介入**といいます。

この場合は、「円買い」によって、市場で流通していた貨幣（日銀券）が中央銀行内に収まってしまいます。つまり、**この介入を行うと、マネーサプライが減少します**。

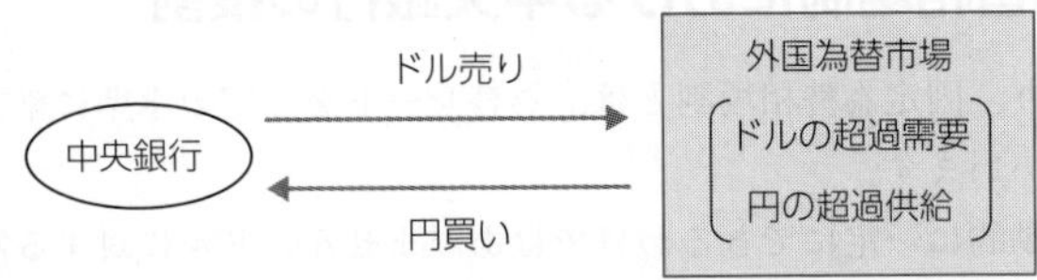

(3) 不胎化政策

中央銀行が為替レートの維持のために介入すると、マネーサプライが増減します。場合によっては、このことを中央銀行が嫌うことがあります。国内でのインフレやデフレが心配なときです。

国内経済への影響を考慮して、マネーサプライの増減を打ち消したいときに、別途、公開市場操作等の政策を行うことがあります。これを**不胎化政策**といいます。

例えば、ドルの超過供給が生じているとき、市場からドルを吸い上げ、円を注入します（ドル買い・円売り）。すると、民間の市場でマネーサプライが増加します。このときに、中央銀行は手持ちの債券を債券市場に売りに出すのです（売りオペレーション）。債券の代金は中央銀行内に収まることになるので、市場での円の流通量が相殺されて、マネーサプライを一定に保つことができます。

5 国際収支均衡線（BP曲線）

(1) 経常収支

経常収支（CA）は貿易・サービス収支、第一次所得収支、第二次所得収支の合計ですが、ここでは単純化して、

$$CA = 輸出（X）- 輸入（M）$$

と考えます。為替レート（e）の変化に対しては、輸出（X）は増加関数、輸入（M）は減少関数となります。さらに、輸入（M）については、自国の国民所得（Y）の増加関数にもなります（45°線分析参照）。

適当な数値例をおいて見ておきましょう。例えば、輸出（X）と輸入（M）が以

下のような式で表されるとします。

$X = 50 + 0.5e$　（eの増加関数）

$M = 0.1Y - 0.5e$　（Yの増加関数、eの減少関数）

このとき経常収支（CA）は、

$$CA = X - M$$
$$= 50 + 0.5e - (0.1Y - 0.5e)$$
$$= 50 + e - 0.1Y \quad \cdots\cdots ①$$

となります。これを**経常収支関数**といいます（問題文に与えられるので、覚える必要はありません）。

①式を見ると、**為替レートが上昇すると（e ↑）経常収支の値は大きくなる**ことがわかります（CA ↑）。これを**経常収支の改善**といいます。一方、**国民所得が拡大すると（Y ↑）、経常収支の値は小さくなります（CA ↓）**。これを**経常収支の悪化**といいます。

以上から、**経常収支（CA）は、為替レート（e）の増加関数、国民所得（Y）の減少関数**になります。

(2) 資本収支

国債などの証券の取引によって、国家間で資金が移動することを**資本移動**といいます。この**資本移動の状況を示すもの**が、**資本収支**（FA）です。資本収支（FA）は、以下のように示すことができます。

FA ＝資本流入－資本流出

資本収支は、自国と外国の利子率（r）によって決まります。

いま、自国の利子率をr、外国の利子率をr^*（一定）とします。仮に、自国の利子率が高くなって（r ↑）、$r > r^*$となったとします。これは、自国で資金を運用したほうが有利であることを意味します。国内の債券が割安になっているからです。すると、外国から債券を買う動きが起き、国内に資本流入（＝資金の流入）が生じます。つまり、**自国の利子率の上昇（r ↑）は資本収支を高める（FA ↑）**ことになります。これを**資本収支の改善**といいます。

逆に、自国の利子率が低下して（r ↓）、$r < r^*$となると、外国の債券を買ったほうが有利になります。このため、自国から外国に資本流出（＝資金の流出）が生じます。つまり、**自国の利子率の低下（r ↓）は資本収支を低下させる（FA ↓）**ことになります。これを**資本収支の悪化**といいます。

以上から、資本収支は自国の利子率と同じ方向に変化するので、**資本収支（FA）は自国の利子率（r）の増加関数**となります。この関係を、**資本収支関数**と呼びます。

補足

本節の冒頭に紹介した現行の国際収支表には、「資本収支」という項目は存在しません。資本収支は旧国際収支マニュアルにおいて存在した項目であり、その一部（投資収支）が現在の金融収支に、一部（その他資本収支）が現在の資本移転等収支に引き継がれています。これから説明するBP曲線を使った分析においては、旧概念である資本収支を動員する必要があるため、あえて古い用語を用いています。

(3) BP曲線

BP曲線（BP：Balance of payment）とは、**国際収支を均衡させる自国の国民所得（Y）と利子率（r）の組合せを示す曲線**をいいます。

国際収支（BP）＝経常収支（CA）＋資本収支（FA）＝0

適当な数式をおいて見ていきましょう。経常収支関数（CA）と資本収支関数（FA）が以下のようになっているとします（式は覚える必要はありません）。

経常収支関数（CA）：$CA=50+e-0.1Y$　（Yの減少関数、eの増加関数）

資本収支関数（FA）：$FA=0.2r-4$　（rの増加関数）

〔Y：自国の国民所得、r：自国の利子率、e：為替レート〕

国際収支の均衡（$BP=0$）を前提とすると、以下のようになります。

$BP=CA+FA=0$

$\Leftrightarrow\quad BP=50+e-0.1Y+0.2r-4=0$

BP曲線は、横軸に自国の国民所得（Y）、縦軸に自国の利子率（r）をとった平面上に描かれますので、これをrについて変形します。

$\therefore\quad r=0.5Y-5e-230$

縦軸にも横軸にも為替レート（e）は取られていません。ここで、為替レート（e）は一定値（$e=100$円／ドル）と仮定すると、上式は、傾きが0.5、縦軸の切片が−730の右上がりの直線になります。

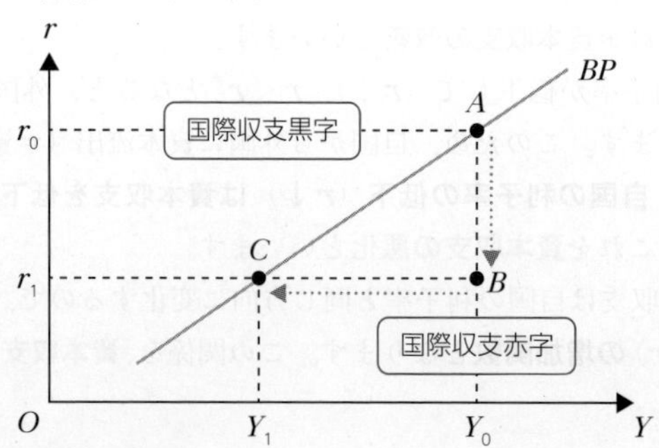

BP曲線上のYとrの組合せは、国際収支の均衡（$BP=0$）を実現します。BP曲線の右下方（B点）では国際収支は赤字に（$BP<0$）、左上方では国際収支は黒字（$BP>0$）になります。

当初、A点におけるY_0とr_0の組合せで国際収支が均衡していたとしましょう。

A点：$BP=CA+FA=0$

ここで、利子率がr_0からr_1に下落したとすると（B点）、利子率の増加関数である資本収支が悪化し（$FA\downarrow$）、

B点：$BP=CA+FA\downarrow<0$（赤字）

となります。つまり、B点のようなBP曲線よりも右下方のYとrの組合せでは、国際収支は赤字になります。逆に、左上方の組合せでは、国際収支は黒字になります。

資本収支（FA）が悪化したB点から国際収支の均衡（$BP=0$）を回復するには、経常収支（CA）が改善する必要があります（$CA\uparrow$）。経常収支は、国民所得（Y）の減少関数ですから、経常収支が改善するには、国民所得が減少する必要があります（$Y_0\to Y_1$）。

以上から、**国際収支の均衡を表すBP曲線は、右上がりになる**のです。

⑷ 国際収支均衡線（BP曲線）の性質

① 資本移動とBP曲線の形状

国家間の資本移動が激しくなると、BP曲線の傾きは緩やかになります。

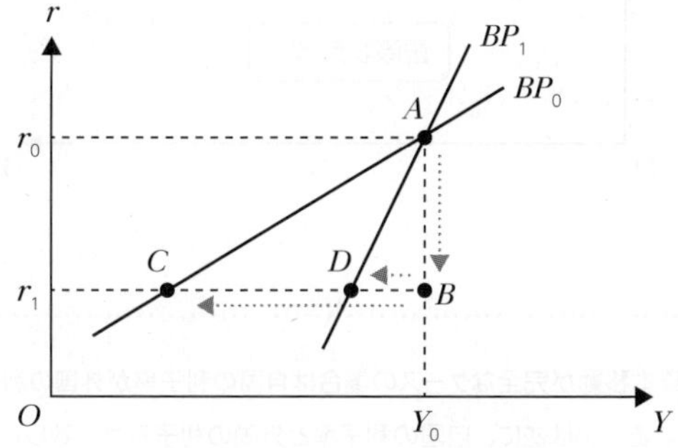

A点（$BP=0$）から、利子率がr_0からr_1に下落した（$r\downarrow$）としましょう（B点）。国家間の資本移動が激しい場合、資本流出によって資本収支は大幅に悪化します（$FA\downarrow\downarrow$）。再び国際収支が均衡するためには、経常収支が大幅に改善しなければなりません（$CA\uparrow\uparrow$）。経常収支が大きく改善するには、大きく国民所得が減少する（$Y\downarrow\downarrow$）必要があります（C点）。よって、BP曲線の傾きは緩やかになるのです（BP_0）。

逆に、資本移動がわずかである場合には、利子率が下落しても（B点）資本流出は少なくて済みます。よって、経常収支の改善もわずかでよく、国際収支の均衡のために必要な国民所得の減少も、少しでよいのです（D点）。このため、BP曲線の傾きは急勾配になります（BP_1）。

（ア）資本移動が完全なケース

資本移動の激しさを表すものに、**資本移動の利子弾力性**という概念があります。これは、**利子率が1％変化したときに、資本収支が何％変化するか**を表します。**国家間の資本移動が完全に自由であるとすると、資本移動の利子弾力性は無限大となり、BP曲線は$r = r^*$となる水準で水平線になります。**

資本移動が極端に起きるので、BP曲線上から自国の利子率が下落すると（$r < r^*$）、国民所得の水準に関係なく、国際収支は赤字になります。激しい資本流出が起きるからです。逆に、BP曲線上から自国の利子率が上昇すると（$r > r^*$）、激しい資本の流入が起きるため、国民所得の水準に関係なく国際収支は黒字になります。

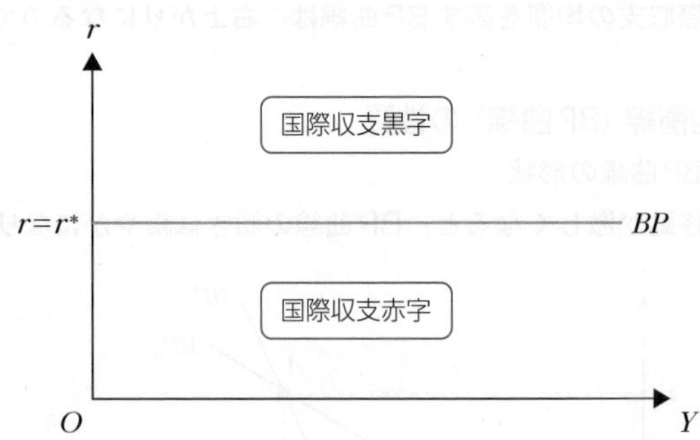

計算問題では、資本移動が完全なケースの場合は自国の利子率が外国の利子率と一致すると考えます（$r = r^*$）。あるいは逆に、自国の利子率と外国の利子率が一致しているような条件が与えられたら、資本移動が完全なケースに該当する（BP曲線が水平）と判断します。

また、特に条件が与えられていない場合は、小国を前提とした資本移動が完全なケースに該当すると考えて解答します。

(イ) 資本移動がないケース

自国の利子率（r）がどんなに変化しても、国家間での資本移動が起きない場合、BP曲線は垂直線になります。

資本移動がないということは、資本収支（FA）がない（資本移動の利子弾力性がゼロ）ということです。よって、

国際収支（BP）＝経常収支（CA）

となります。資本収支（FA）がないので、自国の利子率の変化が国際収支の均衡に影響しません。したがって、垂直線になるのです。

BP曲線上から国民所得（Y）が増加すると、利子率（r）の水準に関係なく、国際収支は赤字になります。国民所得の増加によって、輸入が増えて、経常収支が悪化するからです。逆に、BP曲線上から国民所得が減少すると、輸入の減少によって経常収支が改善し、国際収支は黒字になります。

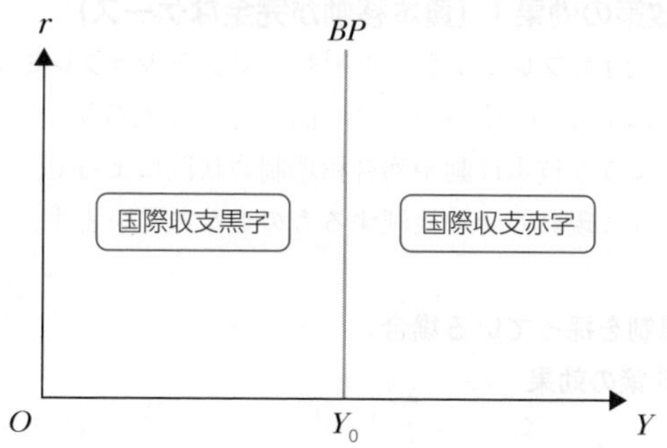

② BP曲線のシフト

資本移動がない（資本収支がない）**場合、変動為替相場制を採用していると、為替レートが変化することでBP曲線がシフトします。**

資本収支がない場合、国際収支（BP）は経常収支（CA）に一致します。先ほどの経常収支の式を使うと、

$BP = CA = 0$

$\Leftrightarrow \quad 50 + e - 0.1Y = 0 \qquad \therefore \quad Y = 10e + 500$ ……②

となります。

当初、為替レートは$e = 100$円／ドルであったとすると、②式から$Y = 1500$となります。これがグラフにおけるBP_0です。

為替レートが上昇し（e↑）、$e = 120$円／ドルになったとすると、②式から$Y = 1700$となります。つまり、BP曲線は右方にシフトするのです（BP_1）。逆に、為替レートが下落して（e↓）、$e = 80$円／ドルになったとすると、②式から$Y = 1300$

となり、BP曲線は左方にシフトすることがわかります（BP_2）。

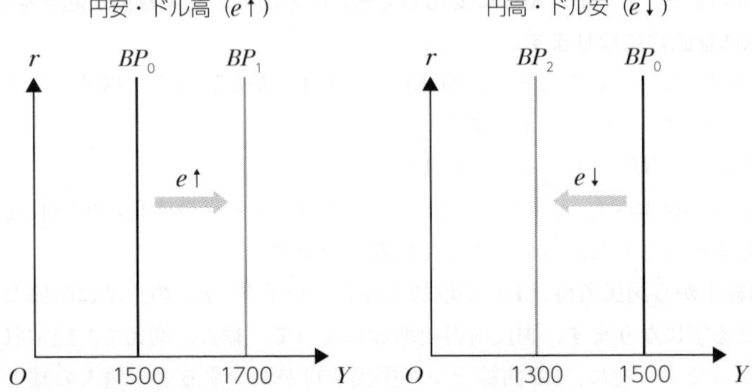

(5) 財政・金融政策の効果Ⅰ（資本移動が完全なケース）

R.A.マンデルと**J.M.フレミング**が提唱した**マンデル＝フレミング・モデル**では、IS－LM分析に国際収支の均衡を示すBP曲線を交えた分析を行います。さらに、これまで見てきたような資本移動や為替相場制の状況によって、財政政策・金融政策の効果がどのように現れるかを検証するものとなっています。

① 変動為替相場制を採っている場合

（ア）拡張的財政政策の効果

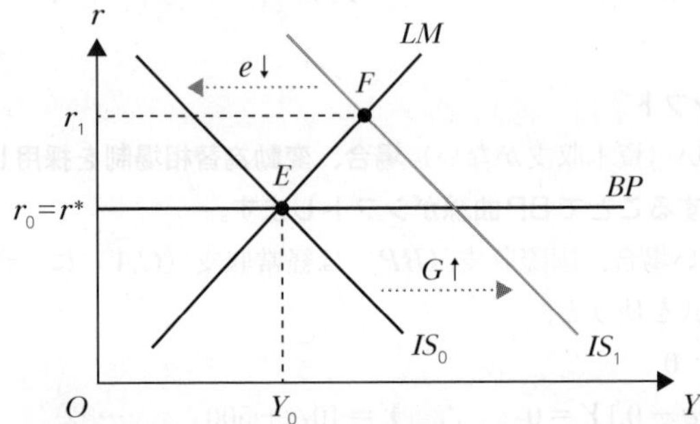

当初、E点において経済が均衡していたとしましょう。３本の曲線が交わっているので、財市場、貨幣市場、国際収支のすべてが均衡していることになります。

政府が拡張的財政政策で政府支出（G）を拡大したとすると、IS曲線が右方にシフト（$IS_0 \rightarrow IS_1$）します。国内の均衡点はF点となり、自国の利子率（r）がr_1に上昇します。これにより$r_1 > r^*$となり、自国の債券が買われ、資本流入が発生します。このため、**国際収支（*BP*）は黒字**になります。

自国の債券が買われる際、外国為替市場ではドルが売られて円が買われるため、外国為替市場には**ドルの超過供給**（**円の超過需要**）が発生します。変動為替相場制では、ドルの超過供給を解消するように**為替レートが下落します**（$\boldsymbol{e}$**↓：増価**）。為替レートの下落（増価）は、輸出（X）を減少させ、輸入（M）を増加させます。これは、財市場の総需要を減少させることになるので、IS曲線が左方にシフトバック（$IS_1 \to IS_0$）してしまいます。

以上より、均衡国民所得はもとのY_0と変わらないということになるので、**変動為替相場制のもとでの財政政策は無効**ということになります。

（イ）拡張的金融政策の効果

次に、金融政策の効果について見ていきましょう。

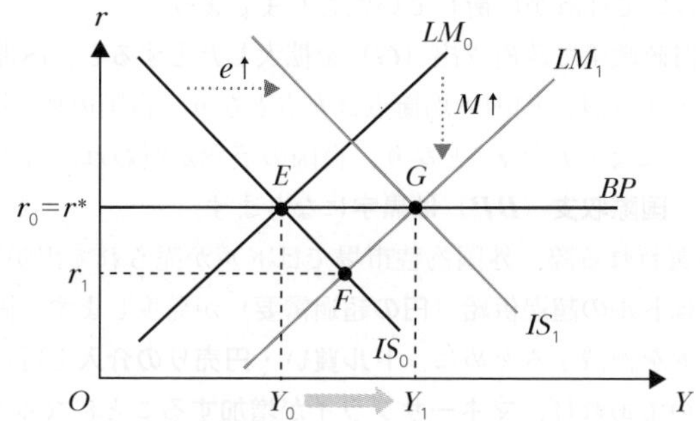

当初、E点において経済が均衡していたとしましょう。

中央銀行が拡張的金融政策でマネーサプライ（M）を拡大したとすると、LM曲線が下方（右方）にシフト（$LM_0 \to LM_1$）します。国内の均衡点はF点となり、自国の利子率（r）がr_1に下落します。これにより$r_1 < r^*$となり、外国の債券が買われ、資本流出が発生します。このため、**国際収支**（$\boldsymbol{BP}$）**は赤字**になります。

外国の債券が買われる際、外国為替市場ではドルが買われて円が売られるため、外国為替市場には**ドルの超過需要**（**円の超過供給**）が発生します。変動為替相場制では、ドルの超過需要を解消するように**為替レートが上昇します**（$\boldsymbol{e}$**↑：減価**）。為替レートの上昇は、輸出（X）を増加させ、輸入（M）を減少させます。これは、財市場の総需要を増加させることになるので、IS曲線が右方にシフトします。

以上より、均衡国民所得はY_0からY_1に拡大するので、**変動為替相場制のもとでの金融政策は有効**ということになります。

② 固定為替相場制を採っている場合

(ア) 拡張的財政政策の効果

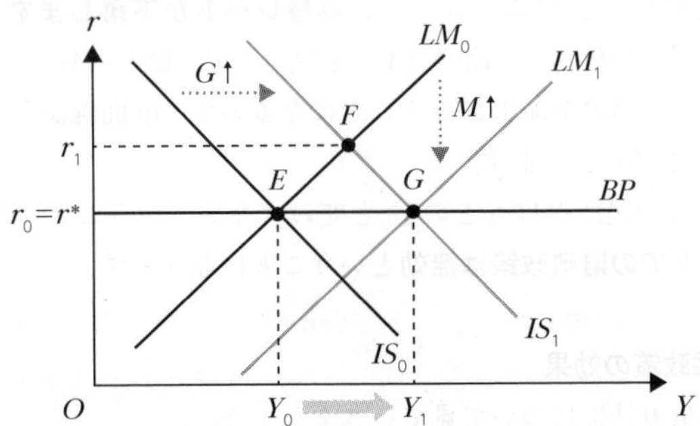

当初、E点において経済が均衡していたとしましょう。

政府が拡張的財政政策で政府支出（G）を拡大したとすると、IS曲線が右方にシフト（$IS_0 \rightarrow IS_1$）します。国内の均衡点はF点となり、自国の利子率（r）がr_1に上昇します。これにより$r_1 > r^*$となり、自国の債券が買われ、資本流入が発生します。このため、**国際収支（*BP*）は黒字**になります。

自国の債券が買われる際、外国為替市場ではドルが売られて円が買われるため、外国為替市場には**ドルの超過供給（円の超過需要）**が発生します。固定為替相場制では、為替レートを維持するために、**ドル買い・円売りの介入**を行います。不胎化政策を行わないのであれば、**マネーサプライが増加する**ことになるため、LM曲線が下方（右方）にシフト（$LM_0 \rightarrow LM_1$）します。

以上より、均衡国民所得はY_0からY_1に拡大するので、**固定為替相場制のもとでの財政政策は有効**ということになります。

(イ) 拡張的金融政策の効果

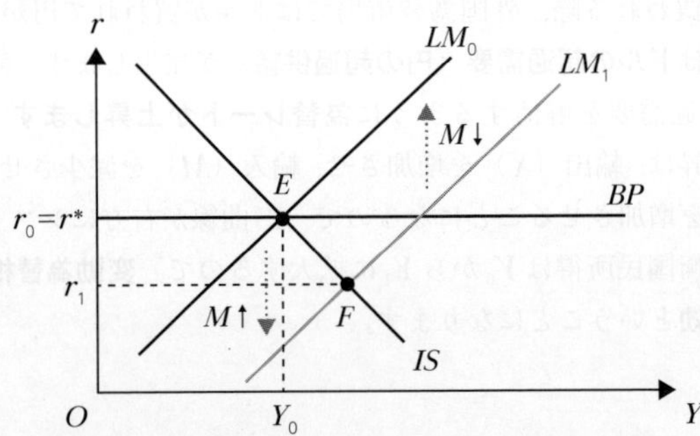

当初、E点において経済が均衡していたとしましょう。

中央銀行が拡張的金融政策でマネーサプライ（M）を拡大したとすると、LM曲線が下方（右方）にシフト（$LM_0 \to LM_1$）します。国内の均衡点はF点となり、自国の利子率（r）がr_1に下落します。これにより$r_1 < r^*$となり、外国の債券が買われ、資本流出が発生します。このため、**国際収支（BP）は赤字**になります。

外国の債券が買われる際、外国為替市場ではドルが買われて円が売られるため、外国為替市場には**ドルの超過需要（円の超過供給）**が発生します。固定為替相場制では、為替レートを維持するために、**ドル売り・円買いの介入**を行います。不胎化政策を行わないのであれば、**マネーサプライが減少する**ことになるため、LM曲線が上方（左方）にシフト（$LM_1 \to LM_0$）します。

以上より、均衡国民所得はもとのY_0と変わらないということになるので、**固定為替相場制のもとでの金融政策は無効**ということになります。

(6) 財政・金融政策の効果Ⅱ（資本移動がないケース）

次に、資本移動がなくBP曲線が垂直となっているケースについて、順番に検討していきます。

① 変動為替相場制を採っている場合

(ア) 拡張的財政政策の効果

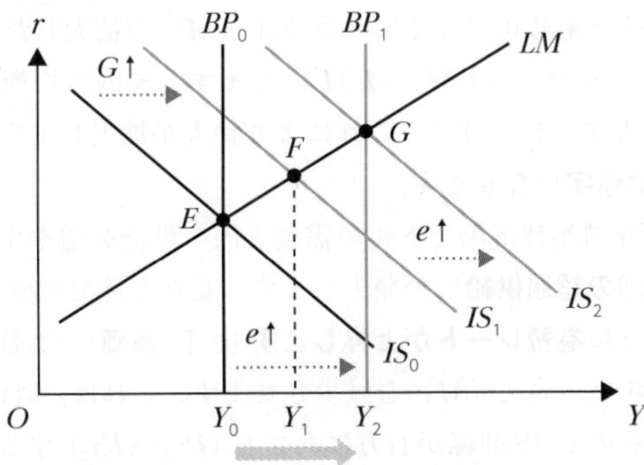

当初、E点において経済が均衡していたとしましょう。

政府が拡張的財政政策で政府支出（G）を拡大したとすると、IS曲線が右方にシフト（$IS_0 \to IS_1$）します。国内の均衡点はF点となり、国民所得が増加します（$Y_0 \to Y_1$）。これにより輸入が拡大して経常収支が悪化し、**国際収支（BP）は赤字**になります。

輸入の拡大は、外国為替市場でドルの需要と円の供給を増やすことになるため、**ドルの超過需要（円の超過供給）**が発生します。変動為替相場制では、ドルの超過需要を解消するように**為替レートが上昇します（e↑：減価）**。為替レートの上昇は、輸出（X）を増加させ、輸入（M）を減少させます。これは、財市場の総需要を増加させることになるので、IS曲線がさらに右方にシフト（$IS_1 \rightarrow IS_2$）します。

一方、為替レートの上昇によって国民所得が高まるため、垂直のBP曲線も右方にシフトします（$BP_0 \rightarrow BP_1$）。この結果、経済はG点で均衡します。

以上より、均衡国民所得はY_0からY_2に拡大するので、**変動為替相場制のもとでの財政政策は有効**ということになります。

（イ）拡張的金融政策の効果

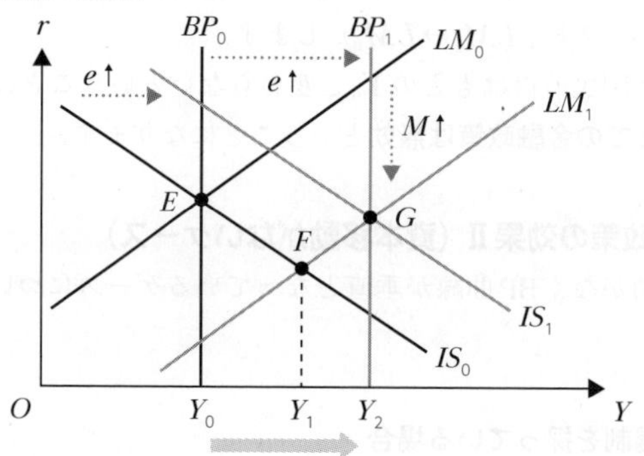

当初、E点において経済が均衡していたとしましょう。

中央銀行が拡張的金融政策でマネーサプライ（M）を拡大したとすると、LM曲線が下方（右方）にシフト（$LM_0 \rightarrow LM_1$）します。国内の均衡点はF点となり、国民所得が増加します（$Y_0 \rightarrow Y_1$）。これにより輸入が拡大して経常収支が悪化し、**国際収支（BP）は赤字**になります。

輸入の拡大は、外国為替市場でドルの需要と円の供給を増やすことになるため、**ドルの超過需要（円の超過供給）**が発生します。変動為替相場制では、ドルの超過需要を解消するように**為替レートが上昇します（e↑：減価）**。為替レートの上昇は、輸出（X）を増加させ、輸入（M）を減少させます。これは、財市場の総需要を増加させることになるので、IS曲線が右方にシフト（$IS_0 \rightarrow IS_1$）することになります。

一方、為替レートの上昇によって国民所得が高まるため、垂直のBP曲線も右方にシフトします（$BP_0 \rightarrow BP_1$）。この結果、経済はG点で均衡します。

以上より、均衡国民所得はY_0からY_2に拡大するので、**変動為替相場制のもとでの金融政策は有効**ということになります。

② 固定為替相場制を採っている場合

（ア）拡張的財政政策の効果

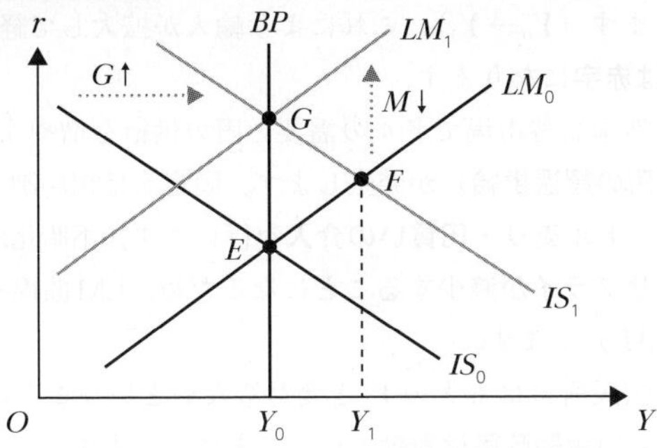

当初、E点において経済が均衡していたとしましょう。

政府が拡張的財政政策で政府支出（G）を拡大したとすると、IS曲線が右方にシフト（$IS_0 \rightarrow IS_1$）します。国内の均衡点はF点となり、国民所得が増加します（$Y_0 \rightarrow Y_1$）。これにより輸入が拡大して経常収支が悪化し、**国際収支（*BP*）は赤字**になります。

輸入の拡大は、外国為替市場でドルの需要と円の供給を増やすことになるため、**ドルの超過需要（円の超過供給）**が発生します。固定為替相場制では、為替レートを維持するために、**ドル売り・円買いの介入**を行います。不胎化政策を行わないのであれば、**マネーサプライが減少する**ことになるため、LM曲線が上方（左方）にシフト（$LM_0 \rightarrow LM_1$）します。

以上より、均衡国民所得はもとのY_0と変わらないということになるので、**固定為替相場制のもとでの財政政策は無効**ということになります。

（イ）拡張的金融政策の効果

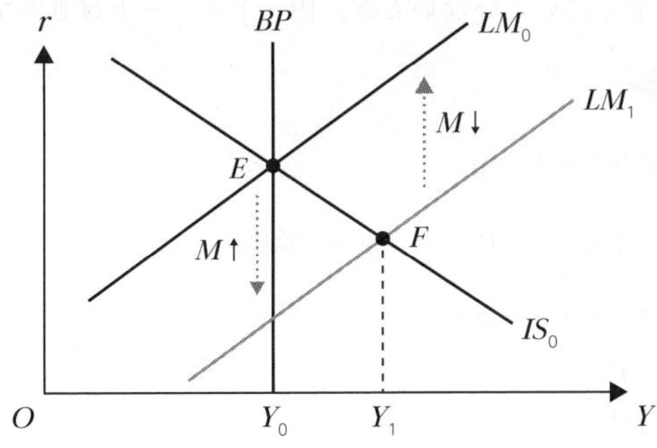

当初、E点において経済が均衡していたとしましょう。

中央銀行が拡張的金融政策でマネーサプライ（M）を拡大したとすると、LM曲線が下方（右方）にシフト（$LM_0 \to LM_1$）します。国内の均衡点はF点となり、国民所得が増加します（$Y_0 \to Y_1$）。これにより輸入が拡大して経常収支が悪化し、**国際収支（BP）は赤字**になります。

輸入の拡大は、外国為替市場でドルの需要と円の供給を増やすことになるため、**ドルの超過需要（円の超過供給）**が発生します。固定為替相場制では、為替レートを維持するために、**ドル売り・円買いの介入**を行います。不胎化政策を行わないのであれば、**マネーサプライが減少する**ことになるため、LM曲線が上方（左方）にシフト（$LM_1 \to LM_0$）します。

以上より、均衡国民所得はもとのY_0と変わらないということになるので、**固定為替相場制のもとでの金融政策は無効**ということになります。

確認してみよう

以下の記述が正しいか否かを判断しなさい。

① 45°線分析の開放モデルを前提とした場合、貿易収支（輸出－輸入）が均衡している状態から政府支出を拡大すると、貿易収支は黒字になる。

第1節 3 (1) ①、② 参照 ×

政府支出を拡大すると、国民所得が高まります。これにより、輸入が高まり、貿易収支は悪化して赤字になります。

② 購買力平価説によると、日本で５％のインフレーションが進行し、アメリカの物価が全く動いていないとき、円・ドルレートは５％で円安に動く。

3 (6) 参照 ○

円・ドルレート（為替レート）（e）は、

$$e = \frac{P}{P^*}$$ 〔P：日本の物価、P^*：アメリカの物価〕

とおけます。これを変化率の式にすると、

$$\frac{\Delta e}{e} = \frac{\Delta P}{P} - \frac{\Delta P^*}{P^*}$$

となります。条件を当てはめると、

$$\frac{\Delta e}{e}=5\%-0\%=5\%$$

となり、為替レートは5％上昇する（円安・ドル高）ことがわかります。

③　Jカーブ効果は、輸出の価格弾力性と輸入の価格弾力性の和が、短期的に1より小さい場合に見られる現象である。

3 (5) 参照　○

短期的には、マーシャル=ラーナーの条件（輸出の価格弾力性＋輸入の価格弾力性＞1）が満たされず、為替レートの上昇（減価）が経常収支を悪化させる現象です。

④　資本移動が完全に自由な小国のもとでは、国際収支均衡線（BP曲線）は垂直となる。

5 (4) ① 参照　×

資本移動が完全に自由な小国のもとでは、国際収支均衡線（BP曲線）は水平になります。

⑤　資本移動が完全に自由な小国を前提とした場合、変動為替相場制のもとで財政支出を拡大させると、為替レートは減価する。

5 (5) ① 参照　×

財政支出を拡大させると、国内の利子率が上昇して資本流入が発生します。この際、ドルが売られて円が買われるため、外国為替市場ではドルの超過供給が発生します。これを受けて、変動為替相場制のもとでは、為替レートは増価（下落）します。

過去問にチャレンジ

問題1 ★

▶解説は別冊 p.102

購買力平価説に関する記述として、妥当なのはどれか。

区Ⅰ 2006

❶ 購買力平価説によると、アメリカで５％のインフレが進行し、日本の物価が全く動いていないとき、円ドルレートは５％で円高に動いていく。

❷ 購買力平価説によると、アメリカと日本でそれぞれ５％のインフレが同時進行したとき、円ドルレートは５％で円安に動いていく。

❸ 購買力平価説によると、日本の利子率が５％で、アメリカの利子率が３％であるとき、円ドルレートは２％で円高に動いていく。

❹ 購買力平価説によると、日本で５％のインフレが進行し、アメリカの物価が全く動いていないとき、円ドルレートは５％で円高に動いていく。

❺ 購買力平価説によると、日本の利子率が３％で、アメリカの利子率が２％であるとき、円ドルレートは５％で円安に動いていく。

問題2 ★★

▶解説は別冊 p.103

我が国と米国の為替レートが、現時点で１ドル＝120円であり、また、１年間の我が国のインフレ率は５％である一方、米国のインフレ率はゼロであるものとする。購買力平価説が成り立つ状況の下において、１年後の為替レートは１ドルいくらになると考えられるか。

労基 2018

❶ 114円
❷ 117円
❸ 120円
❹ 123円
❺ 126円

次のA～Dのうち、Jカーブ効果に関する記述として、妥当なものの組合せはどれか。

★★

▶解説は別冊 p.103

都Ⅰ 2008

A　Ｊカーブ効果は、輸出の価格弾力性と輸入の価格弾力性との和が短期的に１より大きく、長期的に１より小さい場合にみられる現象である。

B　Ｊカーブ効果は、マーシャル＝ラーナーの条件が満たされているにもかかわらず、経常収支の不均衡が生じる現象である。

C　Ｊカーブ効果は、為替レートの変化に対して輸出量や輸入量の数量調整に時間がかかるために生じる現象である。

D　Ｊカーブ効果は、為替レートの変化が当初は経常収支の不均衡を拡大させ、その後徐々に経常収支の不均衡を縮小させる現象である。

❶ A、B
❷ A、C
❸ B、C
❹ B、D
❺ C、D

問題4　国際経済に関する次の記述のうち、妥当なのはどれか。

★★

▶解説は別冊 p.104

労基2000

❶ 我が国の貿易収支が黒字のときに為替レートが円安方向に動いた場合、一時的に我が国の貿易黒字幅が拡大することをＪカーブ効果という。

❷ 我が国の企業が、国内の設備投資に充てるため、保持していたアメリカ合衆国の公債を大量に売却したとすると、我が国からの資金の流出が起こり、為替レートは円安になる。

❸ 海外投資には直接投資、間接投資の二つがあるが、海外企業の株を資産運用目的で購入するのは直接投資である。

❹ 固定為替相場制の下では外国で生じたインフレは自国に波及しないが、変動為替相場制の下では外国のインフレは自国に波及する。

❺ 中央銀行の外国為替市場への介入に伴う国内の貨幣流通量の増減は、公開市場操作などの手段によって相殺することができる。

問題5
★
▶解説は別冊 p.105

次の図は、ある小国の開放経済の様子を示している。この図中、IS曲線は外国貿易を含む財市場の均衡を、LM曲線は貨幣市場の均衡を、BP曲線は国際収支の均衡を、それぞれ示している。

このとき、$A \sim E$の各点の状況に関する次のア～オの記述のうち、適当なもののみを全て挙げているものはどれか。

裁判所2017

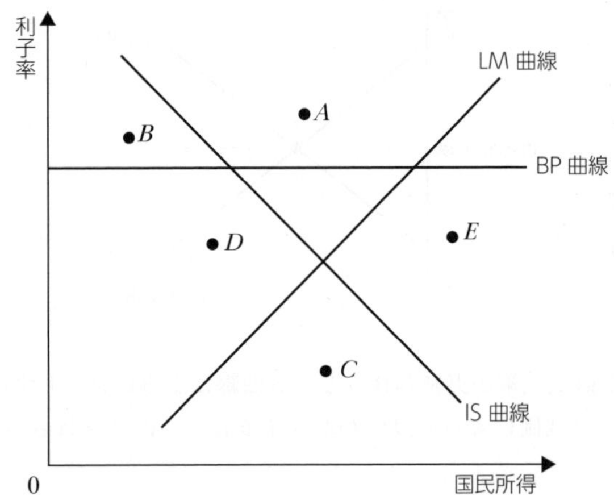

ア 財市場と貨幣市場がともに超過需要であるのはB、Dである。
イ 財市場と貨幣市場がともに超過供給であるのはEである。
ウ 財市場が超過需要で、貨幣市場が超過供給であるのはCである。
エ 国際収支が黒字で、財市場が超過需要であるのはBである。
オ 国際収支が赤字で、貨幣市場が超過需要であるのはC、Eである。

❶ ア、イ
❷ ア、オ
❸ イ、ウ
❹ ウ、エ
❺ エ、オ

問題6 ★

▶解説は別冊 p.106

図は、変動相場制において、資本移動が完全に自由である小国の仮定の下でのマンデル＝フレミング・モデルを模式的に表したものである。これに関する次の記述のうち、妥当なのはどれか。

なお、図中の点Eは財政金融政策が発動される前の均衡点である。

国税2011

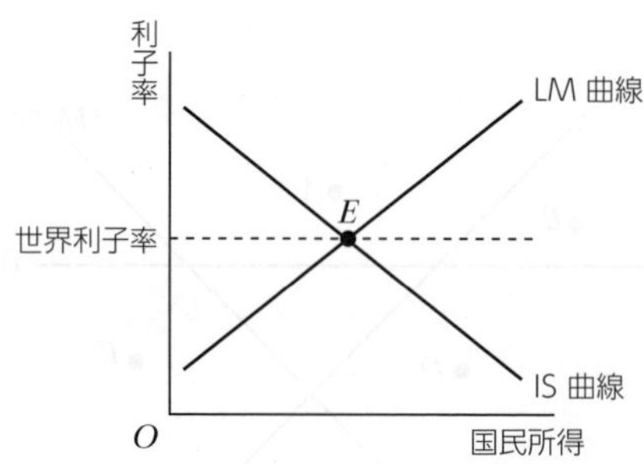

❶ 拡張的な財政政策が実施されると、IS曲線は上方にシフトするとともに、為替レートの減価によって投資が増加するため、IS曲線はさらに上方にシフトする。

❷ 拡張的な財政政策が実施されると、IS曲線は上方にシフトするが、為替レートの減価によって貨幣需要が減少するため、IS曲線は元の位置にまで下方にシフトする。

❸ 拡張的な財政政策が実施されると、IS曲線は上方にシフトするが、為替レートの増価によって貿易・サービス収支が悪化するため、IS曲線は元の位置にまで下方にシフトする。

❹ 拡張的な金融政策が実施されると、LM曲線は下方にシフトするが、為替レートの増価によって投資が減少するため、LM曲線は元の位置にまで上方にシフトする。

❺ 拡張的な金融政策が実施されると、LM曲線は下方にシフトするが、為替レートの増価によって貨幣需要が増加するため、LM曲線はさらに下方にシフトする。

問題7
★★
▶解説は別冊 p.108

次の図は、資本移動が完全である場合のマンデル＝フレミング・モデルを表したものであるが、当初、点Aで均衡しているこの国の財政政策又は金融政策の効果を説明した記述として、妥当なのはどれか。ただし、この国は他国の経済に影響を及ぼさない小国であり、世界利子率はr_Wで定まっているものとし、物価は変わらないものとする。

区Ⅰ 2007

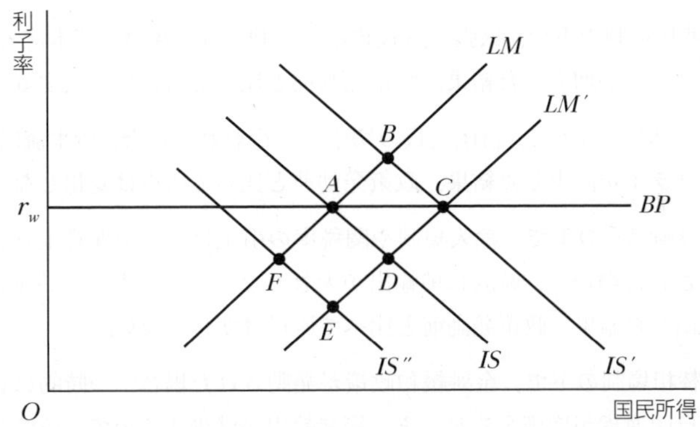

❶ 固定為替相場制の下で、拡張的財政政策が実施されると、IS曲線は右にシフトし、均衡点は点Bに移るが、資本流入により輸出が減少するため、IS曲線は元に戻り、点Aで均衡するので、国民所得は変わらない。

❷ 固定為替相場制の下で、金融緩和政策が実施されると、LM曲線は右にシフトし、均衡点は点Dに移るが、資本流出によりマネーサプライが増大するため、IS曲線は左にシフトし、点Eで均衡するので、国民所得は変わらない。

❸ 変動為替相場制の下で、拡張的財政政策が実施されると、IS曲線は右にシフトし、均衡点は点Bに移るが、資本流入によりマネーサプライが増大するため、LM曲線は右にシフトし、点Cで均衡するので、国民所得は増加する。

❹ 変動為替相場制の下で、金融緩和政策が実施されると、LM曲線は右にシフトし、均衡点は点Dに移るが、資本流出により為替レートが減価するため輸出が増え、IS曲線は右にシフトし、点Cで均衡するので、国民所得は増加する。

❺ 変動為替相場制の下で、拡張的財政政策が実施されると、IS曲線は左にシフトし、均衡点は点Fに移るが、資本流入により為替レートが増価するため輸出が増え、IS曲線は元に戻り点Aで均衡するので、国民所得は変わらない。

問題8 ★★★

▶解説は別冊 p.109

資本移動が完全に自由である小国の仮定の下でのマンデル＝フレミング・モデルにおいて、自国の政策が国内経済に与える効果に関するA～Dの記述のうち、妥当なもののみを全て挙げているのはどれか。
ただし、物価水準は一定であり、また、不胎化政策は採らないものとする。

財務2013

A　固定為替相場制の下で、拡張的財政政策が発動された場合、資本流入が起こり、マネーサプライが増大した結果、政策発動前と比べて所得は増大する。

B　固定為替相場制の下で、自国通貨の切下げが行われた場合、資本流出が起こり、マネーサプライが減少した結果、政策発動前と比べて所得は変化しない。

C　変動為替相場制の下で、輸入規制や関税率の引上げなどの保護主義的な貿易政策が発動された場合、一時的に純輸出が大きくなるが、資本流入が起こり、自国通貨が増価した結果、政策発動前と比べて所得は変化しない。

D　変動為替相場制の下で、金融緩和政策が発動された場合、一時的に資本流入が起こり、自国通貨が増価するが、その後純輸出が減少するので、政策発動前と比べて所得は変化しない。

❶　A
❷　A、B
❸　A、C
❹　A、B、C
❺　B、C、D

問題9 ★★

▶解説は別冊 p.111

小国を対象としたマンデル＝フレミングモデルにおいて、政府支出が減少する状況が生じた。この状況に関する次の記述のうち、最も妥当なのはどれか。

労基2010

❶ 固定為替相場制を前提とした場合、IS曲線の右上方へのシフトに伴い、利子率が上昇し資本が流入する。その結果、LM曲線は右下方へシフトするため国民所得は増大する。

❷ 固定為替相場制を前提とした場合、LM曲線の右下方へのシフトに伴い、利子率が低下し資本が流出する。その結果、マネーサプライが減少してLM曲線は左上方へシフトするため国民所得は変化しない。

❸ 変動為替相場制を前提とした場合、IS曲線の左下方へのシフトに伴い、利子率が低下し資本が流出する。その結果、為替レートが減価して輸出が増大しIS曲線は右上方へシフトするため国民所得は変化しない。

❹ 変動為替相場制を前提とした場合、LM曲線の右下方へのシフトに伴い、利子率が低下し資本が流出する。その結果、為替レートが減価して輸出が増大しIS曲線は右上方へシフトするため国民所得は増大する。

❺ 変動為替相場制を前提とした場合、LM曲線の左上方へのシフトに伴い、利子率が上昇し資本が流入する。その結果、マネーサプライが増大してLM曲線は右下方へシフトするため国民所得は変化しない。

問題10 ★★

▶解説は別冊 p.113

ある小国の経済は変動相場制を採用しており、次のように示されているとする。

$$Y = C + I + CA$$

$$CA = 10 + 2e - 0.2Y$$

$$C = 10 + 0.8Y$$

$$I = \frac{1}{i}$$

$$M = 2Y + \frac{4}{i}$$

$\left(\begin{array}{l} Y\text{：国民所得、}C\text{：消費、}I\text{：投資、}CA\text{：経常収支} \\ e\text{：為替レート、}i\text{：国内利子率、}M\text{：貨幣供給量} \end{array}\right)$

国家間の資本移動が完全であり、世界利子率が0.02であるとする。さらに、$M = 1{,}800$とする。このとき、為替レートeはいくらか。

国般2018

❶ 100
❷ 110
❸ 115
❹ 120
❺ 125

第10章

経済成長理論

ハロッド＝ドーマー型成長理論
新古典派成長理論

1 ハロッド＝ドーマー型成長理論

学習のポイント

・ここではキーワード、３種類の成長率、結論を押さえましょう。
・計算問題の出題頻度は低いですが、成長率の式を覚えておけば十分です。

1 レオンチェフ型生産関数

(1) レオンチェフ型生産関数

１国における長期的な資本蓄積が、国民所得をどう変化させていくかを考える領域を、**経済成長理論**といいます。そこで、マクロ生産関数も、資本（K）を含めた形（２要素）で考えていきます。

第１節ではケインジアンの経済成長理論を学習しますが、この理論は提唱者であるR. ハロッド、E. ドーマーの名を取って**ハロッド＝ドーマー型成長理論**と呼ばれます。ハロッド＝ドーマー型成長理論で前提とするのが、**レオンチェフ型生産関数**です。

レオンチェフ型生産関数は、

$$Y=\min\left(\frac{K}{v},\ \frac{L}{u}\right)$$

（Y：国民所得（生産量）、K：資本、v：資本係数、L：労働、u：労働産出比率）

という形で表されます。“min”とは、“minimum”を意味し、「$\frac{K}{v}$と$\frac{L}{u}$を比較して、小さいほうの値をYとする」と、読みます。簡単化のため、$v=1$、$u=1$として、レオンチェフ型生産関数の等生産量曲線を描いてみましょう。以下のような、資本（K）と労働（L）の組合せを考えます。

点	(K, L)	Y
a	(30, 10)	10
b	(10, 30)	10
c	(10, 10)	10
d	(20, 30)	20
e	(30, 20)	20
f	(20, 20)	20

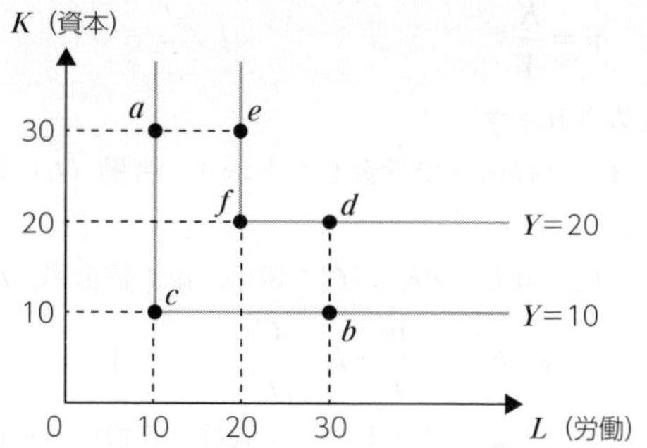

例えば、$K=30$、$L=10$のときには、Lのほうが小さい値となりますから、生産量（総供給）は$Y=10$とします。また、$K=10$、$L=10$となり、$K=L$となっている場合には、$Y=10$とします。

この要領で、国民所得（生産量、総供給）（Y）の値をとっていき、同じ国民所得（Y）を実現する組合せを線で結ぶと、"L字型"のグラフを描くことができます。これがレオンチェフ型生産関数の等生産量曲線です。

この生産関数を前提とする場合、"L字型の角"（c点、f点）の労働と資本の組合せで生産が行われます。仮に、$Y=10$を前提とすると、$(L, K)=(10, 20)$の組合せで生産を行うよりも、資本投入量が少ない$(L, K)=(10, 10)$の組合せで生産を行ったほうが合理的です。つまり、費用最小化点が"L字型の角"に来るのです。

⑵ レオンチェフ型生産関数の特徴

このレオンチェフ型生産関数は、以下のような特徴を持っています。

① 規模に関して収穫一定（1次同次）

規模に関して収穫一定（1次同次）とは、例えば、労働（L）と資本（K）の投入量を同時に2倍すると、生産量（総供給）も同じ2倍になるということです。c点の組合せ$(L, K)=(10, 10)$から労働と資本を同時に2倍にすると、f点に至ります。すると、生産量（総供給）も2倍の$Y=20$になります。

② 資本係数は固定的

資本係数（必要資本係数、最適資本係数）（v）とは、**技術的に見て望ましい国民所得Y**（総供給）**と資本Kの比率を**いい、

第10章 経済成長理論

$$v=\frac{K}{Y}$$

と表されます。

ミクロ経済学で学習したとおり、労働（L）と資本（K）の組合せと費用との関係は、

$$C=wL+rK \quad〔C：費用、w：賃金率、r：資本の要素価格〕$$

$$\Leftrightarrow \quad K=-\frac{w}{r}\cdot L+\frac{C}{r} \qquad \cdots\cdots①$$

と表すことができました。①式は、等費用線（費用方程式）です。これは、横軸に労働（L）、縦軸に資本（K）を取ると、傾き$-\frac{w}{r}$、縦軸切片$\frac{C}{r}$の右下がりの直線となります。

生産量（総供給）が$Y=10$のとき、費用を最小にする点は、等生産量曲線と等費用線が接するc点です。このとき、資本の量は$K=10$ですから、資本係数（v）は、

$$v=\frac{K}{Y}=\frac{10}{10}=1$$

となります。

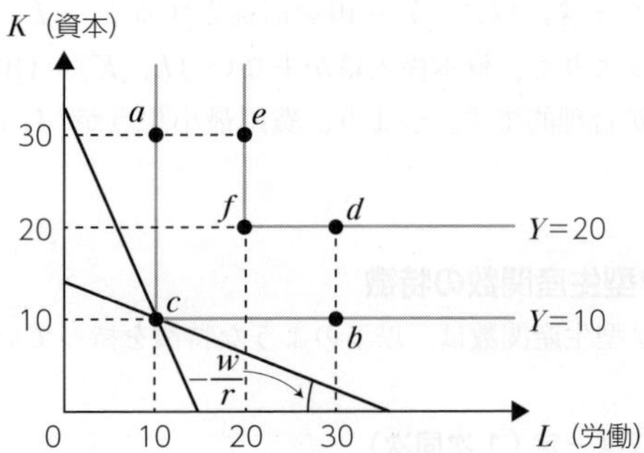

ここで、資本の要素価格（r）だけが下落したとしましょう。等費用線の傾きである$-\frac{w}{r}$の分母が小さくなるため、傾きは大きくなりますが、$Y=10$を前提としたときの費用最小化点は、c点から変化しません。つまり、労働と資本の組合せに変化がないのです。そのため、**資本係数（v）も1のままで、変化はありません。**

ハロッド＝ドーマー型成長理論では、生産要素の価格比（$\frac{w}{r}$）が変化しても、労働と資本との間に代替性がないため、資本係数は固定的になると考えるのです。

この点は、第2節で学習する新古典派の経済成長理論との違いが現れている点ですので、意識しておきましょう。

2 投資の二重性

ハロッド=ドーマー型成長理論では、投資（I）には、以下の二つの効果があるとしています。

(1) 有効需要創出効果

投資（I）が増えると財の総需要が拡大し、乗数効果分だけ国民所得（Y）が拡大します。閉鎖経済で、定額税を前提とすると、

$$\Delta Y=\frac{1}{1-c}\cdot\Delta I \quad 〔c：限界消費性向〕$$

となります。45°線分析では、$1-c$を限界貯蓄性向と呼びましたが、ここでは貯蓄率（s）とします。よって、上の式は

$$\Delta Y=\frac{1}{s}\cdot\Delta I$$

とします。この**投資が増えたときの乗数効果**を、**有効需要創出効果**と呼びます。

(2) 生産能力創出効果

二つ目の効果は、**投資（I）が行われると資本が増加し（ΔK）、国の生産能力を高めることになる、という効果**です。これを**生産能力創出効果**といいます。

国民所得（生産量、総供給）（Y）と資本（K）との間には、資本係数（v）という固定的な関係があるとしています。これを以下のように変形し、変化分の式にすると、

$$v=\frac{K}{Y}$$
$$\Leftrightarrow \quad v\cdot Y=K$$
$$\Leftrightarrow \quad v\cdot\Delta Y=\Delta K$$

となります。

ここで、投資が行われた分だけ資本が増えると考えると、$I=\Delta K$とおけます。よって、上の式は、

第10章 経済成長理論

$$v \cdot \Delta Y = I \qquad \therefore \quad \Delta Y = \frac{1}{v} \cdot I$$

となります。これが、生産能力創出効果です。

3 三つの成長率

(1) 保証成長率（適正成長率）

保証成長率（適正成長率）（G_w：the warranted rate of growth）とは、**資本の完全利用**（財市場の均衡）**を実現する経済成長率**です。

まず、**資本の完全利用**とは、**現存する資本（K）が、無駄なく財の生産に利用されている状況**を指します。投資によって資本が増加すると（$I = \Delta K$）、財の総供給を高めることになります（生産能力創出効果）。一方、投資が行われると財の総需要を高めます（有効需要創出効果）。つまり、**総供給の増加分だけ総需要が増加し、有効需要創出効果と生産能力創出効果が一致しているのであれば、資本が生産活動の中で完全に利用されている**といえます。

有効需要創出効果と生産能力創出効果の式を以下のように変形します。

有効需要創出効果＝生産能力創出効果

$$\Leftrightarrow \quad \frac{1}{s} \cdot \Delta I = \frac{1}{v} \cdot I$$

$$\Leftrightarrow \quad \frac{1}{s} \cdot \frac{\Delta I}{I} = \frac{1}{v}$$

$$\therefore \quad \frac{\Delta I}{I} = \frac{s}{v} \quad (= G_w)$$

左辺の$\frac{\Delta I}{I}$は**投資の増加率**を示しており、**投資成長率**と呼びます。投資には二重性があるので、**投資の増大は総需要と総供給をともに高めることになり、経済を成長させる**ことになるのです。

一方、財市場が均衡するときには、投資（I）と貯蓄（S）が均等化します（ISバランス）。

ここで、投資（I）は、投資の生産能力創出効果を表す式（$\Delta Y = \frac{1}{v} \cdot I$）を変形して、$I = v \cdot \Delta Y$とします（第３章で学習した加速度原理の投資関数です）。貯蓄（S）は、国民所得（Y）の一定率になると考えて、$S = s \cdot Y$（s：貯蓄率）とします。財市場が均衡するときには$I = S$が成立しますので、

$$I = S$$

$$\Leftrightarrow \quad v \cdot \varDelta Y = s \cdot Y$$

$$\therefore \quad \frac{\varDelta Y}{Y} = \frac{s}{v} \quad (= G_w)$$

となります。左辺の$\frac{\varDelta Y}{Y}$は**国民所得の変化率**を表しています。これを**経済成長率**といいます。**保証成長率は、財市場の均衡を実現する経済成長率という意味を持つ**のです。

以上から、保証成長率（G_w）は以下のように整理できます。

$$\textbf{保証成長率}（G_w）= \frac{\varDelta I}{I} = \frac{\varDelta Y}{Y} = \frac{s}{v}$$

貯蓄率（s）と資本係数（v）は、ともに一定値です。よって、保証成長率（G_w）も一定値となります。

計算による導出過程は覚える必要はありません。結論だけで結構ですので、しっかり覚えておきましょう。

⑵ 自然成長率

自然成長率（G_n：the natural rate of growth）とは、**完全雇用を実現する経済成長率**です。

完全雇用が前提なので、国民所得（Y）は完全雇用国民所得（Y_f）と一致します。よって、

$$Y = Y_f$$

とします。ここで上式の右辺を、完全雇用量（L_f）を使って以下のように変形します。

$$Y = \frac{Y_f}{L_f} \cdot L_f \quad \cdots\cdots①$$

ここで$\frac{Y_f}{L_f}$は、**労働者１人当たりの国民所得**を表します。これを**労働生産性**といいます。労働生産性をyとすると、①式は、

$$Y = y \cdot L_f \quad \cdots\cdots②$$

となります。

次に、②式を変化率の式にすると、

$$\frac{\varDelta Y}{Y} = \frac{\varDelta y}{y} + \frac{\varDelta L_f}{L_f}$$

となります。右辺の$\frac{\varDelta y}{y}$は、**労働生産性上昇率**（または、技術進歩率）といいます。

第10章 経済成長理論

一方、$\dfrac{\Delta L_f}{L_f}$は**労働人口増加率**（労働成長率）といいます。

以上から、自然成長率（G_n）は、以下のように整理できます。

$$\textbf{自然成長率}（G_n）=\frac{\Delta Y}{Y}=\lambda+n$$

〔λ：労働生産性上昇率（技術進歩率）、n：労働人口増加率（労働成長率）〕

労働生産性上昇率（技術進歩率）（λ）も労働人口増加率（労働成長率）（n）も一定値とされます。よって、自然成長率（G_n）も一定値となります。

(3) 現実の成長率

資本の完全利用や労働の完全雇用が、現実に実現されるとは限りません。そこで、**現実の雇用情勢や資本の利用状況を前提とした経済成長率**が必要になります。これを**現実の成長率**（G：the rate of growth）といいます。

例題　ハロッド＝ドーマー理論において、限界消費性向が0.7、資本係数が5、労働生産性の上昇率が0.02、労働力の増加率が0.03であるとき、保証成長率（G_w）と自然成長率（G_n）はそれぞれいくらか。

限界貯蓄性向（貯蓄率）は$1-c$なので、限界消費性向（c）が0.7のとき、貯蓄率（s）は0.3となります。したがって、保証成長率（G_w）は、

$$G_w=\frac{貯蓄率(s)}{資本係数(v)}=\frac{0.3}{5}=0.06$$

となります。

一方、自然成長率（G_n）は、

$$\begin{aligned}G_n&=労働生産性上昇率（\lambda）+労働力増加率（n）\\&=0.02+0.03\\&=0.05\end{aligned}$$

となります。

4 不安定性原理（ナイフエッジ原理）

現実の経済成長が、資本の完全利用と労働の完全雇用を実現しているなら（$G=G_w=G_n$）、**望ましい経済成長が実現される**といえます。このような成長状態を、**均斉成長**（均衡成長）といいます。

しかし、ハロッド＝ドーマー型成長理論では、均斉成長は実現されず、経済成長は不安定になるとします。三つの成長率（保証成長率、自然成長率、現実の成長率）は、すべて独立した一定値ですので、以下で場合分けして見ていきます。

ただし、ここでは簡単化のため、自然成長率（G_n）は無視します（試験問題でも無視されます）。現実の成長率（G）と保証成長率（G_w）の大小関係に注目し、$G = G_w$とはならないことを見ていきます。

⑴ 現実の成長率（G）＞保証成長率（G_w）のとき

現実の経済成長（G）が、資本の完全利用を前提とした水準（G_w）を上回っているということは、過熱気味に経済が成長していることを意味します。イメージをいえば、資本を完全利用して財を生産しても（総供給）、総需要に追いつかず、財の生産に必要な**資本が不足している状態**です。

企業の経営者は、この資本不足を解消するために、投資（I）を拡大させようとするでしょう。投資（I）が高まれば、総需要が高まり、現実の成長率（G）がますます上昇することになります。つまり、$G > G_w$という景気過熱の傾向がますます強くなってしまうのです。

このように、自然に均斉成長（$G = G_w$）に収束することはなく、景気の過熱に歯止めがかからなくなる、と主張するのです。

⑵ 現実の成長率（G）＜保証成長率（G_w）のとき

現実の経済成長（G）が、資本の完全利用を前提とした水準（G_w）を下回っているということは、未使用状態の資本が存在し、経済成長が停滞している（不況）ことを意味します。イメージをいえば、仕事（財の生産）がない状態で、**資本が過剰な**（余っている）**状態**です。

企業の経営者は、この資本過剰を解消するために、投資（I）を控えるでしょう。投資（I）が減れば、総需要が減り、現実の成長率（G）がますます下落することになります。つまり、$G < G_w$という景気停滞の傾向がますます強くなってしまうのです。

このように、自然に均斉成長（$G = G_w$）に収束することはなく、景気の後退に歯止めがかからなくなる、と主張するのです。

以上から、**現実の成長率（G）が、ひとたび保証成長率（G_w）から乖離すると、その差は累積的に大きくなり、自律的に均斉成長**（$G = G_w$（$= G_n$））**を実現することは、偶然の一致以外にはあり得ない**とします。この主張を、**不安定性原理**（ナイフエッジ原理）と呼びます。

第10章 経済成長理論

確認してみよう

以下の記述が正しいか否かを判断しなさい。

① 保証成長率とは完全雇用下の成長率であり、自然成長率とは資本ストックが完全利用されているときの成長率である。

3 (1)、(2) 参照 ×

保証成長率とは資本ストックが完全利用されているときの成長率であり、自然成長率とは完全雇用下の成長率です。

② ハロッド=ドーマーの成長理論は、資本と労働の代替関係を前提としており、現実の成長率は必ず保証成長率と一致するものと考えられている。

1 (2) ② 参照 ×

ハロッド=ドーマーの成長理論は、資本と労働との間に代替関係は存在しないとしており、現実の成長率と保証成長率が一致するのは偶然にすぎないとしています。

③ 現実の経済成長が、資本の完全利用と労働の完全雇用を実現している状態を、均斉成長という。

4 参照 ○

現実の成長率（G）が、資本の完全利用を前提とした保証成長率（G_w）と完全雇用を前提とした自然成長率（G_n）に一致する状態を、均斉成長といいます（$G = G_w = G_n$）。

④ 現実の成長率が保証成長率よりも小さいときには、投資が行われ、国民所得が増大して、経済は累積的拡大過程をたどる。

4 (2) 参照 ×

現実の成長率が保証成長率よりも小さいときには（$G < G_w$）、現実には資本は完全に利用されておらず、遊休資本が存在します。よって、企業は投資を控えるため、国民所得は低下して、景気後退の一途をたどります。

過去問にチャレンジ

問題1 ★ ハロッドの経済成長理論に関する記述として、妥当なのはどれか。

▶解説は別冊 p.115

区Ⅰ 2011

❶ ハロッドは、その経済成長理論において、必要資本係数が生産要素価格によって変化すると仮定した。

❷ ハロッドは、経済成長について、現実の成長率がいったん適正成長率と一致しなくなると、その差は累積的に拡大するという不安定な性質があるとした。

❸ ハロッドは、資本と労働は代替可能であるとし、この代替が十分に働けば、現実の成長率、自然成長率及び適正成長率は長期的に一致するとした。

❹ ハロッドは、適正成長率は資本の完全な稼働の下で可能となる成長率であるとし、貯蓄性向が増加すれば適正成長率は減少するとした。

❺ ハロッドは、現実の成長率が適正成長率を下回る場合には資本不足の状態となり、現実の成長率を上昇させるためには金融緩和政策が有効であるとした。

ハロッド・ドーマー・モデルに関するＡ～Ｄの記述のうち、妥当なもののみを全て挙げているのはどれか。

★★

▶解説は別冊 p.115

国般2012

A ハロッド・ドーマー・モデルは、ケインズ体系を動学化したモデルであり、投資の持つ二面性を考慮したモデルである。すなわち、投資について見ると、需要面においては、投資の増加が乗数効果を通じて総需要を拡大させる効果を持ち、供給面では投資による資本蓄積で総供給を拡大させる効果を持つ。

B ハロッド・ドーマー・モデルでは、資本係数は資本１単位が生み出す産出量の大きさを示しており、産出量を資本量で割った値で示される。したがって、資本係数の大きさは、資本量が大きくなるにつれて比例的に低下する。

C ハロッド・ドーマー・モデルでは、資本の完全利用が維持される産出量の増加率は保証成長率と定義され、資本係数を貯蓄率で割った値で示される。一方、労働人口増加率から技術進歩率を差し引いた値は自然成長率と定義される。このモデルによると、保証成長率と自然成長率が等しくなることは偶然以外にはないとされる。

D ハロッド・ドーマー・モデルでは、投資成長率が保証成長率を上回ると、総需要の拡大が総供給の拡大を上回って需要過剰が生じるが、需要過剰が生じると供給不足を解消するため投資が促進され、それが乗数効果を通じて更なる需要拡大をもたらす結果、需要過剰はより大きくなる。

❶ A、B
❷ A、D
❸ B、C
❹ B、D
❺ C、D

問題3

★

▶解説は別冊 p.116

ハロッド＝ドーマーの成長理論において、資本の完全利用と労働の完全雇用を同時に達成する均衡成長が実現されている場合、必要資本係数が4、技術進歩率が5.0%、労働人口増加率が1.8%であるとき、貯蓄率はどれか。

区Ⅰ 2007

❶ 0.8%
❷ 1.7%
❸ 10.8%
❹ 27.2%
❺ 33.2%

2 新古典派成長理論

学習のポイント

・どうしても難しく感じてしまうと思いますが、とりあえずキーワード、ソロー方程式、結論を押さえましょう。

・「1人当たりの生産関数」を除き、説明中にある式の展開等は一切覚えなくてかまいません。示された結論だけでいいので覚えておきましょう。

1 コブ＝ダグラス型生産関数

(1) コブ＝ダグラス型生産関数

第2節では、新古典派の経済成長理論を学習します。こちらも提唱者であるR.ソロー、T.スワンの名を取って、**ソロー＝スワン・モデル**と呼ばれます。新古典派が前提とするマクロ生産関数が、**コブ＝ダグラス型生産関数**です。

コブ＝ダグラス型生産関数は、ミクロ経済学で学習したとおり、

$$Y=AK^{\alpha}L^{1-\alpha}$$

という形の生産関数です。資本（K）と労働（L）の肩の指数は合計すると1となり、**生産物についての資本と労働の寄与度**を表します。ここでは、αが**資本分配率**、$\alpha-1$が**労働分配率**となります。また、Aは**全要素生産性**（TFP:Total Factor Productivity）、または**技術水準**、**ソロー残差**と呼ばれ、**資本（K）と労働（L）に汲み尽くせない経済成長の要因**を示します。この値が大きいほど技術水準が高く、左辺の実質国民所得（Y）の値が大きくなります。

コブ=ダグラス型生産関数の右辺はこれらの積で表されているため、これを変化率の式にすると、

$$\frac{\Delta Y}{Y}=\frac{\Delta A}{A}+\alpha\cdot\frac{\Delta K}{K}+(1-\alpha)\cdot\frac{\Delta L}{L}$$

と表せます。$\frac{\Delta Y}{Y}$は経済成長率、$\frac{\Delta A}{A}$は全要素生産性成長率（技術進歩率）、$\frac{\Delta K}{K}$と$\frac{\Delta L}{L}$はそれぞれ資本と労働の成長率を表します（後述）。この変化率の式を**成長会計方程式**と呼び、**資本と労働が完全雇用されたときに、それらの成長率と経済成長率との関係を表すもの**となっています。

$Y=AK^{\alpha}L^{1-\alpha}$は、

$$Y=A=\underbrace{K\times\cdots\cdots\times K}_{\alpha回}\times\underbrace{L\times\cdots\cdots\times L}_{1-\alpha回}$$

ですから、これを変化率の式にすると、

$$\frac{\varDelta Y}{Y}=\frac{\varDelta A}{A}+\underbrace{\frac{\varDelta K}{K}+\cdots\cdots+\frac{\varDelta K}{K}}_{\alpha回}+\underbrace{\frac{\varDelta L}{L}+\cdots\cdots+\frac{\varDelta L}{L}}_{1-\alpha回}$$

$$=\frac{\varDelta A}{A}+\alpha\cdot\frac{\varDelta K}{K}+(1-\alpha)\cdot\frac{\varDelta L}{L}$$

となります。α、(1−α) を前に掛けるのはこのためです。

(2) コブ=ダグラス型生産関数の特徴

コブ=ダグラス型生産関数は、以下のような特徴を持っています。

① 規模に関して収穫一定（1次同次）

規模に関して収穫一定とは、労働（L）と資本（K）を同時に2倍すると、総供給（生産量）（Y）も同じ2倍になるような性質であり、この点はケインジアンのレオンチェフ型生産関数と同じです。

例えば、コブ=ダグラス型生産関数を、

$$Y=L^{\frac{1}{2}}K^{\frac{1}{2}}$$

としましょう。上式の右辺の労働（L）と資本（K）を同時に2倍すると、

$$(2L)^{\frac{1}{2}}(2K)^{\frac{1}{2}}=2^{\frac{1}{2}}\cdot L^{\frac{1}{2}}\cdot 2^{\frac{1}{2}}\cdot K^{\frac{1}{2}}$$

$$=2^1\cdot L^{\frac{1}{2}}K^{\frac{1}{2}}$$

指数法則
$x^a+x^b=x^{a+b}$

$$=2Y$$

と計算できます。労働（L）と資本（K）を同時に2倍して生産関数から得られる結果は、生産量（総供給）Yを2倍した結果と等しくなるのです。

② 資本係数は可変的

ミクロ経済学で学習したとおり、生産量（総供給）を一定とすると、等生産量曲線は、以下のような右下がりの曲線として描くことができました。そして、等費用

線（$C=wL+rK \Leftrightarrow K=-\frac{w}{r}\cdot L+\frac{C}{r}$）と接するところで、費用が最小になります。

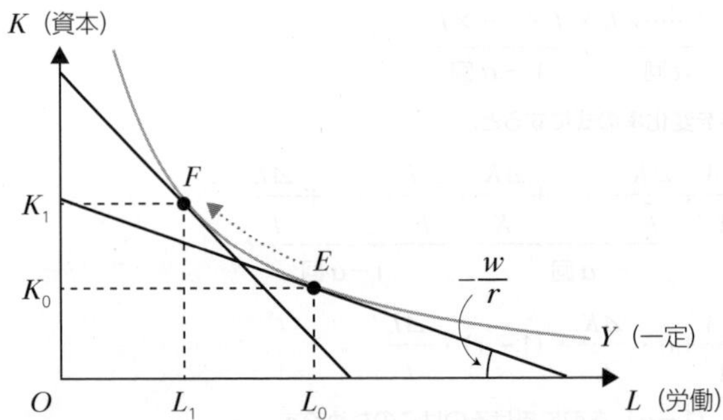

当初、E点で望ましい労働と資本の組合せが決定されていたとしましょう。資本係数（v）は、$v_0=\frac{K_0}{Y}$です。

ここで、資本の価格（r）だけが下落したとすると、等費用線の傾きは大きくなり、望ましい労働と資本の組合せはF点に移動します。つまり、**労働（L）と資本（K）との間には代替性があるため、労働を減らし**（$L_0 \to L_1$）、**資本を増やす**（$K_0 \to K_1$）**ことが望ましい**のです。すると、資本係数（v）は、$v_1=\frac{K_1}{Y}$に大きくなります。

新古典派は、労働と資本との間に代替性があることを前提としているので、生産要素の価格比（$\frac{w}{r}$）**の変化に対して、資本係数は可変的になると考える**のです。

2 1人当たりの生産関数

コブ＝ダグラス型のマクロ生産関数の規模に関して収穫一定（１次同次）という性質から、**労働者１人当たりの生産**（所得）を示す**１人当たりの生産関数**（生産性関数）を導きます。

労働（L）と資本（K）を同時に$\frac{1}{L}$倍すると、生産量を$\frac{1}{L}$倍した結果と等しくなるはずです（１次同次）。コブ＝ダグラス型のマクロ生産関数を$Y=K^{\frac{1}{2}}L^{\frac{1}{2}}$とすると、

$$\frac{Y}{L}=\left(\frac{K}{L}\right)^{\frac{1}{2}}\left(\frac{L}{L}\right)^{\frac{1}{2}}$$

$$\Leftrightarrow \quad \frac{Y}{L}=\frac{K^{\frac{1}{2}}}{L^{\frac{1}{2}}}\cdot\frac{L^{\frac{1}{2}}}{L^{\frac{1}{2}}}$$

$$\Leftrightarrow \quad \frac{Y}{L}=K^{\frac{1}{2}}L^{-\frac{1}{2}}L^{\frac{1}{2}}L^{-\frac{1}{2}}$$

指数法則
$\frac{1}{x^a}=x^{-a}$
$x^0=1$

$$\Leftrightarrow \quad \frac{Y}{L}=K^{\frac{1}{2}}L^{-\frac{1}{2}}$$

$$\Leftrightarrow \quad \frac{Y}{L}=(\frac{K}{L})^{\frac{1}{2}} \quad \cdots\cdots①$$

となります。ここで、$\frac{Y}{L}$は１人当たりの生産（所得）を表します。$\frac{K}{L}$は**１人当たりの資本量**（資本ストック）を表し、**資本労働比率**（資本装備率）と呼びます。$\frac{Y}{L}=y$、$\frac{K}{L}=k$とすると、①式は、

$$y=k^{\frac{1}{2}} \quad \cdots\cdots②$$

とおけます。これを、１人当たりの生産関数と呼びます。

なお、１人当たりの生産関数の計算は、以下のように行うこともできます。

$$\begin{aligned} y &= \frac{Y}{L} \\ &= \frac{K^{\frac{1}{2}}L^{\frac{1}{2}}}{L} \\ &= K^{\frac{1}{2}}L^{\frac{1}{2}}\cdot L^{-1} \\ &= K^{\frac{1}{2}}L^{-\frac{1}{2}} \\ &= (\frac{K}{L})^{\frac{1}{2}} \\ &= k^{\frac{1}{2}} \end{aligned}$$

１人当たりの生産関数の計算は試験会場で必要になりますので、いずれかの方法で計算できるようにしておきましょう。

また、以下では、グラフを示すうえで１人当たりの生産関数を、

$$y=f(k)$$

と表記します（この表記を無理に覚える必要はありません）。また、１人当たりの生産関数は、以下のような形状であるとします（仮定）。

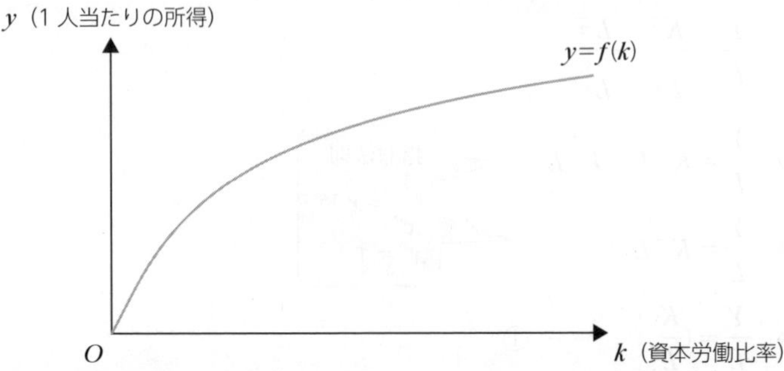

3 ソロー方程式

(1) 資本成長率

① 資本成長率

資本成長率（資本蓄積率）とは、**財市場の均衡を前提とした資本（*K*）の増加率**を指します。

財市場の均衡を前提とするなら、貯蓄（S）と投資（I）は均等化します（ISバランス）。ハロッド＝ドーマー型成長理論のときと同じく貯蓄（S）を$S=sY$（s：貯蓄率、Y：国民所得（総供給））、投資（I）は$I=\varDelta K$とすると、

$$I=S$$
$$\Leftrightarrow \quad \varDelta K=sY \quad \cdots\cdots①$$

とおくことができます。

ここで、$y=\dfrac{Y}{L}$より、①式の生産（所得）（Y）は、1人当たりの所得（y）に労働者数（L）を乗じれば計算できますので、

$$Y=y\cdot L$$
$$\Leftrightarrow \quad Y=f(k)\cdot L \quad \cdots\cdots②$$

とおけます。この②式を①式に代入すると、

$$\varDelta K=s\cdot f(k)\cdot L$$

となります。この式の両辺を資本（K）で割って、

$$\frac{\varDelta K}{K}=\frac{s\cdot f(k)\cdot L}{K}$$

とし、右辺の分子と分母をともに労働（L）で割って、$\dfrac{K}{L}=k$（資本労働比率）とすると、

$$\frac{\varDelta K}{K}=\frac{\dfrac{s\cdot f(k)\cdot L}{L}}{\dfrac{K}{L}}$$

$$=\frac{s\cdot f(k)}{k}$$

となります。これが資本成長率（$\frac{\varDelta K}{K}$）になります。

この**資本成長率は、ハロッド＝ドーマー型成長理論の「保証成長率（G_w）」と同じもの**になります。１人当たりの生産関数から$f(k)=y=\frac{Y}{L}$とし、資本労働比率（k）は$k=\frac{K}{L}$として資本成長率を変形すると、以下のようになります。

$$\frac{\varDelta K}{K}=\frac{s\cdot f(k)}{k}$$

$$=\frac{s\cdot\dfrac{Y}{L}}{\dfrac{K}{L}}$$

$$=\frac{s\cdot Y}{K}$$

$$=\frac{s}{\dfrac{K}{Y}}$$

$$=\frac{s}{v}$$

②　資本減耗率を考慮する場合の資本成長率

資本減耗率（δ（デルタ））とは、**損耗・陳腐化等による資本（K）の減少率**です。資本（財の生産を行うための設備等）は、使用していれば年々傷んできて、やがて資本として使い物にならなくなってしまいます。この点を考慮して、年々一定率で資本が減少していくと仮定した場合の減少率を資本減耗率（δ）と呼ぶのです。

この資本減耗率（δ）を考慮すると、資本の増加分である資本成長率（$\frac{\varDelta K}{K}$）から、資本の減少分である資本減耗率（δ）を差し引いた分しか資本が増加しな

第10章　経済成長理論

くなりますので、純粋な資本成長率は、

$$\frac{\Delta K}{K}=\frac{s\cdot f(k)}{k}-\delta$$

となります。

(2) 労働成長率

労働成長率（$\frac{\Delta L}{L}$）とは、**完全雇用を前提とした労働人口の増加率**を指します。ハロッド＝ドーマー型成長理論における自然成長率（G_n）の右辺に登場した労働人口増加率と同じです。ここでは、

$$\frac{\Delta L}{L}=n$$

とし、nは一定値であるとします。

(3) ソロー方程式

① ソロー方程式

1人当たりの生産関数によると、資本労働比率（$k=\frac{K}{L}$）が決まると、1人当たりの所得（y）も決まることになります。では、資本労働比率（$k=\frac{K}{L}$）はどのように決定されるのでしょうか。

資本労働比率（$k=\frac{K}{L}$）の式を変化率の式にします。

$$\frac{\Delta k}{k}=\frac{\Delta K}{K}-\frac{\Delta L}{L} \quad \cdots\cdots③$$

右辺の$\frac{\Delta K}{K}$は資本成長率、$\frac{\Delta L}{L}$は労働成長率を表します。よって、③式は、

$$\frac{\Delta k}{k}=\frac{s\cdot f(k)}{k}-n$$

となります。この式は、**資本労働比率の変化**（$\frac{\Delta k}{k}$）**は、資本成長率**（$\frac{s\cdot f(k)}{k}$）**と労働成長率**（n）**の大小関係で決まる**ことを示しています。このままでも構わないのですが、両辺に資本労働比率（k）を乗じて整理した、

$$\Delta k=s\cdot f(k)-n\cdot k$$

を**ソロー方程式**と呼びます。

② 資本減耗率を考慮する場合のソロー方程式

資本減耗率（δ）を考慮する場合、資本成長率が$\dfrac{\varDelta K}{K}=\dfrac{s\cdot f(k)}{k}-\delta$となりますので、③式は、

$$\frac{\varDelta k}{k}=\frac{\varDelta K}{K}-\frac{\varDelta L}{L}$$

$$=\frac{s\cdot f(k)}{k}-\delta-n$$

$$\therefore\quad \varDelta k=s\cdot f(k)-\delta\cdot k-n\cdot k$$

となります。これが、資本減耗率（δ）を考慮した場合のソロー方程式となります。

4 定常状態と均斉成長

(1) 定常状態

ソロー方程式の右辺第１項$s\cdot f(k)$と第２項$n\cdot k$は、それぞれ資本労働比率（k）で表されています。そこで、これらを１人当たりの生産関数とともにグラフにすると、以下のようになります。

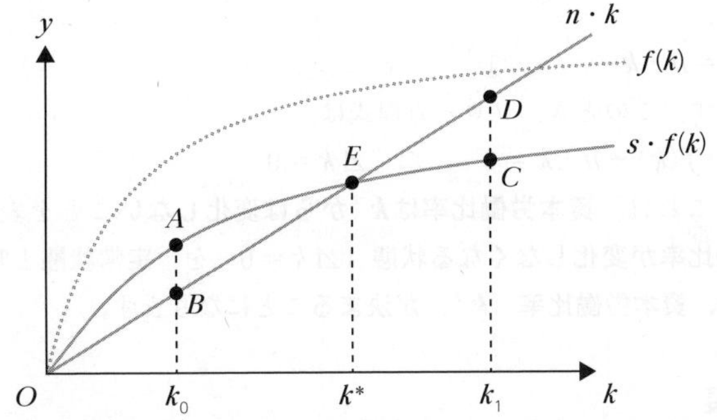

$s\cdot f(k)$は、貯蓄率（s）が$0<s<1$の値ですから、１人当たりの生産関数$f(k)$よりも下方に描かれることになります。

一方、$n\cdot k$は、労働成長率（n）が一定値ですから、原点を通る傾きnの右上がりの直線になります。

さて、資本労働比率kはどこで決定されるのでしょうか。

① $k=k_0$のとき

資本労働比率がk_0であったとしましょう。このとき、$s\cdot f(k)$の大きさ（A点）と$n\cdot k$の大きさ（B点）を比べると、

第10章 経済成長理論

$s \cdot f(k) > n \cdot k$

となっています。このとき、ソロー方程式は、

$$\varDelta k = s \cdot f(k) - n \cdot k > 0 \qquad \therefore \quad \varDelta k > 0$$

となります。これは、**資本労働比率は増加する**（$\varDelta k > 0$）ことを表しています。つまり、k_0に留まることはない、ということです。

② $k = k_1$のとき

資本労働比率がk_1であったとしましょう。このとき、$s \cdot f(k)$ の大きさ（C点）と$n \cdot k$の大きさ（D点）を比べると、

$s \cdot f(k) < n \cdot k$

となっています。このとき、ソロー方程式は、

$$\varDelta k = s \cdot f(k) - n \cdot k < 0 \qquad \therefore \quad \varDelta k < 0$$

となります。これは、**資本労働比率は減少する**（$\varDelta k < 0$）ことを表しています。つまり、k_1に留まることはない、ということです。

③ $k = k^*$のとき

資本労働比率がk^*に至ると、$s \cdot f(k)$ の大きさと$n \cdot k$の大きさは一致しています。つまり、

$$s \cdot f(k) = n \cdot k \qquad \cdots\cdots ①$$

となっています。このとき、ソロー方程式は、

$$\varDelta k = s \cdot f(k) - n \cdot k = 0 \qquad \therefore \quad \varDelta k = 0$$

となります。これは、**資本労働比率はk^*からは変化しない**ことを表しています。この**資本労働比率が変化しなくなる状態**（$\varDelta k = 0$）を、**定常状態**と呼びます。この**定常状態で、資本労働比率**（k^*）**が決まる**ことになります。

⑵ 均斉成長

①式の両辺をkで割ると、

$$\frac{s \cdot f(k)}{k} = n$$

となります。左辺は資本成長率、右辺は労働成長率ですから、この式は**資本成長率と労働成長率が一致し、資本と労働が同率で増加していく**状態を表しています。例えば、資本成長率と労働成長率がともに10%で変化するとしましょう。これは、資本と労働が同時に1.1倍になるということです。新古典派が前提とするコブ＝ダグラス型生産関数は、規模に関して収穫一定（１次同次）という性質がありましたから、資本と労働が1.1倍になるなら、国民所得（Y）も1.1倍になります。つまり、

経済成長率 ($\frac{\varDelta Y}{Y}$) も10%になるのです。

$$\frac{\varDelta Y}{Y}=\frac{\varDelta K}{K}=\frac{\varDelta L}{L} \quad \cdots\cdots②$$

資本成長率は財市場の均衡を前提とし、労働成長率は完全雇用を前提としています。経済が最終的に定常状態に至るということは、**財市場の均衡と完全雇用を両立しながら、経済は安定的に成長していく**ということになります。これが、均斉成長と呼ばれる成長です。つまり、②式は、

$G=G_w=G_n$ (現実の成長率＝保証成長率＝自然成長率)

と同じです。**ハロッド＝ドーマー型成長理論においては偶然にしか成立しなかった均斉成長が、新古典派のモデルでは定常状態で安定的に実現する**のです。

例題 新古典派成長理論において、1人当たりの生産関数を$y=4k^{\frac{1}{2}}$、貯蓄率を$s=0.3$、労働成長率を$n=0.1$としたとき、長期均衡における資本労働比率はいくらか。

〔y：1人当たりの所得、k：資本労働比率〕

長期的には定常状態（$\varDelta k=0$）に至るので、ソロー方程式から、

$$\varDelta k=s\cdot f(k)-n\cdot k=0$$

$$\Leftrightarrow \quad 0.3\cdot 4k^{\frac{1}{2}}-0.1k=0$$

$$\Leftrightarrow \quad 12k^{\frac{1}{2}}-k=0$$

両辺×10

$$\Leftrightarrow \quad k^{\frac{1}{2}}=\frac{1}{12}k$$

$$\Leftrightarrow \quad k=\frac{1}{144}k^2$$

$$\Leftrightarrow \quad \frac{1}{144}k=1$$

両辺をkで割っています。

$$\therefore \quad k=144$$

と計算することができます。

5 比較分析

これまで、貯蓄率（s）や労働成長率（n）を一定値として扱ってきましたが、外生的に変化したとすると、定常状態はどのように変化するのでしょうか。

⑴ 貯蓄率の変化

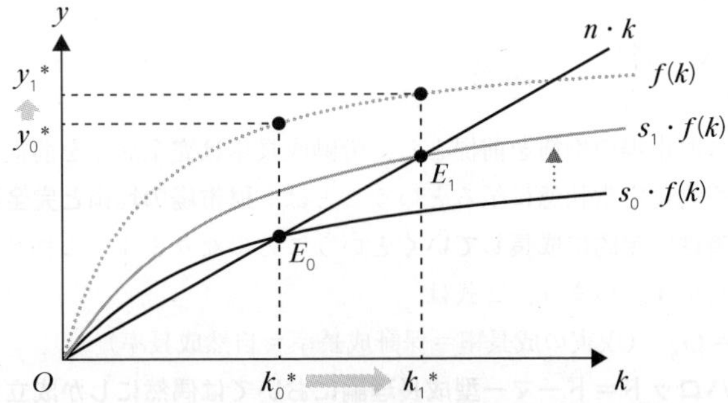

当初の定常状態をE_0点とします。資本労働比率はk_0^*です。

ここで、貯蓄率（s）が上昇したとしましょう（$s_0 < s_1$）。すると、$s \cdot f(k)$ の値が大きくなるため、$s_0 \cdot f(k)$ から$s_1 \cdot f(k)$ まで上方にシフトすることになります。これにより、定常状態がE_0点からE_1点に移動します。この結果、横軸の資本労働比率はk_0^*からk_1^*まで上昇し、縦軸の１人当たりの国民所得もy_0^*からy_1^*まで増加することになります。逆に、貯蓄率が低下した場合には、資本労働比率は低下し、１人当たりの国民所得は減少することになります。

⑵ 労働成長率（労働人口増加率）の変化

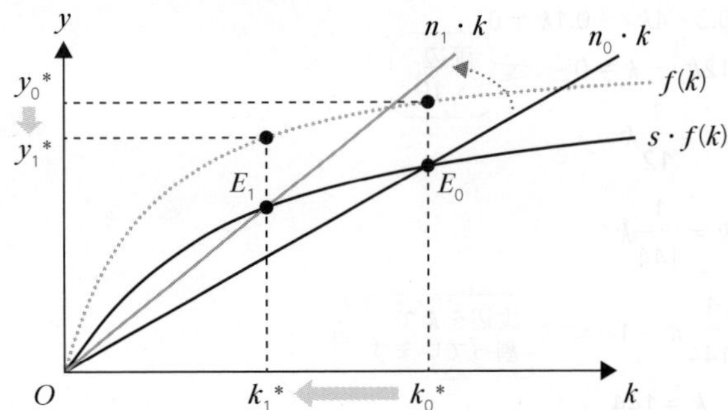

当初の定常状態をE_0点とし、労働成長率（労働人口増加率）（n）が上昇したとしましょう（$n_0 < n_1$）。すると、右上がりの直線$n \cdot k$の傾きが大きくなりますから、定常状態はE_0点からE_1点に移動します。これにより、資本労働比率はk_0^*からk_1^*に低下し、１人当たりの国民所得もy_0^*からy_1^*に減少することになります。逆に、労働成長率が低下した場合には、資本労働比率は上昇し、１人当たりの国民所得は増加することになります。

確認してみよう

以下の記述が正しいか否かを判断しなさい。

① 新古典派成長理論では、生産要素である資本と労働の投入比率は常に固定されている。また、生産技術は、規模に関して収穫逓増の生産関数を想定している。

1 (2) ①、② 参照 ×

生産要素である資本と労働の投入比率は可変的で、生産技術は、規模に関して収穫一定の生産関数を想定しています。

② 新古典派成長理論では、固定的な資本係数を前提としていることからマーケット・メカニズムは働かないので、均衡成長経路は不安定になる。

第1節 1 (2) ② 参照 ×

これは、ハロッド=ドーマー型成長理論に関するものです。

③ 新古典派成長理論では、資本と労働に代替性があることを前提とし、価格の調整メカニズムにより、現実の成長率と保証成長率との乖離が解消され、経済は均衡成長へと調整されるとしている。

4 (2) 参照 ○

新古典派成長理論では資本と労働に代替性があることを前提とし、長期的な定常状態においては、資本成長率（保証成長率）と労働成長率は一致し、それと同率で現実に経済が成長するとしています。

④ 新古典派成長理論では、貯蓄率の低下は、定常状態の資本労働比率を必ず低下させることになる。

5 (1) 参照 ○

貯蓄率が低下すると（$s_0 > s_1$）、定常状態がE点からF点に移動し、資本労働比率は低下することになります（$k_0 \to k_1$）。

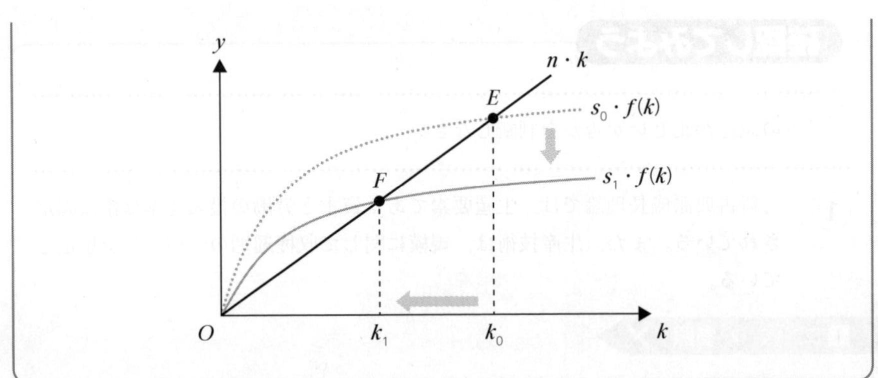
y
n · k
E
$s_0 \cdot f(k)$
F
$s_1 \cdot f(k)$
O
k_1
k_0
k

解法ナビゲーション

新古典派の成長モデルにおいて、ある国の生産関数が$Y = K^{0.5}L^{0.5}$（Y:産出量、K:資本ストック、L:労働投入量）で示されている。また、この国の貯蓄率は10%、労働投入量の増加率は５％である。この国の経済が均斉成長下にあるとき、１人当たりの資本ストックはいくらか。

労基2010

❶ 1
❷ 1.5
❸ 2
❹ 2.5
❺ 4

新古典派経済成長理論では、二つの典型的な計算問題が出題されます。そのうちの一つが、本問のような１人当たりの資本ストック（資本労働比率、資本装備率）を計算させる問題です。

１人当たりの資本ストック（資本労働比率、資本装備率）を求めるには、定常状態を前提としてソロー方程式を解く必要があります。そのためには、１人当たりの生産関数（y）の計算が必要です。順序として、１人当たりの所得（y）を求め、問題文で与えられた条件とともにソロー方程式に代入してkを求める、という流れになります。

第10章 経済成長理論

【解答・解説】 正解❺

問題文の生産関数（マクロ生産関数）の両辺を労働（L）で割り、１人当たりの生産関数を求めます。

$$\frac{Y}{L}=\frac{K^{0.5}L^{0.5}}{L}$$

$$\Leftrightarrow \quad \frac{Y}{L}=K^{0.5}L^{0.5-1}$$

$$\Leftrightarrow \quad \frac{Y}{L}=K^{0.5}L^{-0.5}$$

$$\Leftrightarrow \quad \frac{Y}{L}=(\frac{K}{L})^{0.5}$$

ここで、$\frac{Y}{L}=y$、$\frac{K}{L}=k$とすると、１人当たりの生産関数は、

$$y=k^{0.5} \qquad \cdots\cdots ①$$

〔y：１人当たりの所得、k：１人当たりの資本ストック（資本労働比率）〕

となります。

次に、ソロー方程式は、

$$\Delta k=s \cdot f(k)-n \cdot k$$

〔$f(k)$：１人当たりの生産関数、s：貯蓄率、n：労働投入量の増加率〕

となりますが、定常状態においては$\Delta k=0$となるので、上式は、

$$s \cdot f(k)=n \cdot k \qquad \cdots\cdots ②$$

とおけます。この②式に、①式および問題文の条件を代入し、kについて解くと、

$$10 \cdot k^{0.5}=5k$$

$$\Leftrightarrow \quad k^{0.5}=\frac{1}{2}k$$

$$\Leftrightarrow \quad k=\frac{1}{4}k^{2}$$

$$\Leftrightarrow \quad \frac{1}{4}k=1 \qquad \therefore \quad k=4$$

となります。

よって、正解は❺となります。

貯蓄率（s）10%、労働投入量の増加率（n）5%は、この解説で示したとおり、それぞれ0.1、0.05とせずに百分率（%）表記のまま扱ったほうが計算が簡単になります。計算プロセスを通じて扱いが統一されていれば問題ありません。

このとき、成長率（増加率）の値は、変化がない場合「0」となりますので注意しましょう。

解法ナビゲーション

競争経済下のある国民経済が実現できる実質GDPは、投入する労働力人口をL、資本設備規模をK、全要素生産性をAとすると、

$$Y = AL^{0.6}K^{0.4}$$

で表される。すべての資源は常に完全雇用されるものとして、労働力人口増加率が10%、資本蓄積率が25%、実質経済成長率が６%のとき、この経済の全要素生産性上昇率として最も適当なのはどれか。

裁判所2009

❶ −10%
❷ −5%
❸ 0%
❹ 5%
❺ 10%

新古典派経済成長理論のもう一つの典型的な計算問題が本問です。非常によく出題されますので、以下で解き方を覚えてしまいましょう。

【解答・解説】

正解 ❶

コブ=ダグラス型のマクロ生産関数が与えられ、GDP（国民所得）（Y）、労働（L）、資本（K）についての変化率が問題文に示されています。この形の問題を見たら、問題文の生産関数を、以下のように変化率の式（成長会計方程式）にします。

$$\frac{\Delta Y}{Y}=\frac{\Delta A}{A}+0.6\cdot\frac{\Delta L}{L}+0.4\cdot\frac{\Delta K}{K} \quad \cdots\cdots①$$

$$\left(\begin{array}{l}\dfrac{\Delta Y}{Y}：実質経済成長率、\dfrac{\Delta A}{A}：全要素生産性上昇率、\\ \dfrac{\Delta L}{L}：労働力人口増加率、\dfrac{\Delta K}{K}：資本蓄積率\end{array}\right)$$

指数部分（肩の数字）は、それぞれの変化率の前に掛けてください。まずは、これを公式として覚えてしまいましょう。

この①式に問題文の条件を代入すると、

$$6=\frac{\Delta A}{A}+0.6\cdot 10+0.4\cdot 25$$

$$\Leftrightarrow \quad 6=\frac{\Delta A}{A}+6+10 \qquad \therefore \quad \frac{\Delta A}{A}=-10\ (\%)$$

と計算できます。

よって、正解は❶となります。

過去問にチャレンジ

問題1 ★★ ▶解説は別冊 p.117

新古典派成長理論に関する記述として、妥当なのはどれか。

区Ⅰ 2011

❶ 新古典派成長理論では、資本係数が可変的であるため、投入される資本又は労働のどちらか一方だけが２倍になると生産量も２倍になる。

❷ 新古典派成長理論では、１単位の財の生産には一定の量の資本と労働が必要であり、資本係数が可変的であるため、資本と労働との間に代替性は存在しない。

❸ 新古典派成長理論では、企業の投資行動は経済成長を不安定にする傾向があるとし、現実の成長率が保証成長率から離れると企業の投資行動によって、ますます離れていくモデルを構築した。

❹ 新古典派成長理論では、貯蓄率が上昇すると、資本・労働比率が上昇するが、１人当たりの所得は低下する。

❺ 新古典派成長理論では、労働人口の増加率が上昇すると、資本・労働比率は低下し、１人当たりの所得は低下する。

問題2 ★★ ▶解説は別冊 p.118

新古典派経済成長モデルが次のように示されている。

$$Y_t = 0.4K_t^{\frac{1}{2}}L_t^{\frac{1}{2}}$$
$$Y_t = C_t + I_t$$
$$C_t = 0.8Y_t$$
$$K_{t+1} = K_t + I_t$$
$$L_{t+1} = 1.02L_t$$

ここで、Y_tはt期の産出量、K_tはt期の資本量、L_tはt期の労働量、C_tはt期の消費、I_tはt期の投資を表す。このとき、資本・労働比率$\dfrac{K_t}{L_t}$は時間の経過とともにいくらの値に収束するか。

ただし、初期の資本量と労働量は正の値であるとする。

国般2010

❶ 12
❷ 16
❸ 20

❹ 24

❺ 28

問題3

★★★

▶解説は別冊 p.120

ソローの新古典派成長モデルを考える。産出量をY_t、資本ストックをK_tとし、労働人口は時間を通じて一定と考える(L)。これらより、次のようなマクロ生産関数を仮定する。

$$Y_t = AK_t^{\alpha}L^{1-\alpha}$$

また、粗投資をI_t、資本減耗率をδとし、資本ストックの時間を通じた変化は次のように表されるものとする。

$$K_{t+1} - K_t = I_t - \delta K_t$$

マクロの貯蓄率sは一定であり、各期において財・サービス市場は均衡しているものとする。したがって、$I_t = sY_t$の関係が成立している。

このような状況の下で、いまA = 1.4、α = 0.5、δ = 0.07、s= 0.2とした場合、長期均衡(定常状態)における労働人口1人当たり資本ストックの値として、最も適当なものはどれか。

裁判所2014

❶ 12

❷ 16

❸ 27

❹ 48

❺ 81

問題4

★★★

▶解説は別冊 p.121

ソローの新古典派成長論の枠組みで考える。マクロ生産関数は以下のように示される。

$Y_t = 4\sqrt{K_t L_t}$（Y_t：t期の産出量、K_t：t期の資本ストック、L_t：t期の労働人口）

労働人口は時間を通じて一定の率で増加し、以下の式で示される。

$\dfrac{L_{t+1}}{L_t} = 1 + n$（$n$:労働人口成長率）

一方、資本ストックは、以下の式で示される。

$K_{t+1} = K_t - dK_t + sY_t$（$d$：資本減耗率、$s$：貯蓄率）

また、労働人口成長率が0.02、資本減耗率が0.04、貯蓄率が0.12で、それぞれ一定であるとする。このとき資本・労働比率$\dfrac{K_t}{L_t}$が時間の経過とともに収束していく値はいくらか。

ただし、資本ストックと労働人口の初期値は正であるとする。

国般2019

❶ 16
❷ 32
❸ 64
❹ 128
❺ 256

問題5

★★

▶解説は別冊 p.122

ある経済の生産関数が、

$$Y = AK^{0.3}L^{0.7}$$

で示されるとする。ここで、Yは生産量、Aは全要素生産性、Kは資本ストック、Lは労働投入の大きさを表す。この経済における経済成長率(生産量の増加率)が４%、労働者一人当たり資本ストックの増加率が２%、労働投入の増加率が１%であるとき、全要素生産性の増加率はいくらか。

国般2013

❶ 1.2%
❷ 1.6%
❸ 2.0%
❹ 2.4%
❺ 2.7%

問題6

★★

▶解説は別冊 p.123

ある経済の生産関数が、

$$Y = AK^{0.4}L^{0.6} \quad \left(\begin{array}{l} Y\text{：生産量、}A\text{：全要素生産性、} \\ K\text{：資本ストック、}L\text{：労働投入量} \end{array} \right)$$

で表されている。この経済における経済成長率が3.5%、全要素生産性の成長率が1.5%、労働者一人当たりの資本ストックの増加率が２%であるとき、資本ストックの増加率として最も妥当なのはどれか。

労基2008

❶ 3.2%
❷ 3.4%
❸ 3.6%
❹ 3.8%
❺ 4.0%

経済成長の理論に関する記述として、妥当なのはどれか。

★★

▶解説は別冊 p.123

都Ⅰ 2007

❶ ハロッド＝ドーマー理論では、投資の二重効果に着目し、投資が需要を創出するだけでなく、投資が資本ストックを増加させ生産能力をも増大させるとし、経済成長理論を展開している。

❷ ハロッド＝ドーマー理論では、資本と労働とは代替が可能であるとし、資本ストックと労働投入量とが同率で成長したとき、労働資本比率は一定となり、経済は均衡成長するとしている。

❸ ハロッド＝ドーマー理論では、価格メカニズムの働きにより生産物の需給均衡及び完全雇用が実現されるため、一時的に生産物の需給に乖離が生じた場合においても再び均衡に向かい、経済は常に安定的に成長し続けるとしている。

❹ 新古典派成長理論では、生産要素市場において、資本と労働との価格調整がなされず、資本と労働との代替ができないことを前提としているため、経済成長は不安定にならざるを得ないとしている。

❺ 新古典派成長理論では、労働の完全雇用と財の需給均衡とを同時に実現するためには、現実の成長率が労働人口の成長率に等しい自然成長率に等しくなる必要があるが、両者が等しくなるのは偶然以外にあり得ないとしている。

索引

英数

あ

か

さ

た

な

は

ま

や

ら

わ

〈執筆〉高橋 義憲

〈本文デザイン〉清原 一隆（KIYO DESIGN）

本書の内容は、小社より2021年３月に刊行された
「公務員試験 ゼロから合格 基本過去問題集 マクロ経済学」（ISBN：978-4-8132-9492-4）
と同一です。

公務員試験 ゼロから合格 基本過去問題集 マクロ経済学 新装版

2021年３月30日　初　版　第１刷発行
2024年４月１日　新装版　第１刷発行

編 著 者　ＴＡＣ株式会社
（公務員講座）
発 行 者　多　田　敏　男
発 行 所　ＴＡＣ株式会社　出版事業部
（TAC出版）
〒101-8383
東京都千代田区神田三崎町3-2-18
電話　03（5276）9492（営業）
FAX　03（5276）9674
https://shuppan.tac-school.co.jp

組　　版　朝日メディアインターナショナル株式会社
印　　刷　株式会社　ワ　コ　ー
製　　本　株式会社　常　川　製　本

ISBN 978-4-300-11109-3
N.D.C. 317

乱丁・落丁による交換，および正誤のお問合せ対応は，該当書籍の改訂版刊行月末日までといたします。なお，交換につきましては，書籍の在庫状況等により，お受けできない場合もございます。
また，各種本試験の実施の延期，中止を理由とした本書の返品はお受けいたしません。返金もいたしかねますので，あらかじめご了承くださいますようお願い申し上げます。

公務員講座のご案内

大卒レベルの公務員試験に強い!

2019年度 公務員試験

公務員講座生※1
最終合格者延べ人数※2

5,460名

地方公務員（大卒程度）		計2,672名
国家公務員（大卒程度）		計2,568名
国立大学法人等	大卒レベル試験	180名
独立行政法人	大卒レベル試験	9名
その他公務員		31名

※1 公務員講座生とは公務員試験対策講座において、目標年度に合格するために必要と考えられる、講義、演習、論文対策、面接対策等をパッケージ化したカリキュラムの受講生です。単科講座や公開模試のみの受講生は含まれておりません。
※2 同一の方が複数の試験種に合格している場合は、それぞれの試験種に最終合格者としてカウントしています。（実合格者数は3,081名です。）
＊2020年1月31日時点で、調査にご協力いただいた方の人数です。

1位 全国の公務員試験で 合格者を輩出!

詳細は公務員講座（地方上級・国家一般職）パンフレットをご覧ください。

2019年度 国家総合職試験

公務員講座生※1

最終合格者数 206名※2

法律区分	81名	経済区分	43名
政治・国際区分	32名	教養区分	18名
院卒/行政区分	20名	その他区分	12名

※1 公務員講座生とは公務員試験対策講座において、目標年度に合格するために必要と考えられる、講義、演習、論文対策、面接対策等をパッケージ化したカリキュラムの受講生です。各種オプション講座や公開模試など、単科講座のみの受講生は含まれておりません。
※2 上記は2019年度目標の公務員講座生最終合格者のほか、2020年目標公務員講座生の最終合格者が17名含まれています。
＊ 上記は2020年1月31日時点で調査にご協力いただいた方の人数です。

2019年度 外務専門職試験

最終合格者総数48名のうち
43名がWセミナー講座生※1です。

合格者占有率※2 **89.6%**

外交官を目指すなら、実績のWセミナー

※1 Wセミナー講座生とは、公務員試験対策講座において、目標年度に合格するために必要と考えられる、講義、演習、論文対策、面接対策等をパッケージ化したカリキュラムの受講生です。各種オプション講座や公開模試など、単科講座のみの受講生は含まれておりません。また、Wセミナー講座生はそのボリュームから他校の講座生と掛け持ちすることは困難です。
※2 合格者占有率は「Wセミナー講座生（※1）最終合格者数」を、「外務省専門職試験の最終合格者総数」で除して算出しています。また、算出した数字の小数点第二位以下を四捨五入して表記しています。
＊ 上記は2020年1月31日時点で調査にご協力いただいた方の人数です。

WセミナーはTACのブランドです

無料体験のご案内

3つの方法でTACの講義が体験できる!

教室で体験 迫力の生講義に出席

予約不要! 3回連続出席OK!

1. 校舎と日時を決めて、当日TACの校舎へ

TACでは各校舎で毎月体験入学の日程を設けています。

2. オリエンテーションに参加(体験入学1回目)

初回講義「オリエンテーション」にご参加ください。終了後は個別にご相談をお受けいたします。

3. 講義に出席(体験入学2・3回目)

引き続き、各科目の講義をご受講いただけます。参加者には講義で使用する教材をプレゼントいたします。

- 3回連続無料体験講義の日程はTACホームページと公務員パンフレットでご覧いただけます。
- 体験入学はお申込み予定の校舎に限らず、お好きな校舎でご利用いただけます。
- 4回目の講義前までに、ご入会手続きをしていただければ、カリキュラム通りに受講することができます。

※地方上級・国家一般職・警察官・消防官レベル以外の講座では、2回連続体験入学を実施しています。

ビデオで体験 校舎のビデオブースで体験視聴

TAC各校の個別ビデオブースで、講義を無料でご視聴いただけます。(要予約)

各校のビデオブースでお好きな講義を視聴できます。視聴前日までに視聴する校舎受付窓口にてご予約をお願い致します。

ビデオブース利用時間 ※日曜日は④の時間帯はありません。

① 9:30 ～ 12:30　② 12:30 ～ 15:30
③ 15:30 ～ 18:30　④ 18:30 ～ 21:30

※受講可能な曜日・時間帯は一部校舎により異なります。
※年末年始・夏期休業・その他特別な休業以外は、通常平日・土日祝祭日にご覧いただけます。
※予約時にご希望日とご希望時間帯を合わせてお申込みください。
※基本講義の中からお好きな科目をご視聴いただけます。(視聴できる科目は時期により異なります)
※TAC提携校での体験視聴につきましては、提携校各校へお問合せください。

Webで体験 スマートフォン・パソコンで講義を体験視聴

TACホームページの「TAC動画チャンネル」で無料体験講義を配信しています。時期に応じて多彩な講義がご覧いただけます。

TAC ホームページ https://www.tac-school.co.jp/

※体験講義は教室講義の一部を抜粋したものになります。

公務員試験対策書籍のご案内

TAC出版の公務員試験対策書籍は、独学用、およびスクール学習の副教材として、各商品を取り揃えています。学習の各段階に対応していますので、あなたのステップに応じて、合格に向けてご活用ください!

INPUT

『みんなが欲しかった!公務員 合格へのはじめの一歩』

A5判フルカラー

- 本気でやさしい入門書
- 公務員の"実際"をわかりやすく紹介したオリエンテーション
- 学習内容がざっくりわかる入門講義

・法律科目(憲法・民法・行政法)
・経済科目(ミクロ経済学・マクロ経済学)[近刊]

『過去問攻略Vテキスト』

A5判
TAC公務員講座

- TACが総力をあげてまとめた公務員試験対策テキスト

全21点

・専門科目:15点
・教養科目:6点

『新・まるごと講義生中継』

A5判
TAC公務員講座講師
新谷 一郎 ほか

- TACのわかりやすい生講義を誌上で!
- 初学者の科目導入に最適!
- 豊富な図表で、理解度アップ!

・郷原豊茂の憲法
・郷原豊茂の民法Ⅰ
・郷原豊茂の民法Ⅱ
・新谷一郎の行政法

『まるごと講義生中継』

A5判
TAC公務員講座講師
渕元 哲 ほか

- TACのわかりやすい生講義を誌上で!
- 初学者の科目導入に最適!

・郷原豊茂の刑法
・渕元哲の政治学
・渕元哲の行政学
・ミクロ経済学
・マクロ経済学
・関野喬のパターンでわかる数的推理
・関野喬のパターンでわかる判断整理
・関野喬のパターンでわかる空間把握・資料解釈

要点まとめ

『一般知識 出るとこチェック』

四六判

- 知識のチェックや直前期の暗記に最適!
- 豊富な図表とチェックテストでスピード学習!

・政治・経済
・思想・文学・芸術
・日本史・世界史
・地理
・数学・物理・化学
・生物・地学

記述式対策

『公務員試験論文答案集 専門記述』 A5判

公務員試験研究会

- 公務員試験(地方上級ほか)の専門記述を攻略するための問題集
- 過去問と新作問題で出題が予想されるテーマを完全網羅!

・憲法〈第2版〉
・行政法

書籍の正誤についてのお問合わせ

万一誤りと疑われる箇所がございましたら、以下の方法にてご確認いただきますよう、お願いいたします。

なお、正誤のお問合わせ以外の書籍内容に関する解説・受験指導等は、**一切行っておりません。**
そのようなお問合わせにつきましては、お答えいたしかねますので、あらかじめご了承ください。

1 正誤表の確認方法

TAC出版書籍販売サイト「Cyber Book Store」のトップページ内「正誤表」コーナーにて、正誤表をご確認ください。

CYBER TAC出版書籍販売サイト BOOK STORE

URL:https://bookstore.tac-school.co.jp/

2 正誤のお問合わせ方法

正誤表がない場合、あるいは該当箇所が掲載されていない場合は、書名、発行年月日、お客様のお名前、ご連絡先を明記の上、下記の方法でお問合わせください。
なお、回答までに1週間前後を要する場合もございます。あらかじめご了承ください。

文書にて問合わせる

●郵送先 〒101-8383 東京都千代田区神田三崎町3-2-18
TAC株式会社 出版事業部 正誤問合わせ係

FAXにて問合わせる

●FAX番号 **03-5276-9674**

e-mailにて問合わせる

●お問合わせ先アドレス **syuppan-h@tac-school.co.jp**

※お電話でのお問合わせは、お受けできません。また、土日祝日はお問合わせ対応をおこなっておりません。
※正誤のお問合わせ対応は、該当書籍の改訂版刊行月末日までといたします。

乱丁・落丁による交換は、該当書籍の改訂版刊行月末日までといたします。なお、書籍の在庫状況等により、お受けできない場合もございます。
また、各種本試験の実施の延期、中止を理由とした本書の返品はお受けいたしません。返金もいたしかねますので、あらかじめご了承くださいますようお願い申し上げます。

TACにおける個人情報の取り扱いについて
■お預かりした個人情報は、TAC(株)で管理させていただき、お問い合わせへの対応、当社の記録保管および当社商品・サービスの向上にのみ利用いたします。お客様の同意なしに業務委託先以外の第三者に開示、提供することはございません(法令等により開示を求められた場合を除く)。その他、個人情報保護管理者、お預かりした個人情報の開示等及びTAC(株)への個人情報の提供の任意性については、当社ホームページ(https://www.tac-school.co.jp)をご覧いただくか、個人情報に関するお問い合わせ窓口(E-mail:privacy@tac-school.co.jp)までお問合せください。

(2020年10月現在)

ゼロから合格 基本過去問題集

マクロ経済学

解答・解説編

解答・解説は、色紙を残したまま、丁寧に抜き取ってご利用ください。
なお、抜き取りの際の損傷によるお取替えは致しかねます。

目　次

第1章　国民経済計算

1　国民所得勘定

問題1　　正解 ❷

国内総生産（GDP）が問われていますが、国民経済計算上は三面等価の原則が成り立つので、生産、分配、支出のどの側面からでも計算することができます。

本問では、名称がやや不正確ですが、主に分配面の項目が与えられています。分配面から見た場合の国内総生産（GDP）は、

国内総生産（GDP）＝雇用者所得＋営業余剰＋固定資本減耗＋（間接税－補助金）

となり、問題文にすべての項目が与えられています。よって、

国内総生産（GDP）＝2,700＋990＋750＋（380－40）
＝4,780

と計算することができます。

よって、正解は❷となります。

ヒント

なお、「直接税」、「社会保障負担」は国民所得統計には表れてこない項目ですから、ここで使うことはありません。公務員試験では、このような不要な項目も与えてきますので、注意が必要です。

また、「海外からの要素所得（の受取り）」と「海外への要素所得（の支払い）」は国内ベースの金額を国民ベースに変換するときに使用するものです。本問では、国民ベースの金額は問われていませんので、使用しません。

問題2　　正解 ❶

よく見る典型的な問題です（特に、特別区）。国民経済計算上で成立する式を立て、問われている部分を差額で出すだけです。

まず、［ A ］の民間最終消費支出を考えてみましょう。これは支出面の項目ですから、支出面から国内総生産（GDP）を計算すると、

国内総生産（GDP）＝民間最終消費支出＋政府最終消費支出
＋国内総資本形成＋財貨・サービスの純輸出

※　国内総資本形成＝国内総固定資本形成＋在庫品増加

※　財貨・サービスの純輸出＝財貨・サービスの輸出－財貨・サービスの輸入

となります。与えられている数値を当てはめると、

515＝民間最終消費支出＋85＋140＋5

∴ 民間最終消費支出＝285

と計算することができます。よって、 A には285が入ります。

次に、 B の固定資本減耗を考えます。固定資本減耗は、「総（粗）」（Gross）の数値と「純」（Net）の数値の差額に相当します。資料に、「国内総生産515」、「国民純生産420」とありますが、この差額をとってはいけません。数値の集計範囲が、「国内」と「国民」で異なっているからです。そこで、まずは国内総生産（GDP）を国民総所得（GNI）（＝国民総生産）にします。

国民総所得(GNI)＝国内総生産(GDP)＋海外からの所得の純受取
＝515＋5
＝520

※ 海外からの所得の純受取＝海外からの要素所得の受取り－海外への要素所得の支払い

この国民総所得（GNI）と国民純生産420との差が、固定資本減耗となります。

国民総所得(GNI)－固定資本減耗＝国民純生産
⇔ 520－固定資本減耗＝420 ∴ 固定資本減耗＝100

よって、 B は100となります。

この段階で、正解は❶となります。

最後の C は、市場価格表示の数値と要素費用表示の数値の違いが、（生産・輸入品に課される税－補助金）の額だけ異なることに注目します。

国民所得(要素費用表示)＝国民純生産(市場価格表示)
－(生産・輸入品に課される税－補助金)
⇔ 385＝420－(40－補助金) ∴ 補助金＝5

よって、 C は5となります。

問題3

正解 ❹

非常によく出題されますし、よい問題です。ポイントは、「概念の違いを生み出している項目を覚える」です。

基本的に「支出面」の項目が与えられていますから、まずは支出面から国内総生産（GDP）を計算します。

国内総生産(GDP)＝ 民間最終消費支出＋政府最終消費支出＋国内総固定資本形成
＋財貨・サービスの輸出－財貨・サービスの輸入
＝ 600＋100＋180＋160－120
＝ 920 ……①

なお、「在庫品増加」が与えられていませんので、無視します（問題文が厳密ではありません。「国内総固定資本形成」ではなく、「国内総資本形成」とすべきです）。

次に、国民所得（NI）を計算します。

まず、「国内」を「国民」に直す必要がありますが、問題文に「海外からの要素所得及び海外への要素所得はない」とありますので、「国内」＝「国民」となります。よって、

国内総生産（GDP）＝国民総所得（GNI）（＝国民総生産）

となります。

さらに、国民所得（NI）にするには、

❶「純」（Net）の概念

❷「要素費用表示」

にする必要があります。そこで、①のGDP（＝GNI）から固定資本減耗（＝80）と（間接税－補助金）（＝90－40）を差し引きます。

国民所得（NI）＝国民総所得（GNI）－固定資本減耗－（間接税－補助金）
＝920－80－（90－40）
＝790

よって、正解は❹となります。

問題4

正解 ❺

本問も、統計上の「概念の違い」を理解するのによい問題です。何回も練習しましょう。

分配面の個別の項目は、すべて国内ベースの数値ですので、まずは分配面から国内総生産（GDP）を計算します。

国内総生産（GDP）＝雇用者所得＋営業余剰＋固定資本減耗＋（間接税－補助金）
＝250＋90＋100＋（40－5）
＝475

次に、国内総生産（GDP）を国民総生産（GNP）に変換します。「国内」の数値を「国民」の数値にするには、「海外からの要素所得の受取り」を加え、「海外への要素所得の支払い」を差し引く必要があります。

国民総生産（GNP）＝国内総生産（GDP）＋海外からの要素所得の受取り
－海外への要素所得の支払い
＝475＋20－10
＝485

この国民総生産（GNP）から固定資本減耗を差し引くと、国民純生産（NNP）となります。

国民純生産（NNP）＝国民総生産（GNP）－固定資本減耗
＝485－100
＝385

最後に、この国民純生産（NNP）から（間接税－補助金）を控除して要素費用表示にすれば、国民所得（NI）となります。

国民所得（NI）＝国民純生産（NNP）－（間接税－補助金）

$$=385-(40-5)$$
$$=350$$

よって、正解は❺となります。

問題5 正解 ❷

国民経済計算上の二つの原則に関する問題です。例外や具体例が問われますので、直前期にも確認しましょう。

A ○ 土地や株式の取引における仲介手数料は、「仲介」という新たなサービスの取引にかかるものであるため、国内総生産（GDP）に計上されます。

B × 土地や株式といった保有資産の取引によるキャピタル・ゲイン（売却益）は、所有者が変わるだけで生産的ではなく、新たな価値を生み出したものとはいえないので、国内総生産（GDP）には計上されません。

C ○ 警察、消防、国防といった政府が提供する公共サービスは、市場で取引されるものではありませんが、公共サービスの提供に要した実費を産出額として計上し（生産）、それに対する対価を政府が国民に代わって支払ったものとみなして支出額にも計上します（支出）。よって、帰属計算により国内総生産（GDP）に含まれます。

D ○ 農家の自家消費は、市場で取引されたものではありませんが、会計上、一度販売して所得を得て、その所得で自家生産物を購入しているとみなして生産、分配、支出の各面にその金額が計上されます。よって、帰属計算により国内総生産（GDP）に含まれます。

E × 掃除、洗濯、料理といった主婦または主夫の家事労働は、市場で取引されるものではなく、金額評価できませんので、国内総生産（GDP）には計上されません。一方、「家政婦のサービス」は、有料のサービスとして市場で取引されているため、国内総生産（GDP）に含まれます。

問題6 正解 ❺

一見、細かいことが問われているように見えますが、基本的なことがわかっていれば選択肢は切れます。

❶ × 国内総生産（GDP）は、生産高（売上高）の合計ではなく、付加価値の合

計です。また、付加価値は生産高（売上高）から原材料費分（中間投入額）を差し引いた金額です。よって、農家の付加価値は1億円、製造業者の付加価値は2億円（＝3億円－1億円）になるので、国内総生産（GDP）は3億円になります。

❷ × 国内総生産（GDP）には、輸出と輸入は考慮されています。輸出は、国内の財に対する外国からの需要を表すので、支出面（需要）の金額に加えます。一方、輸入は、外国の財に対する支出ですから、全体から控除します。

また、国民総所得（GNI）は、国内総生産（GDP）を基準とすると、以下のように計算されます。

国民総所得(GNI)＝国内総生産(GDP)＋海外からの要素所得の受取り
－海外への要素所得の支払い

❸ × 中古品や株式の取引額は、国内総生産（GDP）には計上されません。中古品や株式の取引は、所有者が変わるだけで、新たな価値を生み出さない（生産的ではない）からです。

ただし、中古品や株式の取引に際して発生する仲介手数料は、「仲介」という新たなサービスを生み出しているので、国内総生産（GDP）に計上されます。

❹ × 国内純生産（NDP）は、国内総生産（GDP）から固定資本減耗を差し引いて計算されます。また、国内純生産（NDP）と国内総生産（GDP）は、市場で取引されたものに基づいて計算されていますから、市場価格表示です。したがって、双方ともに、（間接税－補助金）が含まれます。

❺ ○ 家政婦のサービス（家の掃除を業者に有償で頼んだ場合）は国内総生産（GDP）に計上されますが、主婦または主夫の家事労働（家族の誰かが無償で掃除をした場合）は計上されません。市場で取引されておらず、金額評価できないからです。持ち家の家賃については、帰属取引として国内総生産（GDP）に計上されます。

2 産業連関表

問題1 正解 ❺

本問のような産業連関表の“虫食い算”は、「横の数値の合計と縦の数値の合計は一致する」、「三面等価の原則が成立する」という産業連関表の特徴を使って解くことが基本です。ただし、空欄をすべて埋める必要はありません（時間がかかってしまい、もったいないです）。要領よく選択肢を絞る練習をしておきましょう。

まず、［イ］は、A産業の費用構成（縦方向）の金額の合計に一致します。よって、［イ］には230が入ります。この段階で、正解は❹か❺となります。

❹と❺で異なっているのは、［オ］の金額です。［カ］の金額がB産業の販路構成（横方向）の金額160に一致しますので、B産業の費用構成に注目すると、［オ］の金額は、

30＋40＋30＋［オ］＝［カ］

⇔　100＋［オ］＝160　∴　［オ］＝60

と計算することができます。

よって、正解は❺となります。

問題2

正解 ❷

“虫食い”箇所がたくさんあります。このような場合には、「横の数値の合計と縦の数値の合計は一致する」という性質を使って解き始めてしまうと、時間がかかりすぎてしまいます。このような場合には、「三面等価の原則が成立する」という産業連関表の特徴を使って解くと、早く処理できます。

まず、粗付加価値の合計（生産面、分配面）を計算すると、

粗付加価値の合計(生産面、分配面)＝30＋30＋35

＝95　……①

となります。

一方、最終需要の合計（支出面）を計算すると、

最終需要の合計(支出面)＝**C**＋35＋40

＝**C**＋75　……②

となります。

国民経済計算では三面等価の原則が成立するので、①と②は等しくなります。よって、

95＝**C**＋75　∴　**C**＝20

と計算することができます。

以上から、正解は❷となります。

問題3

正解 ❷

本問も、三面等価の原則が成立していることを利用して解きます。

まず、付加価値の合計（生産面、分配面）は、

付加価値の合計(生産面、分配面)＝**E**＋**F**　……①

となります。

一方、最終需要の合計（支出面）は、

最終需要の合計（支出面）＝70＋60

＝130　……②

となります。

国民経済計算では三面等価の原則が成立するので、①と②は等しくなります。よって、

E＋F＝130

と置くことができます。

ここで選択肢を見ると、EとFの合計が130になる選択肢は❷しかありません。

よって、正解は❷となります。

このように、選択肢を絞るに当たって、「投入係数」（表Ⅱ）は不要です。基本的に気にする必要はありませんが、参考までに、本問に即して簡単に説明しておきます。

投入係数とは、各産業の財１億円当たりに投入されている原材料費の金額を指します。表Ⅱに示されている値は、産業連関表に基づいて、以下の“ルール”（行列）に従って計算されます。

	ア産業	イ産業
ア産業	$\frac{A}{B}=0.1$	$\frac{20}{200}=0.1$
イ産業	$\frac{C}{B}=0.4$	$\frac{D}{200}=0.5$

産業連関表の費用構成の方向に注目して、各産業の「中間投入額」部分を「総投入額（＝総生産額）」で割ります。費用構成の方向で計算している点に注意してください。この知識を利用すると、例えば、$\frac{D}{200}=0.5$の関係から、D＝100という具合に、産業連関表のブランクを埋めることができます。知っていて損はないかもしれません。

3　物価指数

問題1　　正解 ❸

GDPデフレーターの計算問題は頻出です。ミスなく計算できるようにしておきましょう。

GDPデフレーターは、以下のように計算されます。

$$\text{GDPデフレーター}=\frac{\text{名目GDP}}{\text{実質GDP}}\quad\cdots\cdots①$$

そこで、まずは200X年の名目GDPを計算します。名目GDPは、その年の価格と生産量を素直に乗じることで計算することができます。

名目GDP＝1・200＋2・400

＝1,000

次に、200X年の実質GDPを計算します。実質GDPは、その年の生産量に基準年次

の価格を乗じることで計算することができます。

$$実質GDP = 1 \cdot 200 + 1 \cdot 400 = 600$$

よって、①式より、

$$GDPデフレーター = \frac{1{,}000}{600} = \frac{5}{3}$$

となります。

以上から、正解は❸となります。

問題2

正解 ❹

もう1問練習しましょう。生産量の単位が異なりますが、指数の計算をするだけなので気にする必要はありません。

GDPデフレーターは、以下のように計算されます。

$$GDPデフレーター = \frac{名目GDP}{実質GDP} \cdot 100 \quad \cdots\cdots ①$$

そこで、まずは2014年の名目GDPを計算します（単位は万円）。名目GDPは、2014年の価格と生産量を素直に乗じることで計算することができます。

$$名目GDP = 70 \cdot 60 + 30 \cdot 70 = 6{,}300$$

次に、2014年の実質GDPを計算します。実質GDPは、2014年の生産量に基準年次（2000年）の価格を乗じることで計算することができます。

$$実質GDP = 60 \cdot 60 + 20 \cdot 70 = 5{,}000$$

よって、①式より、

$$GDPデフレーター = \frac{6{,}300}{5{,}000} \cdot 100 = 126$$

となります。

以上から、正解は❹となります。

問題3

正解❸

情報を整理した表がないので、自分で問題文から読み取れることをまとめるようにしましょう。

問題文のデータを整理しながら解いていきましょう。

データを基準年と比較年に分け、「金額＝価格×生産量」であることに注意しながら整理すると、以下のようになります。

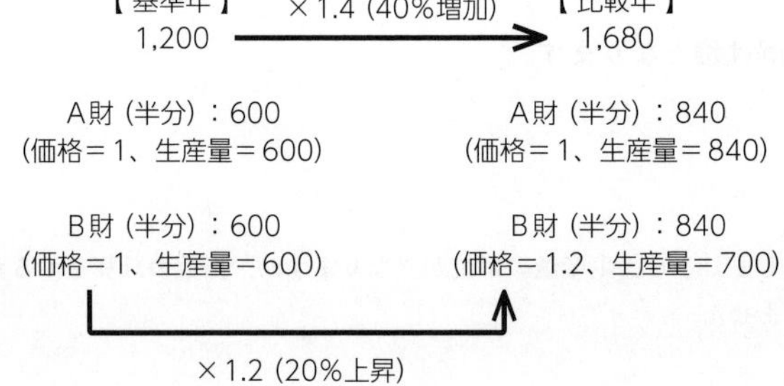

比較年の実質GDPは、基準年の価格（それぞれ1）に比較年の生産量を乗じることで計算することができます。しかし、問題文からでは「比較年の各財の生産量」が不明なので、これを求めます。

名目GDPが40%増加し、各財の割合は不変ですから、比較年の各財の名目GDPはそれぞれ840となります。B財の価格だけが20%上昇していますので、比較年におけるB財の価格は1.2です。名目GDPを各財の価格で割ると生産量が求められますので、A財の生産量は840（＝840÷1）、B財の生産量は700（＝840÷1.2）となります。

	A財		B財	
	価格	生産量	価格	生産量
基準年	1	600	1	600
比較年	1	840	1.2	700

よって、実質GDPは、

実質GDP＝1・840＋1・700

＝1,540

となります。

よって、正解は❸となります。

第2章　財市場の分析（45°線分析）

1　均衡国民所得の決定

問題1　　正解 ❺

最も基礎的な均衡国民所得の計算問題です。ここから少しずつ慣れていきましょう。

問題文の「国民所得」は均衡国民所得を表します。よって、均衡条件式を立てて、均衡国民所得を計算します。消費と投資だけを考えればよいので、計算の前提を整理すると、以下のようにおけます。

均衡条件式　：$Y=C+I$　〔Y：国民所得、C：消費、I：投資〕

消費関数　　：$C=0.7Y+4$

独立投資　　：$I=5$

均衡条件式に、消費関数と独立投資（一定の投資という意味です）を代入して、Yについて解きます。

$Y=C+I$

$\Leftrightarrow\quad Y=0.7Y+4+5$

$\Leftrightarrow\quad 0.3Y=9\qquad\therefore\quad Y=30$（兆円）

よって、正解は❺となります。

問題2　　正解 ❸

民間消費（消費関数）が可処分所得（$Y-T$）で表された式になっていて、租税が式で表されています（これについては後述します）。このような場合には、租税の式を消費関数に代入します。

すべての条件を均衡条件式に代入して、Yについて解きます。

$Y=C+I+G$

$\Leftrightarrow\quad Y=10+0.7(Y-0.2Y)+30+15$

$\Leftrightarrow\quad Y=55+0.7Y-0.14Y$

$\Leftrightarrow\quad 0.44Y=55\qquad\therefore\quad Y=125$

次に、民間貯蓄（S）を計算します。政府の活動があるとき、国民所得（分配面）は、

$Y=C+S+T$

となります。よって、民間貯蓄（S）は、

$S=Y-T-C\qquad\cdots\cdots①$

となります。国民所得（Y）は125なので、①式は、

$S=125-0.2\cdot125-\{10+0.7(125-0.2\cdot125)\}$

$=125-25-(10+0.7\cdot100)$

$=20$

と計算することができます。

よって、正解は❸となります。

2 デフレギャップとインフレギャップ

問題1 正解 ❷

デフレギャップ、インフレギャップについての理解と、それを解消する効果のある政策の組合せを問う問題です。これらはセットで把握しておきましょう。

デフレギャップとは、完全雇用国民所得の水準で発生する超過供給（総需要<総供給）を指します。完全雇用国民所得を前提にするとき、総供給は、生産と分配の二面等価の関係から、完全雇用国民所得に一致します。したがって、デフレギャップは、「総需要が完全雇用国民所得水準を下回っている場合」ということもできます（❶は誤り）。

デフレギャップが発生するということは、完全雇用国民所得（＝総供給）に対して総需要が不足していることを意味します。よって、デフレギャップを解消するためには、総需要を高めるような政策（総需要拡大政策）が必要になります。具体的には、減税の実施や政府支出の拡大などです（❸は誤り）。したがって、❷が正解となります。

一方、インフレギャップとは、完全雇用国民所得の水準で発生する超過需要（総需要>総供給）を指します。これは、「総需要が完全雇用国民所得水準を上回っている場合」ということもできます（❺は誤り）。

インフレギャップが発生するということは、完全雇用国民所得（＝総供給）に対して総需要が過剰であることを意味します。よって、インフレギャップを解消するためには、総需要を引き下げるような政策（総需要引締政策）が必要になります。具体的には、増税の実施や政府支出の削減などです（❹は誤り）。

問題2 正解 ❹

まずグラフから、生じているのがデフレギャップかインフレギャップかを判別し、その後その値を求めていきます。

問題文に示されたグラフを見ると、完全雇用国民所得（Y_f）の水準で総供給>総需要となっており、超過供給が生じていることがわかります。これは、デフレギャップを表しますので、❶、❸、❺は誤りです。

では、デフレギャップがいくつになるか計算します。

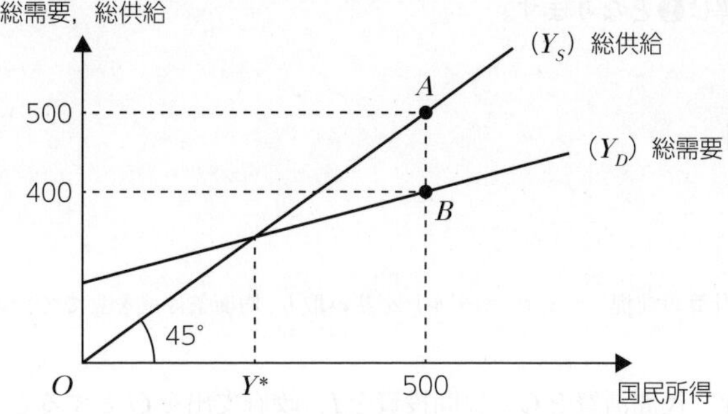

総供給（Y_S）は、生産と分配の二面等価の関係から、完全雇用国民所得に一致します。

$Y_S = Y_f = 500$　　……①

次に、国民所得が完全雇用国民所得であるときの総需要（Y_D）は、

$$
\begin{aligned}
Y_D &= C + I \\
&= 0.5Y + 50 + 100 \\
&= 0.5Y + 150 \\
&= 0.5 \cdot 500 + 150 \\
&= 400 \quad \cdots\cdots ②
\end{aligned}
$$

となります。

①と②を比べると、総需要よりも総供給のほうが100だけ大きく、100のデフレギャップが生じていることがわかります。

以上から、正解は❹となります。

問題3

正解 ❶

デフレギャップの値と必要な政府支出の増加の値は同値になります。

完全雇用を実現するためには、総需要を拡大し、デフレギャップを解消する必要があります。つまり、デフレギャップ分だけ政府支出を増加させればよいので、問われているデフレギャップと政府支出の増加額は同額となります。よって、❷、❸、❹は誤りです。

デフレギャップは、完全雇用国民所得水準において発生する超過供給です。そこで、$Y = 525$のときの総供給と総需要の大きさを別々に計算して、差をとります。

総供給：$Y_S = Y = 525$（生産と分配の二面等価）

総需要：
$$
\begin{aligned}
Y_D &= C + I + G \\
&= 56 + 0.6(525 - 60) + 100 + 60 \\
&= 495
\end{aligned}
$$

デフレギャップ＝総供給－総需要＝$525 - 495 = 30$

デフレギャップは30なので、政府支出の増加額も30にする必要があります。

よって、正解は❶となります。

3 乗数理論

問題1 正解 ❸

問題文から計算の前提（マクロ・モデル）を読み取り、均衡条件式を立てて計算していきます。

国民所得をY、民間消費をC、民間投資をI、政府支出をGとすると、均衡条件式は、

$$Y=C+I+G$$

となります。租税（T）は定額税なので、消費関数は、

$$C=c(Y-T)+C_0 \quad 〔c：限界消費性向、C_0：基礎消費〕$$

としておきます。

❶ 均衡条件式を解き、均衡国民所得を計算します。

$$Y=C+I+G$$
$$\Leftrightarrow \quad Y=c(Y-T)+C_0+I+G$$
$$\Leftrightarrow \quad (1-c)Y=-c\cdot T+C_0+I+G$$
$$\therefore \quad Y=\frac{1}{1-c}(-c\cdot T+C_0+I+G) \quad \cdots\cdots①$$

❷ 均衡国民所得の式を、変化分の式にします。

①式を変化分の式にします。

$$\varDelta Y=\frac{1}{1-c}(-c\cdot\varDelta T+\varDelta C_0+\varDelta I+\varDelta G) \quad \cdots\cdots②$$

❸ 問題文に合わせて、政策効果（均衡国民所得の変化）を計算します。

租税と政府支出（財政支出）が同時に変化しています。そこで、②式において$\varDelta T=1$（兆円）、$\varDelta G=3$（兆円）とし、これ以外は、$\varDelta C_0=\varDelta I=0$とすると、

$$\varDelta Y=\frac{-c}{1-c}\cdot\varDelta T+\frac{1}{1-c}\cdot\varDelta G$$
$$=\frac{-0.75}{1-0.75}\cdot 1+\frac{1}{1-0.75}\cdot 3$$
$$=-3+12$$
$$=9$$

よって、正解は❸となります。

問題2　　正解❺

「封鎖（閉鎖）経済」とありますので、輸出（X）と輸入（M）は無視します。政府支出（G）と投資（I）が増加したときの効果が問われていますので、総需要は、消費（C）、投資（I）、政府支出（G）からなるとします。「その他の条件は考えない」とありますから、租税（T）を考慮する必要はありません。よって、消費関数は$C=cY+C_0$（c：限界消費性向、C_0：基礎消費）としておきます。

計算の前提（マクロ・モデル）は、以下のようになります。

$$Y=C+I+G$$
$$C=cY+C_0$$

以下の手順で計算を行います。

❶　均衡条件式を解き、均衡国民所得を計算します。

$$Y=C+I+G$$
$$\Leftrightarrow \quad Y=cY+C_0+I+G$$
$$\Leftrightarrow \quad (1-c)Y=C_0+I+G$$
$$\therefore \quad Y=\frac{1}{1-c}(C_0+I+G) \qquad \cdots\cdots①$$

❷　均衡国民所得の式を、変化分の式にします。

①式を変化分の式にします。

$$\varDelta Y=\frac{1}{1-c}(\varDelta C_0+\varDelta I+\varDelta G) \qquad \cdots\cdots②$$

❸　問題文に合わせて、政策効果（均衡国民所得の変化）を計算します。

政府支出と投資が同時に変化しています。そこで、②式において$\varDelta G=2$（兆円）、$\varDelta I=0.4$（兆円）とし、これ以外は、$\varDelta C_0=\varDelta I=0$とすると、

$$\varDelta Y=\frac{1}{1-c}\cdot\varDelta I+\frac{1}{1-c}\cdot\varDelta G$$
$$=\frac{1}{1-0.75}\cdot 0.4+\frac{1}{1-0.75}\cdot 2$$
$$=1.6+8$$
$$=9.6\text{（兆円）}$$

よって、正解は❺となります。

問題3 正解 ❶

均衡予算が前提となっているときには（「政府支出を100億円増加し、それを同額の増税で賄う」（$\Delta G = \Delta T$））、均衡予算乗数定理が成立する問題か否かを確認する必要があります。

均衡予算乗数定理が成立するためには、以下の条件が満たされる必要があります。

❶ 財市場だけが分析の対象であること

❷ 租税が定額税であること

❸ 貿易を考慮しない閉鎖経済であること

問題文から、「閉鎖経済」で、「定額税」が前提であることがわかります。また、後に学習する貨幣市場や労働市場を示す内容が示されていないため、財市場だけが分析の対象であると判断することができます。

以上から、上記の三つの条件をすべて満たすので、政府支出の増加分だけ国民所得が高まることになります（均衡予算乗数定理）。

よって、正解は❶となります。

問題4 正解 ❺

本問も均衡予算を前提とした問題になっています。必ず、均衡予算乗数定理が成立する問題か否かを確認するようにしましょう。

問題文から、「封鎖（閉鎖）経済」で、「定額税」が前提であることがわかります。また、貨幣市場等、財市場以外の市場を考慮する旨の記載がありません。よって、均衡予算乗数定理が成立する問題であるといえます。この場合、均衡予算乗数は１になるので（❸、❹は誤り）、同額だけ増税を行っていたとしても、政府支出の増加額分だけ国民所得は高まることになります（❶、❷は誤り）。

以上から、正解は❺となります。

問題5 正解 ❷

問題文の「定額税をΔTだけ増税するとともに、このすべてを財源として政府支出をΔGだけ増加する」という記述から、均衡予算を前提とした問題であると判断します。

財市場の均衡条件式が$Y = C + I + G$となっており、輸出と輸入を考慮しない閉鎖経済となっています。財市場以外の市場は考慮されておらず、租税は定額税となっています。よって、均衡予算乗数は１となり、国民所得の増加分は、

$$\Delta Y = 1 \cdot \Delta G$$

となります。

よって、正解は❷となります。

問題6

正解 ❸

問題文の意味を把握するのが多少難しいかもしれません。「政府支出のみを４兆円増やしたときの増加分」を、「基礎税収の定額減税のみ」という別の手段で実現しようとする場合、その減税額はいくらか、が問われています。

まず、「政府支出のみを４兆円増やしたときの国民所得の増加分」を計算します。

均衡条件式に他の条件式を代入して、均衡国民所得を計算します。

$$Y=C+I+G$$
$$\Leftrightarrow\quad Y=A+c(Y-T)+I+G$$
$$\Leftrightarrow\quad Y=A+c\{Y-(T_0+tY)\}+I+G$$
$$\Leftrightarrow\quad Y=A+cY-cT_0-ctY+I+G$$
$$\Leftrightarrow\quad (1-c+ct)Y=A-cT_0+I+G$$
$$\therefore\quad Y=\frac{1}{1-c+ct}(A-cT_0+I+G)$$

この式を変化分の式にすると、以下のようになります。

$$\Delta Y=\frac{1}{1-c+ct}(\Delta A-c\Delta T_0+\Delta I+\Delta G)\qquad\cdots\cdots①$$

①式から、$\Delta G=4$、$\Delta A=\Delta T_0=\Delta I=0$として国民所得の増加分を計算すると、以下のようになります。

$$\Delta Y=\frac{1}{1-c+ct}\cdot\Delta G$$
$$\Leftrightarrow\quad \Delta Y=\frac{1}{1-0.8+0.8\cdot0.25}\cdot4\qquad\therefore\quad \Delta Y=10\qquad\cdots\cdots②$$

次に、①式から基礎税収（T_0）の定額減税による乗数効果を取り出します（$\Delta A=\Delta I=\Delta G=0$）。

$$\Delta Y=\frac{-c}{1-c+ct}\cdot\Delta T_0$$
$$\Leftrightarrow\quad \Delta Y=\frac{-0.8}{1-0.8+0.8\cdot0.25}\cdot\Delta T_0\qquad\therefore\quad \Delta Y=-2\Delta T_0\qquad\cdots\cdots③$$

②式と③式が等しくなるような減税額を求めればよいので、

$$10=-2\Delta T_0\qquad\therefore\quad \Delta T_0=-5$$

と計算できます。

よって、正解は❸となります。

問題7 正解❷

二つの解法を示しておきますが、慣れてきたら❷の解法がおすすめです。

❶ 乗数効果から計算する方法

消費関数を$C=c(Y-T)$として、均衡条件式に代入し、均衡国民所得を計算します。

$$Y=C+I+G$$
$$\Leftrightarrow \quad Y=c(Y-T)+I+G$$
$$\Leftrightarrow \quad Y=cY-cT+I+G$$
$$\Leftrightarrow \quad Y-cY=-cT+I+G \qquad \therefore \quad Y=\frac{1}{1-c}(-cT+I+G) \qquad \cdots\cdots①$$

①式に、$c=0.8$、$I=30$、$G=30$、$T=30$を代入して現在の均衡国民所得を計算すると、

$$Y=\frac{1}{1-0.8}(-0.8\cdot 30+30+30) \qquad \therefore \quad Y=180$$

となります。完全雇用国民所得が200なので、減税によって国民所得を20だけ増加させればよいことがわかります。

①式を変化分の式にして、$\varDelta I=\varDelta G=0$とすると、

$$\varDelta Y=\frac{-c}{1-c}\cdot\varDelta T$$

となり、ここに$c=0.8$、$\varDelta Y=20$とすると、

$$20=\frac{-0.8}{1-0.8}\cdot\varDelta T$$
$$\Leftrightarrow \quad 20=-4\varDelta T \qquad \therefore \quad \varDelta T=-5$$

と計算することができます。

よって、正解は❷となります。

$Y=180$と求めたところで、完全雇用国民所得との差に一致するからと焦って❺を選ばないように注意しましょう。

総需要の変化分が国民所得の変化分にどれだけ影響するかを検討するのが乗数理論です。差分の20を減税で達成するには、減税がどれだけ必要か、と冷静に考えましょう。

❷ 乗数効果を使わない方法

以下の二つのポイントを満たす問題の場合には、乗数効果を使わなくても問題を解くことができます。

❶ 完全雇用国民所得（＝達成したい国民所得）が示されている

❷ 政策変数の当初の値（$T=30$）が与えられている

租税をTとして、完全雇用国民所得を達成するうえで必要な税額を計算し、いくら減税すべきかを考えます。

消費関数を$C=c(Y-T)$として均衡条件式に代入し、均衡国民所得を計算します。

$$Y=C+I+G$$
$$\Leftrightarrow\quad Y=c(Y-T)+I+G$$
$$\Leftrightarrow\quad Y=cY-cT+I+G$$
$$\Leftrightarrow\quad Y-cY=-cT+I+G\qquad\therefore\quad Y=\frac{1}{1-c}(-cT+I+G)\qquad\cdots\cdots①$$

①式に、$Y=200$、$c=0.8$、$I=30$、$G=30$とすると、

$$200=\frac{1}{1-0.8}(-0.8T+30+30)$$
$$\Leftrightarrow\quad 40=-0.8T+60$$
$$\Leftrightarrow\quad 0.8T=20\qquad\therefore\quad T=25$$

となります。つまり、完全雇用国民所得を実現するためには、租税を30から25に5だけ減税すればよいことがわかります。

よって、正解は❷となります。

問題8 正解 ❶

完全雇用国民所得（$Y=1{,}000$）を達成するために必要な限界税率（t）を計算すればよく、乗数効果が問われているわけではありません。

消費関数を$C=c(Y-T)+C_0$、租税関数を$T=tY+T_0$として均衡国民所得を計算します。また、「財政収支の均衡」は、均衡予算と同義で、$G=T$が成立する状況を指します。問題文に政府支出（G）が与えられていませんので、$G=tY+T_0$とします。

$$Y=C+I+G$$
$$\Leftrightarrow\quad Y=c(Y-T)+C_0+I+G$$
$$\Leftrightarrow\quad Y=c\{Y-(tY+T_0)\}+C_0+I+tY+T_0$$
$$\Leftrightarrow\quad Y=cY-ctY-cT_0+C_0+I+tY+T_0$$
$$\Leftrightarrow\quad (1-c+ct-t)Y=-cT_0+C_0+I+T_0$$
$$\therefore\quad Y=\frac{1}{1-c+ct-t}(-cT_0+C_0+I+T_0)\qquad\cdots\cdots①$$

ここで、$Y=1{,}000$、$c=0.8$、$C_0=50$、$I=100$、$T_0=30$を①式に戻すと、

$$1{,}000=\frac{1}{1-0.8+0.8t-t}(-0.8\cdot30+50+100+30)$$
$$\Leftrightarrow\quad 1{,}000=\frac{1}{0.2-0.2t}\cdot156$$

$\Leftrightarrow \quad 1{,}000(0.2 - 0.2t) = 156$

$\Leftrightarrow \quad 200 - 200t = 156 \quad \therefore \quad t = 0.22$

と計算できます。

よって、正解は❶となります。

第3章　投資理論

1　投資に関する諸理論

問題1

正解 ❹

投資理論に関する基本的な問題です。各学説のキーワードと結論をしっかりと覚えるようにしましょう。

❶ ×　本肢の内容は、加速度原理に関するものです。資本ストック調整原理では、最適な資本ストックが毎期実現されるとは考えていません。最適資本ストックと現実の資本ストックのギャップの一定割合（伸縮的アクセラレーター）が投資によって調整されるとしています（調整速度は1未満）。

❷ ×　ケインズの限界効率論では、投資の限界効率が利子率よりも高いとき（$m>r$）に投資が実行されるとしています。

ちなみに、「投資のもたらす収益の割引現在価値がその投資費用に等しくなるような割引率」という記述は、限界効率の定義として正しいものですが、無理に覚える必要はありません。

❸ ×　本肢の内容は、調整費用モデルに関するものです。調整費用を組み込んでいるのはトービンのq理論だけで、ジョルゲンソンの投資理論では、調整費用の考え方を明示的に組み込んではいません。

❹ ○　「株式市場における企業の市場価値を、企業の保有している資本ストックを再取得する場合に要する費用で除したもの」とは、「平均のq」を表します。$q>1$であるとき、企業の投資は拡大します。

❺ ×　加速度原理では、生産量（国民所得）と資本ストックとの間には、毎期、最適資本係数（$v=\dfrac{K}{Y}$）という技術的に見て望ましい一定の関係が成立すると考えています。

問題2

正解 ❷

本問も試験日までに記憶すべき内容ばかりです。しっかり覚えましょう。

❶ ×　投資の限界効率は、企業家（経営者）の投資に対する期待（予想）収益率で、アニマル・スピリッツ（投資に対する期待感）に基づいた将来の期待形成に左

右されるものです。限界効率が利子率を上回るなら（$m > r$）、投資は拡大していきますが、企業家が将来を悲観して限界効率が低下すると、$m < r$となり、投資は減少してしまいます（投資の不安定性）。

❷ ○　加速度原理では、毎期、望ましい資本ストックを即座に実現するように投資が行われ（調整速度は１）、投資は国民所得の変化分に比例するとしています。

なお、「資本と労働の代替性を考慮していない」という点については、経済成長理論で学習します。いまはとりあえず、「資本と労働の代替性を考慮しているのは、新古典派投資理論である」と覚えておいてください。

❸ ×　qの定義が誤っています。株式市場における企業の市場価値を資本ストックの再取得価格で割ったものをqと定義しています（平均のq）。qの値が１より大きいときに投資が実行されるとする点は、正しい内容です。

❹ ×　「企業による市場価値の最大化」とは、企業の利潤最大化行動を指します。企業が利潤最大化を実現すれば、株主への利益配当の増加や株価の上昇により、株主の利益も最大化されます。

新古典派に属するジョルゲンソンの投資理論では、企業は、利潤最大化を実現する望ましい資本ストックを求め、現実の資本ストックとの間の乖離（差額）の一定割合を（調整速度は１未満）、投資によって縮小していくとしています。

❺ ×　資本ストック調整原理では、加速度原理と同様に、最適資本係数（$v = \frac{K}{Y}$）は固定的な値として考えられています。そのうえで、望ましい資本ストックと現実の資本ストックの乖離を、毎期一定の割合で埋めていくように投資が実行されるとしています。

問題３　　正解 ❹

はじめは判断が難しいかもしれません。選択肢の表現に惑わされないようにするには、意味内容が正しいか否かを考えることが大切です。

A ×　ケインズの投資の限界効率理論では、投資は利子率と投資の限界効率が等しくなるところで決定されると考えています（$m = r$）。貯蓄率には依存しません。

投資の限界効率は、企業経営者のアニマル・スピリッツ（投資に対する期待感）に依存するので、個々の投資プロジェクトの期待収益率と密接な関係があります。

B ✕　加速度モデル（加速度原理）では、投資は産出量（国民所得）の変化分に比例して決定されると考えます。産出量そのものに比例するわけではありません。

このモデルでは、最適資本への調整速度は1と考えているので、最適資本ストックと実際の資本ストックは常に一致するといえます。しかし、投資の調整費用を考慮していません。

C ○　ジョルゲンソンの投資理論では、最適資本への調整速度は1未満と考えており、最適資本ストックと実際の資本ストックとの差の一定割合（λ）だけが今期の投資によって埋められると考えます。ただ、この一定割合（λ）（伸縮的アクセラレーター）は単なる経験値であり、最適資本ストックと独立しており、理論的ではないと批判されています。

D ○　1円当たりで平均のqを考えているだけです。資本の購入費用（資本の買い替え費用）よりも大きな企業価値（株式の時価総額）を上げられる企業は、市場から評価を受けている企業だといえます。この場合、企業にとっての投資環境は良好なため、企業は投資を拡大していくことになります。

また、トービンのq理論は投資の調整費用を考慮したモデルになっています。調整費用が発生すると、資本の買い替え費用に反映されることになるからです。

第3章 投資理論

問題4

正解 ❷

加速度原理の式（$I = v \cdot \Delta Y$）は覚えておきましょう、なお、資本係数（v）は一定なので、どの期の値を使って計算することもできます。この点も覚えておきましょう。

加速度原理では、各期の投資（I）は、国民所得（生産量）の変化分（ΔY）に比例すると考えます。一定の資本係数をvとすると、

$$I = v \cdot \Delta Y \quad \cdots\cdots①$$

と置くことができます。

第1期の国民所得と第2期の国民所得の差額が第2期の国民所得の変化分に当たるので、①式は、

$$I = v(410 - 400) \quad \cdots\cdots②$$

となります。

ここで、資本係数は一定なので、毎期同じ値になります。そこで、第3期の国民所得と資本ストックの値から、

$$v = \frac{K}{Y}$$

$$= \frac{645}{430} \qquad \therefore \quad v = 1.5$$

と計算します。

よって、②式から第２期の投資は、

$$I = v(410 - 400)$$
$$= 1.5 \cdot 10 \qquad \therefore \quad I = 15$$

と計算できます。

以上から、正解は❷となります。

問題5

正解 ❷

トービンのq理論についての問題です。問題文にある「総資産の市場売却価額」が資本の買い替え費用に当たるので、これと株式の時価総額から平均のqを求め、その値の大きさから設備投資行動を判断します。

株式に関する値が示されているので、「平均のq」を計算します。

平均のqは、以下のように表すことができます。

$$q = \frac{企業価値}{資本の買い替え費用} \quad \cdots\cdots①$$

「企業価値」は、株式の時価総額に相当するため、

企業価値＝１株当たりの株価×発行済株式総数
＝200円×200万株
＝４億円

となります。

一方、「資本の買い替え費用」は、企業が保有する総資産の市場売却価額５億円に相当します。よって、①式は、

$$q = \frac{4億円}{5億円}$$
$$= 0.8$$

と計算できます。

平均のqが１を下回っているため、企業は投資を減少させ、設備の縮小を進めることになります。

以上から、正解は❷となります。

問題6 　　正解 ❶

ミクロ経済学で学習した内容が基礎となっています。併せて復習しておきましょう。

企業は、利潤を最大にするように資本（K）を需要します。資本需要の利潤最大化条件は、

$$P \cdot MPK = r \qquad \cdots\cdots①$$

〔P：物価、MPK：資本の限界生産性、r：利子率（レンタルプライス)〕

となります。この①式に問題文の条件を代入すると、

$$1 \cdot 0.5K_t^{-0.5} = 0.05$$

$$\Leftrightarrow \quad 50K_t^{-0.5} = 5$$

$$\Leftrightarrow \quad K_t^{-\frac{1}{2}} = \frac{1}{10}$$

$$\Leftrightarrow \quad K_t^{-1} = \frac{1}{100}$$

$$\Leftrightarrow \quad \frac{1}{K_t} = \frac{1}{100} \qquad \therefore \quad K_t = 100 \qquad \cdots\cdots②$$

と計算することができます。これが、利潤最大化条件を満たす望ましい最適資本ストック（K_t^*）となります。

最適資本ストック（K_t^*）と実際の資本ストック（K_{t-1}）の差の一部が今期（t期）の投資によって実現されるので、②の結果を踏まえると、

$$I_t = \lambda(K_t^* - K_{t-1}) \quad 〔\lambda：投資の調整速度（伸縮的加速子)〕$$

$$= 0.5(100 - 64) \qquad \therefore \quad I_t = 18$$

となります。

以上から、正解は❶となります。

資本需要の利潤最大化条件については、別巻のミクロ経済学（第1章第4節）で学習しました。

第4章　貨幣市場

1　貨幣需要

問題1　　正解 ❺

流動性選好理論の基礎知識を確認できる問題です。各変数の変化の方向が同じか逆か、正しく把握しておきましょう。

ケインズの流動性選好理論では、人々が貨幣を持とうとする動機を三つ（取引動機、予備的動機、投機的動機）挙げ、それを取引需要（L_1）と投機的需要（L_2）の二つにまとめました。

取引動機と予備的動機に基づく貨幣需要（L_1）は、国民所得の増加関数（＝同じ方向に変化する関係）であるとし、投機的動機に基づく貨幣需要（L_2）は、利子率の減少関数（＝逆の方向に変化する関係）であるとしました。

よって、正解は❺となります。

問題2　　正解 ❸

貨幣需要に関する問題は、理論問題として出題されます（計算問題は出題されません）。特に、国民所得や利子率の変化に対して、貨幣需要がどのように変化するか（変化の方向）が問われますので、留意しておきましょう。

❶ ×　投機的動機は利子率の減少関数であるとされるので、選択肢の前半部分は正しいといえます。しかし、利子率の減少関数であるなら、投機的動機に基づく貨幣需要は、利子率が上昇するほど減少しなければなりません。

❷ ×　取引動機は国民所得の増加関数であるとされているので、利子率の低下によって増大することはありません。

ちなみに、取引動機は、家計と企業が収入と支出の時間差をカバーするために貨幣を保有する動機であるといえます。例えば、給料日には当座必要な現金をATMに引き出しに行ったりしますね。日常的な支出に備えるためです（これを特に、所得動機と呼びます）。企業も同様で、売上代金が回収できたら、次の仕入れのために現金を確保しておいたり、備品購入のために小口現金を用意したりします（これを特に、営業動機と呼びます）。これらは、家計と企業が日常的な取引を行うための現金保有であるため、まとめて「取引動機」とされます。

❸ ○　日常的な取引に必要な貨幣（取引動機）を確保したうえで不慮の支出に備え

ることは、所得に余裕がないとできることではありません。よって、国民所得が増えれば予備的動機に基づく貨幣需要は増加させることができますが、国民所得が減ってしまった場合には、予備的動機に基づく貨幣需要も減らさざるを得ません。

❹ ✕　所得動機と営業動機からなるのは取引動機です（この点は、無理して覚える必要はありません）。投機的動機は、利子率の減少関数なので、所得回数（≒給料、売上などの入金回数）の影響を受けることはありません。

❺ ✕　利子率がかなり低い水準になると、債券価格が非常に高い水準に至るため、人々は債券を保有しようとはせず、資産のほとんどを貨幣で保有しようとします（流動性のわな）。このときの貨幣需要は、投機的動機に基づくものです。

流動性のわなが発生しているときに通貨供給量を増やしても、そのすべてが投機的動機によって貨幣として需要されてしまい（＝投機的動機に基づき吸収される）、債券に向かうことがありません。よって、債券価格のさらなる上昇も利子率の低下も、起きることはありません（この点に関しては、後述します）。

2 貨幣供給

問題1　　正解 ❸

信用創造の基本的な計算問題です。問題文から、現金通貨（C）が存在しない問題であると判断することができます。この手の問題は、警察官・消防官試験でも問われ、公務員試験では必須の問題であるといえます。

はじめの預金（＝本源的預金）7,500万円を、日銀によるハイパワード・マネー（H）と同様に考えてしまえば、現金（C）が存在しないので、預金総額（D）は、以下のように計算できます。

$$D=\frac{1}{\beta}\cdot H \quad 〔\beta：預金準備率〕$$

$$=\frac{1}{0.25}\cdot 7{,}500$$

$$=30{,}000（万円）$$

ただし、本問は「派生的に信用創造される預金額」が問われていますから、信用創造による預金の増加額を計算します。よって、上記の預金総額（D）から本源的預金を差し引いて、

増加した預金額＝預金総額－本源的預金

＝30,000－7,500

$=22{,}500$（万円）

と計算することができます。

よって、正解は❸となります。

問題2 正解 ❸

この問題は、現金通貨（C）が存在するケースに当たります。問題文で与えられた各数値を式に当てはめて計算する点は同じです。

現金通貨（C）が存在する場合、ハイパワード・マネー（H）とマネーサプライ（M）の関係は、以下のようになります。

$$M=\frac{\alpha+1}{\alpha+\beta}\cdot H \quad \cdots\cdots①$$

〔α：現金・預金比率、β：準備金・預金比率（預金準備率）〕

本問では、ハイパワード・マネーが10兆円増加した場合（$\varDelta H=10$）のマネーサプライの増加量（$\varDelta M$）が問われているので、①式を変化分の式にして、

$$\varDelta M=\frac{\alpha+1}{\alpha+\beta}\cdot \varDelta H$$

$$=\frac{0.05+1}{0.05+0.25}\cdot 10$$

$$=35\text{（兆円）}$$

と計算します。

よって、正解は❸となります。

問題3 正解 ❺

どの選択肢も基本的な内容です。「どこが誤りか」まで、しっかり押さえましょう。

❶ ×　現金（C）が存在しないので、本源的預金1,000万円を、日銀によりハイパワード・マネー（H）と同様に考えれば、預金総額（D）は、以下のように計算できます。

$$D=\frac{1}{\beta}\cdot H \quad \cdots\cdots①$$

〔β：預金準備率〕

ただし、本問では増加分の関係が問われているので、①式を変化分の式にして、

$$\varDelta D=\frac{1}{\beta}\cdot \varDelta H$$

$$=\frac{1}{0.2}\cdot 1{,}000$$

$$=5{,}000\text{（万円）}$$

となります。

❷ ✕　確かに、民間銀行の貸出しの増加は、信用創造のプロセスを通じてマネーサプライを増加させます。しかし、ハイパワード・マネーを増加させることはありません。ハイパワード・マネーは、中央銀行が操作するもので、民間銀行がコントロールできるものではありません。

❸ ✕　ハイパワード・マネー（H）とマネーサプライ（M）の関係は、以下のようになります。

$$M=\frac{\alpha+1}{\alpha+\beta}\cdot H \quad \cdots\cdots②$$

〔α：現金・預金比率、β：預金準備率〕

ハイパワード・マネーが１億円増加した場合（$\Delta H=1$）のマネーサプライの増加額（ΔM）が問われているので、②式を変化分の式にして、

$$\Delta M=\frac{\alpha+1}{\alpha+\beta}\cdot \Delta H$$

$$=\frac{0.3+1}{0.3+0.2}\cdot 1$$

$$=2.6\text{（億円）}$$

と計算できます。

❹ ✕　中央銀行は、預金準備率を操作することでマネーサプライをコントロールすることはできますが、現金・預金比率を意図した方向に操作することはできません。現金・預金比率は、民間経済で決定されるものです。

例えば、市中銀行が貸出しを抑制したとすると（貸し渋り）、信用創造される預金総額（D）が小さくなり、現金預金比率が上昇します。このような動きを、中央銀行が意図的に管理することはできません。

❺ ○　貨幣乗数$\frac{\alpha+1}{\alpha+\beta}$は、

$$\frac{\alpha+1}{\alpha+\beta}=\frac{0.2+1}{0.2+0.05}=4.8$$

と計算することができます。

問題4

正解 ❹

❷はやや細かい内容が問われていますが、結論部分や"変化の方向"に注目すると、意外と簡単に正誤判定できます。細かいことは、あまり気にしないことが重要です。

❶ ×　一般に、貨幣は安全資産であり、債券や株式は危険資産とされます。
　確かに、物価が上昇すると、貨幣価値が低下するというリスクは存在します。しかし、このリスクは債券にも存在しますし(購入時に償還される金額が決まっているからです)、市場での取引状況からキャピタル・ロス（値下がり損）を被ることはありません。このような意味で、貨幣は相対的に安全資産とされるのです。

❷ ×　マネーストック（マネーサプライ）には、「何を貨幣とするか」によって、さまざまな指標があります。最も狭義のマネーストックがＭ１（エムワン）という指標で、

Ｍ１＝現金通貨＋要求払い預金（普通預金、定期預金などのすぐに現金化できる預金）

とされ、最も流動性の高い（現金化しやすい）指標とされます。一定期間後でないと現金化できない（流動性の低い）定期性預金などは含みません。

❸ ×　日銀が買いオペレーションを実施すると、債券の購入代金を市中銀行の日銀当座預金口座に振り込みます。これはハイパワード・マネーの増加を意味します。市中銀行がこれを引き出して運用に使うことで、民間経済の貨幣の絶対量が増加することになるのです。

❹ ○　法定準備率の引下げは、市中銀行全体の預金準備率を引き下げ、市中銀行の企業や家計への貸出しが増加します。この動きは貨幣乗数（信用乗数）の上昇という形で現れ、マネーストックを増加させることになります。つまり、ハイパワード・マネーが増えていなくても、市中銀行の貸付業務によってマネーストックは増加するのです。

❺ ×　日銀は、「公定歩合」を「ロンバート型貸出金利」と名称変更しています（2006年）。これは、補完貸付制度における上限金利という性格しかなく、現在、公定歩合操作は金融政策の有効な手段とはなっていません。

3 貨幣市場

問題1 正解 ❹

貨幣に関して、広く知識を確認できる問題です。

❶ × ストック市場とは、資産市場（貨幣市場、債券市場）を意味します。人々の多くが、資産を貨幣で保有しようとすると、貨幣市場に超過需要が発生します。このとき、資産を債券で保有しようとはしていないのですから（二者択一的な資産選択）、債券需要は小さくなり、債券市場では逆に超過供給が発生します。つまり、貨幣市場における超過需要と債券市場における超過需要には、負の相関関係があるといえます。

❷ × 額面（購入金額）がA、利息が額面に対して年率0.1の割合である場合、確定利息は$0.1A$と表せます。利子率が５％の場合、コンソル債券の現在時点の価格（割引現在価値）は、

$$P_B=\frac{確定利息}{利子率}$$
$$=\frac{0.1A}{0.05}$$
$$=2A$$

と表すことができます。

❸ × コンソル債券を前提とすると、債券価格（P_B）は、$P_B=\frac{確定利息}{利子率}$と表すことができます。利子率が上昇すると債券価格は下落するので、利子率と債券価格との間には、完全な負の相関関係があるといえます。

❹ ○ 問題文の「現行の利子率が将来実現するであろう利子率に比べて低い」とは、現行の利子率が低すぎるということです。このような状況のときには、これ以上利子率は下がるとは考えにくくなります。つまり、将来は利子率が上昇し、債券価格が下落すると予想されます。このため、資産を債券で保有しようとする人は少なくなり、貨幣で保有しようとする人が多くなります（＝貨幣の資産需要は大きい）。

❺ × マネーサプライ（M）とハイパワード・マネー（H）との間には、

$$M=\frac{\alpha+1}{\alpha+\beta}\cdot H$$ 〔α：現金預金比率、β：法定準備率〕

という関係があります。この式を見ると、ハイパワード・マネーが増えるとマネーサプライも増えるので、正の相関関係にあるといえます。

また、ハイパワード・マネーは、流通通貨と日銀当座預金の合計です。

問題2

正解 ❺

本問は、金融政策に関して、広く知識を確認できる問題になっています。

❶ ✕　中央銀行が買いオペレーションを実施する場合、売り手が市中銀行の場合には、債券等の売買代金が市中銀行の日銀当座預金口座に振り込まれるので、市中銀行の預金準備は増加するといえます。よって、選択肢の前半部分は正しい記述です。

売り手が企業や家計の場合には、債券等の売買代金が直接現金で支払われるため、民間の現金保有が直接的に増加するといえます。

❷ ✕　中央銀行が法定準備率を引き上げると、市中銀行による企業や家計への貸出しが小さくなります。これは信用創造をマイナスに作用させ、民間に出回るマネーストック（マネーサプライ）を減らしてしまうことになります。

❸ ✕　貨幣需要の利子弾力性とは、利子率が変化したときに、どれだけ大きく貨幣需要が変化するかを表します（これについては、後に詳述します）。ミクロ経済学で学習した需要曲線と需要の価格弾力性との関係と同様に、貨幣需要の利子弾力性が小さくなるほど、貨幣需要曲線（L_D）の傾きは急勾配になります（図のL_{D1}）。

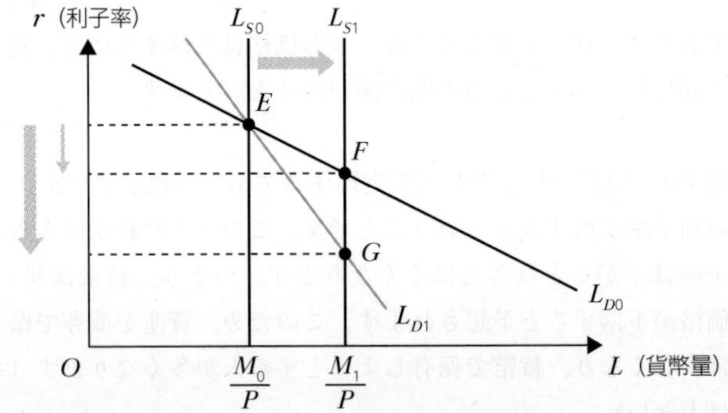

当初の貨幣市場の均衡点をE点として、中央銀行が買いオペレーションを実施してマネーストックを増やしたとすると（$M_0 \to M_1$）、貨幣供給曲線がL_{S0}からL_{S1}に右方にシフトします。このとき、貨幣需要の利子弾力性が大きいとき（L_{D0}）よりも、利子率の下落が大きくなることがわかります。

❹ ×　現金預金比率$\left(\dfrac{C}{D}\right)$が低下したということは、分母の預金（$D$）の割合が増加したということです。預金（$D$）が増えれば、市中銀行の貸出しが増えて、信用創造が大きく働きます。つまり、信用乗数が大きくなり、ハイパワード・マネーが一定でもマネーストックは増加することになります。

参考までに、計算も示しておきます（無理に覚える必要はありません）。

信用乗数$\dfrac{\alpha+1}{\alpha+\beta}$（$\alpha$：現金預金比率、$\beta$：法定準備率）を、「1」を取り出すように変形します。

$$\frac{\alpha+1}{\alpha+\beta}=\frac{\alpha+\beta}{\alpha+\beta}+\frac{1-\beta}{\alpha+\beta}$$

$$=1+\frac{1-\beta}{\alpha+\beta} \quad \cdots\cdots①$$

①式において、現金預金比率（α）が低下すると、①式全体（信用乗数）が大きくなることがわかります。

❺ ○　流動性のわなとは、利子率の下限において、貨幣需要が無限大となってしまう状態です。この場合、貨幣需要曲線（L_D）は水平線になってしまいます。

利子率がどのように変化するかは、貨幣市場の均衡点を前提として考えます。当初、貨幣市場はE点で均衡していたとします。ここで積極的な金融政策を行って、マネーストックをM_0からM_1に増やしたとすると、貨幣供給曲線がL_{S0}からL_{S1}に右方シフトします。この結果、新たな均衡点はF点になり、利子率は変わらないことがわかります。これは、利子率がもはや下限に達しているためです。

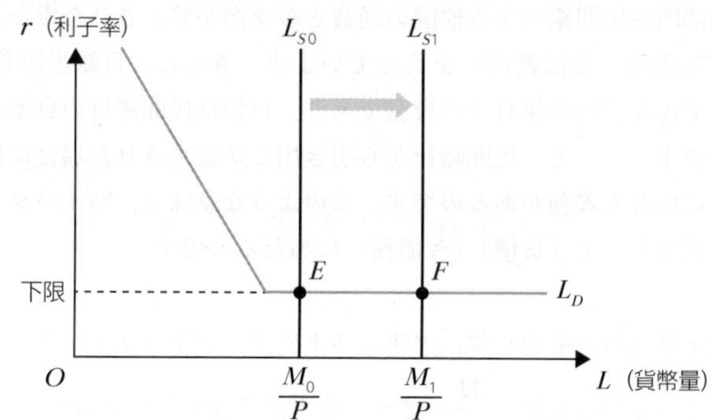

第4章 貨幣市場

問題3 正解 ❸

少々難しい内容を含みますが、正解肢は基本的です。誤りの選択肢に関しても、ここまで見ておけば心配ないでしょう。

❶ ×　資産市場（貨幣市場、債券市場）におけるワルラスの法則では、貨幣市場が均衡すれば、もう一つの資産市場である債券市場も均衡するとしています。

❷ ×　コンソル債を前提とすると、債券価格（P_B）は、永久確定利息の割引現在価値の総和に一致し、

$$P_B = \frac{確定利息}{利子率} \quad \cdots\cdots ①$$

と表すことができます。よって、利子率が上昇すると債券価格は下落することになり、債券価格と利子率の間には、反比例の関係（負の相関関係）があることがわかります。

❸ ○　「債券の現在価格が予想価格を上回っている」とは、現在の債券価格が高すぎるということです。これは、①式から利子率が下限に達している状況だといえます。このとき、誰も債券を購入しようとはせず、資産を貨幣で保有しようとします（貨幣の資産需要）。これが流動性のわなの状態です。

❹ ×　ハイパワード・マネーは、日本銀行の民間非金融部門（＝企業、家計）および民間銀行に対する「負債」（≒債務）に当たります。

発行された日本銀行券（現金通貨）（C）に関しては、それを保有する民間非金融部門や民間銀行から他国の通貨との交換が要求された場合、日銀はそれに応ずる義務（支払義務）を負っています。さらに、日銀当座預金（R）は、あくまで民間銀行の保有する資産であり、日銀は民間銀行の資産を預かっているだけです。よって、民間銀行から引き出しが要求された場合には、日銀は引き出しに応じる義務があるのです。このような意味で、ハイパワード・マネーは、日銀にとって「負債」（≒債務）に当たるのです。

❺ ×　貨幣乗数（信用乗数）は、マネーストック（マネーサプライ）をハイパワード・マネーで割った値（$\frac{M}{H}$）です。後半部分は正しい記述です。

第5章　IS－LM分析

1　財市場と貨幣市場の同時均衡

問題1　　正解 ❸

LM曲線が、なぜ右上がりになるのかを理論的に理解するのにとてもよい問題です。定期的に確認するようにしましょう。

貨幣市場がE_0点で均衡しているとします（Y_0, r_0）。ここで、何らかの理由で国民所得がY_1に増加すると（Y↑）、貨幣に対する（**ア**：取引需要）が増えます（L_1↑）。取引需要は、国民所得の増加関数だからです。すると、貨幣市場の均衡が崩れ、貨幣市場に（**ウ**：超過需要）が発生します（F点）。

貨幣市場が超過需要となると、貨幣市場を均衡させるように利子率が上昇します（r↑）。利子率の上昇は、利子率の減少関数である（**イ**：資産需要）（＝投機的需要）が減少させます（L_2↓）。これにより、再び貨幣市場が均衡します（E_1点）。

一方、貨幣市場が貨幣の超過需要の状態であるとき、債券市場では債券の超過供給になります。貨幣市場で利子率が上昇すると、負の相関関係（逆に動く関係）にある債券価格は（**エ**：下落）することになります。

よって、正解は❸となります。

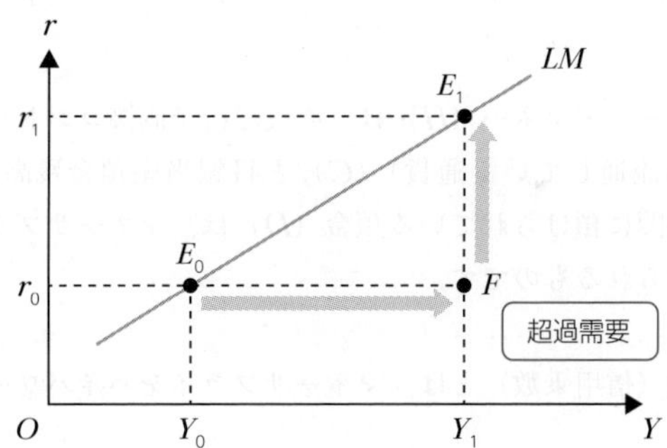

問題2　　正解 ❸

貨幣に関する知識を確認するのによい問題です。

❶ ×　ケインズの流動性選好理論では、貨幣需要のうち、取引需要は国民所得の増加関数なので、所得が増えると取引需要は増加します。一方、資産需要（投機的需要）は、利子率の減少関数としているので、利子率が上昇すると資産需要は減少しなければなりません。

❷ ✕　コンソル債を前提とすると、債券価格（P_B）は、$P_B=\frac{確定利息}{利子率}$となります。確定利息は、契約時に決まった一定の金額ですから、債券価格が上昇する局面では、利子率は下落します。つまり、債券価格と利子率は、反比例の関係（負の相関関係）にあります。

❸ ○　横軸の国民所得が増加したとすると（$Y_0 \rightarrow Y_1$）、貨幣の取引需要が増加します。これによって、貨幣市場は超過需要の状態になるため（F点）、利子率（r）が上昇することになります。よって、貨幣市場の均衡を前提とすると（E_0点、E_1点）、国民所得が増えると利子率が上昇することになるため、LM曲線は右上がりになります。

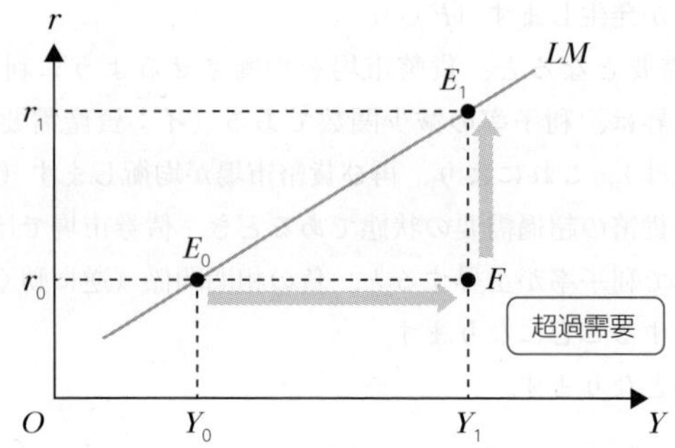

❹ ✕　ハイパワード・マネー（H）は、中央銀行が直接コントロールできる貨幣量で、現金（流通している通貨）（C）と日銀当座預金残高（R）の合計です。民間金融機関に預けられている預金（D）は、マネーサプライ（マネーストック）に含められるものです。

❺ ✕　通貨乗数（信用乗数）とは、マネーサプライをハイパワード・マネーで割った数値で、

$$\frac{M}{H}=\frac{\alpha+1}{\alpha+\beta}$$〔α：現金預金比率、β：預金準備率〕

となります。よって、預金準備率（β）が上昇すると、通貨乗数（信用乗数）は下落することになります。

問題3　　正解 ❹

基本的で、大変よく出題される問題です。二つの曲線を基準に、生産物市場（＝財市場）と貨幣市場がどのような状態になっているか、しっかりと覚えるようにしましょう。

❶ IS曲線

IS曲線は、**ア：生産物市場**を均衡させる国民所得と利子率の組合せを示す曲線です。したがって、IS曲線上であれば、どこをとっても生産物市場は均衡します（点E）。総需要が消費（C）と投資（I）だけであるとすると、点Eでは、

$$Y=C+I$$

となります。

一方、点Aのように、IS曲線よりも右上にある国民所得と利子率の組合せにおいては、生産物市場は超過供給となります。E点から利子率（r）だけが上昇したとすると、利子率の減少関数である投資（I）が減少します。国民所得が変わらなければ、総供給（Y）と消費（C）は変わりませんから、点Aでは、

$$Y>C+I \quad \cdots\cdots ①$$

となり、超過供給となることがわかります。

このとき、①式を変形すると、

$$Y>C+I$$
$$\Leftrightarrow \quad Y-C>I$$

となります。$Y-C$は貯蓄（S）を表しますから、$S>I$となることがわかります。つまり、点Aでは、投資が貯蓄を**ウ：下回って**います。

一方、点Bや点Cのように、IS曲線よりも左下にある国民所得と利子率の組合せにおいては、生産物市場は**エ：超過需要**となります（この段階で、正解は❹となります）。

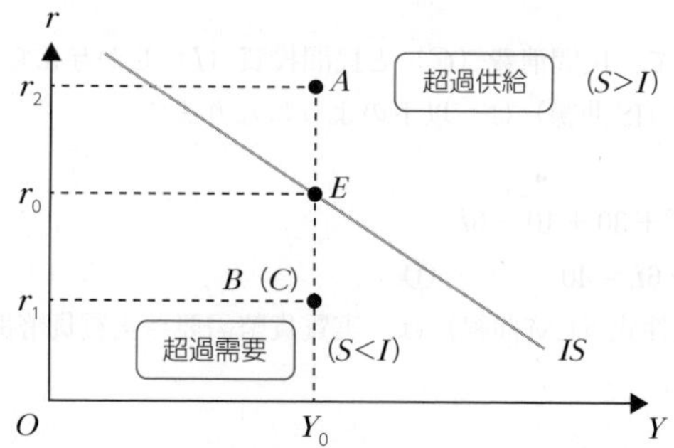

❷ LM曲線

LM曲線は、**イ：貨幣市場**を均衡させる国民所得と利子率の組合せを示す曲線です。したがって、LM曲線上であれば、どこをとっても貨幣市場は均衡します（点E）。貨幣供給をM、貨幣需要をLとすると、点Eでは、

$$M=L$$

となります。

一方、点Cのように、LM曲線よりも左上にある国民所得と利子率の組合せにおいては、貨幣市場は**オ：超過供給**となります。点Eから国民所得（Y）だけが減少したとすると、国民所得の増加関数である貨幣の取引需要が減少します。利子率が変わらなけ

れば、投機的需要（資産需要）は変わりませんから、点Cでは、

$M > L$

となり、超過供給となることがわかります。

一方、点Aや点Bのように、LM曲線よりも右下にある国民所得と利子率の組合せにおいては、貨幣市場は超過需要となります。

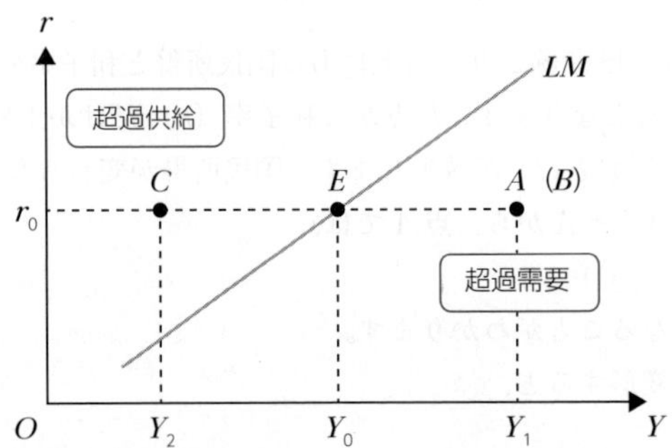

問題4　　　　正解 ❷

本問は、生産物市場（財市場）と貨幣市場の均衡条件式が示されていませんから、問題文に与えられた式から判断して、二つの市場の均衡条件式を立てます。

財市場の項目として、民間消費（C）と民間投資（I）しか与えられていませんので、財市場の均衡条件式（IS曲線）は、以下のようになります。

$$Y = C + I$$

$$\Leftrightarrow \quad Y = 0.6Y + 30 + 10 - 6i$$

$$\therefore \quad 0.4Y + 6i = 40 \qquad \cdots\cdots ①$$

貨幣市場の均衡条件式（LM曲線）は、実質貨幣需要＝実質貨幣供給となるので、以下のようになります。

$$L = \frac{M}{P}$$

$$\Leftrightarrow \quad 0.04Y + 280 - 3i = \frac{760}{2}$$

$$\Leftrightarrow \quad 0.04Y - 3i = 100$$

この式の両辺を２倍して、

$$0.08Y - 6i = 200 \qquad \cdots\cdots ②$$

①式と②式を連立して解くと、

$$0.48Y = 240 \quad \therefore \quad Y = 500$$

となります。

よって、正解は❷となります。

2　5種類の計算パターン

問題1

正解 ❷

「完全雇用国民所得の水準を達成する」とありますので、パターンⅠの問題です。よって、$Y=600$を前提にして考えていきましょう。

ちなみに、問題文の最後に「政府支出をいくら増加させる必要があるか」とありますが、変化分の式を作って計算する必要はありません。当初の値$G=140$が与えられているからです。つまり、$Y=600$となるときのGの値を計算し、当初の値140との差をとることで、必要な増加額を計算すればよいのです。

なお、本問は❶の解法で解こうとすると、計算が非常に面倒です。このような場合には、❷の解法への方針転換が必要です。

❶ 連立方程式として解く方法

二つの市場の均衡条件式（IS曲線とLM曲線）を立てます。ただし、完全雇用国民所得の実現に必要な政府支出の金額を計算したいので、政府支出は$G=140$とはせず、文字でおきます。

【IS曲線】 $Y=C+I+G$

$$\Leftrightarrow \quad Y=60+0.6(Y-0.2Y)+95-7r+G$$

$$\Leftrightarrow \quad Y-0.6Y+0.12Y=155-7r+G$$

$$\Leftrightarrow \quad 0.52Y=155-7r+G \qquad \cdots\cdots①$$

【LM曲線】 $\dfrac{M}{P}=L$

$$\Leftrightarrow \quad 210=50+0.4Y-8r$$

$$\Leftrightarrow \quad 0.4Y=8r+160 \qquad \cdots\cdots②$$

財市場と貨幣市場の同時均衡を前提としないといけませんから、利子率を消去するように①式と②式を連立して一つの式にします。①式を８倍し、②式を７倍して辺々足すと、

$$6.96Y=2{,}360+8G$$

となります。この式に、目標である$Y_F=600$を代入すると、必要な政府支出は以下のように計算できます。

$$6.96\cdot 600=2{,}360+8G \qquad \therefore \quad G=227$$

当初の政府支出は140なので、必要な政府支出の増加額（$\varDelta G$）は、

$$\varDelta G=227-140 \qquad \therefore \quad \varDelta G=87$$

と計算できます。

よって、正解は❷となります。

❷ 図形的に解く方法

先ほどと同様に、IS曲線とLM曲線を立てます。

第5章 IS－LM分析

【IS曲線】　$0.52Y = 155 - 7r + G$　……①

【LM曲線】　$0.4Y = 8r + 160$　……②

まず、$Y_F = 600$をLM曲線（②式）に代入します。

$0.4 \cdot 600 = 8r + 160 \quad \therefore \quad r = 10$

E点の座標が決まったので、$Y_F = 600$、$r = 10$をIS曲線（①式）に代入すると、E点を実現するために必要な政府支出の金額が得られます。

$0.52 \cdot 600 = 155 - 7 \cdot 10 + G \quad \therefore \quad G = 227$

当初の政府支出は140なので、必要な政府支出の増加額（$\varDelta G$）は、

$\varDelta G = 227 - 140 \quad \therefore \quad \varDelta G = 87$

と計算できます。

よって、正解は❷となります。

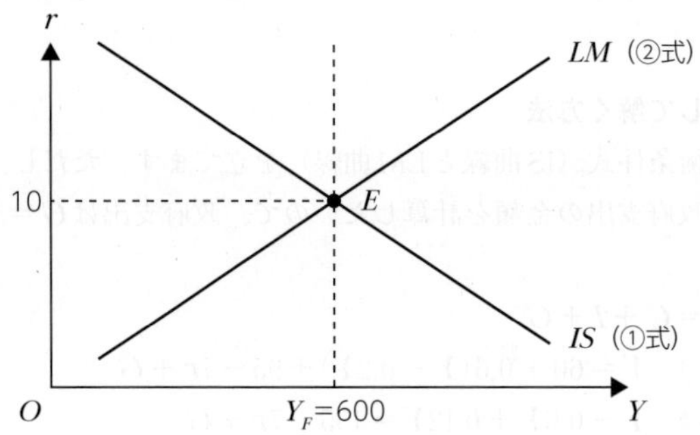

問題2　　　　正解 ❶

財市場と貨幣市場を同時に均衡させる国民所得（均衡国民所得）の計算と、「完全雇用国民所得600を実現する」とありますので、パターンⅠの計算問題です。

政府支出をGとおき、二つの市場の均衡条件式（IS曲線とLM曲線）を立てます。

【IS曲線】　$Y = C + I + G$

$\Leftrightarrow \quad Y = 80 + 0.6(Y - 0.2Y) + 100 - 8r + G$

$\Leftrightarrow \quad Y - 0.6Y + 0.12Y = 180 - 8r + G$

$\Leftrightarrow \quad 0.52Y = 180 - 8r + G$　……①

【LM曲線】　$\dfrac{M}{P} = L$

$\Leftrightarrow \quad 160 = 60 + 0.2Y - 10r$

$\Leftrightarrow \quad 0.2Y = 10r + 100$　……②

財市場と貨幣市場の同時均衡を前提としないといけませんから、利子率を消去するように①式と②式を連立して一つの式にします。②式をrについて整理すると、

$r = 0.02Y - 10$

これを①式に代入すると、

$$0.52Y = 180 - 8(0.02Y - 10) + G$$
$$\Leftrightarrow \quad 0.52Y = 180 - 0.16Y + 80 + G$$
$$\Leftrightarrow \quad 0.68Y = 260 + G \quad \cdots\cdots③$$

となります。

この③式に、当初の政府支出の金額（$G = 131$）を代入すると、

$$0.68Y = 260 + 131 \quad \therefore \quad Y = 575$$

となります。

次に、③式に完全雇用国民所得600を代入すると、

$$0.68 \cdot 600 = 260 + G \quad \therefore \quad G = 148$$

と計算できます。当初の政府支出は131なので、完全雇用国民所得を実現するには、政府支出を17だけ増加させる必要があります。

よって、正解は❶となります。

問題3 　　　　正解 ❷

国民所得と利子率の変化が問われていますから、パターンⅡの問題であると判断できます。このパターンが、公務員試験におけるIS－LM分析の最も標準的な問題になります。しっかりと練習しましょう。

(1)　IS曲線とLM曲線の式を立て、それぞれ変化分の式にします。

【IS曲線】 $Y = C + I + G$

$$\Leftrightarrow \quad Y = 100 + 0.8Y + 90 - 5i + G$$
$$\Leftrightarrow \quad 0.2Y = 190 - 5i + G$$
$$\Leftrightarrow \quad 0.2\varDelta Y = -5\varDelta i + \varDelta G \quad \cdots\cdots①$$

【LM曲線】 $M = L$

$$\Leftrightarrow \quad M = 0.4Y - 5i + 30$$
$$\Leftrightarrow \quad \varDelta M = 0.4\varDelta Y - 5\varDelta i \quad \cdots\cdots②$$

(2)　問題文の条件を当てはめて、二つの式を連立して解きます。

①式に$\varDelta G = 30$を代入して、①式と②式を連立して解きます。

ただし、$\varDelta M$は貨幣供給量について何の言及もありませんので、Mに変化はないと判断して、$\varDelta M = 0$とします。

$$0.2\varDelta Y = -5\varDelta i + 30 \quad \cdots\cdots①'$$
$$0 = 0.4\varDelta Y - 5\varDelta i \quad \cdots\cdots②'$$

辺々差をとると（連立して解く）、

$$0.2\varDelta Y = -0.4\varDelta Y + 30 \quad \therefore \quad \varDelta Y = 50$$
$$0 = 0.4 \cdot 50 - 5\varDelta i \quad \therefore \quad \varDelta i = 4$$

となります。

よって、正解は❷となります。

問題4 正解 ❸

本問も、政府支出を増加させたときの国民所得の変化を問うていますから、パターンⅡの問題であると判断できます。「政府支出（G）を１単位増加させ、その財源をすべて所得税（T）の増税で賄う」とは、$\varDelta G=\varDelta T$ということなので、均衡予算（均衡財政）であることを意味します。しかし、本問では貨幣市場を考慮したIS－LM分析の問題ですから、均衡予算乗数定理は成立しません（三つの成立要件を確認のこと）。地道に計算するしかありません。

(1)　IS曲線とLM曲線の式を立て、それぞれ変化分の式にします。

【IS曲線】 $Y=C+I+G$

$\Leftrightarrow\ Y=30+0.6(Y-T)+100-4r+G$

$\Leftrightarrow\ 0.4Y=130-0.6T-4r+G$

$\Leftrightarrow\ 0.4\varDelta Y=-0.6\varDelta T-4\varDelta r+\varDelta G$ ……①

【LM曲線】 $M=L$

$\Leftrightarrow\ M=0.5Y-20r$

$\Leftrightarrow\ \varDelta M=0.5\varDelta Y-20\varDelta r$ ……②

(2)　問題文の条件を当てはめて、二つの式を連立して解きます。

①式に$\varDelta G=\varDelta T=1$を代入して、①式と②式を連立して解きます。

ただし、Mは問題文より変化がありませんから、$\varDelta M=0$とします。

$0.4\varDelta Y=-4\varDelta r+0.4$ ……①′

$0=0.5\varDelta Y-20\varDelta r$ ……②′

①′式を５倍し、②′式と辺々差をとると（連立して解く）、

$2\varDelta Y=-0.5\varDelta Y+2\quad\therefore\quad\varDelta Y=0.8$

となります。

よって、正解は❸となります。

問題5 正解 ❸

第４章の学習内容も問われる問題です。「中央銀行が５の買いオペレーションを行った」ことによって、ハイパワード・マネーが５だけ増加します。ここで、$\varDelta M=\dfrac{\alpha+1}{\alpha+\beta}\cdot\varDelta H$という式の$\dfrac{\alpha+1}{\alpha+\beta}$が貨幣乗数（信用乗数）、$\varDelta H$がハイパワード・マネーの増加分なのでそれぞれ代入すると、マネーサプライは100だけ増加することがわかります。

まず、IS曲線とLM曲線の式を立て、それぞれ変化分の式にします。なお、問題文の$G=120$、$M=1200$は使わず、一度文字でおいて変化分の式を作ります。

【IS曲線】 $Y=C+I+G$

$$\Leftrightarrow \quad Y=60+0.6Y+180-4r+G$$
$$\Leftrightarrow \quad 0.4Y=240-4r+G$$
$$\Leftrightarrow \quad 0.4\varDelta Y+4\varDelta r=\varDelta G \qquad \cdots\cdots①$$

【LM曲線】 $\dfrac{M}{P}=L$

$$\Leftrightarrow \quad \frac{M}{1}=2Y-10r$$
$$\Leftrightarrow \quad M=2Y-10r$$
$$\Leftrightarrow \quad \varDelta M+10\varDelta r=2\varDelta Y \qquad \cdots\cdots②$$

①式の両辺を5倍、②式の両辺を2倍して辺々差し引くと、

$$2\varDelta Y-2\varDelta M=5\varDelta G-4\varDelta Y$$
$$\Leftrightarrow \quad 6\varDelta Y=2\varDelta M+5\varDelta G \qquad \cdots\cdots③$$

となります。

この③式に、$\varDelta G=50$、$\varDelta M=100$（＝ 貨幣乗数×ハイパワード・マネー＝20×5）を代入すると、

$$6\varDelta Y=2\cdot100+5\cdot50 \qquad \therefore \quad \varDelta Y=75$$

となります。

よって、正解は❸となります。

問題6 正解 ❸

パターンⅢの問題です。「政府支出が40から50に増加したとき」とありますから、$G=40$は使わずに文字でおき、パターンⅡの計算（変化分の計算）を行います。

IS曲線とLM曲線の式を立て、それぞれ変化分の式にすると、以下のようになります。

【IS曲線】 $Y=C+I+G$

$$\Leftrightarrow \quad Y=10+0.6(Y-20)+120-i+G$$
$$\Leftrightarrow \quad 0.4Y=118-i+G$$
$$\Leftrightarrow \quad 0.4\varDelta Y=-\varDelta i+\varDelta G \qquad \cdots\cdots①$$

【LM曲線】 $M=L$

$$\Leftrightarrow \quad 10=0.1Y+10-i$$
$$\Leftrightarrow \quad 0.1\varDelta Y=\varDelta i \qquad \cdots\cdots②$$

$\varDelta G=10$を①式に代入し、①式と②式を連立して解くと、

$$0.4\varDelta Y=-0.1\varDelta Y+10 \qquad \therefore \quad \varDelta Y=20$$

となります。この$\varDelta Y=20$は、二つの市場の同時均衡を前提として計算した結果です

から、以下のグラフにおけるY_0からY_1の変化に対応します。

次に、Y_0からY_Gの変化（＝乗数効果）を計算します。

財市場の均衡は①式で示されていますので、①式において$\varDelta i=0$（利子率一定）、$\varDelta G=10$とすると、

$0.4\varDelta Y=10 \quad \therefore \quad \varDelta Y=25$

となります。これがIS曲線のシフト幅（乗数効果）になります。よって、クラウディング・アウト効果によって国民所得は５減少してしまうことになります。

よって、正解は❸となります。

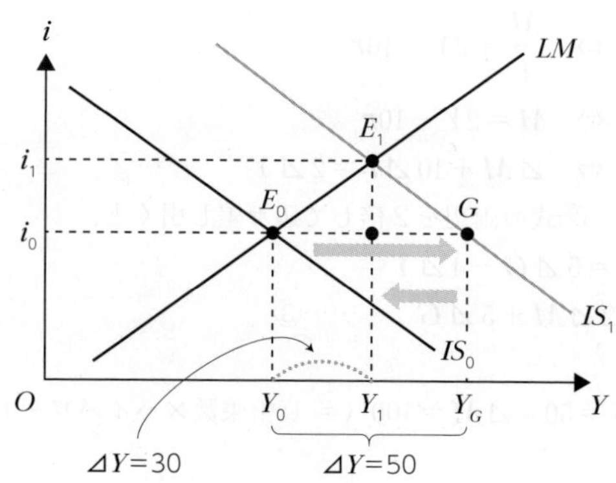

問題７

正解 ❶

パターンⅢの問題です。「政府支出が20増加されるとき」とありますから、$G=80$は使わずに文字でおき、パターンⅡの計算（変化分の計算）を行います。また、問題中には記載がありませんが、可処分所得は国民所得から租税を差し引いたものなので、$Y_d=Y-T$とします。

IS曲線とLM曲線の式を立て、それぞれ変化分の式にすると、以下のようになります。

【IS曲線】 $Y=C+I+G$

$\Leftrightarrow \quad Y=20+0.6(Y-40)+240-10i+G$

$\Leftrightarrow \quad 0.4Y=236-10i+G$

$\Leftrightarrow \quad 0.4\varDelta Y=-10\varDelta i+\varDelta G$ ……①

【LM曲線】 $L=M$

$\Leftrightarrow \quad 0.1Y+20-10i=20$

$\Leftrightarrow \quad 0.1\varDelta Y=10\varDelta i$ ……②

$\varDelta G=20$を①式に代入し、①式と②式を連立して解くと（辺々を加える）、

$0.5\varDelta Y=20 \quad \therefore \quad \varDelta Y=40$

となります。この$\varDelta Y=40$は、二つの市場の同時均衡を前提として計算した結果ですから、以下のグラフにおけるY_0からY_1の変化に対応します。

次に、Y_0からY_Gの変化（＝乗数効果）を計算します。

財市場の均衡は①式で示されていますので、①式において$\Delta i=0$（利子率一定）、$\Delta G=20$とすると、

$$0.4\Delta Y=20 \quad \therefore \quad \Delta Y=50$$

となります。これがIS曲線のシフト幅（乗数効果）になります。よって、クラウディング・アウト効果によって国民所得は10減少してしまうことになります。

よって、正解は❶となります。

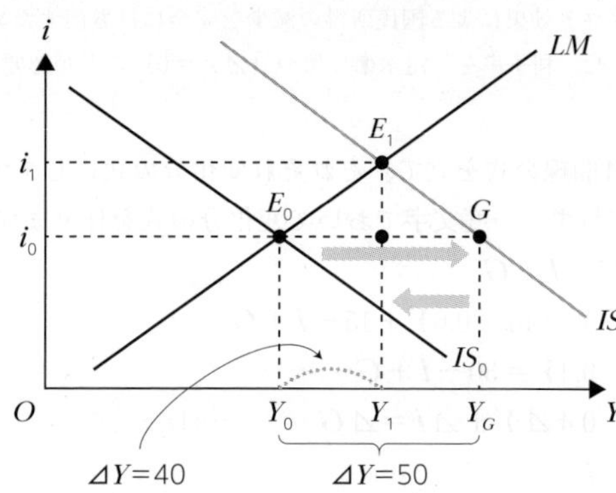

問題8 正解 ❸

拡張的な財政政策が行われたときの民間投資に与える影響（クラウディング・アウト効果）が問われていますので、パターンⅣの問題です。これは、パターンⅡの計算（変化分の計算）から利子率の上昇分を計算し、投資関数から投資の変化を計算します。

IS曲線とLM曲線の式を立て、それぞれ変化分の式にすると、以下のようになります。

【IS曲線】 $Y=C+I+G$

$\Leftrightarrow \quad Y=40+0.8Y+120-20i+G$

$\Leftrightarrow \quad 0.2Y=160-20i+G$

$\Leftrightarrow \quad 0.2\Delta Y=-20\Delta i+\Delta G$ ……①

【LM曲線】 $L=M$

$\Leftrightarrow \quad 0.2Y+90-20i=100$

$\Leftrightarrow \quad 0.2\Delta Y=20\Delta i$ ……②

$\Delta G=10$を①式に代入し、①式と②式を連立して解くと（辺々足します）、

$0.4\Delta Y=10 \quad \therefore \quad \Delta Y=25$

$0.2\cdot 25=20\Delta i \quad \therefore \quad \Delta i=0.25$

となります。

ここで、投資の変化が問われているので、問題文の投資関数を変化分の式にします。

$\Delta I=-20\Delta i$

利子率は0.25上昇するので、投資の変化は、

第5章 IS－LM分析

$\varDelta I = -20 \cdot 0.25 \qquad \therefore \quad \varDelta I = -5$

と計算できます。

よって、正解は❸となります。

問題9

正解 ❶

クラウディング・アウト効果による国民所得の減少を完全に打ち消すためには、金融政策によって利子率を下落させ、利子率を一定水準に保つ（$\varDelta r=0$）ことが必要です。

まず、IS曲線とLM曲線の式を立て、それぞれ変化分の式にします。なお、問題文の$G=20$、$M=60$は使わず、一度文字でおいて変化分の式を作ります。

【IS曲線】 $Y = C + I + G$

$\Leftrightarrow \quad Y = 15 + 0.6Y + 15 - i + G$

$\Leftrightarrow \quad 0.4Y = 30 - i + G$

$\Leftrightarrow \quad 0.4\varDelta Y + \varDelta i = \varDelta G$ ……①

【LM曲線】 $M = L$

$\Leftrightarrow \quad M = Y - 10i + 10$

$\Leftrightarrow \quad \varDelta M = \varDelta Y - 10\varDelta i$ ……②

①式に$\varDelta G = 4$、$\varDelta i = 0$を代入すると、乗数効果（IS曲線のシフト幅）が計算できます。

$0.4\varDelta Y + 0 = 4 \qquad \therefore \quad \varDelta Y = 10$

クラウディング・アウト効果を生じさせないためには、LM曲線がE_1点（下図参照）を通るようにシフトさせればよいので、②式に$\varDelta i = 0$、$\varDelta Y = 10$を代入します。

$\varDelta M = 10 - 0 \qquad \therefore \quad \varDelta M = 10$

となります。

よって、正解は❶となります。

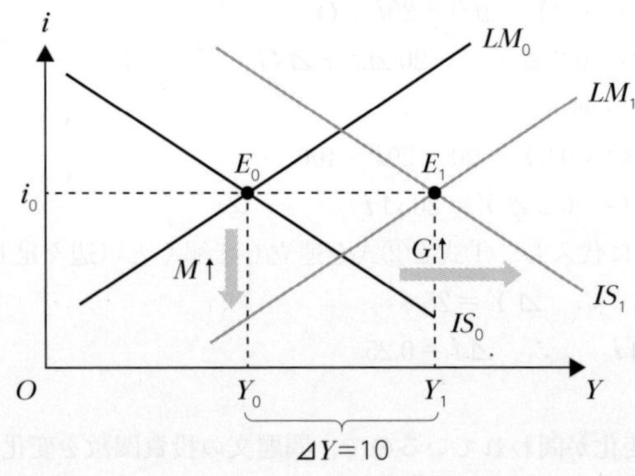

問題10

正解 ❷

貨幣供給を増やすことで利子率を下落させ、利子率を一定水準に保つ（$\varDelta r=0$）ことがポイントです。

まず、IS曲線とLM曲線の式を立て、それぞれ変化分の式にします。なお、問題文の$G=80$、$M=600$は使わず、一度文字でおいて変化分の式を作ります。

【IS曲線】 $Y=C+I+G$

$\Leftrightarrow\ Y=20+0.8Y+38-4r+G$

$\Leftrightarrow\ 0.2Y=58-4r+G$

$\Leftrightarrow\ 0.2\varDelta Y=-4\varDelta r+\varDelta G$ ……①

【LM曲線】 $M=L$

$\Leftrightarrow\ M=Y-10r+150$

$\Leftrightarrow\ \varDelta M=\varDelta Y-10\varDelta r$ ……②

①式に$\varDelta G=50$、$\varDelta r=0$を代入すると、乗数効果（IS曲線のシフト幅）が計算できます。

$0.2\varDelta Y=50 \quad \therefore\ \varDelta Y=250$

クラウディング・アウト効果を生じさせないためには、LM曲線がE_1点（下図参照）を通るようにシフトさせればよいので、②式に$\varDelta r=0$、$\varDelta Y=250$を代入します。

$\varDelta M=250-0 \quad \therefore\ \varDelta M=250$

となります。

よって、正解は❷となります。

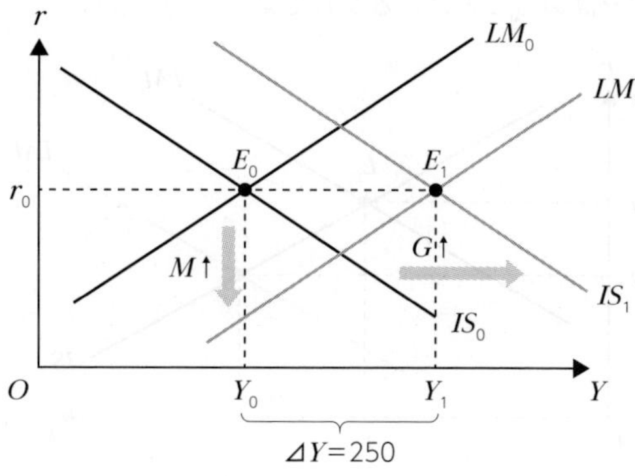

第5章 IS−LM分析

3　財政金融政策の相対的有効性

問題1　　正解 ❸

このような文章題も、グラフを問題用紙の余白に書き出して考えることが大切です。頭だけで考えてはいけません。経済学は、“グラフを覚える”科目です。覚えたグラフに基づいて考えるようにしましょう。

また、本問は、「誤っているもの」が問われていますので、注意しましょう。

❶ ○　「負の関係」とは、国民所得と利子率が逆に変化する関係（逆相関、反比例の関係）にあることを指します。負の関係にある場合、グラフは右下がりとなります。

❷ ○　「正の関係」とは、国民所得と利子率が同じ方向に変化する関係（相関、正比例の関係）にあることを指します。正の関係にある場合、グラフは右上がりとなります。

❸ ×　拡張的な金融政策が実施されたり、物価が下落したりすると、実質マネーサプライが増加することになるので、貨幣市場で利子率が下落し、LM曲線は右下方にシフトします（ここまでは正しい）。

しかし、LM曲線が右下方にシフトすると、財市場と貨幣市場を同時に均衡させる国民所得は増加することになります。これは、利子率の下落が財市場における投資を高めることになるからです。

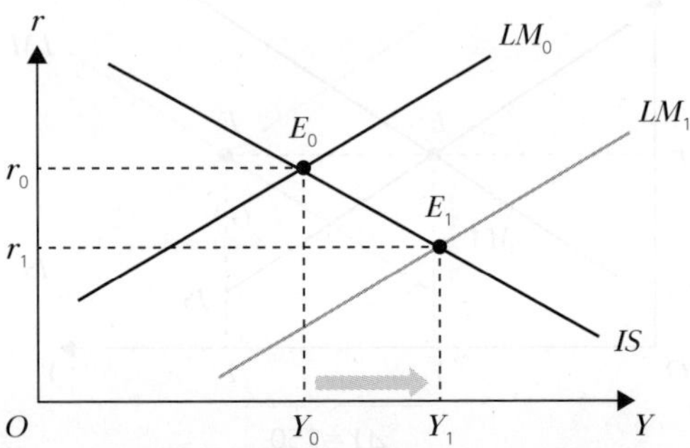

❹ ○　流動性のわなが存在する場合には、利子率の下限においてLM曲線は水平になります。この場合、金融政策を行っても、貨幣市場で利子率を下げることができないため、LM曲線をシフトさせることができません。よって、金融政策の効果は、ほとんど得られません。

また、投資が利子率に対して非弾力的になると、IS曲線の傾きの大きさは大きくなり、投資の利子弾力性がゼロになると垂直線になってしまいます。この状況で金融政策を行ってLM曲線を下方にシフトさせたとしても、国民所得を高めることができません。利子率が下落しても、投資が全く反応しないからです。よって、この場合も金融政策の効果を得ることはできません。

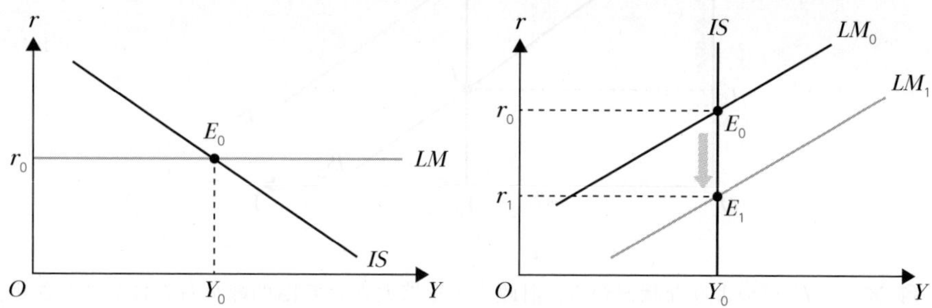

❺ ○　拡張的財政政策が行われると、IS曲線を乗数効果分だけ右方にシフトさせ、財市場で国民所得を高めます（$Y_0 \to Y'$）。これを受けて、貨幣市場では貨幣の取引需要が増加して貨幣の超過需要となり（F点）、利子率が上昇します。この利子率の上昇が､財市場の投資を減少させてしまいます（クラウディング･アウト効果）。これにより、国民所得がいくぶん減少してしまいます（$Y' \to Y_1$）。

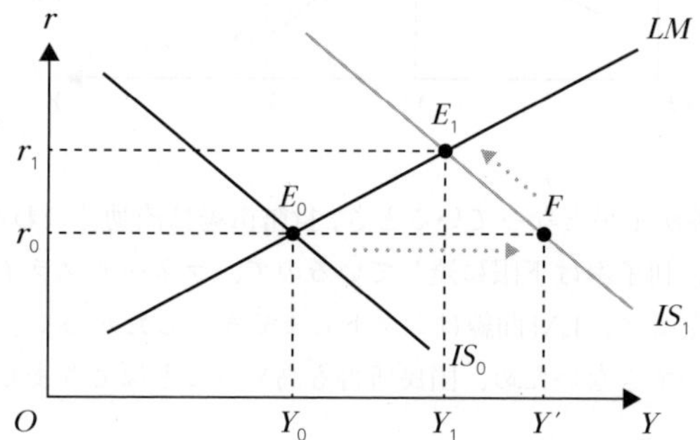

問題2

正解 ❹

大変よく出題される、基本問題です。各政策に応じて与えられたグラフを動かして（シフトさせて)、政策の妥当性を考えます。

❶ ×　財政支出を拡大させるとIS曲線が右方にシフトします。しかし、E_1点のようにLM曲線が垂直になっていると、利子率を上昇させるだけで（$r_0 \to r_1$)、国民所得は全く変化しません（Y_0)。

これは、利子率の上昇が民間投資を減少させ、それが財政支出の拡大の効果を完全に打ち消してしまっているためです（完全クラウディング・アウト）。

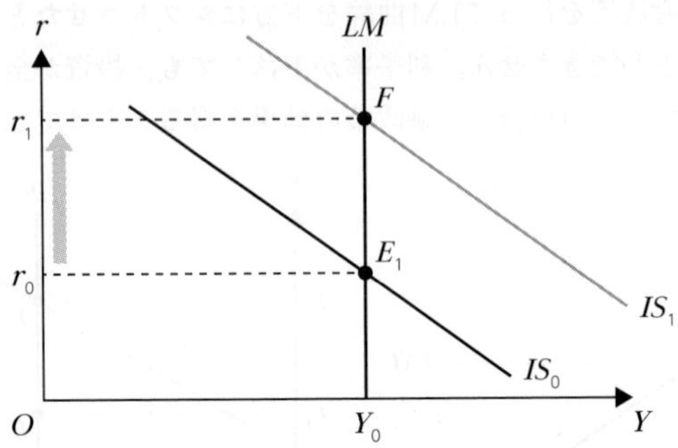

❷ ×　E_2点のような状況から、財政支出を拡大させてIS曲線を右方にシフトさせると、利子率は上昇し、国民所得は増加することがわかります。

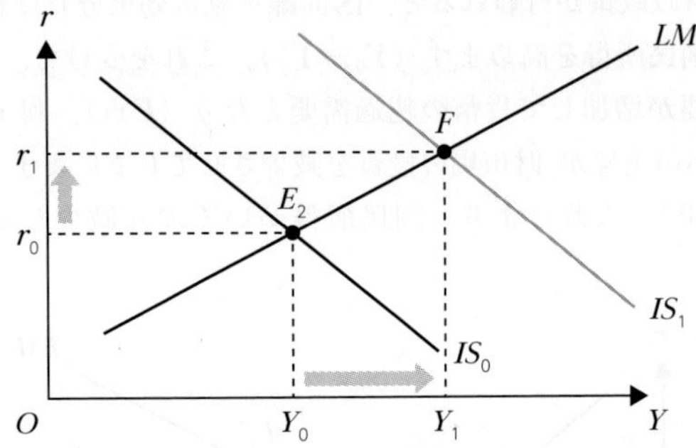

❸ ×　LM曲線が水平となっているとき、貨幣市場は流動性のわなに陥っています。このとき、利子率は下限に達しているので、マネーサプライを増加させても利子率は下落せず、LM曲線はシフトしません。したがって、財市場の投資を高めることができないため、国民所得も高めることはできません。

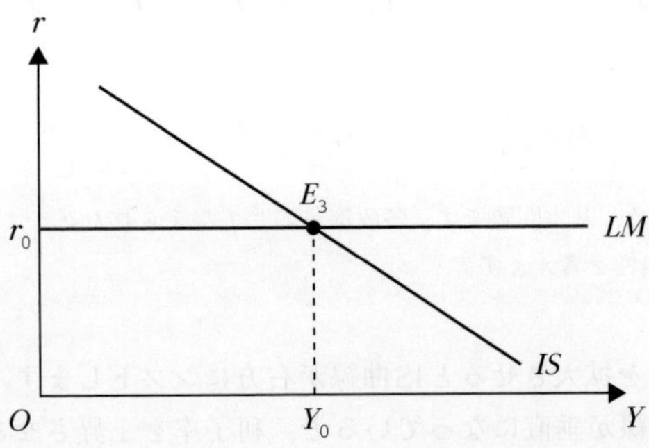

❹ ○　E_4点やE_5点のように、IS曲線よりも左下にある国民所得と利子率の組合せにおいては、財市場は需要超過（＝超過需要）となります。均衡している組合せ（F点）よりも利子率が低くなると（r_1）、利子率の減少関数である投資が大きくなるので、総需要が大きくなり、需要超過となります。

一方、E_4点は、LM曲線よりも左上方にある国民所得と利子率の組合せになっており、貨幣市場は供給超過（＝超過供給）となります。均衡している組合せ（F点）よりも国民所得が小さくなると（Y_2）、国民所得の増加関数である貨幣の取引需要が減少し、相対的に貨幣供給のほうが大きくなるからです。

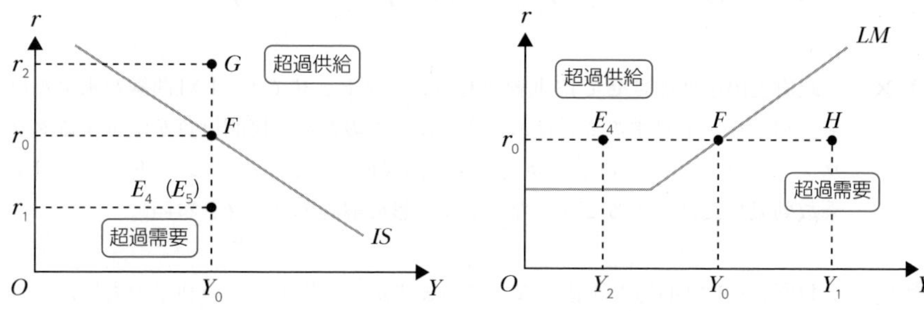

❺ ×　E_5点は、IS曲線がいずれの場合も左下にある国民所得と利子率の組合せになります。したがって、財市場は需要超過となります。

問題3

正解 ❺

これも基本問題です。特に、東京都特別区では、本問のようなグラフを与えて考えさせる問題が多いです（逆に、国家公務員試験では、文章だけで、グラフを与えない問題が多いです）。与えられたグラフを動かして、結論を正しく確認できるか、十分練習しておきましょう。

❶ ×　A図は、IS曲線が垂直になっていますから、投資の利子弾力性がゼロになっている状況です。投資の利子弾力性が無限大である場合には、IS曲線は水平になります。

❷ ×　金融緩和により貨幣供給量を増加させると、貨幣市場の利子率を下落させ、LM曲線が下方（右方）にシフトします。金融緩和によってIS曲線がシフトすることはありません。

❸ ×　C図は、LM曲線が水平になっており、流動性のわなに陥っている場合であるといえます。このとき、政府支出を増加させると、IS曲線が右方にシフトし、国民所得は高まることになります。

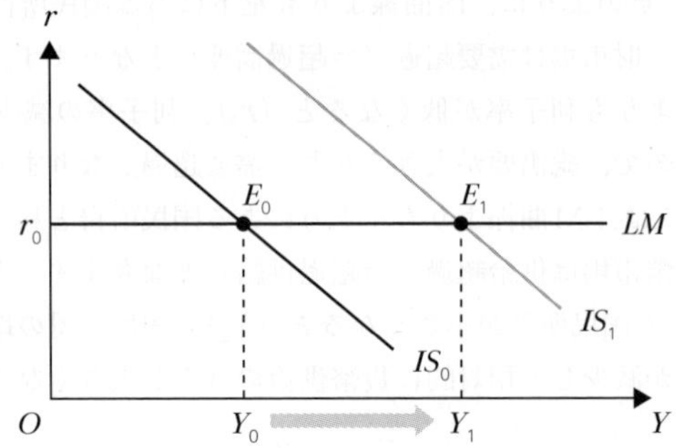

❹ ×　政府支出を増加させてIS曲線を右方にシフトさせても、LM曲線が水平なので、利子率が上昇することはありません。このため、民間投資が減少するクラウディング・アウト効果も発生せず、国民所得はIS曲線がシフトした分（＝乗数効果）だけ高まることになります（❸の解説のグラフを参照）。

❺ ○　D図は、LM曲線が垂直になっていますから、貨幣需要の利子弾力性がゼロになっている状況です。このとき、政府支出を増加させてIS曲線を右方にシフトさせたとしても、利子率を上昇させるだけで、国民所得は全く変化しません（完全クラウディング・アウト）。

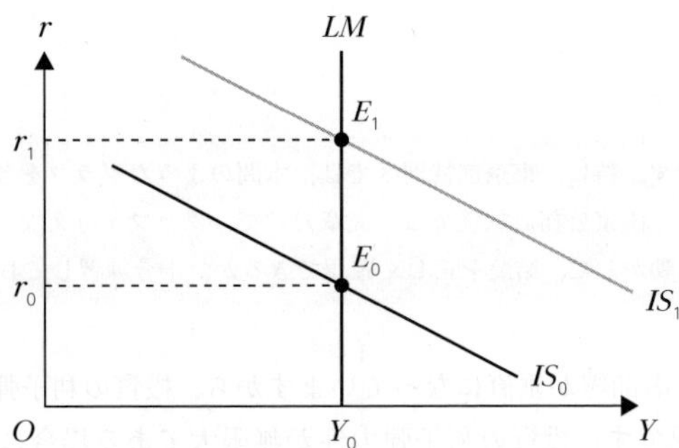

問題4　　正解 ❶

国家公務員試験でありがちなタイプです。グラフを描き起こして考える練習をしましょう。

A ○　投資が利子率に対して完全に非弾力的（＝投資の利子弾力性ゼロ）な場合、投資関数が垂直になります。これは、利子率が下落しても投資は全く変化しないことを意味します。投資が変化しなければ国民所得も変化しません。よって、このときの利子率と国民所得との関係をグラフ化したIS曲線は、垂直となります。

このとき、貨幣供給量を増加させてLM曲線を下方（右方）にシフトさせても（$LM_0 \to LM_1$）、利子率の下落（$r_0 \to r_1$）によって投資が増えないため、国民所得も増加することはありません。

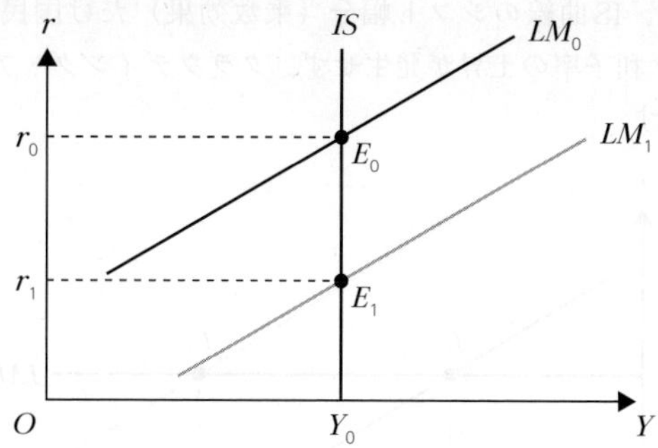

B ×　貨幣需要が利子率に対して完全に非弾力的（＝貨幣需要の利子弾力性ゼロ）な場合、貨幣需要曲線が垂直になります。これは、利子率が変化しても貨幣需要（投機的需要）は全く変化しないことを意味します。この場合、貨幣市場の均衡は、国民所得と取引需要にのみ依存することになり、利子率の水準とは無関係となります。よって、このときの利子率と国民所得との関係をグラフ化したLM曲線は、垂直となります（よって、前半部分は正しい）。

このとき、政府支出を増加させてIS曲線を右方にシフトさせると（$IS_0 \to IS_1$）、利子率の上昇（$r_0 \to r_1$）によって投資が減少してしまいます。この投資の減少が、政府支出の拡大効果を完全に打ち消してしまうため（完全クラウディング・アウト）、国民所得が増加することはありません。

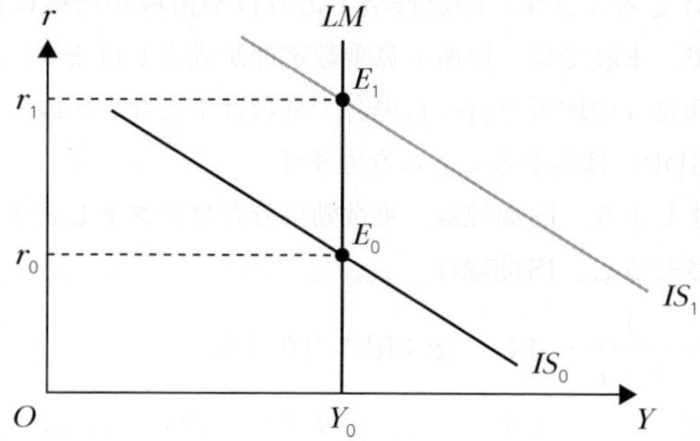

C ×　Bの解説を参照。

D ×　流動性のわなとは、利子率の下限において、貨幣需要が利子率に対して完全に弾力的（＝貨幣需要の利子弾力性が無限大）となる状況です。このとき、貨幣需要曲線は水平となります。貨幣市場が流動性のわなに陥っている場合、利子率の下限で均衡することになり、LM曲線はこの利子率水準（r_0）で水平となります。

このとき、政府支出を増加させてIS曲線を右方にシフトさせると（$IS_0 \to IS_1$）、IS曲線のシフト幅分（乗数効果）だけ国民所得が高まります（$Y_0 \to Y_1$）。利子率の上昇が発生せず、クラウディング・アウト効果が発生しないためです。

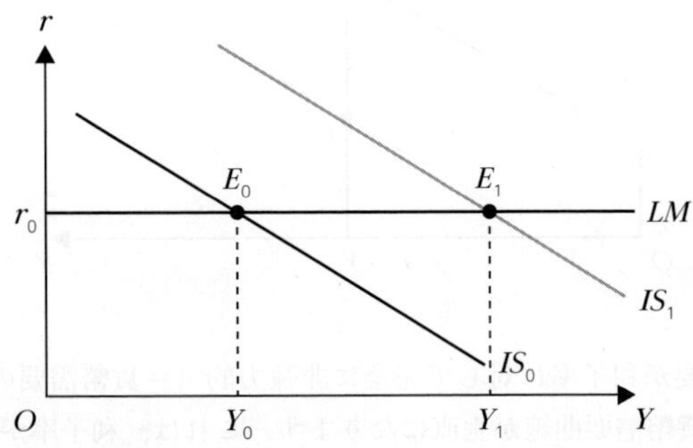

問題5 　　　　正解 ❸

これまでの理解を確認するのに、とてもよい問題です。❶と❷はIS曲線のシフトに関する問題で、❸〜❺が政策の相対的有効性に関する問題です。いずれもよく問われる内容ですので、しっかり確認しましょう。

❶ ×　「貨幣市場を考慮しなければ」とあるので、財市場とその均衡条件式であるIS曲線だけを考えます。開放経済である旨や租税が所得に比例する旨の記述がないので、本肢では、均衡予算乗数定理が成立し得ます。政府支出の増加と同時に同額だけの増税を行った場合、乗数は1となり、政府支出と同額だけ国民所得（GDP）は高まることになります。

確認しましょう。IS曲線は、乗数効果分だけシフトします。政府支出を$\varDelta G$だけ増加させると、IS曲線は、

$$\varDelta Y = \frac{1}{1-c} \cdot \varDelta G \quad 〔c：限界消費性向〕$$

だけ右方にシフトします。一方、$\varDelta T$だけの増税を行った場合には、

$$\varDelta Y = \frac{-c}{1-c} \cdot \varDelta T$$

だけ左方にシフトします。$\varDelta T = \varDelta G$（均衡予算）を前提に、二つの乗数の絶対値を比べます。$0 < c < 1$であるため、

$$\frac{1}{1-c} > \frac{c}{1-c}$$

となります。つまり、租税乗数よりも政府支出乗数のほうが大きいので、均衡予算でも国民所得は高まり、IS曲線は右方にシフトすることになるのです。

❷ ×　本肢の内容を言い換えると、「民間投資が減少した分だけ政府支出を増加させる」ということです。投資乗数と政府支出乗数はともに$\dfrac{1}{1-c}$となるので、民間投資の減少による国民所得の減少分と、政府支出の拡大による国民所得の増加分が同じになり、国民所得（GDP）は変化しないことになります。

❸ ○　「貨幣の投機的需要が全くない」とは、貨幣需要の利子弾力性がゼロ（完全非弾力的）であることを意味します。この場合、LM曲線は垂直となります。

LM曲線が垂直となっているときに政府支出を拡大してIS曲線を右方にシフトさせても、利子率が上昇して民間投資が減少し、政府支出の拡大効果を完全に打ち消してしまいます。これを完全クラウディング・アウト（100%クラウディング・アウト）といいます。このため、拡張的な財政政策の効果は全く得られないことになります。

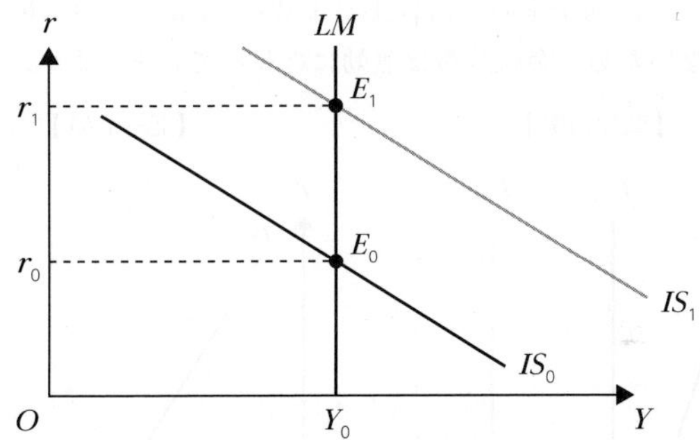

❹ ×　IS曲線の傾きが水平となるのは、民間投資の利子弾力性が無限大になっているときです。このとき、貨幣供給を増加させてLM曲線を下方（右方）にシフトさせると、ほんのわずかな利子率の下落で民間投資が大きく拡大します（基本的に、IS曲線は右下がりなので、微小な利子率の下落が生じていると考えます）。そのため、拡張的な金融政策の効果は大きくなります。

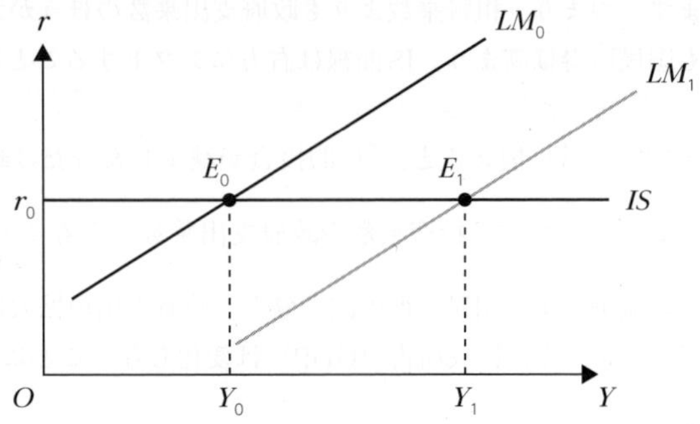

❺ × LM曲線の傾きが水平になるのは、貨幣市場が流動性のわなに陥っており、貨幣需要の利子弾力性が無限大となっているときです。利子率が十分に低い下限に達しているとき（r_0）、債券価格（P_B）は上限に達しています（$P_B = \frac{確定利息}{利子率}$）。このとき、すべての家計が、将来的な債券価格の下落を予想するため、貨幣供給を増やしても（$M_0 \rightarrow M_1$）、そのすべてが貨幣需要として保有されてしまい、利子率の下落は生じません（r_0）。このため、投資を高めることができないため、金融政策は無効に終わってしまいます。

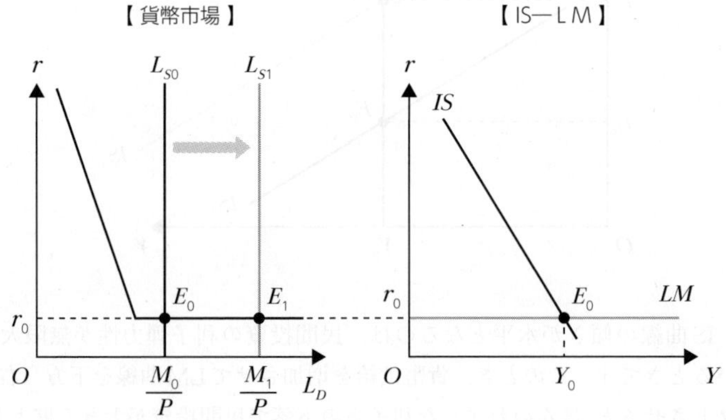

4 公債発行による財政政策の効果

問題1 正解 ❹

国債の市中消化によって政府支出の財源を確保する場合、特に断りがない以上は、資産効果（公債の富効果）を考慮する必要はありません。

❶ ×　国債を市中消化することで政府支出の財源を確保する場合には、貨幣供給量が増加することはありません。したがって、LM曲線がシフトすることはありませんので、政府支出の拡大によるIS曲線の右方シフトのみが現れ、均衡点はE点からE_3点に移ることになります。

❷ ×　流動性のわなが発生した場合、LM曲線は水平になります。このとき、財政政策を行ってIS曲線を右方にシフトさせると、利子率を一定に保ちながら国民所得を高めることができます。したがって、利子率の上昇が起きるE_3点へ均衡点が移ることはありません。

❸ ×　IS曲線とLM曲線が交差するE点では、生産物市場（財市場）と貨幣市場の同時均衡が実現します。このとき、資産市場におけるワルラスの法則から、貨幣市場が均衡するときには債券市場も均衡します。

❹ ○　政府支出の財源を中央銀行引受で賄う場合には、貨幣供給量が増加します。このため、政府支出の拡大によるIS曲線の右方シフトと、貨幣供給量の増加によるLM曲線の下方（右方）シフトが同時に発生することになるため、均衡点はE点からE_1点に移ることになります。

❺ ×　クラウディング・アウト効果とは、利子率の上昇によって民間投資が減少してしまう現象を指します。利子率が下落してLM曲線が右方向にシフトすることはありません。

問題2　　　正解 ❺

IS－LM分析の総合問題と呼べるような問題です。グラフの形や動きをイメージしながら考えるようにしましょう。

A ×　このような場合には、「極端なケース」で考えます。貨幣需要の利子弾力性が小さい場合は、貨幣需要の利子弾力性をゼロとして考えます。このとき、LM曲線は垂直線となります。一方、貨幣需要の利子弾力性が大きい場合は、貨幣需要の利子弾力性を無限大（流動性のわな）として考えます。このとき、LM曲線は水平線になります。

ここで政府支出を増加させると、IS曲線が右方にシフトします。貨幣需要の利子弾力性がゼロの場合には、国民所得は変化しません。これは、利子率の上昇によって民間投資を大きく減らしてしまい、政府支出の拡大の効果を打ち消してしまうためです（完全クラウディング・アウト）。一方、貨幣需要の利子弾力性が無限大となっている場合には、利子率の上昇は起きず、IS曲線がシフトした分（乗数効果）だけ国民所得が高まります。よって、本記述は、二つのケースの説明が逆になっているといえます。

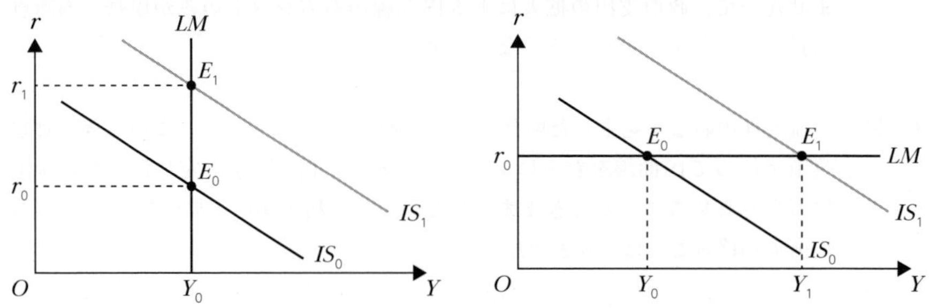

B ×　流動性のわなが生じ、LM曲線が水平（横軸と平行）な部分においてIS曲線と交わっている場合、財政政策を行ってIS曲線を右方にシフトさせると、IS曲線がシフトした分（乗数効果）だけ国民所得が高まります。これは、利子率が上昇せず、民間投資が減少するというクラウディング・アウト効果が発生しないからです。このため、流動性のわなが生じている状況で経済が均衡している場合には、財政政策の効果は大きくなるといえます。

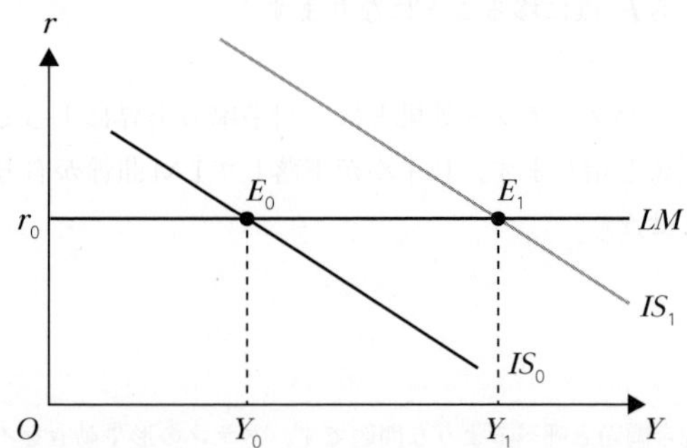

C ○　政府支出の財源を国債の市中消化で賄う場合には、購入するのは民間の市中金融機関であり、中央銀行が購入するわけではないので、貨幣供給量は変化しません。

一方、中央銀行引受で賄う場合には、国債の購入代金を中央銀行が政府に支払い、政府はこれを財源として民間に政府支出を行うことになるため、民間での貨幣供給量は増えることになります。

D ○　IS曲線とLM曲線の交点においては、財市場と貨幣市場の同時均衡が成立します。また、資産市場が貨幣市場と債券市場からなる場合、ワルラスの法則から、貨幣市場が均衡するとき債券市場も均衡します。よって、IS曲線とLM曲線の交点では、財市場、貨幣市場、債券市場のすべてが均衡することになります。

問題3

正解 ❹

市中消化による公債発行の、「長期的な」資産効果が問われているところに注意しましょう。短期的な、政府支出の拡大というフローの効果を考慮する必要はないので、消費と貨幣需要に対するストック面の資産効果だけで、長期的な均衡点を考えます。

新規に公債が発行されると、民間の実質資産が増加します。これは実質所得を高め、民間の消費を **ア：増加** させる効果（ラーナー効果）を持ちます。これにより、IS曲線が **イ：IS''** にシフトします。

一方、最適な資産保有比率を一定とすると、公債という形で資産が増えた場合にも、貨幣需要が **ウ：増加** します（ポートフォリオ効果）。これにより、ＬＭ曲線が **エ：LM'** にシフトします。

以上から、長期的な均衡点は **オ：E_3** 点となります。

よって、正解は❹となります。

問題4

正解 ❸

マクロ経済学だけではなく、財政学の問題としても出題され得る問題です。

❶ ×　中央銀行引受で公債を発行する場合、公債の代金を中央銀行が支払うことになるため、民間で貨幣供給量が増加します。このため、景気が過熱しているとき（財の取引が活発なとき）には、通貨価値の下落をもたらし、結果、持続的に物価を上昇させてしまう（インフレーション）可能性が高くなります。

❷ ×　中央銀行引受で公債を発行する場合、民間で貨幣供給量が増加します。貨幣供給量の増加は、貨幣市場で利子率を引き下げることになるため、財市場の投資を高める効果が期待できます。よって、有効需要（総需要）の拡大効果はあるといえます。

❸ ○　公債の市中消化で財源を確保し、政府支出を拡大すると、貨幣供給量に変化がないならば、IS曲線だけが右方にシフトし、利子率が上昇します。これにより、民間投資が抑制されるクラウディング・アウトが生じることになります。

❹ ×　個人は、最適な資産保有割合を崩さないように資産を保有すると仮定すると、公債という形で資産が増加した場合にも、一部を売却して貨幣で資産を持つことになるため、資産全体に占める貨幣の割合は変わらない、ということになり

ます。

また、資産の増加は個人の実質所得を高め、消費支出を増加させる効果が期待できます。これを、ラーナー効果といいます。

❺ ×　政府支出の財源を全額市中消化で賄う場合、IS曲線の右方シフトによって利子率が上昇し、民間投資が減少してしまうことになります。これをクラウディング・アウト効果と呼びます。つまり、「民間投資から政府支出への振替えが起こり」とは、政府支出の代わりに民間投資が減るというクラウディング・アウト効果を指します。

一方、中央銀行引受の場合には、貨幣供給量の増加によってLM曲線も下方（右方）にシフトするので、利子率の上昇を打ち消し、ほぼ一定にすることができます。このため、クラウディング・アウト効果は発生せず、市中消化の場合よりも有効需要の増大効果が大きくなります。

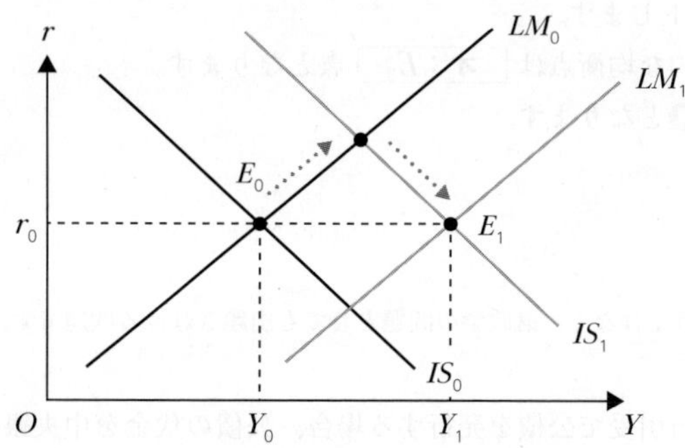

第6章　AD－AS分析

1　総需要曲線

問題1　　正解 ❶

総需要曲線を求める問題です。計算の手続をじっくり練習しましょう。

総需要曲線（AD曲線）は、財市場と貨幣市場の同時均衡を実現する総需要（国民所得）（Y）と物価（P）の組合せの軌跡をいいます。

財市場の均衡を表すIS曲線と貨幣市場の均衡を表すLM曲線を立て、二つの式から利子率（r）を消去してYとPの関係式を作ります。それがAD曲線となります。

【IS曲線】　$Y=C+I+G$

$$\Leftrightarrow\quad Y=30+0.8Y+45-10r+25$$

$$\Leftrightarrow\quad 10r=-0.2Y+100 \qquad \cdots\cdots①$$

【LM曲線】　$\dfrac{M}{P}=L$

$$\Leftrightarrow\quad \frac{1{,}000}{P}=2Y-25r \qquad \cdots\cdots②$$

①式の両辺を2.5倍し、②式と連立して利子率（r）を消去すると、

$$\frac{1{,}000}{P}=2Y-(-0.5Y+250)$$

$$\Leftrightarrow\quad \frac{1{,}000}{P}=2.5Y-250$$

$$\Leftrightarrow\quad 1{,}000=P(2.5Y-250) \qquad \therefore\quad P=\frac{400}{Y-100}$$

と計算することができます。

よって、正解は❶となります。

問題2　　正解 ❹

総需要曲線に関してのポイントがよくまとまっている問題です。問われるポイントは決まっているので、しっかり覚えましょう。

ちなみに、極端なケースで考えてしまえば、**B**と**D**は同じ内容が問われているといえます。要領よく考えましょう。

A　×　物価水準が上昇した場合には、実質マネーサプライが減少するため、貨幣市場で利子率が高まり、LM曲線は上方（左方）にシフトします。

このとき、総需要曲線（AD）はシフトしません。縦軸にとられた物価（P）

第6章 AD－AS分析

が変化しているので、右下がりのグラフに沿って横軸の総需要が減少するだけです。総需要曲線がシフトするのは、縦軸の物価（P）が一定であるにもかかわらず、横軸の総需要が変化するときです。具体的には、財政政策や金融政策が実施されたときです。

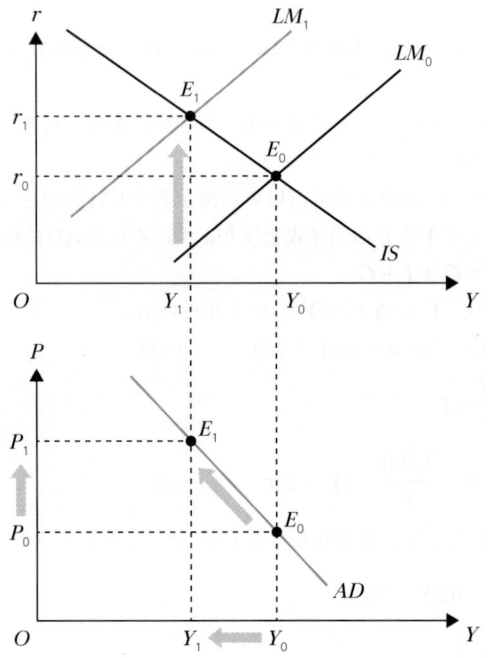

B ○　IS曲線の傾きが急になって垂直線になると、総需要曲線（AD）の傾きも急になって、垂直線になります。物価が変化してLM曲線がシフトしたとき、IS曲線の傾きが急になるほど、総需要（均衡国民所得）の変化が小さくなります。そして、IS曲線が垂直線になると、総需要の変化はほとんど起きなくなり、総需要曲線（AD）も垂直になってしまうのです。

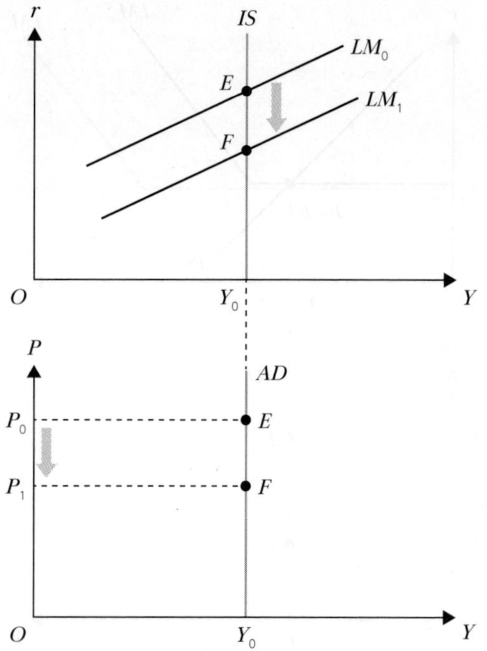

C ×　流動性のわなが存在しているとき、LM曲線は水平になります。このとき、物価が下落して実質マネーサプライが増加しても、貨幣市場の利子率はもはや下限に達しているために、利子率は下落しません（r_0）。このため、LM曲線のシフトは起きず（右上がり部分はシフトします）、総需要を増加させることはできなくなります（Y_0）。したがって、総需要曲線は垂直になります。

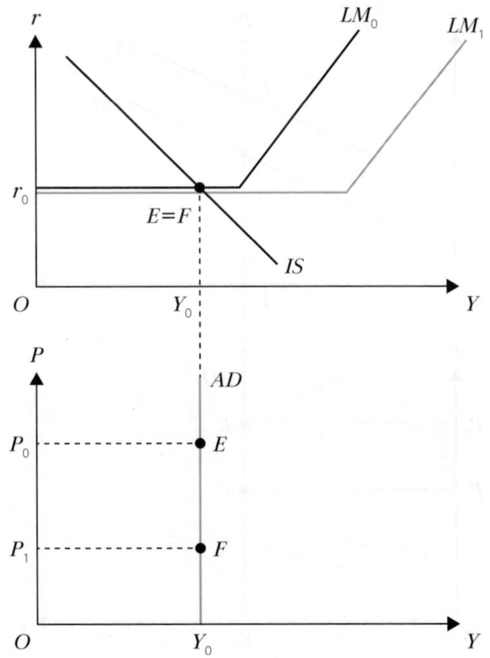

D ○　**B**の解説を参照のこと。

問題3　　　　正解 ❸

少々細かい内容を含みますが、正解肢を絞ることは難しくはないと思います。

ア ×　総需要曲線は、財市場と貨幣市場を同時に均衡させる、総需要と物価の関係を描いたグラフです。つまり、総需要曲線の背後にある市場は、財市場と貨幣市場です。労働者が行動する労働市場とは、つながりはありません（労働者錯覚モデルについては、後述します）。

イ ×　総需要曲線が垂直になるのは、投資が利子率に対して完全に非弾力的（投資の利子弾力性ゼロ）で、IS曲線が垂直になるときです。

ちなみに、投資が利子率に対して完全に弾力的（投資の利子弾力性無限大）で、IS曲線が水平線になっているときには、総需要曲線は、通常どおりに右下がりの曲線になります。例えば、物価が下落して（$P_0 \to P_1$）実質マネーサプライが増加し、LM曲線が下方（右方）にシフトすると（$LM_0 \to LM_1$）、総需要（均衡国民所得）は高まります（$Y_0 \to Y_1$）。よって、総需要曲線は右下がりになります。

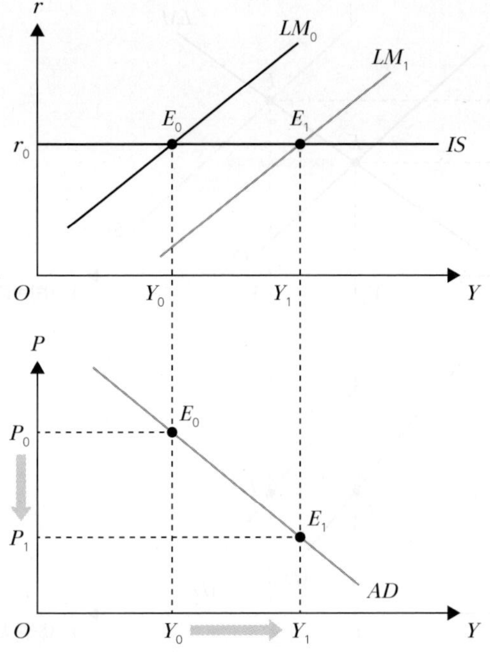

ウ ○　拡張的な財政政策を実施してIS曲線を右上方へシフトさせると($IS_0 \rightarrow IS_1$)、財市場と貨幣市場の同時均衡点が変化し（$E \rightarrow F$)、均衡国民所得が高まります（$Y_0 \rightarrow Y_1$)。これは、物価を一定（P_0）としたもとでの総需要の拡大を意味しますから、総需要曲線は右上方にシフトすることになります($AD_0 \rightarrow AD_1$)。

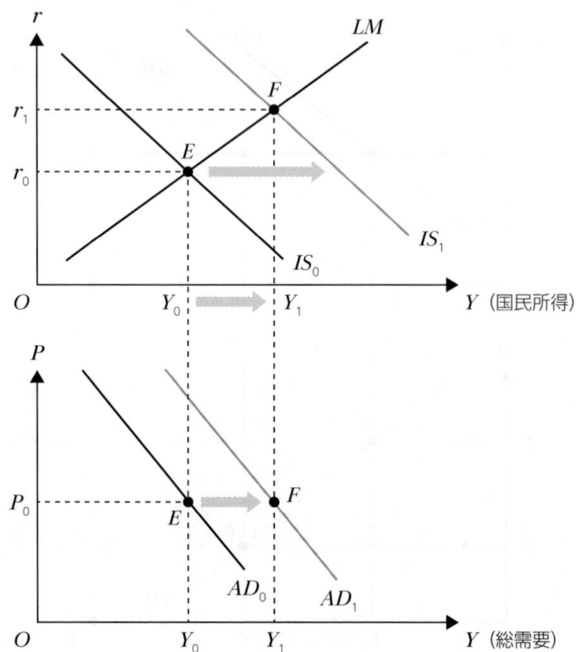

エ ○　貨幣供給量を減少させると（緊縮的金融政策、金融引締め）、貨幣市場で利子率が上昇するため、LM曲線は左上方へシフトします。これにより、財市場と貨幣市場の同時均衡点が変化し（$E \to F$）、均衡国民所得が減少します（$Y_0 \to Y_1$）。これは、物価を一定（P_0）としたもとでの総需要の縮小を意味しますから、総需要曲線は左下方にシフトすることになります（$AD_0 \to AD_1$）。

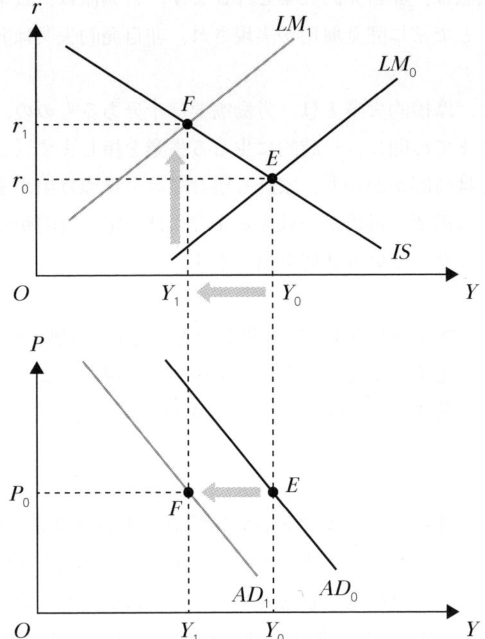

オ ✕　物価が下落したとき、総需要曲線がシフトすることはありません。ピグー効果を考慮しようとしまいと、縦軸にとられた物価が下落したら、総需要は右下がりの総需要曲線に沿って増加します。

2　労働市場と総供給曲線

問題1　　正解 ❹

古典派とケインジアンの雇用理論の基礎を確認するのによい問題です。正解肢はすでに学習済みの内容ですから、不正解肢について、どこが誤っているのかを判断できるようにしておきましょう。

❶ ✕　古典派は、古典派の第二公準から、労働供給は実質賃金率（$\frac{w}{P}$）の増加関数であるとしています。一方、ケインズは、家計が関心を有するのは貨幣賃金率（w）だけであるとして、貨幣賃金率の関数であるとしています。つまり、古典派とケインズの説明が逆になっています。

❷ ✕　現行の賃金水準で働く意思を持ちながらも、労働需要が不十分なために雇用

されない状態は、非自発的失業と呼びます。古典派は、貨幣賃金率が伸縮的に変化することで常に完全雇用が実現され、非自発的失業は発生し得ないとしました。

ちなみに、摩擦的失業とは、労働需要は十分あるものの、労働の需要と供給が一致するまでの間に、一時的に生じる失業を指します。企業が望む人材を見つけ出すには時間がかかり、家計も望む職場を見つけ出すまでに時間がかかります。労働の需要と供給が一致するまでには一定の時間がかかり、その間に一時的に失業になっている状態を指します。

❸ × 古典派は、物価がどのように変化したとしても、労働市場の貨幣賃金率（w）が伸縮的に変化することで、常に完全雇用を実現することができるとしています。つまり、貨幣賃金が伸縮的であるために、非自発的失業は存在し得ない、としているのです。

❹ ○ 物価が下落すると、人々の実質貨幣残高（実質所得と同様）が増加します。これにより、財に対する消費が増加します。消費が増えれば、それに合わせて雇用量が増大し、財の生産も拡大します。これをピグー効果といいます。

ちなみに、「貨幣賃金の低下は物価の下落をもたらし」ます。貨幣賃金が低下すると、企業の労働需要が拡大し、雇用量と財の生産が拡大します。財の供給が増えれば、"財の価格"である物価は下落します。

❺ × これは古典派の主張です。労働市場に非自発的失業（労働の超過供給）が発生すると、実質賃金率が低下し、やがて完全雇用が実現されるとします。

「貯蓄はすべて投資される」とは、財市場の均衡を表します（ISバランス）。古典派は、財の総供給は完全雇用国民所得の水準で決定され、均衡国民所得は総供給に一致するように決まると考えています（セイの法則、この点は後述します）。よって、完全雇用に至るまでは、長期的に雇用量は増大するといえます。

問題2 正解 ❷

計算が必要なものと記述を読むだけで判断できるものがあります。わかるところから取り組んで選択肢を絞り込んでいきましょう。

古典派は、労働市場に超過供給が発生した場合、貨幣賃金率（w）が下落することで実質賃金率が低下し、常に完全雇用が実現されると主張しました（よって、**エ**は正しい）。

一方、ケインズは、家計が関心を有するのは、実質賃金率（$\frac{w}{P}$）ではなく貨幣賃金率（w）であるとしました。仮に、労働市場に超過供給が発生しても、家計は貨幣賃金率（w）の引下げに組合活動等を通じて反対します。このように、実質賃金率ではなく貨幣賃金率が下方に硬直的であるとしました（よって、**ウ**は誤り）。

また、労働供給曲線と労働需要曲線を$\frac{w}{P}$について整理すると、

$$\frac{w}{P}=\frac{1}{3}L^S-\frac{4}{3} \qquad \cdots\cdots①$$

$$\frac{w}{P}=-L^D+20 \qquad \cdots\cdots②$$

となります。均衡点E点は、$L^S=L^D=N$として、①式と②式を連立して解くと、

$$\frac{1}{3}N-\frac{4}{3}=-N+20$$

$$\Leftrightarrow \quad \frac{4}{3}N=20+\frac{4}{3}$$

$$\Leftrightarrow \quad 4N=60+4 \qquad \therefore \quad N=16$$

$$\frac{w}{P}=-16+20 \qquad \therefore \quad \frac{w}{P}=4$$

と計算することができます（よって、**イ**は正しい）。

以上を踏まえ、縦軸に実質賃金率$\frac{w}{P}$、横軸に雇用量N（$=L^S=L^D$）として労働市場を図示すると、以下のようになります。

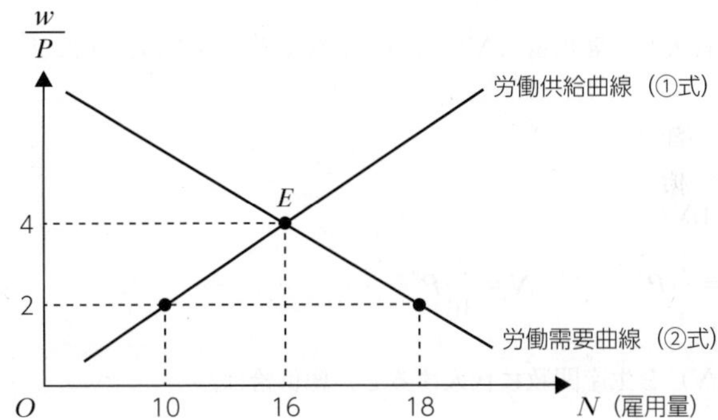

実質賃金率が２であるとき、①式と②式から、労働供給量は10、労働需要量は18となります。よって、８だけ超過需要（人手不足）となります（よって、**ア**は誤り）。

よって、正解は❷となります。

第6章 AD－AS分析

問題3 正解 ④

総供給関数は、労働市場の均衡を前提とした総供給（Y）と物価（P）の関係を示したものです。まず、マクロ生産関数から労働の限界生産力を求め、古典派の第一公準を立てます。これを解くことで雇用量を求め、これを生産関数に代入することで総供給曲線が得られます。

総供給曲線（AS曲線）は、労働市場の雇用量を前提とした総供給（Y）と物価（P）の組合せの軌跡です。

まず、労働市場における雇用量（N）を計算します。問題文に「雇用量が労働需要曲線上で決定されている」、「古典派の第一公準は満たされており」とありますので、古典派の第一公準（＝利潤最大化労働需要量の決定条件）を使って労働需要量を計算し、それをもって雇用量とします（ケインジアンの労働市場）。

古典派の第一公準は、

$$P \cdot MP_N = W \quad \cdots\cdots ①$$

〔P：物価水準、MP_N：労働の限界生産力、W：名目賃金率〕

です。限界生産力（MP_N）は、問題文の生産関数をNで微分することで得られます。

$$MP_N = \frac{\Delta Y}{\Delta N} = \frac{1}{2} \cdot 2N^{\frac{1}{2}-1}$$

$\sqrt{x} = x^{\frac{1}{2}}$

$$= N^{-\frac{1}{2}}$$

$$= \frac{1}{N^{\frac{1}{2}}}$$

これを①式に代入し、雇用量（N）について解くと、以下のようになります。

$$P \cdot \frac{1}{N^{\frac{1}{2}}} = 4$$

$$\Leftrightarrow \quad P = 4N^{\frac{1}{2}}$$

$$\Leftrightarrow \quad N^{\frac{1}{2}} = \frac{1}{4}P \qquad \therefore \quad N = \frac{1}{16}P^2$$

この雇用量（N）を生産関数に代入すると、総供給は、

$$Y = 2N^{\frac{1}{2}}$$

$$\Leftrightarrow \quad Y = 2\left(\frac{1}{16}P^2\right)^{\frac{1}{2}}$$

$$\Leftrightarrow \quad Y = 2 \cdot \frac{1^{\frac{1}{2}}}{4^{2 \cdot \frac{1}{2}}} \cdot P^{2 \cdot \frac{1}{2}}$$

$$\Leftrightarrow \quad Y = 2 \cdot \frac{1}{4}P \qquad \therefore \quad Y = \frac{P}{2}$$

と計算することができます。

よって、正解は❹となります。

問題4 正解 ❸

ここまでの内容の確認問題としてよい問題でしょう。総需要曲線は、財市場と貨幣市場を前提とし、総供給曲線は労働市場を前提としています。このつながりを意識しながら、設問を見ていくようにしましょう。

ちなみに、**A**の内容は、「ケインジアンの総供給曲線は、基本的に右上がりとなる」という理解で切れれば十分です。

A × ケインズをはじめとした「初期のケインジアン」は、賃金の下方硬直性を想定し、労働市場に非自発的失業が発生して不完全雇用の状態にある場合には、物価は変化しない（一定）としています。しかし、ひとたび完全雇用の状態に至ると、完全雇用からの生産の拡大（生産調整）が不可能になるために（労働者がいないからです）、急激な物価の上昇（価格調整）に見舞われるとします（真正インフレーション）。この場合、総供給曲線は、完全雇用国民所得を下回る水準では水平となり、完全雇用国民所得水準で垂直になります。

一方、比較的最近のケインジアンは、賃金の下方硬直性を想定し、完全雇用の状態から物価が下落したときに労働市場は不完全雇用の状態（過少雇用）になるとします。この結果、マクロ生産関数を通じて決定される総供給は、完全雇用国民所得を下回ることになり、総供給曲線は右上がりの形状になるとしています。

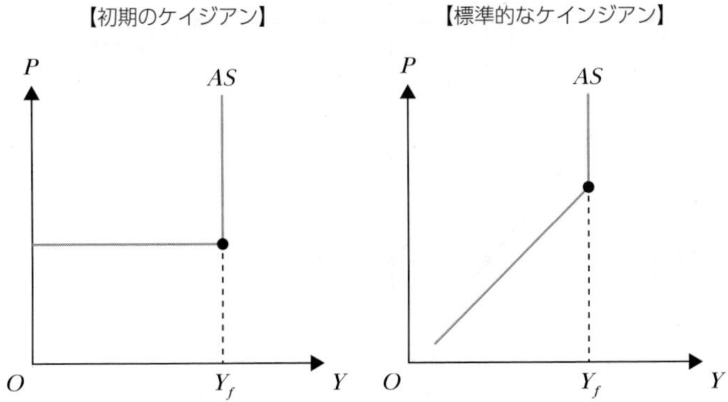

B ○ （新）古典派は、物価がどのように変化したとしても、貨幣賃金率が伸縮的に変化することで、労働市場では常に完全雇用が実現されるとします。このため、総供給は物価に関係なく完全雇用国民所得（完全雇用GDP）となり、総供給曲線は完全雇用国民所得の水準で垂直になります。

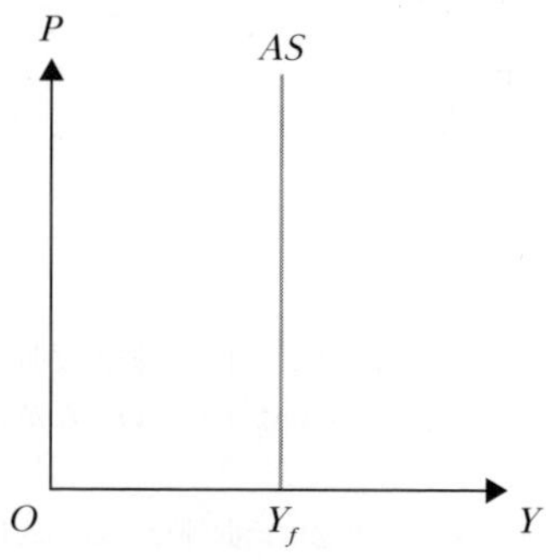

C ○　政府支出を拡大すると、IS曲線が右方にシフトします（$IS_0 \rightarrow IS_1$）。これにより、財市場と貨幣市場の同時均衡点が変化し（$E \rightarrow F$）、国民所得は高まります（$Y_0 \rightarrow Y_1$）。これは、総需要の拡大を意味します（有効需要の原理）。

IS－LM分析で実現される国民所得の拡大は、物価を一定としたもとで実現される効果です。よって、総需要曲線は、物価を一定（P_0）として、右方にシフトすることになります（$AD_0 \rightarrow AD_1$）。

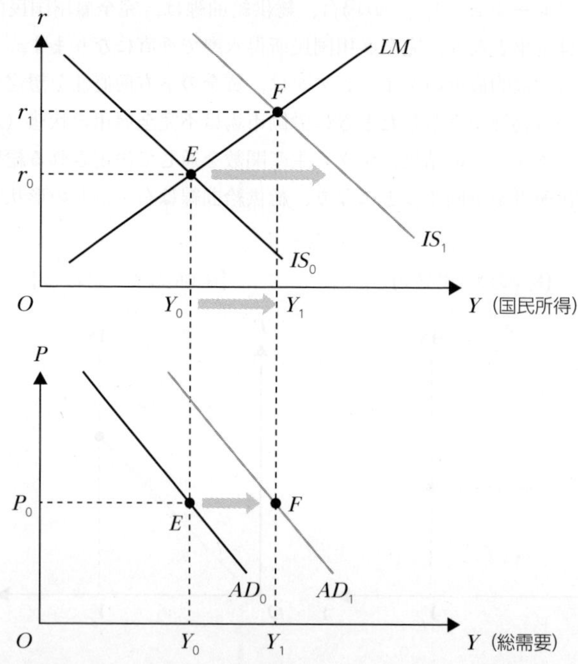

D ×　経済が流動性のわなの状況にある場合（E点）、物価が下落して実質マネーサプライが増加しても、貨幣市場の利子率は下落しません。利子率はもはや下限に達しているためです。このため、LM曲線のシフトは生じず（右上がり部

分はシフトします)、総需要の大きさも変わりません。よって、総需要曲線は垂直になります。

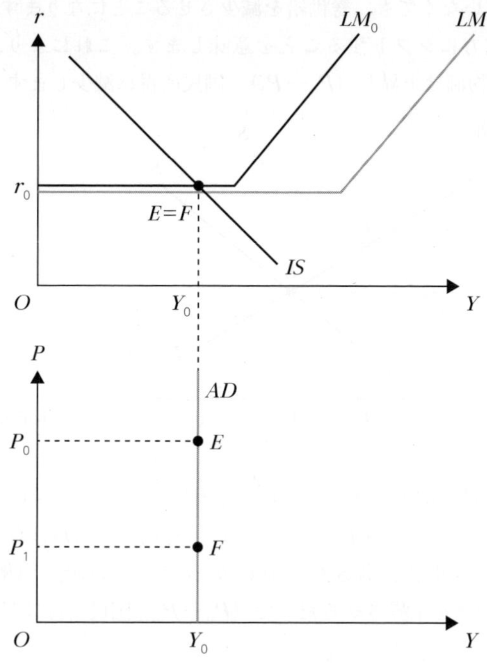

第6章 AD－AS分析

3　均衡国民所得の決定と財政金融政策の効果

問題1　　正解 ❸

AD－AS分析の典型的な問題です。本問は東京都特別区の問題ですが、そっくりな類題が国家一般職や地方上級でも出題されています。❷が少々難しい内容ですが、慣れておきましょう。

まず、それぞれの総供給曲線Sの形状から、Ⅰ図ケインジアンを、Ⅱ図が古典派を表すと判断します。

❶ ×　政府支出を増加させる財政政策を行うと、IS曲線が右方にシフトして利子率が上昇します。これによって、民間投資が減少するクラウディング・アウト効果が発生します。しかし、総需要曲線Dも右方にシフトするので、右上がりの総供給曲線Sとの関係から、国民所得は増加します。

❷ ×　名目(貨幣)賃金率(w)が上昇すると、実質賃金率($\frac{w}{P}$)が上昇します。

ケインジアンは、古典派の第一公準を認めているので、企業の労働需要は減少します（減少関数）。労働需要の減少は雇用量の減少をもたらし、物価（P）が変化していなくても、総供給を減少させることになります。これは、総供給曲線Sが左方にシフトすることを意味します。これにより、均衡点が変化し（$E \to F$）、物価は上昇し（$P_0 \to P_1$）、国民所得は減少します（$Y_0 \to Y_1$）。

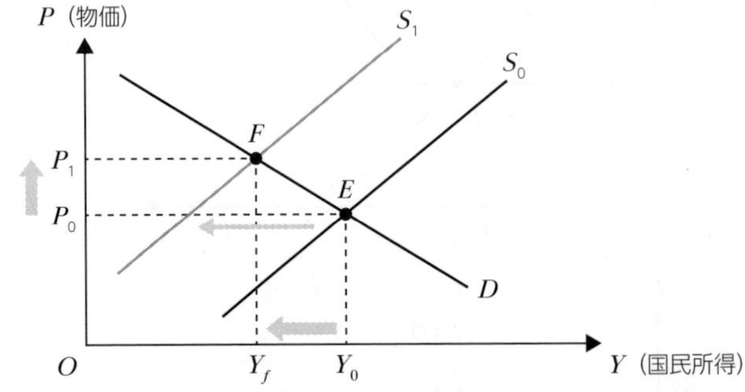

❸ ○　貨幣供給量を増加させる金融政策を実施すると、LM曲線が下方（右方）にシフトし、総需要を高めます。これにより、総需要曲線Dは右方にシフトします。

しかし、総供給曲線Sが垂直になっているので、均衡点が変化しても（$E \to F$）、物価を上昇させるだけで（$P_0 \to P_1$）、国民所得は変化しません（Y_f）。

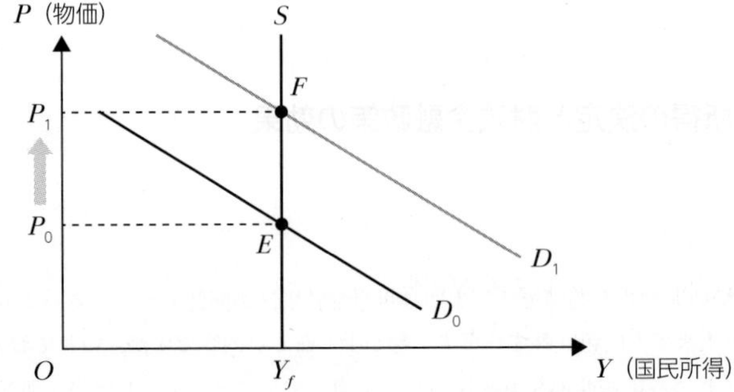

❹ ×　政府支出を拡大させる財政政策を行うと、総需要曲線Dが右方にシフトします。総供給曲線の背後にあるのは労働市場であり、政府支出を増やしても総供給曲線はシフトしません。

❺ ×　古典派（Ⅱ図）は、物価水準に関係なく、労働市場では常に完全雇用が実現され、総供給曲線Sは完全雇用国民所得の水準で垂直になるとしています。したがって、Ⅱ図のE点では、完全雇用が実現されているといえます。

一方、ケインジアン（Ⅰ図）は、労働市場に非自発的失業が発生し、不完全雇用の状態になっている状況で、総供給曲線Sは右上がりになるとしています。

したがって、I図のE点では、完全雇用は実現されていないといえます（過少雇用均衡）。

問題2

正解 ❶

頻繁に見られる典型的な問題です。正解を選ぶのは比較的簡単ですが、基本的にはグラフを描きながら確認することが大切です。また、❷、❹のインフレーションの分類については、第7章の冒頭で学習します。

❶ ○　政府支出を増加させる財政政策が実施されると、総需要曲線が右方にシフトします（$AD_0 \rightarrow AD_1$）。これにより、均衡点がE_1からE_2に移動した場合、物価は上昇し、国民所得は増加します。いま、総供給曲線がY_0の水準で垂直になっているので、Y_0は完全雇用国民所得であると判断することができます。したがって、均衡点E_2では完全雇用が達成されるといえます。

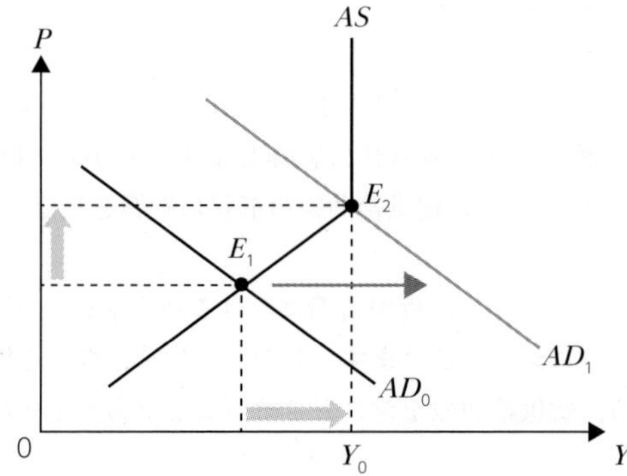

❷ ×　総供給曲線がシフトすることで発生するインフレーションは、コスト・プッシュ・インフレーションと呼ばれます。

❸ ×　貨幣供給量を増加させる金融緩和政策が実施されると、総需要曲線が右方にシフトします。

❹ ×　総需要曲線がシフトすることで発生するインフレーションは、ディマンド・プル・インフレーションと呼ばれます。

❺ ×　古典派は、完全雇用国民所得の水準で総供給曲線は垂直になるとしています。労働市場が「完全雇用」を実現しているとき、非自発的失業が存在しません。

問題3

正解 ❷

やたらと「どのようにシフトするか」が問われていますが、いちいち確認する必要はありません。各曲線と市場との対応関係が頭に入っていれば、正誤を判定することができます。

❶ ×　政府支出を増やすと、財市場における総需要を高めることになるので、IS曲線と総需要曲線を右方にシフトさせます。しかし、財市場と総供給曲線にはつながりはないため、総供給曲線をシフトさせることはありません。

❷ ○　「ピグー効果が働かないとすれば」とあるので、通常のケインジアンの枠組みで考えます。

貨幣市場が流動性のわなに陥っている場合には、物価の下落によって実質貨幣供給量が増加しても利子率が下がらず、LM曲線は下方にシフトしません。利子率が下限に達しているためです。このため、総需要の拡大に結びつかず、総需要曲線は垂直となります。

❸ ×　投資は、財市場の総需要を構成するので、投資の利子弾力性の大きさによって、IS曲線と総需要曲線の形状に影響します。しかし、財市場と総供給曲線にはつながりはないため、総供給曲線の形状に影響を及ぼすことはありません。

❹ ×　貨幣供給量を増やすと、貨幣市場における利子率を引き下げ、LM曲線と総需要曲線を右方にシフトさせます。しかし、貨幣市場と総供給曲線にはつながりはないため、総供給曲線をシフトさせることはありません。

❺ ×　貨幣賃金が上昇すると、労働市場における雇用量を変化させ、総供給を変化させるので、総供給曲線をシフトさせます。しかし、労働市場と総需要曲線にはつながりはないため、総需要曲線をシフトさせることはありません。

問題4

正解 ❶

総需要曲線と総供給曲線の均衡点から国民所得を求めら問題です。やや複雑な因数分解をする場面があるので、慣れておきましょう。

総需要曲線は、財市場と貨幣市場を均衡させる総需要（Y）と物価（P）の組合せを表す式です。そこで、IS曲線とLM曲線を立て、二つの式から利子率（i）を消去してYとPの関係式を作ります。

【IS曲線】　$Y = C + I + G$

$\Leftrightarrow \quad Y = 20 + 0.8Y + 30 - i + 25$

$$\Leftrightarrow\quad 0.2Y = 75 - i \qquad \cdots\cdots①$$

【LM曲線】 $\dfrac{M}{P} = L$

$$\Leftrightarrow\quad \frac{400}{P} = 0.4Y - 2i$$

$$\Leftrightarrow\quad \frac{200}{P} = 0.2Y - i \qquad \cdots\cdots②$$

①式と②式の辺々を差し引き、利子率（i）を消去すると、総需要曲線となります。

$$0.2Y - \frac{200}{P} = 75 - 0.2Y$$

$$\Leftrightarrow\quad 0.4Y = \frac{200}{P} + 75$$

$$\Leftrightarrow\quad Y = \frac{500}{P} + \frac{375}{2} \qquad \cdots\cdots③$$

最後に、この③式と問題文の総供給関数を連立して解くと、

$$5P = \frac{500}{P} + \frac{375}{2}$$

問題文の総供給曲線をYについて整理すると、
$Y = 5P$
となります。この式と③式の右辺どうしを等号で結んでいます。

$$\Leftrightarrow\quad P = \frac{100}{P} + \frac{75}{2}$$

$$\Leftrightarrow\quad P^2 = 100 + \frac{75}{2}P$$

$$\Leftrightarrow\quad 2P^2 - 75P - 200 = 0$$

$$\Leftrightarrow\quad (2P + 5)(P - 40) = 0 \qquad \therefore\quad P = 40\ (P > 0)$$

$$40 = \frac{1}{5}Y \qquad \therefore\quad Y = 200$$

と計算することができます。

よって、正解は❶となります。

第7章　インフレーションの理論

1　インフレーションとフィリップス曲線

問題1　　正解 ❸

インフレーションの定義に関する問題です。専門試験よりも教養試験で問われる可能性がある問題だと思います。直前期に目をとおすようにするとよいでしょう。

❶ ×　インフレーションとは、持続的に物価が上昇する現象をいいます。一時的な物価上昇は、インフレーションとは呼びません。

❷ ×　クリーピング・インフレーションとは、持続的に、かつ年率２～３％程度で緩やかに進行する物価の上昇をいい、“忍び寄るインフレ”とも呼ばれます。

天文学的な年率（３年間で累積100％以上）で、急激に物価が上昇する現象は、ハイパー・インフレーションと呼ばれます。第一次世界大戦後のドイツや、90年代後半にジンバブエで発生しました。

❸ ○　コスト・プッシュ・インフレーションは、名目賃金率や、原油をはじめとした原材料価格の上昇など、企業の生産コストを引き上げるような現象が生じると、総供給曲線が上方（左方）にシフトする（$AS_0 \to AS_1$）ことで発生します。

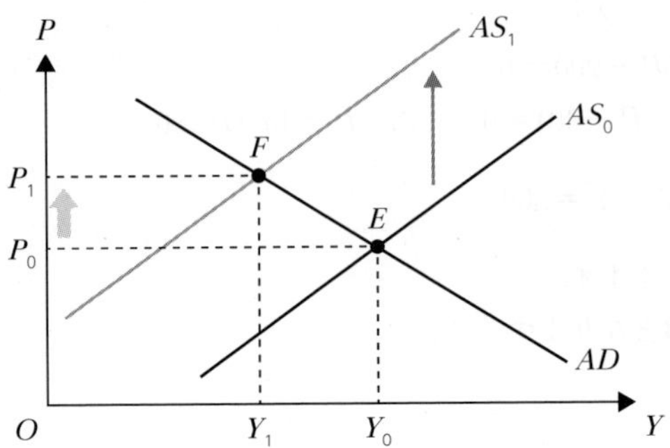

❹ ×　ディマンド・プル・インフレーションとは、総需要が総供給を上回ることによって発生する物価の上昇をいい、財政・金融政策が行われるなどして総需要曲線が右方にシフトする（$AD_0 \to AD_1$）ことで発生します。

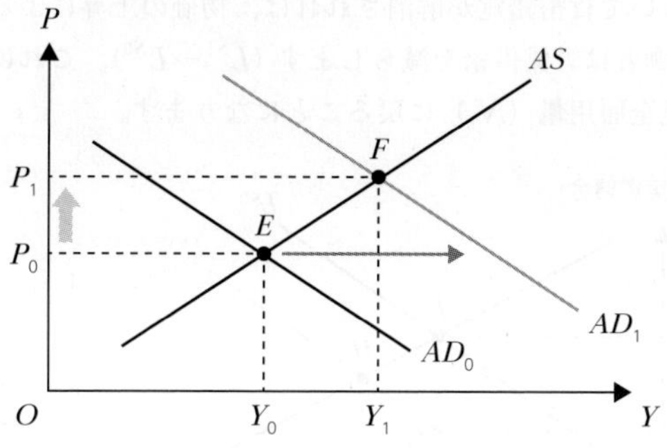

❺ ✕　失業率と物価水準が同時に上昇する現象は、スタグフレーションと呼ばれます。

問題2　　正解 ❶

M.フリードマン（マネタリスト）の労働市場に対する考え方を確認するのによい問題でしょう。労働市場における雇用量の変動によって、失業率が変動します。フィリップス曲線に関する自然失業率仮説を理解するうえでの基礎になりますから、"あらすじ"だけでも覚えるようにしましょう。

ア ○　物価が上昇したことを労働者が正しく予想できるなら、貨幣錯覚は起きないということです。これは、古典派の労働市場の考え方と同じになります。企業も労働者も、縦軸の実質賃金の動きを正確に捉え、労働需要曲線と労働供給曲線に沿って（シフトすることなく）、労働需要量と労働供給量が変化するだけです。

イ ○　物価が上昇しても、それに気がつかない場合、労働者はいままでどおりの労働供給を続けます。これは、実質賃金は下落したにもかかわらず労働供給に変化がないということですから、労働供給曲線は下方にシフトします（*G*点）。

一方、企業は縦軸の実質賃金の動きを正確に捉えられますから、労働需要曲線はシフトせず、右下がりのグラフに沿って変化します。

ウ ✕　労働者の貨幣錯覚の程度が大きくなるほど、労働供給曲線の下方シフトの幅は大きくなります。

例えば、縦軸の実質賃金が大きく下落しているのに、労働者がいままでどおりの労働供給を続けるとしたら、*G*点はかなり下のほうにくることになります（*G′*点）。

エ ×　長期において貨幣錯覚が解消されれば、物価の上昇による実質賃金の下落を認識し、労働者は労働供給を減らします（$L^{S1} \to L^{S0}$）。これにより、長期的には、雇用量は完全雇用量（N_f）に戻ることになります。

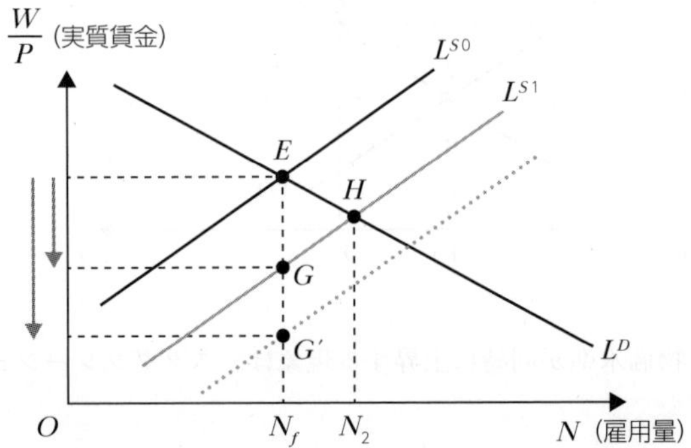

よって、正解は❶となります。

問題3

正解 ❷

典型的な問題です。特に、東京都特別区ではよく出題されるタイプの問題です。留意しておきましょう。

❶ ×　フィリップス曲線は、イギリスのデータから明らかになった名目賃金上昇率と失業率との間の"負の相関関係"を示すもので、右下がりの曲線となります。

フィリップスが発見した名目賃金上昇率（$\frac{\Delta w}{w}$）と失業率（u）の関係は、1861年から1957年までのイギリスにおけるデータに基づいています。したがって、1970年代に発生したスタグフレーションを検証したものとはいえません。

❷ ○　フィリップス曲線は人々の期待インフレ率（＝ 期待物価上昇率π_e）に依存しており、期待インフレ率が上昇すると（インフレ期待）上方にシフトします。期待フィリップス曲線の"定点"が変化するからです。

$$\pi - \pi_e = -\alpha(u - u_N)$$

（π：インフレ率、π_e：期待インフレ率、u：失業率、u_N：自然失業率、α：正の定数）

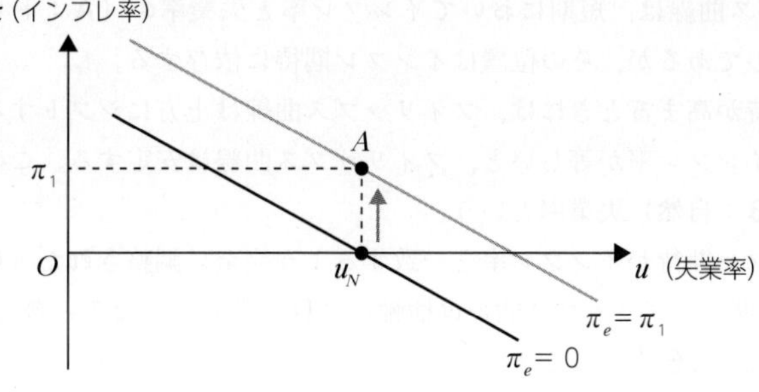

例えば、期待インフレ率が0からπ_1に上昇したとすると、期待フィリップス曲線は、

$$\pi - 0 = -\alpha(u - u_N) \quad \Rightarrow \quad \pi - \pi_1 = -\alpha(u - u_N)$$

と変化します。これは、定点がu_N点からA点に変化し、上方にシフトすることを表します。

❸ × 自然失業率とは、完全雇用が成立している場合の失業率を指します。本文の「現行の市場賃金で働く意思がありながらも職を見つけることができない失業者」とは、非自発的失業による失業者を指します。完全雇用のもとでは、非自発的失業はゼロとなります。

自然失業率がプラスの値になるのは、非自発的失業以外の摩擦的失業、自発的失業、構造的失業等が存在するためです。これらの失業が存在しても、非自発的失業が存在しなければ完全雇用を実現していると解釈します。

❹ × 自然失業率仮説では、短期的には、現実の物価上昇率と期待物価上昇率は乖離し、労働者側に貨幣錯覚が生じるとしています。この貨幣錯覚により、短期的に失業率は自然失業率を下回るとします（雇用量が完全雇用量を超えるため）。

❺ × フィリップス曲線は、長期的には自然失業率水準で垂直になるため、財政金融政策を実施してもインフレ率を高めるだけで、失業率は自然失業率に一致することになります。

問題4

正解 ❷

これも基本問題です。結果を覚えているだけで解けますね。

問題文に「その位置はインフレ期待に依存する」とありますから、マネタリストによる期待フィリップス曲線に関する問題だと判断します。

「フィリップス曲線は、短期においてインフレ率と失業率の（**A：トレードオフ**）の関係を示すものであるが、その位置はインフレ期待に依存する。

インフレ期待が高まるときには、フィリップス曲線は上方にシフトする。現実のインフレ率と期待インフレ率が等しいと、フィリップス曲線は安定する。この状態のもとでの失業率を（**B：自然**）失業率という。

なお、インフレ期待がインフレ率と一致するよう完全に調整された（**C：長期**）で見ると、（**C：長期**）フィリップス曲線は横軸に（**D：垂直**）になると考えられている。」

以上から、正解は❷となります。

問題5

正解 ❹

本問で、グラフの読み取りができるかを確認しましょう。

❶ ×　点Aにおける失業率x_0では、縦軸の現実（実際）のインフレ率がゼロとなっており、かつ予想（期待）インフレ率0％のときの短期フィリップス曲線が横軸と交わっています。つまり、人々の予想（期待）インフレ率と現実（実際）のインフレ率が等しくなっているのです。これは、貨幣錯覚が発生していない状態であることを意味します。したがって、このときの失業率x_0は、自然失業率であると判断できます。

❷ ×　本文で示された動きは、すべて右下がりの短期フィリップス曲線上での動きになっています。フリードマンは、短期的には労働者は貨幣錯覚に陥るとし、労働供給が増えることで労働市場での雇用量が完全雇用量を上回るとしています。このため、失業率は、右下がりのフィリップス曲線に沿って自然失業率x_0を下回るのです。

❸ ×　自然失業率x_0のもとで、点A、点Cおよび点Eを結んだ垂直線は、長期フィリップス曲線と呼ばれます。

❹ ○　本文で示された動きは、短期フィリップス曲線上の点から長期フィリップス曲線上の点への変化を示しています。

例えば、短期フィリップス曲線上の点Bでは、現実のインフレ率は２％であるにもかかわらず、人々の予想インフレ率は０％となっており、貨幣錯覚に陥っています。しかし、長期的には貨幣錯覚は解消され、人々の予想インフレ率は２％になります。現状を正しく認識すると、短期的に増やした労働供給を減らし始めるため、雇用量が減り、失業率が高まり始めます。これが点Bから点Cへの動きになります。

❺ ×　本文で示された点では、いずれも人々の予想インフレ率と現実のインフレ率が一致していません。例えば、点Dでは、予想インフレ率は2％ですが、現実のインフレ率は4％となっています。したがって、失業率x_1は、長期的に収れんする自然失業率とはいえず、点B、点Dおよび点Fを結んだ垂直線も、長期フィリップス曲線とはいえません。

問題6

正解 ❺

もう1問、グラフの問題を練習しておきましょう。問題文の与え方が、若干簡単化されていますが、先ほどの問題をこなしていれば、難なく読み取れるのではないでしょうか。結論はいつも変わりませんから、慣れて覚えてしまいましょう。

❶ ×　曲線P_2は右下がりの曲線となっていますから、短期フィリップス曲線です。長期フィリップス曲線とは、自然失業率水準で描かれた垂直線を指します。

❷ ×　縦軸の物価上昇率が高まっても、短期的には、人々は貨幣錯覚に陥ってしまうため、実質賃金率が上昇していると錯覚して労働供給を増やしてしまいます。その結果、短期フィリップス曲線に沿って失業率は低下していくのです。よって、点Aから点Bへの動きは、労働者が考えている実質賃金率が現実の実質賃金率を上回るために生じる動きだといえます。

❸ ×　長期的には、人々の貨幣錯覚は解消され、実際の物価上昇率を正しく認識します。その結果、自身が考えていた実質賃金率が現実の実質賃金率よりも高くなっていたことを理解し、現実の実質賃金率に合わせて労働供給を減らそうとします。これが雇用量の減少をもたらし、失業率が高まり始めるのです。点Bから点Cへの動きは、このような動きを示したものになります。

❹ ×　長期的には、失業率はx_0に収れんするので、自然失業率はx_0になります。失業率x_1は、短期的に実現される失業率にすぎません。

❺ ○　❷の解説を参照のこと。

2 IAD－IAS分析

問題1

正解 ❸

このタイプの問題を解くに当たっては、与式を使う必要はありません。まず、問題文からマネタリスト（静学的期待、適応的期待）の立場で考えるのか、合理的期待形成学派（合理的期待）の立場で考えるのかを読み取り、下記のグラフを試験会場で描き起こして、選択肢の内容を判断します。

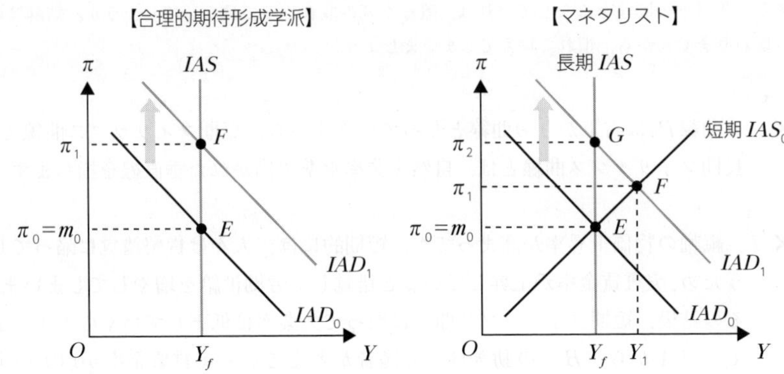

❶ ×　「期待物価上昇率が当期の物価上昇率に等しい（$\pi_e=\pi$）」とあるので、貨幣錯覚が生じない合理的期待を前提として考えます。この場合、インフレ供給曲線（IAS）は、短期的にも長期的にも完全雇用国民所得水準で垂直になります（左図）。

ここで、当初の均衡点Eから、名目マネーサプライ増加率を高める拡張的な金融政策を実施すると、インフレ需要曲線が上方（右方）にシフトします（$IAD_0 \to IAD_1$）。しかし、実質国民所得はY_fから変化しません。

❷ ×　本肢も合理的期待が前提です（左図）。当初の均衡点Eから、実質政府支出増加率を高める拡張的な財政政策を実施すると、インフレ需要曲線が上方（右方）にシフトします（$IAD_0 \to IAD_1$）。実質国民所得はY_fから変化しませんが、物価上昇率は高まることになります（$\pi_0 \to \pi_1$）。

❸ ○　本肢も合理的期待が前提です（左図）。当初の均衡点Eから、実質政府支出増加率を高める拡張的な財政政策を実施すると、インフレ需要曲線が上方（右方）にシフトします（$IAD_0 \to IAD_1$）。よって、物価上昇率を高めるだけで、実質国民所得はY_fから変化しません。

❹ ×　「期待物価上昇率が前期の物価上昇率に等しい（$\pi_e=\pi_{-1}$）」とあるので、

短期的には貨幣錯覚が生じる静学的期待（≒適応的期待）を前提として考えます（マネタリスト）。この場合、インフレ供給曲線（IAS）は、短期的には右上がりであり、長期的には完全雇用国民所得水準で垂直になります（右図）。

ここで、当初の均衡点Eから、名目マネーサプライ増加率を高める拡張的な金融政策を実施すると、インフレ需要曲線が上方（右方）にシフトします（$IAD_0 \rightarrow IAD_1$）。短期的な均衡点はF点になるため、実質国民所得は高まるといえます。

❺ ×　本肢も静学的期待（≒適応的期待）が前提です（右図）。当初の均衡点Eから、実質政府支出増加率を高める拡張的な財政政策を実施すると、インフレ需要曲線が上方（右方）にシフトします（$IAD_0 \rightarrow IAD_1$）。しかし、長期的な均衡点はG点になるため、実質国民所得はY_fから変化しません。

問題2

正解 ❷

もう1問練習しましょう。ポイントは、以下の二つのグラフを試験会場で描き起こせるかどうかです。しっかり頭に入れましょう。

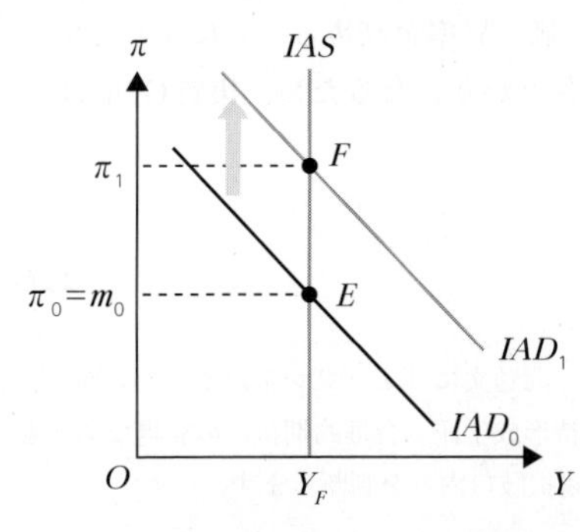

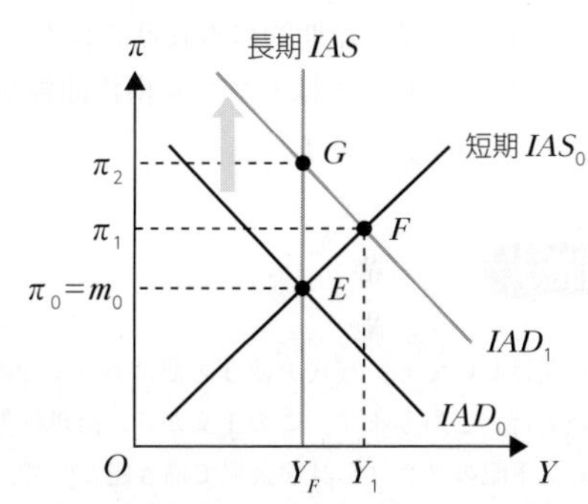

❶ ×　合理的期待仮説による場合、インフレ供給曲線（IAS）は、短期的にも長期的にも完全雇用国民所得水準で垂直になります（左図）。

当初の均衡点Eから、実質政府支出増加率を高める拡張的な財政政策を実施すると、インフレ需要曲線が上方（右方）にシフトします（$IAD_0 \rightarrow IAD_1$）。すると、物価上昇率は高まりますが、実質GDPはY_Fから変化しません。

❷ ○　本肢も合理的期待仮説によるので、インフレ供給曲線（IAS）は垂直になります（左図）。

当初の均衡点Eから、名目マネーサプライ増加率を高める金融緩和を実施すると、インフレ需要曲線が上方（右方）にシフトします（$IAD_0 \rightarrow IAD_1$）。し

第7章　インフレーションの理論

かし、物価上昇率を上昇させるだけで（$\pi_0 \to \pi_1$）、実質GDPは不変となります（Y_F）。

❸ ×　適応的期待（≒静学的期待）による場合、インフレ供給曲線（IAS）は、短期的には右上がりであり、長期的には完全雇用国民所得水準で垂直になります（右図）。

当初の均衡点Eから、実質政府支出増加率を高める財政拡大を実施すると、インフレ需要曲線が上方（右方）にシフトします（$IAD_0 \to IAD_1$）。短期的な均衡点はF点となり、短期的には実質GDPは高まります（$Y_F \to Y_1$）。

❹ ×　本肢も適応的期待（≒静学的期待）によるので、インフレ供給曲線（IAS）は、短期的には右上がり、長期的には垂直になります（右図）。

当初の均衡点Eから、名目マネーサプライ増加率を高める金融緩和を実施すると、インフレ需要曲線が上方（右方）にシフトします（$IAD_0 \to IAD_1$）。短期的な均衡点はF点となり、短期的には実質GDPは高まります（$Y_F \to Y_1$）。

❺ ×　本肢も適応的期待（≒静学的期待）によるので、インフレ供給曲線（IAS）は、短期的には右上がり、長期的には垂直になります（右図）。

財政拡大と金融緩和は、ともにインフレ需要曲線を上方（右方）にシフトさせるので、短期的にも長期的にも、物価上昇率を高めることになります。しかし、短期的にはインフレ供給曲線が右上がりとなるため、実質GDPは高まることになります。

問題3

正解 ❷

本問においても、与式を使う必要はありません。問題文に「インフレ率がインフレ期待に等しい場合」とあります。この１文から、合理的期待形成学派（合理的期待）の立場であると判断し、下記のグラフを試験会場で描き起こして、選択肢の内容を判断します。

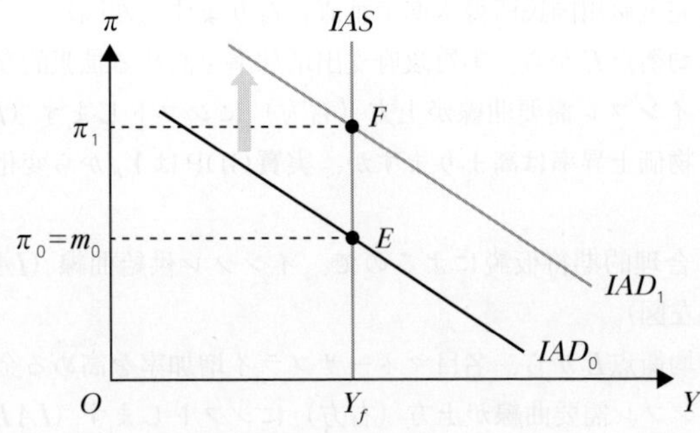

当初の均衡点Eから、政府支出増加率を増大させると（拡張的財政政策）、インフレ需要曲線が上方（右方）にシフトします（$IAD_0 \to IAD_1$）。政策実施後の均衡点はF点となり、インフレ率は上昇し（$\pi_0 \to \pi_1$）、実質国民所得は変化しないことになります。

よって、正解は❷となります。

第8章　消費理論と貨幣理論

1　消費理論

問題1　　正解 ❺

ケインズの消費関数の確認によい問題でしょう。

ケインズは、消費（C）は、現在の所得（Y）にのみ依存すると考えており、現在の所得（Y）以外のものは考えていません。この考え方を、後に絶対所得仮説と呼ぶようになりました。

基本的に、「ケインズは、このようなことは主張していない」と判断できれば十分です。

❶ ×　消費水準を決めるものとして、過去の最高所得という所得概念を持ち出したのは、デューゼンベリーによる相対所得仮説です。

❷ ×　消費水準を決めるものとして、流動資産を持ち出したのは、トービンによる流動資産仮説です。

❸ ×　消費水準が、個人の社会における相対的地位に依存するとしたのは、デューゼンベリーの空間的相対所得仮説です。同一の社会的地位に属する他の個人の消費に影響を受けるというのが、デモンストレーション効果です。

❹ ×　実際の所得を恒常所得と変動所得とに分け、消費は恒常所得に依存するとしたのは、フリードマンです。

❺ ○　ケインズは、消費は現在の所得にのみ依存するとし、消費関数（C）を、

$$C = cY + C_0 \quad \left(\begin{array}{l} c\text{：限界消費性向（一定）、}Y\text{：国民所得、} \\ C_0\text{：基礎消費（一定）} \end{array} \right)$$

としました。このとき、平均消費性向（$\frac{C}{Y}$）は、

$$\frac{C}{Y} = c + \frac{C_0}{Y}$$

となり、所得（Y）が上昇すれば、平均消費性向は下落（逓減）します。

問題2　　正解 ❹

各学説の基本事項、特に、クズネッツの消費関数とトービンの流動資産仮説の確認によいでしょう。

❶ ×　クズネッツは、アメリカの長期データから所得と消費の関係を調べ、消費関

数は$C \fallingdotseq 0.9Y$となることを発見し、平均消費性向（$\frac{C}{Y}$）は一定となるとしました。

❷ × 現在の消費水準は、現在の所得のみならず過去の最高所得にも依存するとしたのは、デューゼンベリーです。

❸ × フリードマンは、現在の所得（Y）を、恒常所得（Y_P）と変動所得（Y_T）とに分け、消費は恒常所得に依存して決まると考えました。ちなみに、恒常所得と変動所得の定義は正しいといえます。

❹ ○ トービンは、消費（C）は所得（Y）だけではなく流動資産（M）にも依存するとし、消費関数を、

$$C = aY + bM \quad (a、b\text{は正の定数})$$

としました。この場合、平均消費性向（$\frac{C}{Y}$）は、

$$\frac{C}{Y} = a + b \cdot \frac{M}{Y}$$

となり、所得に占める流動資産の割合（$\frac{M}{Y}$）が変化すると、平均消費性向も変化することがわかります。

❺ × 個人の消費行動は、その個人の生涯所得の大きさによって決められるとしたのは、モディリアーニです。

問題3

正解 ❸

フリードマンの恒常所得仮説の確認によい問題です。

❶ × ケインズ型のマクロ消費関数は、消費は今期（現在）の所得（Y）に依存して決まるとし、消費関数（C）を、

$$C = cY + C_0 \quad \left(\begin{array}{l} c\text{：限界消費性向（一定）、}Y\text{：国民所得、} \\ C_0\text{：基礎消費（一定）} \end{array}\right)$$

としました。

限界消費性向（c）は、所得水準に関係なく一定値であるとし、平均消費性向（$\frac{C}{Y}$）は、

第8章 消費理論と貨幣理論

$$\frac{C}{Y} = c + \frac{C_0}{Y}$$

となり、所得（Y）が増加すると、平均消費性向は低下（逓減）することになります。

❷ ×　ケインズ型のマクロ消費関数においては、平均消費性向は所得が増加するにつれて下落（逓減）し、限界消費性向は所得水準に関係なく一定値となります。

❸ ○　フリードマンは、消費は、今期（現在）の所得に依存するのではなく、将来の自己の所得獲得能力をも考慮した恒常所得に依存するとしました。そして、ケインズの消費関数は短期の消費関数であり、クズネッツの消費関数は長期の消費関数であるとしています。

「好況期」、「不況期」という記述は短期的な景気変動を指すと考えてください。よって、ここでの平均消費性向の動きは、ケインズ型を前提として考えます。ケインズ型では、好況期で所得が大きくなると平均消費性向は小さくなり（逓減）、不況期で所得が小さくなると平均消費性向は大きくなります（逓増）。

❹ ×　フリードマンが示した恒常所得は、学歴や技能といった労働者としての所得獲得能力を反映した労働所得を指します。ここには、個人資産からの利子収入などは考慮されていません。

また、短期の消費関数はケインズ型であり、好況期で所得が大きくなると平均消費性向は小さくなり（逓減）、不況期で所得が小さくなると平均消費性向は大きくなります（逓増）。

❺ ×　ライフサイクル仮説においても、資産が一定となる短期においては、ケインズ型の消費関数が成立するとしています。結論は、フリードマンの恒常所得仮説と同じになります。

問題4

正解 ❷

デューゼンベリーの相対所得仮説の確認によい問題です。

❶ ×　ケインズの絶対所得仮説では、消費は現在の所得（Y）のみに依存し、平均消費性向は、所得が増加するときには逓減し、所得が減少するときには逓増するとしています。消費が、将来にわたって平均的に得ると予想される恒常的な所得に依存するとしているのは、フリードマンです（恒常所得仮説）。

❷ ○　デューゼンベリーの相対所得仮説では、消費は、人々の過去の消費習慣、特に過去の最高所得に依存するとしています。所得が減少した場合、人々は過去の最高所得のもとで形成した消費習慣を崩すことができず、所得の低下ほどには消費は落ち込まないとしました（ラチェット効果）。このとき、消費はケインズ型消費関数に沿って緩やかに減少し、平均消費性向は逓増するとしました。

❸ ×　フリードマンが提示したのは、恒常所得仮説です。流動資産仮説を提示したのは、トービンです。いずれにしても、短期的には、所得が増加したときには平均消費性向は低下（逓減）します。

❹ ×　トービンが提示したのは流動資産仮説です。恒常所得仮説を提示したのはフリードマン、ラチェット効果を指摘したのはデューゼンベリーです。いずれにしても、短期的に所得が減少する景気の後退期（不況期）においては、平均消費性向は上昇（逓増）します。

❺ ×　モディリアーニのライフサイクル仮説においては、人々の消費は、その時どきの所得に依存するのではなく、生涯所得に依存するとしています。平均消費性向は、短期的には所得の増加とともに低下（逓減）しますが（ケインズ型）、長期的には一定になるとしています（クズネッツ型）。

問題5　　正解 ❶

問われているものは異なりますが、ライフサイクル仮説の計算問題であり、解き方は解法ナビゲーションで紹介したとおりです。練習しましょう。

第8章　消費理論と貨幣理論

生涯所得は、資産と利子所得がなければ、勤労期間における労働所得の合計になります。また、遺産はないので、生涯所得を生存期間中にすべて消費します。よって、

生涯消費＝生涯所得

$\Leftrightarrow\ LC = NY$　〔L：生存期間、C：1年間の消費、N：勤労期間、Y：所得〕

$$\Leftrightarrow\ C = \frac{N}{L}\cdot Y$$

$$\Leftrightarrow\ C = \frac{40\text{年}}{60\text{年}}\cdot 600\text{万円}$$

$$\therefore\ C = 400\text{万円}$$

となります。1年当たりの所得（年収）が600万円で、1年当たりの消費が400万円ですから、差額の200万円が毎年の貯蓄額となります。

よって、正解は❶となります。

問題6　　正解❸

各期の貯蓄（S）は、所得（Y）から消費（C）を差し引いて計算します。各期の所得は与えられていますから、まずは恒常所得の計算をして、各期の消費を計算します。

❶　t 期の貯蓄額

t 期の恒常所得（Y_t^p）は、問題文の与式から、

$$\begin{aligned} Y_t^p &= 0.5Y_t + 0.3Y_{t-1} + 0.2Y_{t-2} \\ &= 0.5 \cdot 300 + 0.3 \cdot 300 + 0.2 \cdot 300 \\ &= 300 \end{aligned}$$

となるので、t 期の消費（C_t）は、

$$\begin{aligned} C_t &= 0.9Y_t^p \\ &= 0.9 \cdot 300 \\ &= 270 \end{aligned}$$

となります。よって、t 期の貯蓄（S_t）は、

$$\begin{aligned} S_t &= Y_t - C_t \\ &= 300 - 270 \quad \therefore \quad S_t = 30 \quad \cdots\cdots ① \end{aligned}$$

と計算できます。

❷　$t+1$ 期の貯蓄額

$t+1$期の恒常所得（Y_{t+1}^p）は、問題文の与式における各期の所得を１年ずらして、以下のように計算します。

$$\begin{aligned} Y_{t+1}^p &= 0.5Y_{t+1} + 0.3Y_t + 0.2Y_{t-1} \\ &= 0.5 \cdot 400 + 0.3 \cdot 300 + 0.2 \cdot 300 \\ &= 350 \end{aligned}$$

よって、$t+1$期の消費（C_{t+1}）は、

$$\begin{aligned} C_{t+1} &= 0.9Y_{t+1}^p \\ &= 0.9 \cdot 350 \\ &= 315 \end{aligned}$$

となります。よって、$t+1$期の貯蓄（S_{t+1}）は、

$$\begin{aligned} S_{t+1} &= Y_{t+1} - C_{t+1} \\ &= 400 - 315 \quad \therefore \quad S_{t+1} = 85 \quad \cdots\cdots ② \end{aligned}$$

①と②を比較すると、$t+1$期の貯蓄はt期に比べて55（万円）増加することがわかります。

よって、正解は❸となります。

2　貨幣理論

問題1　　正解 ❹

古典派の貨幣理論は、試験的には完全に"知識モノ"です。はじめは簡単に見ておいて、直前期に覚え込むようにしましょう。

❶ ✕　古典派の貨幣数量説においては、貨幣の流通速度（所得速度）は各国の商習慣等に依存するもので、一定とされます。

❷ ✕　古典派のケンブリッジ方程式（現金残高方程式）は、

$$M = k \cdot P \cdot Y \quad \left(\begin{array}{l} M\text{：名目マネーサプライ、}k\text{：マーシャルの}k\text{、} \\ P\text{：物価、}Y\text{：実質国民所得} \end{array} \right)$$

となります。これをkについて整理すると、

$$k = \frac{M}{P \cdot Y}$$

となります。マーシャルのkは、マネーサプライを名目国民所得（$P \cdot Y$）で割った数値であることがわかります。また、マーシャルのkは、貨幣の流通速度（所得速度）の逆数になることが知られています。

❸ ✕　古典派の貨幣数量説では、貨幣の流通速度（所得速度）を一定としているので、その逆数に当たるマーシャルのkも一定となります。したがって、利子率に比例して上昇することはありません。

❹ ○　ケンブリッジ方程式（現金残高方程式）において、マーシャルのkは一定、実質国民所得も完全雇用国民所得水準で一定となります。このもとでマネーサプライを増加させると、実質国民所得や雇用水準といった経済の実物部門には何ら影響を与えず、物価水準だけを比例的に高めることになります。これは、古典派が経済の貨幣部門と実物部門を分離して考えているためです。これを貨幣の中立性命題（古典派の二分法）と呼びます。

❺ ✕　古典派は、経済の貨幣部門と実物部門を分離して考えているので（貨幣の中立性命題、古典派の二分法）、貨幣部門におけるマネーサプライを増やしても、実物部門の実質国内総生産を高めるとは考えません。

問題2 正解 ❶

これまでの復習によい問題でしょう。ケインズ経済学の部分で忘れているところがあったら、すぐに戻って復習するようにしましょう。

古典派経済学によれば、貨幣供給量の変化は全て物価水準の変化によって吸収されるため、貨幣は実物経済に対して全く影響を及ぼさないとされる。これは（**ア**：貨幣の中立性）と呼ばれる考え方であり、貨幣は実物経済を覆うヴェールにすぎない。

一方、ケインズ経済学によれば、貨幣供給量の変化は、実物経済の変化を引き起こすことになる。例えば、貨幣供給量が増加した場合、物価水準を一定としたIS－LM分析で考えると、LM曲線は（**イ**：右方）にシフトし、均衡国民所得は（**ウ**：増加）する。そして、総需要－総供給分析では、総需要曲線が右下がり、総供給曲線が右上がりであるとすると、貨幣供給量の増加は（**エ**：総需要曲線）の右方へのシフトをもたらし、物価水準の（**オ**：上昇）を引き起こす。

よって、正解は❶となります。

古典派経済学は、実物経済と貨幣経済を分離した体系であり、ケインズ経済学は、実物経済と貨幣経済が密接に結びついた体系（同時均衡）になっているのです。

問題3 正解 ❸

押さえるべき内容がバランスよく盛り込まれている問題です。知識モノと割り切って、本問にまとまっている内容だけでも覚えるようにしましょう。❷の資産選択理論は紹介していない内容ですが、正解が明確なので正答できるでしょう。

❶ ×　ケインズの流動性選好説では、貨幣需要の動機を取引動機、予備的動機、投機的動機の三つに分けました。そして、取引動機と予備的動機に基づく貨幣需要は国民所得の増加関数になるとし（取引需要）、投機的動機に基づく貨幣需要は利子率の減少関数になるとしています（投機的需要）。

❷ ×　ケインジアンの１人であるトービンは、ケインズの流動性選好説を発展させた資産選択理論を展開しました。この理論は、人々はその時どきの経済・金融情勢を踏まえて、貨幣（安全資産）とそれ以外の資産（危険資産）の最適な保有割合を決定するとし、資産選択の結果として貨幣需要が決まるとしました。古典派の貨幣数量説を発展させたわけではありません。

❸ ○　この理論の最大のポイントは、貨幣の「取引需要」が国民所得の増加関数であり、かつ利子率の減少関数でもあるとしている点です。「投機的需要」のこ

とを指しているわけではありませんので注意しましょう。

❹ ×　フィッシャーの数量方程式(交換方程式)とマーシャルが定義したケンブリッジ方程式（現金残高方程式）は基本的に別のものです。フィッシャーの数量方程式は、財の取引額と貨幣の利用額が常に等しくなる関係（恒等式）を示したものですが、マーシャルのケンブリッジ方程式は、貨幣の需給均衡を示したものです。

❺ ×　貨幣の流通速度は利子率には依存せず、一定のものとしているのは、古典派の貨幣数量説です。

一方、フリードマンが提唱した新貨幣数量説では、貨幣の流通速度（V）と、その逆数に相当するマーシャルの$\boldsymbol{k}$（$k=\dfrac{1}{V}$）は、利子率（r）をはじめとした金融資産からの収益率や恒常所得、期待インフレ率に依存すると考えました。

例えば、利子率が上昇（$r\uparrow$）したとすると、手もとに貨幣という形で保有するよりも預金や債券などを購入したほうが有利です。これは金融市場を中心として資金の流通が盛んになることを意味しますから、貨幣の流通速度が高まることになるのです（$V\uparrow$）。一方、手もとの貨幣需要は減っていますから、貨幣需要の割合を示すマーシャルの$\boldsymbol{k}$は低下することになるのです（$k\downarrow$）。

第9章　国際マクロ経済学

1　45°線分析・IS－LM分析

問題1　　正解 ❷

本問においては、2点注意する必要があります。一つは、国民所得の大きさではなく「政府支出乗数」が問われている点です。もう一つは、輸入関数が可処分所得（$Y-T$）ベースになっている点です。

均衡条件式に他の条件をすべて代入し、均衡国民所得を計算します。

$$Y=C+I+G+EX-IM$$
$$\Leftrightarrow\quad Y=120+0.7(Y-0.25Y)+I+G+EX-10-0.2(Y-0.25Y)$$
$$\Leftrightarrow\quad Y=110+0.7Y-0.175Y+I+G+EX-0.2Y+0.05Y$$
$$\Leftrightarrow\quad Y-0.7Y+0.175Y+0.2Y-0.05Y=110+I+G+EX$$
$$\Leftrightarrow\quad 0.625Y=110+I+G+EX$$
$$\therefore\quad Y=\frac{1}{0.625}(110+I+G+EX)$$

政府支出（G）だけが変化したとすると、

$$\varDelta Y=\frac{1}{0.625}\cdot\varDelta G$$

となります。よって、政府支出乗数は、

$$\frac{1}{0.625}=1.6$$

となります。

よって、正解は❷となります。

具体的な数値をすべて文字でおいて計算すると、以下のようになります。

$$Y=C+I+G+EX-IM$$
$$\Leftrightarrow\quad Y=C_0+c(Y-tY)+I+G+EX-M_0-m(Y-tY)$$
$$\Leftrightarrow\quad Y=C_0+cY-ctY+I+G+EX-M_0-mY+mtY$$
$$\Leftrightarrow\quad Y-cY+ctY+mY-mtY=C_0+I+G+EX-M_0$$
$$\Leftrightarrow\quad Y(1-c+ct+m-mt)=C_0+I+G+EX-M_0$$
$$\therefore\quad Y=\frac{1}{1-c+ct+m-mt}(C_0+I+G+EX-M_0)$$

（C_0：基礎消費、c：限界消費性向、t：限界税率、M_0：基礎輸入、m：限界輸入性向）

政府支出（G）だけが変化したとすると、本問の乗数効果は、

$$\Delta Y = \frac{1}{1 - c + ct + m - mt} \cdot \Delta G$$

となります。

このように、乗数そのものや乗数効果は、問題文の設定によって変わってしまいます。問題文に示された条件に従って、試験会場で導けるようにしておくことが大切です。計算がやや面倒ですが、計算ミスがなくなるまで練習しましょう。

問題2

正解 ❺

デフレギャップの計算方法は、総需要に含まれる要素が変わっても違いはありません。第2章で学習した手順を復習しましょう。

デフレギャップは、完全雇用国民所得水準において発生する超過供給です。そこで、$Y=200$のときの総供給と総需要の大きさを別々に計算して、差をとります。

総供給：$Y_S = Y = 200$（生産と分配の二面等価）

総需要：$Y_D = C + I + G + X - M$

$= 0.6(Y - 0.1Y) + 30 + 20 + 20 + 30 - 0.04Y - 20$

$= 0.5Y + 80$

$= 0.5 \cdot 200 + 80$

$= 180$

デフレギャップ＝総供給－総需要

$= 200 - 180$

$= 20$

発生しているデフレギャップ20を解消し、完全雇用国民所得200を実現するには、デフレギャップと同額だけ総需要を拡大すればよいので、必要となる政府支出の増加額は20となります。よって、政府支出の金額は当初の金額（20）を加えると、40になります。このとき、財政収支（$T-G$）は、

$T - G = 0.1Y - G$

$= 0.1 \cdot 200 - 40$

$= -20$（赤字）

と計算できます。

よって、正解は❺となります。

問題3

正解❹

これも第2章の復習となる問題です。二つの解法を示しておきますが、慣れてきたら❷の解法がおすすめです。完全雇用国民所得（達成したい国民所得）が示されており、政策変数（ここでは$T=60$）の当初の値が与えられているときはこの方法を採ることができます。

❶ 乗数効果から計算する方法

消費関数を$C=C_0+c(Y-T)$、輸入関数を$M=M_0+mY$として均衡条件式に代入し、均衡国民所得を計算します。

$$Y=C+I+G+X-M$$
$$\Leftrightarrow \quad Y=C_0+c(Y-T)+I+G+X-(M_0+mY)$$
$$\Leftrightarrow \quad Y=C_0+cY-cT+I+G+X-M_0-mY$$
$$\Leftrightarrow \quad Y-cY+mY=C_0-cT+I+G+X-M_0$$
$$\therefore \quad Y=\frac{1}{1-c+m}(C_0-cT+I+G+X-M_0) \quad \cdots\cdots①$$

①式に、$C_0=56$、$c=0.6$、$m=0.1$、$I=100$、$G=60$、$T=60$、$X=60$、$M_0=10$を代入して現在の均衡国民所得を計算すると、

$$Y=\frac{1}{1-0.6+0.1}(56-0.6\cdot60+100+60+60-10) \qquad \therefore \quad Y=460$$

となります。完全雇用国民所得が520なので、減税によって国民所得を60だけ増加させればよいことがわかります。

①式を変化分の式にして、租税（T）だけが変化したとすると、

$$\varDelta Y=\frac{-c}{1-c+m}\cdot\varDelta T$$

となり、ここに$c=0.6$、$m=0.1$、$\varDelta Y=60$とすると、

$$60=\frac{-0.6}{1-0.6+0.1}\cdot\varDelta T$$

$$\Leftrightarrow \quad 60=-\frac{6}{5}\cdot\varDelta T \qquad \therefore \quad \varDelta T=-50$$

と計算することができます。

よって、正解は❹となります。

❷ 乗数効果を使わない方法

完全雇用国民所得（＝達成したい国民所得）520が示されており、租税の当初の値（$T=60$）が与えられているので、乗数効果を使わずに、以下のように計算することもできます。

租税をTとして、完全雇用国民所得を達成するうえで必要な税額（T）を計算し、いくら減税すべきかを考えます。

消費関数を$C=C_0+c(Y-T)$、輸入関数を$M=M_0+mY$として均衡条件式に代入し、均衡国民所得を計算します。

$$Y=C+I+G+X-M$$
$$\Leftrightarrow\ Y=C_0+c(Y-T)+I+G+X-(M_0+mY)$$
$$\Leftrightarrow\ Y=C_0+cY-cT+I+G+X-M_0-mY$$
$$\Leftrightarrow\ Y-cY+mY=C_0-cT+I+G+X-M_0$$
$$\therefore\ Y=\frac{1}{1-c+m}(C_0-cT+I+G+X-M_0)\qquad\cdots\cdots①$$

①式に、$Y=520$、$C_0=56$、$c=0.6$、$m=0.1$、$I=100$、$G=60$、$X=60$、$M_0=10$を代入して現在の均衡国民所得を計算すると、

$$520=\frac{1}{1-0.6+0.1}(56-0.6T+100+60+60-10)$$
$$\Leftrightarrow\ 260=-0.6T+266$$
$$\Leftrightarrow\ 0.6T=6\qquad\therefore\ T=10$$

となります。つまり、完全雇用国民所得520を実現するためには、租税を60から10に50だけ減税すればよいことがわかります。

よって、正解は❹となります。

問題4

正解 ❹

当初の貿易収支の状況を求めておき、変化後の収支と比べて判断します。

本問は、当初の貿易収支の状況がわからないので、まずは当初の値で貿易収支を求めます。貿易収支（TA）は、

$$TA=E-M$$
$$=130-(0.2Y+20)\qquad\cdots\cdots①$$

となります。①式を見ると、国民所得（Y）を計算する必要があることがわかります。そこで、消費関数を$C=cY+C_0$、輸入関数を$M=M_0+mY$として、均衡国民所得（Y）を計算します。

$$Y=C+I+G+E-M$$
$$\Leftrightarrow\ Y=cY+C_0+I+G+E-(mY+M_0)$$
$$\Leftrightarrow\ (1-c+m)Y=C_0+I+G+E-M_0$$
$$\therefore\ Y=\frac{1}{1-c+m}(C_0+I+G+E-M_0)\qquad\cdots\cdots②$$

この②式に、具体的な数値を代入すると（$c=0.7$、$m=0.2$、$C_0=30$、$I=60$、$G=50$、$E=130$、$M_0=20$）、均衡国民所得は以下のようになります。

$$Y=\frac{1}{1-0.7+0.2}(30+60+50+130-20)\qquad\therefore\ Y=500$$

この結果を①式に代入すると、以下のようになります。

$E-M=130-(0.2\cdot 500+20)$

$=10$（黒字）

次に、貿易収支がどのように変化するのかを計算します。

①式を変化分の式にすると、

$\varDelta TA=-0.2\cdot\varDelta Y$ ……③

となります。国民所得の変化分（$\varDelta Y$）の計算が必要であることがわかるので、②式を変化分の式にして政府支出の乗数効果を計算します。政府支出の増加分（$\varDelta G$）は50なので、

$$\varDelta Y=\frac{1}{1-c+m}\cdot\varDelta G$$

$$\Leftrightarrow\ \varDelta Y=\frac{1}{1-0.7+0.2}\cdot 50 \qquad \therefore\ \varDelta Y=100$$

この結果を③式に代入すると、

$\varDelta TA=-0.2\cdot 100 \qquad \therefore\ \varDelta TA=-20$

となります。これは、貿易収支が20だけ悪化することを示しています。

当初10の黒字だった貿易収支が20悪化するので、10の赤字に変化することがわかります。

よって、正解は❹となります。

問題5

正解 ❶

「国債の市中引受方式（市中消化）で発行」とありますが、問題文に資産効果（公債の富効果）を考慮する旨の記述がありませんし、市中引受では貨幣供給量が増えることもありません（$\varDelta M=0$）。したがって本問は、シンプルな「政府支出を50増やしたとき」の国民所得の増加額を計算すればよいのです（第５章で学習したパターンⅡに該当する問題です）。

まず、IS曲線とLM曲線の式を立て、それぞれ変化分の式にします。

【IS曲線】 $Y=C+I+G+EX-IM$

$\Leftrightarrow\ Y=50+0.5(Y-0.2Y)+200-1{,}000r+G+200-50-0.2Y$

$\Leftrightarrow\ 0.8Y+1{,}000r-400=G$

$\Leftrightarrow\ 0.8\varDelta Y+1{,}000\varDelta r=\varDelta G$ ……①

【LM曲線】 $L=M$

$\Leftrightarrow\ 0.4Y-2{,}000r=M$

$\Leftrightarrow\ 0.4\varDelta Y-2{,}000\varDelta r=\varDelta M$ ……②

問題文の条件を当てはめて、２式を連立して解きます。①式に$\varDelta G=50$、②式に$\varDelta M=0$を代入して、①式の両辺を２倍して、②式と辺々合計をとると（連立して解く）、

$2\varDelta Y=100 \qquad \therefore\ \varDelta Y=50$

と計算できます。

よって、正解は❶となります。

問題6 正解 ❸

IS－LM分析のパターンⅢの問題です。「政府支出を60％拡大した」とありますから、$G=60$は使わずに文字でおき、パターンⅡの計算（変化分の計算）を行います。

IS曲線とLM曲線の式を立て、それぞれ変化分の式にすると、以下のようになります。

【IS曲線】 $Y=C+I+G+EX-IM$

$\Leftrightarrow\ Y=50+0.6(Y-0.25Y)+100-3r+G+90-0.2Y$

$\Leftrightarrow\ 0.75Y+3r=240+G$

$\Leftrightarrow\ 0.75\Delta Y+3\Delta r=\Delta G$ ……①

【LM曲線】 $M=L$

$\Leftrightarrow\ 100=Y-8r+60$

$\Leftrightarrow\ \Delta Y=8\Delta r$ ……②

$\Delta G=36(=60\times 0.6)$ を①式に代入し、①式と②式を連立して解くと、

$0.75\cdot 8\Delta r+3\Delta r=36 \quad \therefore\ \Delta r=4$

$\Delta Y=8\cdot 4 \quad \therefore\ \Delta Y=32$

となります。この$\Delta Y=32$は、二つの市場の同時均衡を前提として計算した結果ですから、以下のグラフにおけるY_0からY_1の変化に対応します。

次に、Y_0からY_Gの変化（＝乗数効果）を計算します。

財市場の均衡は①式で示されていますので、①式において$\Delta r=0$（利子率一定）、$\Delta G=36$とすると、

$0.75\Delta Y=36 \quad \therefore\ \Delta Y=48$

となります。これがIS曲線のシフト幅（乗数効果）になります。よって、クラウディング・アウト効果によって国民所得は16減少してしまうことになります。

よって、正解は❸となります。

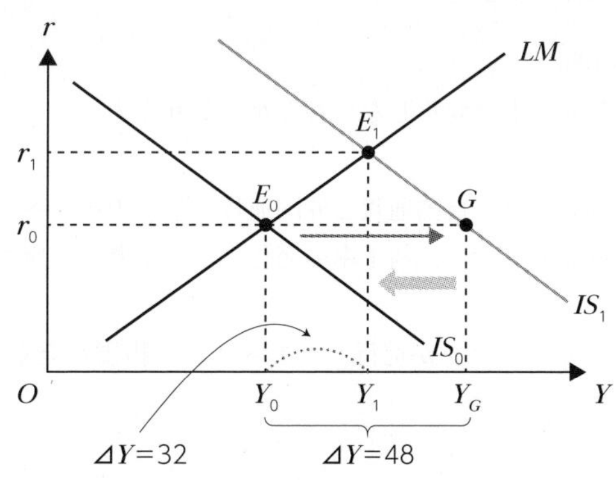

2　マンデル＝フレミング・モデル

問題1　　　　正解 ❶

購買力平価説についての出題です。変化率の公式に沿った計算を正しく行ったうえで、得られた値の意味するところも正しく理解しておきましょう。

購買力平価説では、自国通貨と外国通貨の購買力の比率によって為替レートが決定されると考えます。

日本の物価をP、アメリカの物価をP^*とすると、為替レート（e）は以下の式を満たすように決定されます。

$$e=\frac{P}{P^*}$$

この式を“変化率”の式にすると、

$$\frac{\varDelta e}{e}=\frac{\varDelta P}{P}-\frac{\varDelta P^*}{P^*} \quad \cdots\cdots ①$$

となります。この①式を使って、各選択肢を見ていきます。

❶ ○　アメリカで５％のインフレが進行し、日本の物価が全く動いていないとき、①式から、

$$\frac{\varDelta e}{e}=0\%-5\%$$
$$=-5\%$$

となります。これは、５％為替レートが下落する（円高・ドル安）ことを意味します。

❷ ×　日本とアメリカでそれぞれ５％のインフレが同時進行したとき、①式から、

$$\frac{\varDelta e}{e}=5\%-5\%$$
$$=0\%$$

となり、為替レートは変化しないことがわかります。

❸ ×　購買力平価説では、自国通貨と外国通貨の購買力の比率によって為替レートが決定されるとしており、利子率の変化による影響は考慮されていません。

❹ ×　日本で５％のインフレが進行し、アメリカの物価が全く動いていないとき、①式から、

$$\frac{\Delta e}{e} = 5\% - 0\%$$

$$= 5\%$$

となります。これは、5％為替レートが上昇する（円安・ドル高）ことを意味します。

❺ ✕　❸の解説参照。

問題2　　正解 ❺

前問と同じように為替レートの変化率を求め、現行の為替レートからの変化を計算します。為替レート＝「ドルの価格」なので、変化率の計算で得られたパーセンテージを現行の価格に乗じればよいだけです。

購買力平価説では、我が国の物価をP、米国の物価をP^*とすると、為替レート（e）は以下の式を満たすように決定されます。

$$e = \frac{P}{P^*}$$

この式を“変化率”の式にすると、

$$\frac{\Delta e}{e} = \frac{\Delta P}{P} - \frac{\Delta P^*}{P^*} \quad \cdots\cdots ①$$

となります。

我が国のインフレ率は5％、米国のインフレ率はゼロなので、①式から、

$$\frac{\Delta e}{e} = 5\% - 0\%$$

$$= 5\%$$

となります。為替レートは5％上昇（円安・ドル高）になることがわかります。現時点での為替レートは1ドル＝120円なので、1年後の為替レートは、

120円×1.05＝126円

と計算することができます。

よって、正解は❺となります。

問題3　　正解 ❺

Jカーブ効果とマーシャル＝ラーナー条件は“暗記モノ”です。直前期にも確認するようにしましょう。

A ✕　Jカーブ効果とは、為替レートの上昇（減価、円安・ドル高）が起きると、

短期的に経常収支が悪化し、長期的には改善の方向に向かう動きを指します。この場合、短期的には、輸出の価格弾力性＋輸入の価格弾力性＜1となり、長期的には、輸出の価格弾力性＋輸入の価格弾力性＞1（マーシャル=ラーナー条件）となります。

B × Jカーブ効果は、マーシャル=ラーナー条件が満たされていないときに、短期的に経常収支の不均衡が拡大する現象です。

C ○ 輸出量や輸入量に関する取引契約は、為替レートの変化前に締結されており、為替レートが変化しても、短期的には各国の国内生産量の調整ができません。このため、短期的にはマーシャル=ラーナー条件が満たされず、経常収支の不均衡が一時的に拡大することになるのです。

D ○ 短期的には経常収支の不均衡は拡大しますが、長期的には、国内生産量の調整が可能となり、マーシャル=ラーナー条件を満たすことになります。このため、経常収支の不均衡は徐々に縮小されていくことになります。

問題4

正解 ❺

本問も"暗記モノ"です。❸の内容については、無理に覚える必要はないと思います。これがわからなくても❺を正しいと判断して正答に至ることができます。

❶ × Jカーブ効果とは、為替レートが円安方向に動いた場合、短期的に輸出の減少と輸入の拡大が起き、貿易収支が一時的に悪化する現象をいいます。したがって、貿易収支の黒字額が拡大することではありません。

❷ × 我が国の企業がアメリカ合衆国の公債を大量に売却すると、外国為替市場では、公債の売却によって得たドルを円に替える動きが起きるため、ドルの超過供給（円の超過需要）が発生します。このため、為替レートは円高・ドル安になります。

❸ × 海外投資は、直接投資と間接投資からなります。

直接投資とは、外国企業に対して、永続的な権益を取得する（経営支配）ことを目的とした投資です。具体的には、株式取得、金銭の貸付け、役員の派遣など、経営参加を目的としたものからなります。

一方、間接投資とは、経営参加を目的とするものではなく、配当、キャピタル・ゲイン、利子の受取り等、資産運用を目的とした投資です。

❹ × 固定為替相場制では、外国で生じたインフレは自国に波及し、変動為替相場制では、外国のインフレは自国に波及しません。

購買力平価説を前提として説明します。いま、為替レートが1ドル＝100円だとして、

$$e=\frac{P}{P^*}=100円／1ドル\quad〔P：自国の物価、P^*：外国の物価〕$$

とします。

ここで、外国の物価が2ドルに上昇したとすると（インフレ）、外国為替市場に円高･ドル安の圧力がかかります。変動為替相場制を採っている場合には、為替レートが円高・ドル安に変化する（1ドル＝50円）だけで、自国でインフレが起きることはありません（インフレ隔離効果）。

一方、固定為替相場制を採っている場合には、為替レートが円高・ドル安に動かないよう、中央銀行がドル買い・円売りの介入を行います。これにより自国の貨幣（円）流通量が増え、国内にインフレをもたらすことになるのです。

❺ ○ 固定為替相場制を採用している場合、為替レートを一定に維持するために、中央銀行は外国為替市場に介入する必要があります。この際、国内の貨幣流通量が増減し、国内にインフレやデフレを発生させてしまう可能性があります。そこで、これを回避するために、公開市場操作などの手段によって国内の貨幣流通量を相殺することがあります。これを不胎化政策と呼びます。

問題5

正解 ❺

基本的な問題ですから、忘れているところは確認して、しっかりと覚えるようにしましょう。

まず、曲線ごとに確認しましょう。

IS曲線は、財市場の均衡を実現する国民所得と利子率の組合せを表します。IS曲線の左下の領域においては、財市場は超過需要、右上の領域においては、財市場は超過供給となります。

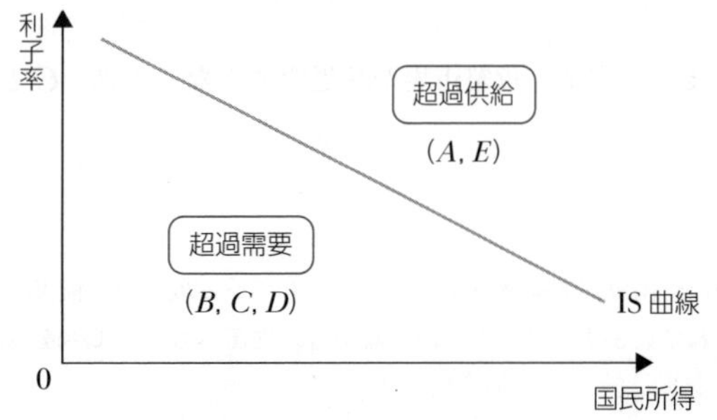

LM曲線は、貨幣市場の均衡を表す国民余得と利子率の組合せを表します。LM曲線

の右下の領域においては、貨幣市場は超過需要となり、左上の領域においては、貨幣市場は超過供給となります。

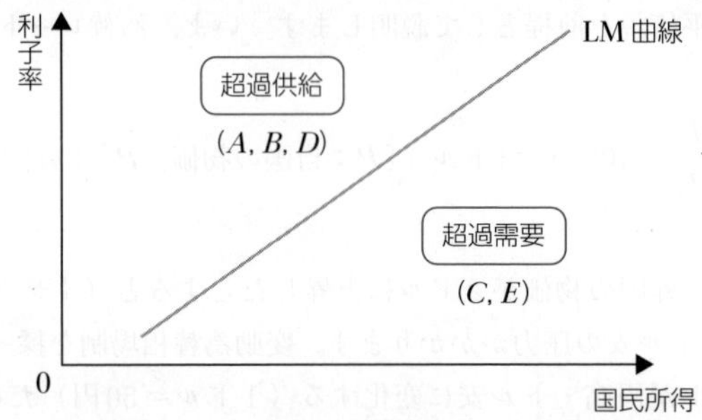

BP曲線（国際収支均衡線）は、国際収支を均衡させる国民所得と利子率の組合せを表します。BP曲線が水平線である場合、下の領域においては、国際収支は赤字となり、上の領域においては、国際収支は黒字となります。

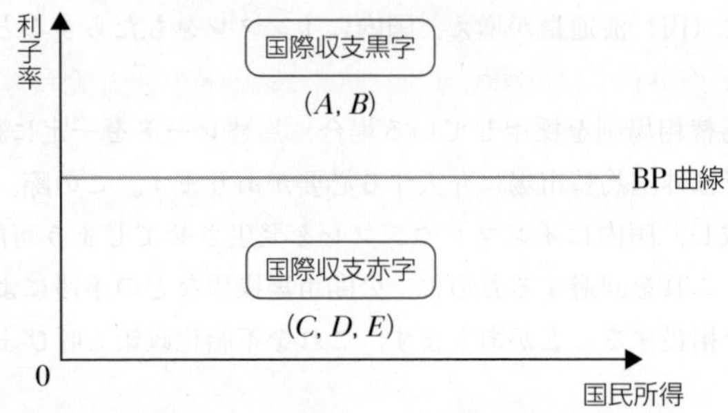

ア ×　財市場と貨幣市場がともに超過需要となるのは、Cだけです。

イ ×　財市場と貨幣市場がともに超過供給となるのは、Aだけです。

ウ ×　財市場が超過需要で、貨幣市場が超過供給であるのは、BとDです。

エ ○　国際収支が黒字で、財市場が超過需要となるのは、Bだけです。

オ ○　国際収支が赤字で、貨幣市場が超過需要となるのは、CとEです。

問題6　　正解 ❸

資本移動が完全に自由で、変動為替相場制を採用している場合の、拡張的な財政政策と金融政策の効果が問われています。グラフを描きながら、均衡へのプロセスを確認できるように練習しましょう。

❶ 拡張的な財政政策の効果（❶、❷、❸）

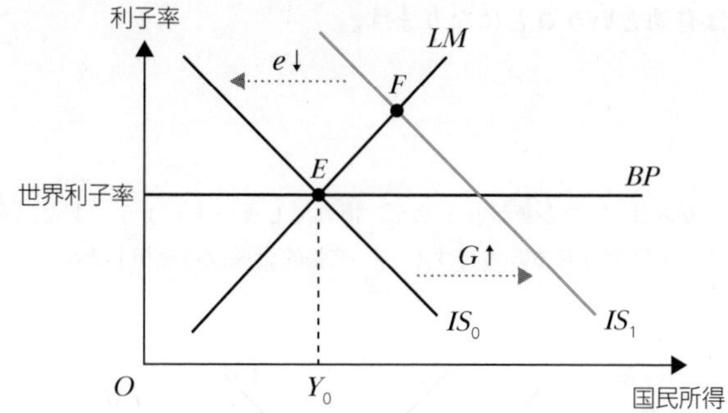

拡張的な財政政策が実施されると、IS曲線が上方（右方）にシフト（$IS_0 \to IS_1$）します。自国の利子率が上昇して世界利子率を上回ることになり、自国に資本流入が発生します。このため、国際収支（BP）は黒字になります（F点）。

外国為替市場にはドルの超過供給（円の超過需要）が発生するため、変動為替相場制では、為替レートが下落（増価）します（❶、❷は誤り）。為替レートの下落（増価）は輸出（X）を減少させ、輸入（M）を増加させるため、貿易・サービス収支（＝輸出－輸入）が悪化します。これを受けて、IS曲線が下方（左方）にシフトバック（$IS_1 \to IS_0$）してしまいます（❸が正解）。

以上より、均衡国民所得は政策実施前と変わらないため（Y_0）、変動為替相場制のもとでの拡張的な財政政策は無効ということになります。

❷ 拡張的な金融政策の効果（❹、❺）

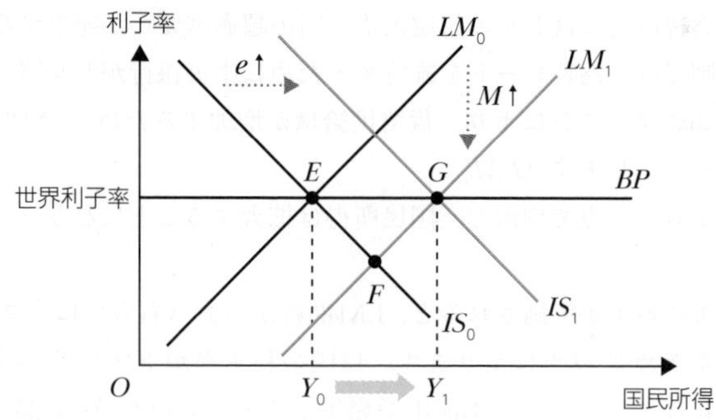

拡張的な金融政策が実施されると、LM曲線が下方（右方）にシフト（$LM_0 \to LM_1$）します。自国の利子率が下落して世界利子率を下回ることになり、国外に資本流出が発生します。このため、国際収支（BP）は赤字になります（F点）。

外国為替市場にはドルの超過需要（円の超過供給）が発生するため、変動為替相場制では、為替レートが上昇（減価）します（❹、❺は誤り）。為替レートの上昇は輸出（X）を増加させ、輸入（M）を減少させるため、貿易・サービス収支（＝輸出－輸入）が改善します。これを受けて、IS曲線が上方（右方）にシフト（$IS_0 \to IS_1$）します。

第9章 国際マクロ経済学

以上より、均衡国民所得はY_0からY_1に拡大するので、変動為替相場制のもとでの拡張的な金融政策は有効ということになります。

問題7

正解 ❹

均衡に至るプロセスは、いつも変わりません。慣れてしまいましょう。また、「金融緩和政策」とはマネーサプライを増加させる政策ですから、拡張的金融政策を指します。

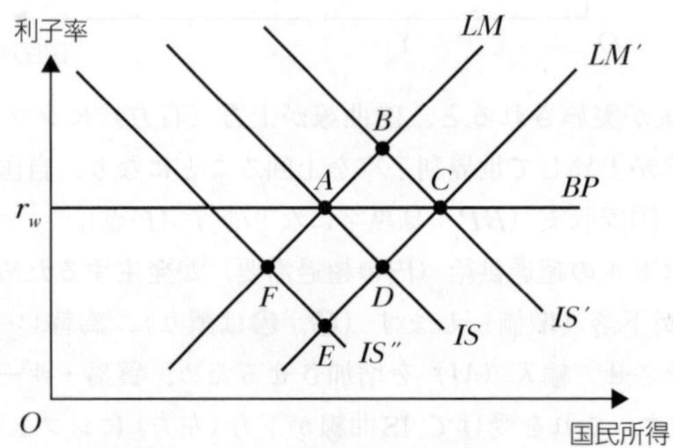

❶ ✕　拡張的な財政政策が実施されると、IS曲線が右方にシフトし（IS'）、国内の均衡点はB点に至ります。自国の利子率が上昇して世界利子率を上回ることになり、自国に資本流入が発生します。このため、国際収支（BP）は黒字になります。

外国為替市場にはドルの超過供給（円の超過需要）が発生するため、固定為替相場制では、為替レートを維持するために中央銀行がドル買い・円売りの介入を行います。これにより、貨幣供給量が増加するため、LM曲線が下方（右方）にシフトします（LM'）。

以上から、C点で均衡し、国民所得は拡大することになります。

❷ ✕　金融緩和政策が実施されると、LM曲線が下方（右方）にシフトし（LM'）、国内の均衡点はD点に至ります。自国の利子率が下落して世界利子率を下回ることになり、国外に資本流出が発生します。このため、国際収支（BP）は赤字になります。

外国為替市場にはドルの超過需要（円の超過供給）が発生するため、固定為替相場制では、為替レートを維持するために中央銀行がドル売り・円買いの介入を行います。これにより、貨幣供給量が減少するため、LM曲線が上方（左方）にシフトバックしてしまいます（LM）。

以上から、A点で均衡し、国民所得は変化しないといえます。

❸ × 拡張的な財政政策が実施されると、IS曲線が右方にシフトし（IS'）、国内の均衡点はB点に至ります。自国の利子率が上昇して世界利子率を上回ることになり、自国に資本流入が発生します。このため、国際収支（BP）は黒字になります。

外国為替市場にはドルの超過供給（円の超過需要）が発生するため、変動為替相場制では、為替レートが下落（増価）します。これにより、輸出が減少し、輸入が拡大するため、IS曲線が左方にシフトバックしてしまいます（IS）。

以上から、A点で均衡し、国民所得は変化しないといえます。

❹ ○ 金融緩和政策が実施されると、LM曲線が下方（右方）にシフトし（LM'）、国内の均衡点はD点に至ります。自国の利子率が下落して世界利子率を下回ることになり、国外に資本流出が発生します。このため、国際収支（BP）は赤字になります。

外国為替市場にはドルの超過需要（円の超過供給）が発生するため、変動為替相場制では、為替レートが上昇（減価）します。これにより、輸出が増加し、輸入が減少するため、IS曲線が右方にシフトします（IS'）。

以上から、C点で均衡し、国民所得は拡大することになります。

❺ × ❸の解説参照。

問題8 正解 ❸

問題文にグラフが示されていない場合には、自分でグラフを描き起こして、均衡へのプロセスを追いましょう。本問では、「資本移動が完全に自由である小国の仮定の下で」とあるので、国際収支の均衡を表すBP曲線（国際収支均衡線）は、外国（世界）利子率の水準で水平になります。

A ○ 拡張的財政政策が発動された場合、IS曲線が右方にシフト（$IS_0 \rightarrow IS_1$）して、自国の利子率（r）がr_1に上昇します。これにより$r_1 > r^*$となり、資本流入が発生します。このため、国際収支（BP）は黒字になります。

外国為替市場にはドルの超過供給（円の超過需要）が発生します。固定為替相場制では、為替レートを維持するために、ドル買い・円売りの介入を行います。不胎化政策を行わないのであれば、マネーサプライが増加することになるため、LM曲線が下方（右方）にシフト（$LM_0 \rightarrow LM_1$）します。

以上から、政策発動前に比べて、均衡国民所得はY_0からY_1に増加することになります。

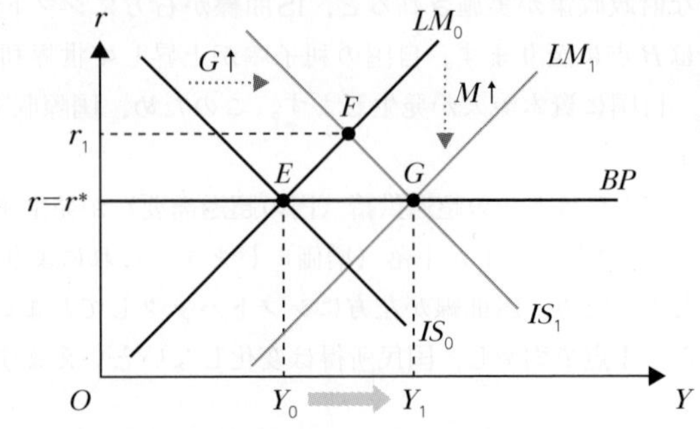

B ✕　「自国通貨の切下げ」とは為替レートの減価に当たり、固定された為替レートを、政策的に円安方向に変更することです。これが行われると、輸出が増え、輸入が減少します。これは、総需要の増加を意味し、IS曲線が右方にシフトすることになります。つまり、自国通貨の切り下げという政策は、拡張的財政政策と同じ効果を持つのです。よって、均衡に至るプロセスは**A**と同じになります。

C ○　「輸入規制や関税率の引上げなどの保護主義的な貿易政策」とは、政策的に輸入を減少させることです。これが行われると、総需要の増加をもたらし、IS曲線を右方にシフト（$IS_0 \to IS_1$）させることになります。つまり、これも拡張的財政政策と同じ効果を持つのです。

変動為替相場制のもとでIS曲線が右方にシフトすると、自国の利子率（r）がr_1に上昇します。これにより$r_1 > r^*$となり、資本流入が発生します。このため、国際収支（BP）は黒字になります。

外国為替市場には、ドルの超過供給（円の超過需要）が発生します。変動為替相場制では、ドルの超過供給を解消するように為替レートが下落します（$e\downarrow$：増価）。為替レートの下落（増価）は、輸出（X）を減少させ、輸入（M）を増加させることになり、IS曲線が左方にシフトバックしてしまいます（$IS_1 \to IS_0$）。

以上から、政策発動前と比べて、均衡国民所得は変化しないということになります。

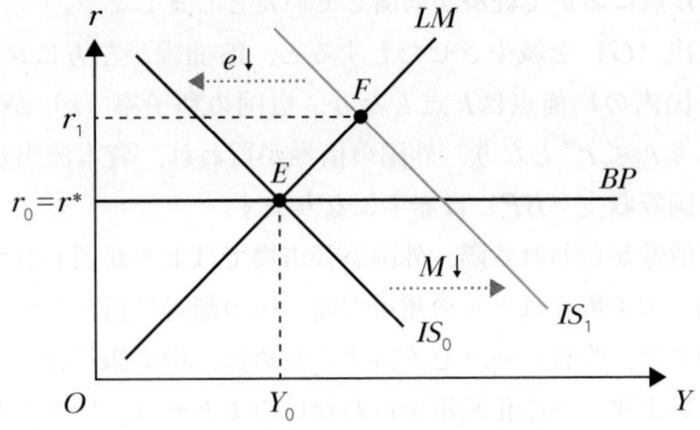

D ×　金融緩和政策（拡張的金融政策）が発動された場合、LM曲線が下方（右方）にシフト（$LM_0 \to LM_1$）し、自国の利子率（r）がr_1に下落します。これにより$r_1 < r^*$となり、資本流出が発生します。このため、国際収支（BP）は赤字になります。

外国為替市場にはドルの超過需要（円の超過供給）が発生します。変動為替相場制では、ドルの超過需要を解消するように為替レートが上昇します（減価）。為替レートの上昇（減価）は、輸出（X）を増加させ、輸入（M）を減少させることになり、IS曲線が右方にシフト（$IS_0 \to IS_1$）することになります。

以上から、政策発動前と比べて、均衡国民所得はY_0からY_1に増加することになります。

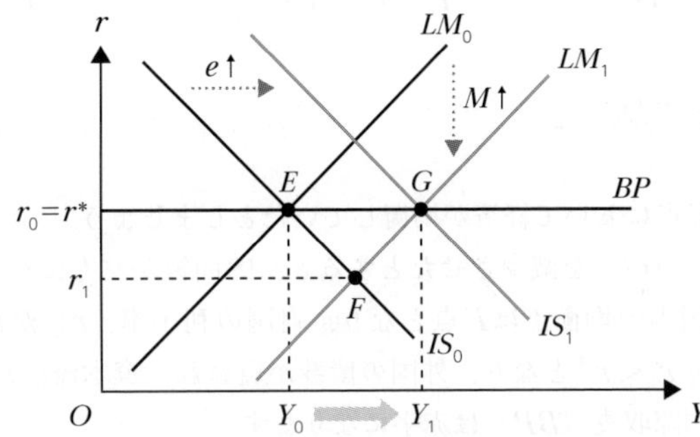

問題9　　正解 ❸

問題文冒頭に、「政府支出が減少する状況が生じた」とあります。政府支出の拡大ではありませんので、注意しましょう。なお、通常、マンデル=フレミング・モデルとは、小国を前提とした、資本移動が完全自由なケースになります（BP水平）。

❶ × 当初、E点において経済が均衡していたとしましょう。

政府支出（G）を減少させたとすると、IS曲線が左方にシフト（$IS_0 \to IS_1$）します。国内の均衡点はF点となり、自国の利子率（r）がr_1に下落します。これにより$r_1 < r^*$となり、外国の債券が買われ、資本流出が発生します。このため、国際収支（BP）は赤字になります。

外国の債券が買われる際、外国為替市場ではドルが買われて円が売られるため、外国為替市場にはドルの超過需要（円の超過供給）が発生します。固定為替相場制では、為替レートを維持するために、中央銀行はドル売り・円買いの介入を行います。不胎化政策を行わないのであれば、マネーサプライが減少することになるため、LM曲線が上方（左方）にシフト（$LM_0 \to LM_1$）し、新たな均衡点はG点となります。

以上より、均衡国民所得はY_0からY_1に減少することになります。

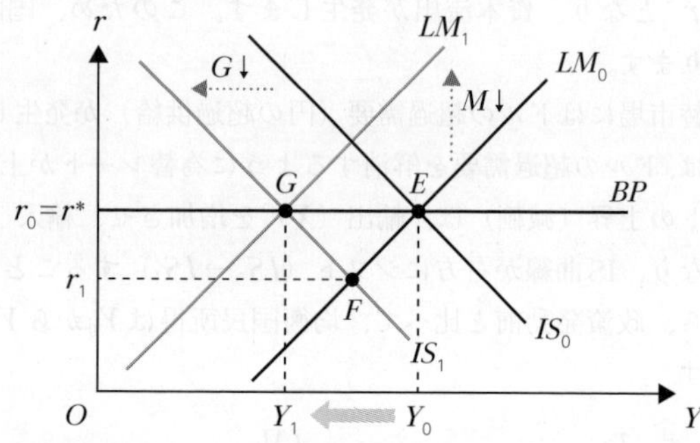

❷ × ❶の解説参照。

❸ ○ 当初、E点において経済が均衡していたとしましょう。

政府支出（G）を減少させたとすると、IS曲線が左方にシフト（$IS_0 \to IS_1$）します。国内の均衡点はF点となり、自国の利子率（r）がr_1に下落します。これにより$r_1 < r^*$となり、外国の債券が買われ、資本流出が発生します。このため、国際収支（BP）は赤字になります。

外国の債券が買われる際、外国為替市場ではドルが買われて円が売られるため、外国為替市場にはドルの超過需要（円の超過供給）が発生します。変動為替相場制では、ドルの超過需要を解消するように為替レートが上昇します（e↑：減価）。為替レートの上昇（減価）は輸出（X）を増加させ、輸入（M）を減少させます。これは、財市場の総需要を増加させることになるので、IS曲線が右方にシフト（$IS_1 \to IS_0$）します。

以上より、均衡国民所得はもとのY_0と変わらないということになります。

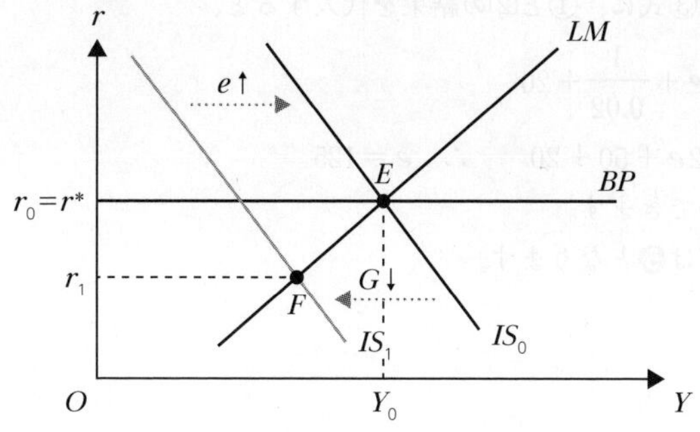

❹ ×　　❸の解説参照。

❺ ×　　❸の解説参照。

問題10

正解 ❺

財市場、貨幣市場、国際収支のすべてが均衡していることを前提に、各曲線の関係から為替レート（e）を求めることを考えます。

「国家間の資本移動が完全」とありますから、資本移動が完全で、BP曲線が水平なマンデル=フレミング・モデルであると判断することができます。

この場合、国内利子率（i）は、世界利子率（$i^* = 0.02$）に一致するように決定されるので、

$i = 0.02$　　……①

となります。

次に、貨幣市場の均衡条件式（LM曲線）は、①の結果と $M = 1{,}800$ を代入すると、

$$M = 2Y + \frac{4}{i}$$

$$\Leftrightarrow \quad 1{,}800 = 2Y + \frac{4}{0.02}$$

$$\Leftrightarrow \quad 2Y = 1{,}600 \qquad \therefore \quad \mathrm{Y} = 800 \qquad \cdots\cdots②$$

となります。

最後に、財市場の均衡条件式（IS曲線）は、

$$Y = C + I + CA$$

$$\Leftrightarrow \quad Y = 10 + 0.8Y + \frac{1}{i} + 10 + 2e - 0.2Y$$

$$\Leftrightarrow \quad 0.4Y = 2e + \frac{1}{i} + 20 \qquad \cdots\cdots③$$

第9章　国際マクロ経済学

とおけます。この③式に、①と②の結果を代入すると、

$$0.4 \cdot 800 = 2e + \frac{1}{0.02} + 20$$

$$\Leftrightarrow \quad 320 = 2e + 50 + 20 \qquad \therefore \quad e = 125$$

と計算することができます。

以上から、正解は❺となります。

第10章　経済成長理論

1　ハロッド=ドーマー型成長理論

問題1　　正解 ❷

ハロッド=ドーマー型成長理論の基本がまとまったよい問題です。本問のような“知識モノ”の問題は、たびたび出題されますから、まずは、結論（キーワード）を覚えてしまいましょう。

❶ ×　ハロッドの理論では、レオンチェフ型生産関数を前提としているため、資本と労働との間に代替関係は存在しません。そのため、生産要素価格が変化しても必要資本係数（資本係数）は変化せず、固定的となります。

❷ ○　現実の成長率が適正成長率（保証成長率）に一致しなくなると、その乖離は累積的に拡大していくとしました。これを、不安定性原理（ナイフエッジ原理）と呼びます。

❸ ×　ハロッドは、レオンチェフ型生産関数を前提とし、資本と労働は代替不可能であるとしました。このため、現実の成長率が適正成長率（保証成長率）や自然成長率と一致することはなく、均斉成長を実現することは不可能であるとしました。

❹ ×　適正成長率（保証成長率）（G_w）は、資本の完全な稼働のもとで可能となる成長率で、

$$G_w=\frac{s}{v}$$　〔s：貯蓄性向（貯蓄率）、v：（必要）資本係数〕

と表されます。したがって、貯蓄性向が増加すれば、適正成長率は増加することになります。

❺ ×　現実の成長率（G）が適正成長率を下回る場合（$G<G_w$）、資本ストックは完全に利用されておらず、遊休資本が存在する状態、すなわち、資本が過剰な状態であるといえます。

問題2　　正解 ❷

少々判断が難しい記述が一部にありますが、正解肢を選ぶのは容易だと思います。

A ○　ハロッド=ドーマー・モデルでは、投資には、乗数効果を通じて総需要を拡大させる有効需要創出効果と、資本蓄積が総供給を拡大させる生産能力創出

効果があるとしています。

B　×　資本係数は、技術的に見て望ましい生産量（総供給）１単位当たりの資本量をいい、資本量を生産量で割った値になります。ハロッド＝ドーマー・モデルでは、レオンチェフ型生産関数を前提としているため、資本係数は一定（固定的）となります。

C　×　保証成長率（G_w）とは、資本の完全利用が維持される産出量の増加率で、貯蓄率（s）を資本係数（v）で割った値で示されます（$G_w=\frac{s}{v}$）。

一方、自然成長率（G_n）は、労働人口増加率（n）に技術進歩率（λ）を加えた値になります。

D　○　この場合の「投資成長率」は、現実の成長率（G）を表します。保証成長率（G_w）にも投資成長率という性格がありますが、これは、資本係数（v）という技術的に見て望ましい資本量と産出量の関係を前提にした場合の成長率です。したがって、「投資成長率が保証成長率を上回ると」の記述は、「現実の成長率が保証成長率を上回ると」（$G>G_w$）という意味です。よって、資本不足を解消するために投資が促進され、$G>G_w$の傾向に拍車がかかることになります（不安定性原理）。

問題3　　正解 ❹

均衡成長が前提なので、$G_w=G_n$とし、与えられた数値から未知数である貯蓄率（s）を求めます。

資本の完全利用を実現する成長率は保証成長率（G_w）で、

$G_w=\frac{s}{v}$　……①

〔s：貯蓄率、v：必要資本係数〕

と表されます。

一方、完全雇用を実現する成長率は自然成長率（G_n）で、

$G_n=\lambda+n$　……②

〔λ：技術進歩率、n：労働人口増加率〕

となります。

資本の完全利用と完全雇用を同時に達成する均衡成長（均斉成長）を実現する場合には、①式と②式から、

$$\frac{s}{v} = \lambda + n$$

$$\Leftrightarrow \quad \frac{s}{4} = 5.0 + 1.8 \qquad \therefore \quad s = 27.2$$

と計算することができます。

よって、正解は❹となります。

2　新古典派成長理論

問題1　　　　正解 ❺

キーワードと結論を押さえておけば、❶〜❸は誤りとわかるでしょう。❹、❺は、グラフを描いて確認できるようにしておきましょう。

❶ ×　新古典派成長理論では、マクロ生産関数としてコブ=ダグラス型生産関数を前提とします。この生産関数は、資本と労働を同時に２倍すると、生産量も２倍になる性質があります。この性質を、規模に関して収穫一定（１次同次）といいます。資本係数が可変的であるとする点は、問題ありません。

❷ ×　コブ=ダグラス型生産関数を等生産量曲線の形で描くと、右下がりの曲線として描くことができます。これは、同じ生産量を生産する場合、資本と労働との間には代替性が存在することを意味します。このため、生産要素価格が変化すると最適な労働と資本の組合せが変化することになり、資本係数が可変的になるのです。

❸ ×　本肢の内容は、ハロッド=ドーマー型成長理論のものです（不安定性原理）。新古典派成長理論では、長期的には定常状態に収束し、資本成長率（保証成長率）と労働成長率は同率となります。生産関数の１次同次性から、経済成長率（現実の成長率）も同率となります。つまり、現実の成長率は保証成長率に一致することになります。

❹ ×　以下のグラフにおいて、貯蓄率がs_0からs_1に上昇したとすると、定常状態がE_0点からE_1点に変化します。これによって資本労働比率（k）はk_0からk_1に上昇し、１人当たりの所得（y）はy_0からy_1に上昇することになります。

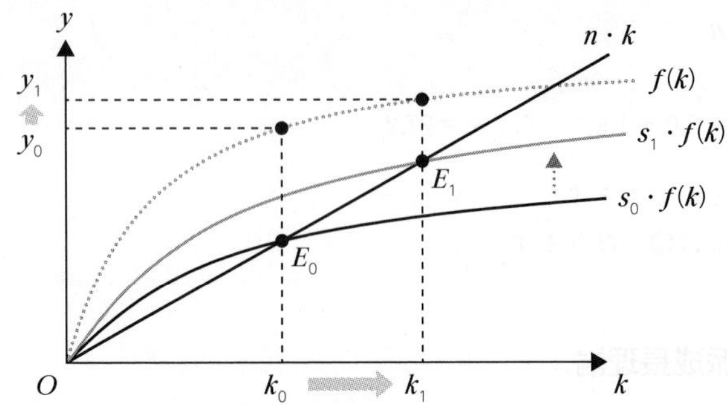

❺ ○　労働人口の増加率がn_0からn_1に上昇したとすると、定常状態がE_0点からE_1点に変化します。これによって資本労働比率（k）はk_0からk_1に低下し、1人当たりの所得（y）もy_0からy_1に低下することになります。

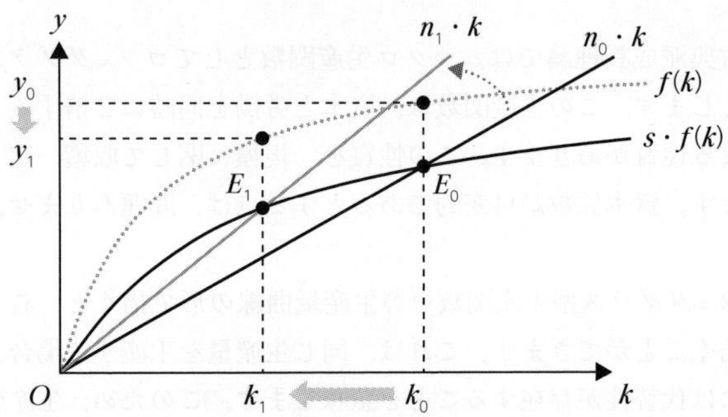

問題2　　正解 ❷

資本労働比率を計算させる典型的な問題です。「問題文のどこを見るか」を、しっかり覚えておきましょう。

資本労働比率（1人当たりの資本、資本装備率）を求めるには、定常状態を前提としてソロー方程式を解く必要があります。そのためには、1人当たりの生産関数（y）の計算が必要です。

問題文の生産関数（マクロ生産関数）の両辺を労働（L_t）で割り、1人当たりの生産関数を求めます。

$$\frac{Y_t}{L_t}=\frac{0.4K_t^{\frac{1}{2}}L_t^{\frac{1}{2}}}{L_t}$$

$$\Leftrightarrow\quad \frac{Y_t}{L_t}=0.4K_t^{\frac{1}{2}}L_t^{\frac{1}{2}-1}$$

$$\Leftrightarrow \quad \frac{Y_t}{L_t} = 0.4K_t^{\frac{1}{2}}L_t^{-\frac{1}{2}}$$

$$\Leftrightarrow \quad \frac{Y_t}{L_t} = 0.4\left(\frac{K_t}{L_t}\right)^{\frac{1}{2}}$$

ここで、$\frac{Y_t}{L_t} = y$、$\frac{K_t}{L_t} = k$とすると、１人当たりの生産関数は、

$$y = 0.4k^{\frac{1}{2}} \quad \cdots\cdots①$$

〔y：１人当たりの所得、k：資本労働比率（１人当たりの資本)〕

となります。

次に、ソロー方程式は、

$$\varDelta k = s \cdot f(k) - n \cdot k$$

〔$f(k)$：1人当たりの生産関数、s：貯蓄率、n：労働成長率〕

となりますが、定常状態においては$\varDelta k = 0$となるので、上式は、

$$s \cdot f(k) = n \cdot k \quad \cdots\cdots②$$

とおけます。

ここで、問題文の消費関数（$C_t = 0.8Y_t$）に注目すると、限界消費性向（c）が0.8であることがわかります。限界貯蓄性向は$1-c$ですから、貯蓄率（s）は20%（0.2）と判断できます。

さらに、問題文の$L_{t+1} = 1.02L_t$の式に注目すると、１年間に２%労働量が増えることがわかります（t期の労働量を1.02倍すると、1年後の$t+1$期の労働量になる)。よって、労働成長率（n）は２%（0.02）と判断できます。

よって、②式に、①式およびこれらの条件を代入し、kについて解くと、

$$20 \cdot 0.4k^{\frac{1}{2}} = 2k$$

$$\Leftrightarrow \quad k^{\frac{1}{2}} = \frac{1}{4}k$$

$$\Leftrightarrow \quad k = \frac{1}{16}k^2$$

$$\Leftrightarrow \quad \frac{1}{16}k = 1 \qquad \therefore \quad k = 16$$

となります。

よって、正解は❷となります。

問題3

正解 ❷

これまでの問題と異なり、「資本減耗率δ」が示されています。これは、損耗・陳腐化等による資本の減少率を表します。この資本減耗率を考慮する場合、資本成長率（$\frac{\varDelta K}{K}$）が$\frac{s \cdot f(k)}{k} - \delta$となりますので、ソロー方程式も変化します。

まず、１人当たりの生産関数（y）を計算します。問題文からマクロ生産関数は、

$Y_t = 1.4{K_t}^{0.5}L^{0.5}$

となります。この両辺を労働（L）で割り、１人当たりの生産関数を求めます。

$$\frac{Y_t}{L} = \frac{1.4{K_t}^{0.5}L^{0.5}}{L}$$

$$\Leftrightarrow \frac{Y_t}{L} = 1.4{K_t}^{0.5}L^{0.5-1}$$

$$\Leftrightarrow \frac{Y_t}{L} = 1.4{K_t}^{0.5}L^{-0.5}$$

$$\Leftrightarrow \frac{Y_t}{L} = 1.4\left(\frac{K_t}{L}\right)^{0.5}$$

ここで、$\frac{Y_t}{L} = y$、$\frac{K_t}{L} = k$とすると、１人当たりの生産関数は、

$y = 1.4k^{0.5}$ ……①

〔y：１人当たりの所得、k：１人当たりの資本ストック（資本労働比率）〕

となります。

次に、資本減耗率を考慮した場合のソロー方程式は、

$\varDelta k = s \cdot f(k) - \delta \cdot k - n \cdot k$

（$f(k)$：１人当たりの生産関数、s：貯蓄率、δ：資本減耗率、n：労働人口増加率）

となります。ここで、「労働人口は時間を通じて一定」なので増加率は０％であり、$n = 0$とおけます。さらに、定常状態では$\varDelta k = 0$なので、上式は、

$s \cdot f(k) = \delta \cdot k$ ……②

となります。

②式に、①式および問題文の条件を代入すると、

$20 \cdot 1.4k^{0.5} = 7k$

$$\Leftrightarrow 28k^{0.5} = 7k$$

$$\Leftrightarrow k^{0.5} = \frac{1}{4}k$$

$$\Leftrightarrow k = \frac{1}{16}k^2$$

$$\Leftrightarrow \quad \frac{1}{16}k=1 \qquad \therefore \quad k=16$$

と計算できます。

よって、正解は❷となります。

問題4 正解 ❸

本問も、資本減耗率（d）が示されています。ソロー方程式も変化しますので、注意しましょう。

まず、１人当たりの生産関数（y）を計算します。問題文からマクロ生産関数は、

$$Y_t=4K_t^{\frac{1}{2}}L_t^{\frac{1}{2}}$$

指数法則
$\sqrt{x}=x^{\frac{1}{2}}$

問題文の生産関数（マクロ生産関数）の両辺を労働（L_t）で割り、１人当たりの生産関数を求めます。

$$\frac{Y_t}{L_t}=\frac{4K_t^{\frac{1}{2}}L_t^{\frac{1}{2}}}{L_t}$$

$$\Leftrightarrow \quad \frac{Y_t}{L_t}=4K_t^{\frac{1}{2}}L_t^{\frac{1}{2}-1}$$

$$\Leftrightarrow \quad \frac{Y_t}{L_t}=4K_t^{\frac{1}{2}}L_t^{-\frac{1}{2}}$$

$$\Leftrightarrow \quad \frac{Y_t}{L_t}=4(\frac{K_t}{L_t})^{\frac{1}{2}}$$

ここで、$\frac{Y_t}{L_t}=y$、$\frac{K_t}{L_t}=k$とすると、１人当たりの生産関数は、

$$y=4k^{\frac{1}{2}} \qquad \cdots\cdots①$$

〔y：１人当たりの所得、k：資本労働比率（１人当たりの資本）〕

となります。

次に、資本減耗率（d）を考慮した場合のソロー方程式は、

$$\Delta k=s\cdot f(k)-d\cdot k-n\cdot k$$

〔$f(k)$：１人当たりの生産関数、s：貯蓄率、d：資本減耗率、n：労働人口成長率〕

となり、定常状態では$\Delta k=0$なので、上式は、

$$s\cdot f(k)=d\cdot k+n\cdot k \qquad \cdots\cdots②$$

となります。

②式に、①式および問題文の条件を代入すると、

$$12\cdot 4k^{\frac{1}{2}}=4k+2k$$

$$\Leftrightarrow \quad 48k^{\frac{1}{2}}=6k$$

$$\Leftrightarrow \quad k^{\frac{1}{2}}=\frac{1}{8}k$$

第10章 経済成長理論

$$\Leftrightarrow \quad k = \frac{1}{64}k^2$$

$$\Leftrightarrow \quad \frac{1}{64}k = 1 \qquad \therefore \quad k = 64$$

と計算できます。

よって、正解は❸となります。

問題5

正解 ❹

本問のポイントは、「労働者一人当たり資本ストックの増加率が２％」の部分です。労働者１人当たり資本ストック（k）、すなわち資本労働比率は$k = \frac{K}{L}$とおけます。これの変化率$\frac{\Delta k}{k}$が２％ですので注意しましょう。

問題文のコブ＝ダグラス型のマクロ生産関数を、以下のように変化率の式にします。

$$\frac{\Delta Y}{Y} = \frac{\Delta A}{A} + 0.3 \cdot \frac{\Delta K}{K} + 0.7 \cdot \frac{\Delta L}{L} \qquad \cdots\cdots ①$$

（$\frac{\Delta Y}{Y}$：経済成長率、$\frac{\Delta A}{A}$：全要素生産性の増加率、$\frac{\Delta K}{K}$：資本投入の増加率、$\frac{\Delta L}{L}$：労働投入の増加率）

次に、労働者１人当たり資本ストック（k）は、$k = \frac{K}{L}$とおけます。この式を変化率の式にすると、

$$\frac{\Delta k}{k} = \frac{\Delta K}{K} - \frac{\Delta L}{L}$$

となります。$\frac{\Delta k}{k} = 2$、$\frac{\Delta L}{L} = 1$ですから、これを上式に代入すると、

$$2 = \frac{\Delta K}{K} - 1 \qquad \therefore \quad \frac{\Delta K}{K} = 3 \ (\%)$$

となり、資本投入の増加率は３％であることがわかります。問題文の条件と、この結果を①式に代入すると、

$$4 = \frac{\Delta A}{A} + 0.3 \cdot 3 + 0.7 \cdot 1 \qquad \therefore \quad \frac{\Delta A}{A} = 2.4 \ (\%)$$

と計算できます。

よって、正解は❹となります。

問題6

正解 ❶

本問も、「労働者一人当たりの資本ストックの増加率が２％」の部分がポイントです。見逃さないようにしましょう。

問題文のコブ＝ダグラス型のマクロ生産関数を、以下のように変化率の式にします。

$$\frac{\Delta Y}{Y}=\frac{\Delta A}{A}+0.4\cdot\frac{\Delta K}{K}+0.6\cdot\frac{\Delta L}{L} \quad \cdots\cdots①$$

（$\frac{\Delta Y}{Y}$：経済成長率、$\frac{\Delta A}{A}$：全要素生産性の成長率、$\frac{\Delta K}{K}$：資本ストックの増加率、$\frac{\Delta L}{L}$：労働投入の増加率）

次に、労働者１人当たり資本ストック（k）は、$k=\frac{K}{L}$とおけます。この式を変化率の式にすると、

$$\frac{\Delta k}{k}=\frac{\Delta K}{K}-\frac{\Delta L}{L}$$

となります。$\frac{\Delta k}{k}=2$ですから、これを上式に代入すると、

$$2=\frac{\Delta K}{K}-\frac{\Delta L}{L} \quad \therefore \quad \frac{\Delta L}{L}=\frac{\Delta K}{K}-2 \quad \cdots\cdots②$$

となります。問題文の条件と、この②式を①式に代入すると、

$$3.5=1.5+0.4\cdot\frac{\Delta K}{K}+0.6\cdot\left(\frac{\Delta K}{K}-2\right) \quad \therefore \quad \frac{\Delta K}{K}=3.2\ (\%)$$

と計算できます。

よって、正解は❶となります。

問題7

正解 ❶

ハロッド＝ドーマー型成長理論と新古典派成長理論を同時に問うた問題です。仕上げのつもりで取り組みましょう。

❶ ○　ハロッド＝ドーマー理論では、投資には二つの効果があるとしています。一つは、投資が需要を創出するという有効需要創出効果（乗数効果）。もう一つが、投資によって資本ストックが増加し、これが１国の生産能力を高めるという生産能力創出効果です。

❷ ×　ハロッド＝ドーマー理論では、資本と労働とは代替が不可能なレオンチェ

フ型のマクロ生産関数を前提とし、経済は不安定成長に陥るとしています。

❸ ✕　本肢の内容は、新古典派成長理論に関するものです。ハロッド=ドーマー理論では、生産物の需給均衡を前提とした保証成長率と、完全雇用を前提とした自然成長率が一致するのは偶然にすぎないとし、生産物の需給均衡と完全雇用は両立し得ないとしています。そして、現実の成長率がこれらから乖離すると、その乖離は拡大していき、経済は不安定な成長状態に陥るとしています（不安定性原理）。

❹ ✕　本肢の内容は、ハロッド=ドーマー理論に関するものです。新古典派成長理論では、資本と労働の代替が可能なコブ=ダグラス型のマクロ生産関数を前提とし、長期的には、定常状態において生産物の需給均衡と完全雇用が両立し（保証成長率＝自然成長率）、現実の経済も同率で安定的に成長するとしています。

❺ ✕　本肢の内容も、ハロッド=ドーマー理論に関するものです。新古典派成長理論では、定常状態において、必然的に財の需給均衡と完全雇用が同時に実現されるとしています。